JN135083

Doing Screen Studies in Japan
Toshiro Mitsuoka and Ryo Okubo, editors
University of Tokyo Press, 2019
ISBN 978-4-13-010138-7

目次

スクリーン・スタディーズ
デジタル時代の映像／メディア経験

目次

目次

序章　Mind the gaps, fill in the gaps
——二〇二〇年代の映像文化を迎える前に

光岡寿郎

1　Mind the gaps——映像文化研究をめぐる二つの隙間

本書は、二〇一八年現在三〇代の研究者を中心に編まれた映像文化を巡る論集である。それはすなわち、筆者の大半が世紀の変わり目を学生として過ごしていたことを意味する。いささか風変わりな書き出しではあるにしても、冒頭で年代に触れたかったのは、僕たちが院生時代を過ごした二一世紀の初頭に、メディア研究、映画研究それぞれの分野において、その後の研究の方向性に影響を与えうるアンソロジーが出版されていたからである。本章は、本書全体の導入であると同時に、ある三〇代のメディア研究者にとって、今世紀に入ってからの日本の映像文化研究がどう見えていたのかについてのノートでもある。

映像文化は、従来社会学よりの研究分野であるメディア研究と美学よりの研究分野である映画研究が主として研究の対象としてきたが、当時前者に影響を与えたのが、吉見俊哉が編者を務めた『メディア・スタディーズ』（二〇〇〇年）である。イギリスを中心とした学際的研究領域であるカルチュラル・スタディーズ（cultural studies, 以降CS）の動向は、一九八〇年代以降、メディア研究においても断片的に日本へと紹介されてきたが、その認知が決定的に高まったのは一九九六年三月に東京大学社会情報研究所で開催され、スチュアート・ホール（Stuart Hall）も来日した国際会議「カルチュラル・スタディーズとの対話」以降のことだろう。この会議自体、後にタイトルそのままに書籍化されるが（花田ほか編、一九九九）、基本的には同書の出版にいたるまで、CSに依拠したイギリスのメディア研究の成果がまとまったかたちで紹介されることはなかった。しかし、同書では、オーディエンス研究（audience studies）の理論枠組みを構築し、それぞれ優れた実証研究も残してきたロジャー・シルバーストーン（Roger Silverstone）、デヴィッド・モーリー（David Morley）、イェン・アン（Ien Ang）らの著作が、部分的ではあるにしても同時に翻訳されることになった。[1]結果として、「ポスト・コロニアリズム」や「空間論的展開」といった抽象度の高い議論の水準においてではなく、むしろ実証的な記述を射程に収めたCSの可能性が提示されることとなった。

加えて、吉見はこの『メディア・スタディーズ』の序において、当時の日本の映画研究の状況についても以下の指摘を残している。

七〇年代以降、英米の映画研究では記号論や精神分析の手法を用いたテクスト分析から映画観客の社会史までが活発に展開され、すでに日本の研究状況とは著しいギャップを示すに至っている。（吉見、二〇〇〇、一九ページ）

このような認識が当時共有されていたとすれば、「映画観客の社会史」の遅滞を解消する一助となったのが長谷正人と中村秀之が編者を務めた『アンチ・スペクタクル――沸騰する映像文化の考古学』（二〇〇三年）であった。これは当時僕自身学生だったため理解が及んでいない点も存在すると思うが、吉見が指摘した英米圏の研究――より正確にはフランスの映画理論にも言及しておくべきだろう――のうち「テクスト分析」については、まず美学、表象文化論のなかで受容されることになる。さらに『アンチ・スペクタクル』の出版と前後しながら、後者の社会史的な映画研究もまた共有されていく。こちらも『メディア・スタディーズ』と同様、ジョナサン・クレーリー（Jonathan Crary）の『観察者の系譜』（1990＝一九九七）や、ハル・フォスター（Hal Foster）編による『視覚論』（1988＝二〇〇〇）といった先行する研究を引き受けながら、映画を視覚文化という枠組みに位置づけたうえで理解しようとする新たな眼差しを形成していくことになった。同書では、初期映画論における重要な論考の一つであるトム・ガニング（Tom Gunning）の「アトラクションの映画」（長谷・中村編、二〇〇三）が訳出されるなど、その後の日本における映画（史）研究の底流となるアンソロジーとなった。[2]

ところがである。現時点から二〇年前の状況を振り返ったとき、上述の動向を受けて進められた日本における研究の蓄積を、まとまったかたちで共有、検証する機会がどれほど存在してきただろうか。ここには、日本の映像文化研究をめぐって気にとめておくべき、二つの隙間（gaps）が存在してきたように思われる。

まず指摘すべきは、メディア研究と映画研究の間に存在する隙間である。というのも、恐らくこの二一世紀の初頭という時期は、日本では最もメディア研究と映画研究が幸せな出会いを迎える条件が整っていたからだ。メディア研究におけるCSの成果の援用がもたらしたのは、テレビ番組の視聴の有りようを分厚く記述する実証的なアプローチの重視であり、それはまさに映像を見る環境への関心だったと言って良い。[3]一方で、チャールズ・マッサー（Charles Musser）のスクリーン・プラクティス（screen practice）を鍵概念とするような初期映画論が明らかにしたのもまた、現在の映画館での鑑賞には回収することができない、豊かで多様な観衆と映画との関係性だった。その意味では、両者は「現代のテレビ視聴」の理解を目指す理論枠組み、そして「近代の映画鑑賞」を描く社会史的な枠組みというそれぞれ異なる時代対象、パースペクティブを採用しながらも、実際には映像が観衆に受容される環境、ひいてはその技術的、物質的基盤を描くことの重要性という問題意識をすでに共有できていたはずだからだ。けれども、研究成果というかたちでは、必ずしも両者は生産的な関係性を築いてきたとは言い難い。[4]

二点目に言及すべきなのは、研究枠組みの更新における隙間の問題である。これは一点目とも関連しているわけだが、当時の出会いを逃したことで、互いの領域における研究動向は十分に意識されないまま、二〇一〇年代に入るとメディア研究においても、映画研究においても、共通の理論枠組みにおいてその動向が更新されていくという皮肉な状況を迎えることになった。代表的なものとして、両領域において（また本書でも）繰り返し参照される「ソフトウェア・スタディーズ（software studies）」や「メディア考古学（media archaeology）」などが挙げられる。[5] 例えば、後者であれば、その代表的研究者であるエルキ・フータモ（Erkki Huhtamo）の議論は、メディア研究においてはフリードリヒ・キットラー（Friedrich A. Kittler）の名で喚起されるような、ある種の唯物論的ドイツメディア思想の歴史的展開の一つとして共有されつつある。その一方で、映画研究の文脈では、彼自身「メディア装置（media dispositif）」（Huhtamo, 2017: 79）という用語を近年用いているように、従来映画研究に固有の理論枠組みであった「装置論」を更新し、むしろ映画という映像文化の特性を明らかにするために、その含意をメディアの幅広い布置へと拡張することを試みている。

このように、同じ研究者による議論が、異なる研究領域においてともに新たな枠組みとして機能しうることが現在確認できるわけだが、一方でこの日本の映像文化研究をめぐる状況を見渡したとき、それが「なぜ」生じているのかが見えにくくなってしまっている。というのも、日本においても欧米での研究動向からさほど遅れることなく、それぞれの領域において映像視聴の環境およびその物質的基盤をめぐる議論が蓄積されてきたにもかかわらず、その全体像をイメージできる機会が十分に提供されてこなかったからである。つまり、この時間的空白が二点目の隙間であり、両者を埋めるのが本書の目標である。[6]

2　Fill in the gaps ――タイム・スペシフィックな方法としてのスクリーン

ここまでは本書の学説史的な位置づけを見てきたわけだが、では、ここからは「なぜ」スクリーン（screen/s）概念が、この隙間を埋めるうえで重要なのかについて述べておこう。これは、テレビを中心に発展してきたメディア研究、映画を対象としてきた映画研究両者に共通するわけだが、僕たちの日常的な映像経験の背景で、大きく二つの変化が生じていたからだと言える。

まず、映像がデジタル化したという事実である。二〇世紀に映画を映画館で見なくてはならなかった理由の最たるものは、素朴に技術的な要因に帰する。つまり、字義通り「映画（film）」がフィルムだったという点だ。デジタル化以前に主流だった三五ミリのフィルムを大画面で鑑賞するためには、映写機からプロジェクションされた映像をスクリーンに映すための空間を確保する必要があった。それを可能にする技術的、物理的な条件を備えた空間こそが、映画館という巨大な暗室だったと言える。ゆえに、商業用途ではない民生用の八ミリ、一六ミリといった「フィルム＝映画」は、早い時期から自宅のリビングや教室で普通に上映されてきた[7]。このような映像のメディウムの変化は、テレビには顕著に現れる。

映像がデジタル化されるまで、日本語の「テレビ」とは不思議な言葉であった。なぜなら、「受像機としてのテレビ（TV set）」も「番組としてのテレビ（TV program）」も、ともにただ「テレビ」と呼ばれてきたからである。「うちに新しいテレビが昨日来た！」と言えば前者であり、「昨日テレビ見た？」と友達に聞けば自然と後者だと理解できた。ところが番組としてのテレビはデジタル化され、仮に「見た」と答えたとしても、その友達がテレビ受像機で見たのか、パソコンのモニターで見たのか、それともスマートフォンで視聴したのかについては、もはやその答えからは推測できなくなっている。

このように映像、もしくは映像コンテンツ自体がデジタル化した一方で、僕たちが日常を過ごす空間の表面が次々とスクリーンで覆われていったのもまた、この二〇年であった。当初は二〇〇二年に山手線に導入された「トレインチャンネル」に代表されるように、都市を彩る大小様々な広告がデジタルサイネージ化されていくことになった（cf. 中村・石戸、二〇〇九）。ところが、二〇〇〇年代後半以降これまでにおきた変化とは、既存の広告の電子化に留まらず、あらゆる平面、さらにはその平面が果たす機能がスクリーンに置換されていく現象である。例えば、居酒屋に行けばもはや店員にではなくタッチスクリーンで注文させられるかと思えば（次頁図1）、これから見る映画は分かっているのに、「スクリーン3」の入り口に設置されたスクリーンから再度そのタイトルを強調されるというような（次頁図2）、ある種の野放図なスクリーンの氾濫である。

図 1　居酒屋の注文用タブレット PC
出典：筆者撮影

図 2　スクリーン 3 の出入口に設置されたスクリーン
出典：筆者撮影

このような日常的に過ごす空間へのスクリーンの遍在に加えて生じているのが、スクリーンを通して日常生活を体験しているというような、時間的なスクリーンの遍在である。これは言うまでもなく、スマートフォンやタブレットPCの普及と、その日常的携帯から生じるものだ。僕たちは、ある空間に設えられたスクリーンの映像を次々と一瞥していくだけではなく、その合間に訪れる何気ない小休止の際にも、自分の手のひらの小さなスクリーンを眺め、より正確には「触れ、眺める」ことで、空間の有りよう自体もコントロールしている[8]（図3）。

つまり、映像、もしくは画像情報がデジタル化したことで、あらゆる電子的な板に映像を映しこもうと試行錯誤してきたのが、この二〇年間の映像文化の歩みであった。だからこそ逆に、僕たちが映像をいかなる「スクリーン（物理的躯体）」で見ているのか、さらには、そのスクリーンがいかなる「関係性＝空間」に埋め込まれているのかという論点が、「テレビ」「映画」といったジャンルを問わず対象化されざるを得なくなったのである。

ここまで来れば、なぜ「スクリーン」が二つの隙間を埋める（fill in the gaps）枠組みとして機能しうるのかは理解できるだろう。まず、メディア研究、映画研究がそれぞれ対象化してきた、映像を視聴する技術的、物理的基盤としてともに準拠してきたのが「スクリーン」というメディウムだったからである。本書の執筆者、そして本書を今手にしている読者の多くが直観的に察している通り、現状、スクリーンに映っている映像が映画なのかテレビ番組なのかという点において、映画研究とメディア研究の間に境界線を引くことには意味がない。なぜなら、技術的にはいかなる電子的なスクリーンにおいても、映画、テレビ、さらにはコンサートやスポーツも見られるからだ[9]。むしろ、スクリーンへの注目を通して両者の裂け目を架橋することで、両者がすでに淡々と記述してきた映像文化の変容を複眼的に見通せるようになるはずだ。

また、このスクリーンの増加と遍在こそが、二〇〇〇年代初頭を象徴する映像文化の特徴だったからである。映像のデジタル化は、映像そのものの電子データへの変換と、大量の映像データを流通させるインフラストラクチャー、そしてその処理を高速で行うスクリーン型情報機器によって可能になっている。このような技術革新に後押しされるかたちで、映画館で映画を見たり、テレビ受像機でテレビ番組を見たりという、映像視聴の形式と内容の一致という近代に固有の視覚文化論的な体制が露になったのである。編者の大久保遼もその著書、『映像のアルケオロジー』（二〇

図 3　公共空間をプライベートな空間に変容させるスマートフォンの利用

出典：筆者撮影

一五年）の序で指摘するように、映像文化を写真から映画、映画からテレビへといった発達史観で論じることの限界はすでに広く共有されている。ところが一方で、フータモ、そしてソフトウェア・スタディーズの中心的研究者であるレフ・マノヴィッチ（Rev Manovich）が時折見せる映画への郷愁にも反映されているように、依然として僕たちはその発達史観を支える映像の「ジャンル」にややもすると寄りかかってしまう。従って、「スクリーン」という枠組みの採用が意味するのは、このような「対象＝ジャンル」に依拠した方法論ではなく、むしろ「内容」、「形式」そしてその「観衆」の関係性というかたちでしか映像文化の同時代性が描けなくなっているという事実そのものである。

ゆえに本書における「スクリーン」とは、「映画」「テレビ」「インターネット」といった既存の映像文化のジャンルを置換する新たな概念ではない。むしろ、映像文化が、それを支える複数の変数の関係性として理解されるのであれば、その同時代的な関係性を切り出すための方法だと言える。ゆえに、スクリーンという方法の重要性は、デジタルサイネージの遍在やスマートフォンの浸透という事象そのものには存しない。むしろ、現在の映像文化をスクリーンという枠組みにおいて切り取り、近過去を再検証することなしには、新たな技術革新とともに迎える二〇二〇年代の映像文化の新しさを理解する機会を逸する可能性が高いという点で重要なのである。なぜなら、二〇二〇年代の映像文化の一つの可能性として、技術的にはスクリーンなき映像視聴の時代が到来しうるからだ。その意味では、スクリーンとは二〇〇〇年代冒頭の二〇年間に固有の、つまりタイム・スペシフィックな概念であるからこそ、時間的な空白もまた埋めうるのである。

3　本書の構成

さて、ここまで詳細に「スクリーン」について述べてきたのは、「スクリーン・スタディーズ」という用語が、どうしても「映画研究」の別称としてのニュアンスを喚起せざるを得ないからである。これは英語の語感にも当てはまり、編者の二人が参加した国際学会でも同様のミスコミュニケーションを経験したし、[10]二〇一七年に出版された欧米圏でのスクリーン・スタディーズの入門書においても、編者のステファン・モンテイロ（Stephen Monteiro）が以下のように述べている。

スクリーンをメディアというモノ（media object）ではなく、むしろメディアのメタファー（media metaphor）として参照する傾向は根深い。その発端は、二〇世紀初頭の映画産業において、映画全体を含意するという語の使われ方に見られるだろう。（Monteiro, 2017: 3）

その意味では、モンテイロも僕たちも「スクリーン」という用語でまず念頭に置いているのは、モノとして映像を映しこむ板状の物理的軀体であり、それぞれのスクリーンを通して見えてくる「映像コンテンツ」「技術的・物理的基盤」「観衆」の関係性である。

この点にも配慮しながら、本書は三部構成を取っている。まずは、スクリーンという方法について論じた第1部である。第1部は、この身近なようで少しとらえどころない「スクリーン」という概念の輪郭を描いており、その全体像を把握することで、第2部、第3部における個別の研究成果の関係性を理解しやすくなるはずだ。

冒頭の光岡寿郎の論文は、「スクリーン」という概念の位置づけを明らかにしたものである。メディア研究において映像の視聴環境に注目が集まる経緯を紹介したうえで、視覚文化論、モバイル・メディア論といった隣接分野の研究動向との比較において、「スクリーン」という枠組みが持つ位置価とその有効性を論じている。光岡がスクリーンという現代の映像文化を支える技術的単位の概念化に注力したのに対して、続いて飯田豊が対象化したのは、このスクリーンを前にした視聴者の有りようのとらえ難さであった。都市に氾濫するスクリーンや、パブリック・ビューイング会場に集う人々をとらえる枠組みとして、飯田はメディア・イベント論の再検討の必要性を訴える。ダニエル・ダヤーン（Daniel Dayan）とエリユ・カッツ（Elihu Katz）が想定していたナショナルで同質性の高い集団とも、一九八〇年代以降のメディア研究が理想化した抵抗する視聴者像とも異なる、束の間の時空間を何気なく共有する、多様ではかない視聴者の記述の可能性が、このメディア・イベント論の更新には賭けられている。

第3章「液状化するスクリーンと観客」において渡邉大輔は、上述のメディア研究に基礎を置く議論に対して、美学的な観点からスクリーンに接近している。近年の外部環境を取り込んだ（ざるを得ない）映画視聴形式に対して、装置論に代表される既存の映画理論が対応できない現状を指摘したうえで、渡邉は思弁的実在論に代表される「モノをめぐる哲学」を接続することで、不定形で液状化した観客の存在を浮かび上がらせる。ここでもまた、スクリーンというインターフェイスが媒介する「映像／観客」の関係性の再検討の必要性が共有されていることが分かるだろう。続いて「アーカイブ」を対象とした林田新の論文は、一見スクリーンを扱う方法としては異色に見える。けれども、レフ・マノヴィッチの『ニューメディアの言語』（2001＝二〇一三）を丁寧に腑分けしながら林田が示したのは、私たちが日々パソコンやスマートフォンのスクリーンを見ることの意味の変容に他ならない。デジタル化以前の時代においては、スクリーンを見ることとはナラティブを受容することであった。ところが、「スクリーン上の映像の変化そのもの＝航行」をコントロールできる現在、スクリーン経験とはもはや「読むこと」である以上に「物語ること」なのである。アーカイブを切り口としたことで、デジタル化されたスクリーンの物質性の一側面を鮮やかに描き出している。

このように、映像文化研究における「スクリーン」概念の広がりをまず共有したうえで、個別のスクリーンの有りようが描かれるのが第2部、第3部である。第2部では、時系列的には過去の事例が検討される。すでにスクリーンが二一世紀の初頭を特徴づける「タイム・スペシフィック」な概念だと指摘したにもかかわらず、歴史研究が重要な位置づけを持つのは、スクリーンが更新したのは、同時代の映像文化だけではないからである。これは、映像文化の歴史的研究において時に陥りやすい誤謬だが、技術的な発展に応じて当時の環境が古く見えてしまうのは、技術そのものが古びたからではない。むしろ、「古びた」という感覚を背後から規定するモノの考え方が同時に更新されてしまうからである。

つまり、前節でも言及したように、映画を「Netflix」ではなく映画館で見ることに郷愁を覚えるのは、あるメディアのコンテンツとそれを受容する形式が一対一対応しているという映像文化の理解そのものが二〇世紀的だったからである。従って、フータモも指摘するように（Huhtamo, 2017:78）、新たな枠組みで歴史を眼差すという実践は、きわめて同時代的な営みである。

このような問題意識を持つ第2部の冒頭を飾るのが、上田学のシミュレーター・ライド論である。上田は二〇世紀初頭の日本で好評を博した汽車活動写真館が、物語的に映像を編集することの抑制、そして一方での受容する観客の身体性を意識化させる技術的基盤の整備という形式において、現在のVR技術を利用したシミュレーター・ライドに先行する映像文化であったことを指摘する。このような「メディア考古学」的アプローチは、先行しているという事実そのものではなく、その歴史的回帰を通して、僕たちにとって自明だと思われる映像文化の時代固有性を明らかにしてくれる。続く近藤和都の論文は、大衆消費社会の浸透期にあたる関東大震災以降の東京の映画館文化の一断面を描き出したものだ。近藤は、焼け野原となった東京における映画館再建の過程とは、その地域的再編成にとどまらず、映画館における「オフ・スクリーン＝見ること以外」の経験を可能にする環境の整備でもあったことを浮かび上がらせる。とりわけ重要なのは、観客は多様な娯楽を楽しむ消費者として映画館を訪れていると同時に、当時はまだある空間とそこに割り当てられた機能は必ずしも一対一の対応をせず、「スクリーン」を備えた施設が都市の消費空間において果たす役割の流動性を示唆している点である。

近藤論文からは少し時間を下って、一九三〇年代から四〇年代に特徴的な「パテ・ベビー」を対象としたのが松谷容作の論文である。従来の映画研究が、パテ・ベビーを作品論的な映画史の系譜に位置づける傾向が強かったのに対して、松谷はむしろ同時代のメディア環境のなかで、その日常的でありふれたメディアとしての性質を描き出す。つまり、パテ・ベビーは作品としての映画制作に奉仕するメディアであった以上に、撮影から上映までを含む同時代の親密性を育むスクリーン経験を支えるメディアであったことを明らかにしたのである。続いて鷲谷花が取り上げたのは、一九六七年公開の映画『忍者武芸帳』である。白土三平の原作漫画の原稿をそのまま撮影するという制作手法から、専ら異色の映画作品として取り上げられてきた同作だが、鷲谷はその編集法自体も含め、描かれた空間を拡大するというスペクタクル的な映像経験の系譜のなかで理解すべきだと指摘する。ともすると僕たちは映像の内容との関係性でスクリーンをとらえがちだけれども、本章は、映像の歴史とは物理的に視覚イメージを拡大する技術の発展史でもあった点を思い起こさせてくれる。

第2部の最後に登場する溝尻真也の論文では、一九七〇年代に「ビデオ」が社会的に受容されていく過程の一端が描かれる。そこでは、「性的欲望こそが新しいメディア受容を促進する」という神話の内実が、豊富な文献資料を基に明らかにされていく。とりわけ重要なのが、溝尻はメディア史的なアプローチをとりながらも、ビデオが設置され利用された「空間」に注目している点である。その分析対象が、成人男性が一人で過ごすことの多いビジネスホテルではなくモーテルであったことで、ビデオを通したスクリーン経験が必ずしも個人の欲望だけを解消していたのではなく、親密な人間関係を育む「ニュー・メディア」として飼い慣らされて（domestication）いった可能性が浮かび上がってくる。

そのうえで、第3部ではあらためて、現代社会の映像文化を彩る「遍在するスクリーン」へと視線を戻す。まず、大久保遼が対象としたのは、映像であり、モノであり、ソフトウェアでもある「スクリーン」とは何かという問いである。複雑かつ緻密にメディア・テクノロジーを活用する「Rhizomatiks（ライゾマティクス）」の近年の作品を、身体とメディア・テクノロジーのモンタージュとして理解することで、映画史とは異なるスクリーン・プラクティスの道筋を照らし出している。同時に、過去の映像技術に目を向けながらも、コンセプトの現実化の過程ではきわめて先進的な技術が援用されるライゾマティクスを取り上げることで、古さそのものに寄りかかりがちな既存の「メディア考古学」とも異なるニュアンスで、メディア研究にとって「アート」とは何かという問いに接近している。金暻和の「触覚的写真――モバイル・スクリーンの人類学」においては、僕たちにとって最も日常的なスクリーンである「携帯電話／スマートフォン」を利用して撮影するという行為が分析される。金が注目した映像と感覚というテーマは、マーシャル・マクルーハン（Marshall McLuhan）が一九六〇年代には言及していたようにメディア研究における重要な問題系の一つを成すが、一方でその研究蓄積は十分ではなかった。ところが、現在の映像経験とはまさに「Seeing is Touching」を実現しており、写真を「撮る／見る」過程に介在する触覚に注目することで、モバイル・スクリーンが生み出す「親密性」という新たな論点を抽出することに成功している。

金論文のなかでは、モバイル・スクリーンによって分断され引きこもる主体についても言及されていたが、続く立石祥子が扱ったのはむしろ大きなスクリーンを前に共同視聴を楽しむ、「パブリック・ビューイング」である。立石はまず、二〇〇二年のワールドカップ経験者へのインタビュー調査をもとに、当時のパブリック・ビューイングが「スクリーン（コンテンツ）不在」の不真面目な映像体験であったことを明らかにする。ところが、このような束の間の共同体を生み出すパブリック・ビューイングが、日本では以降コミュニティ維持の手段といった真面目な視聴空間へと制度化されつつある点を指摘することで、欧米とは異なる、日本の文脈に根ざした公的空間を対象とした映像研究の必要性に改めて気づかせてくれる。

このように現代社会においては、その大小を問わず、また公私の空間を問わず、人々は否が応にもスクリーンに接触し続けているのだが、関谷直也が注意を喚起するのは、そのようなスクリーン上では「映像にできないこと」とは何なのかという問いである。関谷は二〇一一年の東日本大震災を例に、災害が映像を通じていかに「表現された／されなかったのか」を丁寧に描いている。震災後に僕たちがただ呆然と眺めていたテレビを流れる映像とは、メディアの自主規制、震災心理の表現やその全体像の可視化の困難さ、そして産業的要請といった複数の要因の微妙なバランスのもとで制御されていたのである。災害表現という個別のテーマを設定しながらも、スクリーン遍在の背景にある「全てが映像化されうる」という現代社会に広がる暗黙の了解を再考する機会を与えてくれる。

すでに言及したように、ジャンルに依存した映像研究のあり方の限界が「スクリーン」への注目を導いたわけだが、ここまでの「テレビ」「映画」と同様、次第に切り分けが難しくなってきた領域が「アート」における映像表現である。馬定延は「エクスパンディッド・シネマ」を起点に、アートにおけるスクリーンの位置づけの変容を丁寧に追っている。メディウムから環境、そして空間を構成するインターフェイスへと様相を変えていくスクリーン概念を描くことで、映画研究と同様に作品論に傾斜しがちな美術史とは異なる、アートにおける映像（利用）の系譜を顕在化させていく。このように馬が再構成したアートの映像史の最先端を議論しているのが、gnckの「電子のメディウムの時代」だ。gnckは、メディア・アートというよりは、「コンピュータスクリーン上で成立しているアート」作品をタイポロジカルに読み解いていく。スクリーンの遍在を促す一因が映像のデジタル化だが、その背後には常に、デジタル化を「非物質化」として素朴に理解しようとする誘惑が存在してきた。gnckはむしろ、絵画における表現がその物質性に規定されていたのと同様に、スクリーン上の表現もまた、デジタルゆえの新たな物質性に枠づけられていることを指摘する。つまり、スクリーンというモノの物質性とは異なる水準にある、スクリーン上に浮かび上がる映像そのものの新たな物質性を対象化することに成功している。

そして、本書を締めくくるに相応しいタイトルを持つ最終章、増田展大の「スクリーンの消滅」は、本章の前半で指摘した二つの隙間を埋めた先にある何かを、「映像と生命科学」という光源を用いて照らし出している。増田は、バイオ・アートと生命科学という映像研究のテーマとしては耳慣れない対象を扱っているものの、そこで描かれているのは映像研究とメディア研究へと分断されたことで語ることが困難になった、もう一つの映像史の有りようである。映像の物質性を議論する際、ややもすると理論的には映画研究は思弁的実在論へ、メディア研究はアクター・ネットワーク・セオリーへと近年は寄りかかりがちだけれども、「メディア」の持つもう一つの含意であった「培地」という概念をきっかけに、人間と技術の相互的かつ協働的なパフォーマンスの環境としての「スクリーン」の可能性を示唆している。

以上が本書に収められた全一六章であり、二〇〇〇年代初頭の映像文化、同時に映像文化の研究にアプローチするうえでの一つの地図を構成している。また、第2部、第3部については、ご自身の関心に応じて読む順序は入れ替わっても問題はないはずだ。最後に、本章のタイトルとして採用した「mind the gap」とは、僕がロンドンに留学していた時に、地下鉄（tube）が発車する際に毎日のように聞いていたフレーズである。つまり、ひとたびその隙間に気づき、埋めてしまえば、後は目的地へと走り出すことになる。同様に本書が、現代の映像研究の「隙間」を埋め、乗客たる読者とともに新たな映像研究の地平へと走り出す列車となることを願っている。

注

（1）彼／彼女らの代表的な著作として、ロジャー・シルバーストーンの *Television and everyday life*（1994）、デヴィッド・モーリーの *Family Television*（1986）、イェン・アンの *Watching Dallas*（1985）などが挙げられる。

（2）一方で、二〇一〇年から出版が開始された『日本映画が生きている』（岩波書店）もまた、一九九〇年代末からの映像文化研究のトレンドを幅広く収めた優れた論集であった。ただし、タイトルが示すように「映画」というジャンルで対象を囲い込んだ点で、以降言及するギャップを温存するものでもあった。

（3）第1章、光岡論文を参照。

（4）長谷正人を中心に開催されてきた「文化社会学研究会」は、映画研究者とメディア研究者の数少ない交流の場であり、本書の執筆者の多くの学び舎でもあった。

（5）ただし、ソフトウェア・スタディーズについては、伊藤守・毛利嘉孝編の『アフター・テレビジョン・スタディーズ』（二〇一四年）のなかで紹介されている。同書も『メディア・スタディーズ』の更新を目指したものだが、その主眼は二〇一〇年代を迎えた最新の理論研究の広がりを共有することに置かれていた。問題意識は共有しながらも、むしろ日本のなかでも、いかに欧米と並行して研究が進められてきたのかを示す点で本書とはその重心が異なる。

（6）毛利嘉孝は、日本のメディア研究における「理論」の有りようを批判的に振り返った論考のなかで、「理論は常に歴史・地理的特殊性を前提とし、その重層的状況に対応したものでなければならない。とりわけ、非西欧圏で理論を語る時に、これまでほぼすべての理論が西欧で生産され、非西欧の研究者がその理論を非西洋の文脈に「応用」していたという事実の中の、知識の生産をめぐる非対称性に私たちは敏感である必要がある」（毛利、二〇一七、三〇ページ）と指摘しているが、この隙間を埋めるという作業こそが、その非対称性を自覚的に検証していく作業の一端となりうるはずだ。

（7）第7章、松谷論文を参照。
（8）スクリーンの触知性については第11章、金論文を参照のこと。
（9）スポーツ中継を中心とした屋外でのスクリーン視聴については第12章、立石論文を参照のこと。
（10）Doing Screen Studies in Japan: The buried prewar film experiences and their theoretical scope, The Crossroads in Cultural Studies 2016（近藤和都、大久保遼、光岡寿郎によるパネル、チェア伊藤守、二〇一六年一二月一五日、シドニー大学）

引用・参照文献

Ang, I.（1985）*Watching Dallas: Soap Opera and the Melodramatic Imagination*. Routledge.

Crary, J.（1990）*Techniques of the Observer: On Vision and Modernity in the Nineteenth Century*. The MIT Press.（クレーリー、ジョナサン、遠藤知己訳（一九九七）『観察者の系譜——視覚空間の変容とモダニティ』十月社）

Foster, H.（ed.),（1988）*Vision and Visuality*. New Press.（フォスター、ハル、榑沼博久訳（二〇〇〇）『視覚論』平凡社）

花田達朗・吉見俊哉・コリン・スパークス編（一九九九）『カルチュラル・スタディーズとの対話』新曜社

長谷正人・中村秀之編訳（二〇〇三）『アンチスペクタクル——沸騰する映像文化の考古学』東京大学出版会

Huhtamo, E.（2017）Screenology; or, Media Archaeology of the Screen, in Monteiro, S.（ed.), *The Screen Media Reader: Culture, Theory, Practice*. Bloomsbury, pp. 77–123.

伊藤守・毛利嘉孝編（二〇一四）『アフター・テレビジョン・スタディーズ』せりか書房

Manovich, R.（2001）*The Language of New Media*. The MIT Press.（マノヴィッチ、レフ、堀潤之訳（二〇一三）『ニューメディアの言語——デジタル時代のアート、デザイン、映画』みすず書房）

Monteiro, S.（2017）Introduction, in Monteiro, S.（ed.), *The Screen Media Reader: Culture, Theory, Practice*. Bloomsbury, pp. 1–11.

Morley, D.（1986）*FAMILY Television: Cultural Power and Domestic Leisure*. Routledge.

毛利嘉孝（二〇一七）「ポストメディア時代の批判的メディア理論研究へ向けて」『マス・コミュニケーション研究』第九〇号、二九—四六ページ

中村伊知哉・石戸奈々子（二〇〇九）『デジタルサイネージ革命』朝日新聞出版

大久保遼（二〇一五）『映像のアルケオロジー――視覚理論・光学メディア・映像文化』青弓社
Silverstone, R.（1994）*Television and Everyday Life*. Routledge.
吉見俊哉編（二〇〇〇）『メディア・スタディーズ』せりか書房

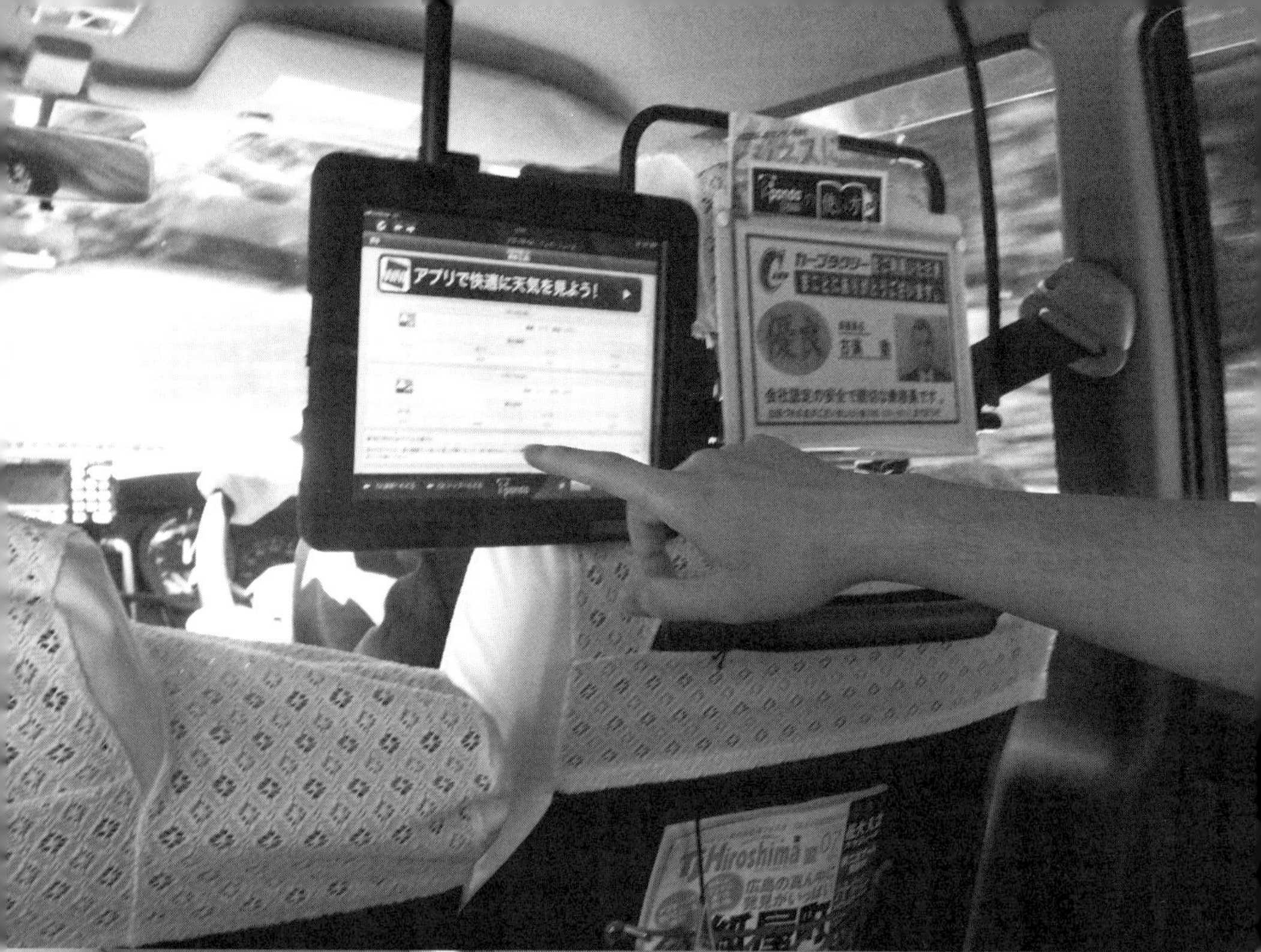
アプリで快適に天気を見よう!
Hiroshima

栄養相談室
09:41
はご遠慮ください。
診察室
7
9
10
11
栄養相談室
8

#待つこととスクリーン

BRAVIA
SONY
GARMIN

Kodak
UFC
LIVE YOUR LIFE
LEAVE YOUR MARK
STEP INSIDE TO GET YOUR FACE UP HERE.
Allianz
BUILT FOR THE WAY YOU PLAY.

vitaminwater
supporting pride london
HYUNDAI
Bakerloo line
Piccadilly line
Travel information
Entrance opening times

都市とスクリーン

HUB ALE HOUSE B1F
西武百貨店 Seibu Hyakkaten
渋谷センター街
IT'S TIME TO
swatch
CELINE
THE BODY SHOP

MAC

Dior
GUCCI

第1部　スクリーンという方法

第1章　メディア研究におけるスクリーンの位相
――空間、物質性、移動

光岡寿郎

1　はじめに――スクリーンの遍在とメディア研究の限界

二〇一六年の晩夏、本章での議論にかかわる以下の報道が目に留まった。それはワンセグ視聴に対するNHKの受信料支払いをめぐる裁判であり、さいたま地方裁判所はワンセグ視聴ができる携帯電話の所有だけでは受信料の支払いは必要ないとの判断を下した。[1] この報道が気になったのは、私たちはテレビ番組の視聴という「コト」に対して受信料を払っているはずなのに、その判断がいまだに番組を視聴可能なメディアを所有しているか否かという「モノ」の水準でなされていることに改めて気づいたからである。私たちにとって、テレビ番組をリビングに置かれたテレビ受像機以外のモノを通じて視聴することは日常的な経験になっているにもかかわらず、法律上の視聴概念は現状を想定してこなかったことが分かる。

メディア研究にとっても、訴訟の背景となる映像の視聴環境の多様化は他人事ではない。というのも、次節でも詳述するように、視聴者がテレビを受容する過程を描いてきた一九八〇年代以降の英語圏のメディア研究、とりわけイギリスのオーディエンス研究（audience studies）もまた、テレビ受像機を通してテレビを見る視聴者像を想定してきたからである。ところが、現在ではテレビ受像機に加えて、「PCモニター」「タブレット型PC」「スマートフォン」とおよそ電気を通す長方形の板であれば、テレビを含めた映像が視聴可能になっている。ゆえに、私たちはどこでもテレビ番組が見られるし、いつでも移動しながら映像に目を落としている。このようなスクリーンの遍在という現状と、その理解を目指すメディア研究の理論的遅滞のギャップを埋めるうえで、映像の存在自体を支える「スクリーン」への注目から得られる示唆は大きいのではないだろうか。

そこで本書の冒頭でもある本章では、これまでのメディア研究の流れを空間論的な観点から描きなおすことで、その延長線上にスクリーンを位置づけ、理論的含意を共有したい。まず次節では、前提となる一九八〇年代以降のイギリスを中心とした英語圏のメディア研究の流れを紹介する。日本では、一九八〇年代以降のイギリスのメディア研究は、スチュアート・ホール（Stuart Hall）の「エンコーディング／ディコーディング」概念（Hall, 1980）に基づいた能動的観衆論（active audience theory）として理解される傾向が強いが、それは同時にメディア研究における空間概念が析出されていく過程でもあったことを指摘する。そのうえで第3節では、日進月歩で進む情報技術の発展を背景に、映像視聴の有りようが急速に変化し、枝分かれしていくなかで、視覚文化論やモバイル・メディア研究の最新の研究動向を援用しながら、スクリーンという枠組みを通してその変容を理解する道筋を提起したい。

2　空間論としてのオーディエンス研究

前節で言及したイギリスのメディア研究の流れは、日本ではホールによる「能動的観衆」論の提示と、この枠組みを援用したデヴィッド・モーリー（David Morley）やロジャー・シルバーストーン（Roger Silverstone）らによる実証研究の二段階で理解される傾向が強い(2)。しかし、この理解は一九九〇年代前半までの研究成果を前提としており、射程を二〇〇〇年代まで拡げたとき、それは同時にメディア研究が空間概念を対象化していく過程だったことが分かる。そこで以下、「視聴者の発見」「視聴空間の発見」「「私的空間／公的空間」の差異の発見」という三つの段階を設定することで、その流れを明らかにしていくことにしよう。

視聴者の発見

まず、オーディエンス研究において空間概念に注目が集まる土壌を育んだのは、やはりホールの「エンコーディング／ディコーディング」概念だったと言える。もはや聖典化された感もあるが、この論文は一九七三年にレスター大学で開催された国際学会での発表原稿を基にしており、当時の学術的状況に依拠して議論されていた点には留意しておく必要がある。冒頭でホールは、以下のように述べる。

伝統的にマス・コミュニケーション研究（mass-communication research）は、コミュニケーションの過程を、循環する回路、もしくはループといった用語で概念化してきた。このモデルは、送り手、メッセージ、受け手というその線条性（linearity）、メッセージを交換する水準への〔過度の：引用者注〕集中、そして〔コミュニケーション過程における：引用者注〕異なる時点を関係性の複雑な構造として体系的に概念化できなかった点で批判されてきた。(3)（Hall,1980: 128）

ここで指摘されているのは、従来のマス・コミュニケーション研究が、シャノン＝ウィーバーに代表される情報工学的なモデルに縛られてきたことへの反省である。上述の「コミュニケーションの線条性」、その過程における「メッセージの優位性」、また「過程全体の単純化された理解」という三点は、まさに伝達の効率性を重視した情報工学のモデルと共有されていたからである。その意味では、「エンコーディング／ディコーディング」は、一九七〇年代に主流のコミュニケーション観に対する問題提起だったことが分かる。

ゆえにホールは、コミュニケーションの循環過程において「何が」流通しているのかに対して繊細である。ホールは、従来のコミュニケーションモデルをマルクスによる商品の生産とその流通の議論との比較において修正するのだが、そこで強調したのが、ここで流通しているのは情報工学の想定する「電子情報」でもなければ、マルクスが対象とした「商品」でもないという点だ。

> 私たちは、コミュニケーションがやりとりされる過程において、（その循環という観点からも）メッセージが特権的な位置づけを持つことを認識しなければならない。また、それがコミュニケーションの過程全体からすれば、いかに「相対的に自律的」であるに過ぎないにしても、「エンコーディング」と「ディコーディング」がなされる時点が、**決定的**に重要であることも認識されねばならない。（Hall, 1980: 129, 傍点は引用者、強調は原文ママ）

つまり、コミュニケーションとはあくまでメッセージが循環する「言説の（discursive）実践」なのであり、だからこそ後半部の指摘のように、メッセージを規定するコードが重視される。というのも、メッセージ、もしくは意味を構造化するコードは、情報工学におけるそれと同じようには、送信元と受信先において同一性が明確に判断できないからである。メッセージを規定するコードは、常に特定の社会・文化的な諸力を反映せざるを得ない言語であるからこそ、マスメディアを通したコミュニケーションには、受け手と送り手との間にメッセージの理解をめぐるズレが必ず生じる。ここに、一般的な「エンコーディング／ディコーディング」の理解である、記号論的枠組みを導入する有効性が存在した。

要するに、テレビ番組が発する明示的なメッセージは固定されうるかもしれないが、そのメッセージが持ちうる共示的な意味については、個々のテレビ視聴者が置かれた社会的位置づけに応じた解釈が入り込む余地が生まれるからである（Hall, 1980: 132–135）。そのうえでホールは、この個々の視聴者がとり得る解釈的立場を、メディアが提示する支配的なメッセージに対する反応に応じて「支配的‐ヘゲモニック」「交渉的」「対抗的」という三つのカテゴリーとしてモデル化したのである。ここで本章にとって重要なのは、この枠組み自体の有効性以上に、むしろ従来の北米を中心としたマス・コミュニケーション研究に対して、初めて自らメッセージを解読する主体として「視聴者（audience）」を描く可能性を担保した点にある。先回りして言えば、個々の視聴者がメッセージを解読するからこそ、彼／彼女たちが実際にどのように読んでいるのかを記述する必要性が生じるのであり、その過程を構成する要素の一つとして「空間」が発見されうる回路を開いたのである。

視聴空間の発見

ひとたび個々の社会的位置づけに応じて能動的にメディアのメッセージを解読する視聴者という枠組みが共有されると、一九八〇年代を通じてイギリスではテレビを対象としたオーディエンス研究が流行する。なかでも、ホールの枠組みを慎重に実証研究へと応用し、理論として鍛えていったのが、イギリスを代表するメディア研究者デヴィッド・モーリーである。モーリーは、一九八〇年代にテレビ視聴者を対象とした優れた実証研究を二点残している。一つが『ネーションワイド・オーディエンス――その構造とディコーディング』（Morley, 1980: reprinted in Brunsdon and Morley, 1999）であり、もう一つが『ファミリー・テレビジョン――文化的権力と家庭的余暇』[4]（Morley, 1986）である。

前者は、一九六九年から一四年にわたって放映されたニュース番組「ネーションワイド」のオーディエンス研究である。ホールのモデルを援用しながら、グループインタビューを通して、視聴者が報道をどのように受容したかを明らかにしている。一方で後者は、前者の反省のうえに設計されており、個々の視聴者がテレビを視聴する過程をより分厚く描いている。紙幅も限られており、ここでは、前者から後者への移行に絞って論を紹介したい。というのも、ここにモーリーの問題意識、方法論の両面における変化が端的に表れているからである。

まず、問題意識については、モーリーは『ネーションワイド』においては「ある特定の番組を題材に、視聴者が異なる「読み」を示すパターンの分析」という事後的な分析に主眼を置いていたのに対し、『ファミリー・テレビジョン』ではむしろ「番組の「読み」が（通常）生まれる枠組みとして、家庭で視聴する文脈それ自体を分析する」（Morley, 1986: 14）と、その形成過程に注目している。つまり、分析の力点が、番組の解読パターンと視聴者の社会的位置の関係性というスタティックな構造から、家庭という場を通して一定のパターンが析出されていくダイナミズムへと移行したのである。

また、方法論における家庭への注目は、『ネーションワイド』における調査手法上の限界から導きだされたものだった。モーリーは、以下のように当時を振り返っている。

『ネーションワイド』が直面した：引用者注〕第一の困難は、『ネーションワイド』の視聴者研究が、彼／彼女らの家の外で、数人で構成されたグループを対象としたインタビューによって実施されたことに起因している。つまり、彼／彼女らにとって「ありのままに（natural）」家庭で視聴するという文脈では調査がなされなかったのである。（Morley, 1986: 40）

つまり、『ネーションワイド』の調査では、研究者であるモーリーや他のグループの成員を意識せざるを得ないグループインタビューという形式を採用したことで、インタビュイーがありのままに自身の視聴経験を話すことは困難になったと考えたのである。一方で『ファミリー・テレビジョン』においては、調査の対象となった一八グループは自宅の寛いだ雰囲気のなかでインタビューされており、ときに普段利用しているリビングのテレビやその周囲の調度にも言及しながら話を進めている。結果として、前者においては番組に対する態度を規定する要因として「階級」が示唆された一方で、後者においては、家庭でテレビを楽しむ様子の分析を通して「ジェンダー」の役割が浮かび上がる。このように、一九八〇年代のモーリーは、ホールが「エンコーディング／ディコーディング」ではほとんど触れることのなかった、メディアのメッセージに対して視聴者が取りうる態度を規定する具体的な要因を、調査を通して一つずつ詳らかにしていったのである。

ただし、この一連のモーリーの議論を、当時の文脈に即して記号論的なオーディエンス研究の精緻化という水準でのみ理解するのであれば、それはおそらく不十分である。なぜなら後に本人も振り返るように、この二つの研究の背景にあった強いモチベーションとは、可能な限りテレビの視聴経験を微細に描きたいという思いのはずだったからだ。モーリーは、メディア研究におけるエスノグラフィーの重要性を指摘した一九九二年の著書のなかで、以下のように述べている。

それ［メディア研究におけるエスノグラフィー的な手法：引用者注］は、詳細かつ可能な限り、実際の空間と時間においてコミュニケーションの過程を研究する（study）こと、概ねエスノグラフィックな態度を採用すること、そして社会的に位置づけられた意味の生産と消費に従事する個人や集団の日常的な活動や実践のなかで、行為と束縛のダイナミクスを綿密に調査する（examine）ことなのである。（Morley, 1992: 183, 傍点は引用者）

つまり、記号論的な色彩の強いホールの枠組みを、実証研究を通して精緻化しようとした結果、テレビ番組を純粋なテクストとして理解することからは逸脱して、むしろ視聴行為が生起する具体的かつ微細な「空間」と「時間」をありのままに描く必要性に到達した点こそが、一九八〇年代のモーリーの、もしくは以降のメディア研究の方向性に影響を与えたのである。

「私的空間／公的空間」の差異の発見

上述の経緯から、一九九〇年代に入ると英語圏のメディア研究においては、家庭でのテレビ視聴を対象とした研究が蓄積されていく。代表的なものとしては、モーリーにも近いイギリスのメディア研究者、ロジャー・シルバーストーンによる『テレビと日常生活』（Silverstone, 1994）や、ブラジルの文化人類学者オンディーナ・レアルの「大衆的趣味と衒学的なレパートリー――ブラジルにおけるテレビの場と空間」（Leal, 1990）などが挙げられる。とりわけ後者は、変数として階級を採用した点は一九八〇年代からの流れを引き継いでいるものの、「モノとしてのテレビ受像機（the television set as an object）」（Leal, 1990: 19）にまで検討の対象を広げ、テレビの家庭内での配置やその装飾までを分析の対象に含めた点などには、空間に対する関心を確認できる。

ところが、この過程では重要な論点が見落とされることになる。それは、当時私たちは家庭外の場所でテレビを見ていなかったのかという問いだ。確かにモーリーも「テレビへの関与が最初に生まれるのはここ家庭であり、この家庭において最初の意味の分節がなされる」(Morley, 1992: 183) と述べたように、テレビの視聴において家庭の占める比率は依然として高い。けれども、一九九〇年代のイギリスであっても、プレミアリーグの試合を週末に地元のパブで友人と観戦したり、飛行機を待つ間搭乗口で何気なくテレビを眺めたりする経験は広く共有されていたはずだ。にもかかわらず、一九八〇年代以降のメディア研究は、テレビの視聴空間としての家庭に特権的な位置を与え続けてきた。このような傾向に対して新たな視角を提示したのが、アメリカのメディア研究者アンナ・マッカーシー (Anna McCarthy) である。

彼女の関心は、「モノ」としてのテレビが帯びうる意味の重層性に注目している点で先述のレアルに近い。例えば、アメリカで現地のエスニック・マイノリティに母国の料理を提供する場末のレストランに置かれたテレビを分析した論文のなかで、以下のように述べる。

> 私が着目しているのは家庭内に置かれたテレビ受像機ではなく、むしろ家の外にあるコンソール型のテレビの扱いである。特に関心が強いのは、労働や余暇を過ごすアメリカの都市空間や、食料品店、軽食堂、ビデオ店といったサービス施設で生じているテレビの環境である。(McCarthy, 2000: 308)

ここには、テレビがモノであるがゆえに、それが「どこに」置かれているのかという視聴空間への関心が明確に表現されている。マッカーシーは、視聴者のメッセージの解読というテクストの水準を離れて、モノとしてのテレビとそれが置かれた環境という水準を設定することで、一九八〇年代以降無意識に前提とされてきた家庭という視聴空間の優位性を解除する道筋を開いた。このような関心は、翌年の主著『アンビアント・テレビジョン

――視覚文化と公的空間』（McCarthy, 2001）にも引き継がれていく。ここでは、場末のレストランに加えて、地元の飲み屋、デパート、病院の待合室といった公的空間に佇むテレビの様態を一つ一つ丁寧に記述していくことになる。

この一連の過程から導かれるテレビというメディアの特性が、「場所に固有である（site-specific）」という点だ。この「site-specific」という用語は、元々現代美術から援用された専門用語だが、マッカーシーは以下のように説明する。

〔テレビという：引用者注〕メディアの最も包括的な特徴とは、その**場所固有性**（***site-specificity***）である。つまり、ある特定の場所において、他のメディアやその場限りの社会的論理と混じり合うテレビならではの能力のことである。（McCarthy, 2000: 313, 強調は原文ママ）

ここでマッカーシーが指摘しているのは、テレビは場に依存してその性質を変えるという点であり、ここにいたって視聴者と視聴行為、そしてテレビ受像機の三者とそれらの相互関係を射程に収めた枠組みとしての「空間」が対象化されることになる。この「場所固有性」については、彼女は別稿で以下のように述べている。

数多くの制度的、個人的なテレビの使用が持つ場所固有性という性質は、スクリーンと環境の間での関係性を定義する観客性の有りよう（the mode of spectatorship）を選び出すことが不可能だということを意味する。むしろ、テレビ的な空間を構成する視線と制度、主体と身体、スクリーンと物理的な構造が織りなす拡散したネットワークは、それぞれの場所で、きわめて特定の影響を維持するのである。（McCarthy, 2001: 3）

この指摘からは、空間という枠組みを通して、一九八〇年代以降の視聴者モデルから演繹的に個別の事象を記述するのではなく、むしろテレビが置かれた個々の空間の分析を帰納的に積み上げていくことで、その視聴を規定する社会的な諸力の関係性を可視化するという方向性の転換が見られる。ここで提示されたマッカーシーの理論枠組みは、本節で追ってきた一九八〇年代以降のメディア研究の到達点として評価されるべきものだし、スクリーンを備えた電子機器であればおしなべて映像が見られる現代のテレビ視聴を分析するにふさわしい枠組みだと言えるだろう。

けれども、テレビ視聴の現状を理解するうえでは、彼女の議論においてもいまだ不自由さが残る。なぜなら、結局のところモーリーが強調した家庭という私的な空間から、マッカーシーが取り上げたレストランや病院の待合室といった公的な空間にいたるまで、私たちは依然としてテレビ受像機の前に座る「セデンタリー（sedentary）」な視聴者だからである。ところが、序章でも言及したように、現在私たちは通学、通勤の途上で立ったままスマートフォン上の映像を視聴し、その端末に何度も視線を落としながら表面を無数の電子スクリーンで覆われた都市空間を横切って日々を送っている。だとすれば、現在私たちが手にした枠組みである、「テレビ受像機」とその前に「じっと座る視聴者」という空間把握では、現状を記述していくことは難しいだろう。そこで次節では、私たち「移動する視聴者」を対象化するために現状手に入るいくつかの理論的な枠組みを検討することで、「スクリーン」概念の位相を検討したい。

3　ウインドウ、インターフェイス、スクリーン——スクリーンの輪郭を描く

ウインドウ

現在の携帯可能な映像視聴端末の普及までは見通していなかったにしても、映像の視聴環境の変容にいち早く対応してきたのは、デジタル化との接点で映像文化に向き合ってきた視覚文化論だと言えるだろう。デジタル時代のメディア研究の古典となりつつある『ニューメディアの言語』（2001＝二〇一三）を著したレフ・マノヴィッチ

（Rev Manovich）は、同書のなかでデジタル化、もしくはコンピュータ以降の視聴経験の変容を「鑑賞の体制（viewing regime）」の不安定化として理解していた。つまり、「アルベルティの窓、デューラーの遠近法器具、カメラ・オブスクラ、写真、映画――以上の画面を介した（screen-based）あらゆる装置で、主体は不動のまま」（Manovich, 2001＝二〇一三、一七一ページ）画面に向き合うという安定性が、同一平面上に複数の画面を展開するコンピュータ（のモニター）の出現によって揺らぐと考えたのである。

このような映像体験の移行をより体系的に論じたのが、視覚文化論を代表するアン・フリードバーグ（Anne Friedberg）である。一言で言えば、彼女はこの状況を「窓（window）」という概念を通して理解しようと試みた。そして、彼女が「窓」、とりわけ「仮想的な窓（virtual window）」という用語で指摘したのは、窓に映される画面の統一性の失効という論点である。つまり、窓枠の内側の画面――窓枠のなかに拡がる風景、額縁のなかの絵画、そしてテレビ受像機の映像――には、私たちは自ずと遠近法に基づく統合的な世界を見出してきたわけだが、ＰＣモニターのスクリーンではこの視覚的なコードは適用されない。なぜなら、電子スクリーン上では、遠近法的な奥行きは失われ、そこに展開する窓それぞれが、固有の論理に基づいて画面を生成しているからである。例えば、ブラウザで映像を視聴していれば、その窓には遠近法的な世界が現れる一方で、隣に開かれたテキストエディタでは、ただのっぺりした平面が展開するという具合にである。フリードバーグは、このような同一平面上に異なる構成論理を持つ画面が展開される状態は、電子的な「仮想の窓」だからこそ可能になると考えたわけである。そのうえで、フリードバーグは、このような窓と向き合う私たちを以下のように表現している。

> マルチスクリーンとなった「窓」の観者（beholder）として、私たちは現在、単一で継時的な性質よりも、複数かつ瞬間的な性質に依存した「仮想的な窓」を通して、空間的にも、時間的にも断片化されたフレームのなかで世界を見ている。[5]（Friedberg, 2009: 243）

もちろん、上述の議論がなされた時期を考慮すれば、マノヴィッチやフリードバーグが想定していたのはセデンタリーな視聴者であった可能性が高い。けれども、ここで再度確認すべきなのは、仮に私たちがコンピュータのモニターを座って見つめていたとしても、映画館で映画を見たり、リビングでテレビを見たりという従来の経験とは異なり、もはやそのスクリーンは全体性を失っているという事実である。そして、このような一枚のスクリーン上に展開される「複数性（multiplicity）」（Friedberg, 2009: Introduction）は、その後の電子スクリーン上の視聴経験の基調となっていく。

インターフェイス

二〇〇〇年代の前半には視覚文化論で議論されていた視聴経験の変容への対応は、メディア研究では若干の遅れをもってスタートする。一つの仮説としては、メディア研究においては研究を規定する「テレビ」「ラジオ」「携帯電話」といったジャンルの影響力が強いため、そこで生じているメディア消費の様態の変容を描くという問題意識が相対的に遅れて現れたからではないだろうか。デジタル技術が普及していく過程で注目を集めた「メディア・コンバージェンス」（Jenkins, 2006）の議論なども、その表面的な理解は、技術的プラットフォームの発展によって旧来のメディアが統合されるという水準に留まっており、本章が対象としている、そのプラットフォームの前で実際に起きている視聴行為の変容については後回しにされる傾向があった(6)。結果として、メディア研究における移動する視聴者と映像メディアの両者を射程に収めた理論枠組みの検討は、携帯型のメディアにGPSが搭載され、位置情報サービス（location-based services）を通じたコミュニケーションが日常化するのを待つこととなった。

現在この領域の第一人者と目されるのがアメリカのメディア研究者アドリアーナ・デ・スーザ・エ・シルバ（Adriana de Souza e Silva）である。彼女は、GPSと一体化したスマートフォンの日常的な使用による、時空間の認識の変容に注目してきた（e.g. de Souza e Silva and Sutko, 2009; de Souza e Silva and Frith, 2012）。特にジョーダン・フリス（Jordan Frith）との共著では、ネットワーク上の位置情報を参照に、スマートフォンの液晶画面の操作を通じて日常的な人間関係をやりくりする若年層を分析するなかで、「インターフェイス（interface）」という鍵概念を抽出している。広義にはインターフェイスは「二つの異なった部分、もしくはシステムの間の何か」（de Souza e Silva and Frith, 2012: 1-2）を意味するが、彼女たちは以下の文脈において同概念を議論している。

モバイル技術は、大きくは二つの方法で公的空間を再編成する。（1）それらは、以前は全く昔ながらの私的な空間に限定されていた諸実践を都市の路上へと連れ出す。また（2）普通は私的な空間で連想されるようなコントロールと親しみやすさの感覚を公的な空間についても人々に与えるのである。この観点からすれば、モバイル技術は人々を空間から引き離したり、空間の私的囲い込みを促したりというよりは、むしろ公的空間へのインターフェイスと見なすことができるだろう。（de Souza e Silva and Frith, 2012: 186）

単純化を恐れずに言えば、「スマートフォン＝インターフェイス」を通じてネットワーク上の私的な情報を公的な都市空間に上書きしていくことで、今までは実空間として区別されていた私的空間と公的空間の境界の多孔性が上昇するという指摘である。この議論も、現在の映像の視聴環境を考える枠組みとして有効である。なぜなら、マッカーシーの議論では公私の空間の区分は実空間に基づくわけだが、例えばスマートフォンにイヤホンをつけて車両内で映像を視聴する経験は、公的な空間にいながら私的な視聴空間を持ち出している側面もあり、「実空間としての場所」と「経験としての公私の区別」の関係性が流動化しているからである。

一方でこのインターフェイスにもまた、その短所が存在している。というのも、「ウインドウ」は私たちが見ることの意味の変容を指摘しながらも、その前に座る視聴者像を温存しているのに対して、ここでの「インターフェイス」は、私たちが日々移動しながら利用するという行為の特徴の一端をつかみながらも、視覚以上に触覚的に操作する主体、つまり見ることと触ることの境界の変容を必ずしも明確に議論できていないからである。[7] そこで最後に、「スクリーン」を検討することにしよう。

スクリーン

このスクリーンという枠組みもまた、現在のモバイル・メディア環境のなかで改めて関心を集めているが、英語圏では一九九〇年代から徐々にその土壌が整備されてきた。(8) 現在「テレビを見る」ことがテレビ受像機で視聴することを必ずしも意味していないように、ＶＣＲ機器が普及したことで、映画においては先行して映画鑑賞という行為と映画館という視聴空間の分離が生じた。結果として、作品性を重視した「映画（film）」概念では、その視聴実践を把握することが困難になっていく。例えば、同時期にイギリスでは、映画学科がその看板を「映画研究（film Studies）」から「スクリーン研究（screen studies）」へと掛け替える動きが生じている。とりわけ、同分野で評価の高いロンドン大学のカレッジ群は、二〇〇一年には共有のポータルサイトとして「Screen Studies Group」を立ち上げている。ここには、これまでのテレビの議論と同様、映画の内容以上に、その映像がいかなる環境を通して視聴されるのかというその物質性への関心が反映されている。(9)

一方でメディア研究の場合には、一九九〇年代以降のテレビ受像機への関心やモノとしてのケータイへの関心はあったものの、「スクリーン」概念そのものへの関心は二〇一〇年代に共有されていったのではないだろうか。ただし、その定義はまだ揺れており、例えばモバイル・メディア研究においては、画面を備えた携帯型の情報端末、端的に言えば「モバイル・メディア」や「デジタルメディア」の言い換えとして用いられるようなケースもある（e.g. Hjorth et al., 2016）。こういった現況のなかで現在最も包括的なスクリーン理解を提示しているのが、オランダのメディア研究者ナナ・ヴァホーフ（Nana Verhoeff）である。まずは彼女の定義を見てみよう。

スクリーン（screens）は一度に、モノ（objects）、技術（technology）、映像装置かつ映像機械となる。スクリーンはハイテク機器であり（technological device）、インターフェイスである。また、同様にスクリーンは、三次元の〔空間的な：引用者注〕配置、潜在的には時間と動きを加えた四次元の関係性に位置付けられた平らな二次元の表面であり、メディエーションと映像の隠喩、表象の枠組み、技術革新と変化の場なのである。（Verhoeff,

2012: 15）

一読しただけでは拡散した印象を持たざるを得ないが、三点目の定義である、「「空間」に配置され、「動き」のなかに埋め込まれた平板な何か」であることがとりわけ重要である。加えて、スクリーンに言及した以下の引用を重ね合わせたとき、一九八〇年以降のメディア研究の延長線上に、ここまで検討してきた新たな理論枠組みのなかでも、スクリーンが好ましいとされる理由がおぼろげに見えてくるはずである。

> ここでは［この書籍では：引用者注］、私はより広範なスクリーン研究という構想に沿うかたちで、異なるメディア理論のアプローチの統合を追求したい。このアプローチは、以下の理論的パースペクティブに頼ることになる。つまり、内容志向でもモノ志向でもなく、そのかわりに空間的配置に焦点を合わせるパースペクティブである。（Verhoeff, 2012: 18, 傍点は引用者）

つまり、スクリーンという理論枠組みを通して、空間概念をより明確に関係性として把握しようとする点にヴァホーフのスクリーン概念の良さがある。つまり、マッカーシーの場合には、ある意味では一九九〇年代以降のイギリスのメディア研究の流れに忠実に議論を展開したことで、結果的にモノ志向が強調され過ぎることになった。ゆえに、マッカーシーもテレビが置かれた空間を関係性として理解しようとはしているものの、視聴者に対するモノとしてのテレビというある種の二項対立からは離れられなかったのである。もちろん、スクリーン概念が現状の視聴行動を理解するうえで万能の枠組みであるなどと主張する気はないけれども、これまでのメディア研究の延長線上にその理解を求めようとしたとき、当座は「スクリーン」の可能性が検討されても良いのではないだろうか。

4　過渡期としてのスクリーン研究

ここまで、本章では一九八〇年代以降の英語圏のメディア研究の文脈を再構成しながら、「スクリーン」という理論枠組みの位相を検討してきた。その理論的な有効性は、段階的に理解するとすれば以下のようになるだろう。送り手を重視してきた一九八〇年代以前の北米のコミュニケーション研究、受け手を重視した一九八〇年代以降のイギリスのメディア研究、そしてメディア消費が生じる場としての空間を対象化した一九九〇年代のエスノグラフィックな研究は、いずれもメディアを通して意味が生成する過程の一要素を取り出すことで対象を説明しようとしてきた。現在では、情報技術の発展を背景に、また上述の研究の流れのなかで構成要件がリスト化されたことで、個々の要素の関係性を「場」に即して理解できる可能性が生じたのであり、その鍵となるのがスクリーンという枠組みだということである。

ただし、ここまでの議論においても、留意すべき論点がすでに二点存在する。第一に、スクリーンという映像を支えるモノへの注目は、どこかでマーシャル・マクルーハン（Marshall McLuhan）、フリードリヒ・キットラー（Friedrich A. Kittler）、レフ・マノヴィッチへと続くある種の形式主義へと傾斜するのではという懐疑である。実はインターフェイス論においても、よりメディア哲学を志向するアメリカの研究者、ジェイソン・ファーマン（Jason Farman）は、「インターフェイスとは、社会的空間を身体的に生み出す（embodied production）結び目の役割を果たす文化的諸関係の束」（Farman, 2012: 64）としており、メディアを通じた意味の生成のダイナミクスを、相対的に物質性の低いインターフェイス概念を通じて理解しようとしており、今後も両者の関係性を生産的に整理していく必要がある。

もう一点は、二〇世紀以降の映像環境の変化に対応してきた（してこなかった）メディア研究の延長線上にある理論枠組みとしては「スクリーン」は有効に機能しうるが、この画像を映す平板な板としてのスクリーンもまた、急速な技術発展の過渡期だからこそ対象化しうるという事実だ。スクリーンはモノそのものであり、かつ空間的関係性を志向しているため、プロジェクション・マッピング等の新たな技術へと概念を拡張していくことは容易である。一方で、さらなる映像の技術発展を迎えたとき、つまり、スクリーンを伴わない空中投影が可能になり、まさにスクリーンではなく映像そのものが空間的に遍在する時代を迎えたとき、モノを介さない視聴経験の枠組みが必要となるだろう。その意味で、スクリーンという枠組みの有効性は、ポストテレビ時代とプレスクリーンレス時代との間での時間的に限定された範囲でこそ発揮されるのであり、無限定にメディア研究と映画研究との架橋を可能にする枠組みでもないということだ。とはいえ、本章で扱ったスクリーンという枠組みの全体像は、以降の個別の事象を対象とした諸研究を参照することで、よりはっきりとした輪郭を描くことになるだろう。

謝辞

本章は、光岡寿郎（二〇一五）「メディア研究における空間論の系譜——移動する視聴者をめぐって」（『コミュニケーション科学』第四一号所収）を、本書の出版に際して大幅に改稿したものである。ゆえに、二〇一三年度東京経済大学個人研究助成費（研究課題番号：13‐29）の研究成果の一部でもあり、重ねて感謝を付しておく。

注

（1）「ワンセグ携帯、受信料不要　さいたま地裁判決　NHKは控訴へ」（『朝日新聞』二〇一六年八月二七日付朝刊）。一方で同様の訴えに対して、東京地裁では「受信契約義務がある」との逆の判断がなされた（『朝日新聞』二〇一七年一二月二八日付朝刊）。

（2）代表的なものとして（Morley, 1980, 1986）、（Silverstone, 1994）を参照のこと。また、日本語であれば吉見俊哉編の『メディア・スタディーズ』（二〇〇〇年）が一九八〇年代以降のイギリスのメディア研究の流れを追うのに適しているほか、同様に吉見、水越伸、若林幹夫の共著『メディアとしての電話』（一九九二年）も参考になる。

（3）以下未邦訳文献は全て拙訳。

（4）以降、前者を『ネーションワイド』、後者を『ファミリー・テレビジョン』と略す。

（5）該当箇所も原著から訳出したが、井原慶一郎・宗裕訳による邦訳、『ヴァーチャル・ウインドウ――アルベルティからマイクロソフトまで』（2009＝二〇一二年）も参考にした。

（6）急速な情報技術の発展も伴い、メディア・コンバージェンスの議論は技術決定論的な枠組みのなかで紹介されることも多かったが、実際には「［このメディア：引用者注］コンバージェンスが、主として同じディバイスのなかに複数のメディアの機能をまとめる技術的なプロセスとして理解されること」（Jenkins, 2006: 2）に対して、本人ははっきりと否定的な態度を示していたことは付しておく。

（7）現代の映像視聴端末における「視覚／触覚」の問題については、本書第11章を参照のこと。

（8）本章の主たる対象ではないが、もう一つ現在の「スクリーン」概念に影響を与えているのは、初期映画研究である。この領域を代表するアメリカの映画史家チャールズ・マッサー（Charles Musser）もまた、一九八〇年代後半には「スクリーン・プラクティス（screen practice）」という概念で、映画研究の枠組みの拡張を図っている（e.g. Musser, 1994）。

（9）スクリーン・スタディーズ・グループのウェブサイトは以下。http://www.screenstudies.org.uk/ 二〇一七年一月八日閲覧。二〇一八年九月二九日現在、本サイトは閉鎖され、参加する各大学単位で紹介されている。

引用・参照文献

Farman, J.（2012）*Mobile Interface Theory: Embodied Space and Locative Media*. Routledge.
Friedberg, A.（2009）*The Virtual Window: From Alberti to Microsoft*. The MIT Press.（フリードバーグ、アン、井原慶一郎・宗裕訳（二〇一二）『ヴァーチャル・ウインドウ――アルベルティからマイクロソフトまで』産業図書）
Hall, S.（1980）Encoding/decoding, in Hall, S. et al.（eds.）, *Culture, Media, Language*. Unwin Hyman, pp. 128–138.
Hjorth, L., Pink S., Sharp, K. and Williams, L.（2016）*Screen Ecologies: Art, Media, and The Environment in the Asia-Pacific Region*. The MIT Press.
Jenkins, H.（2006）*Convergence Culture: Where Old and New Media Collide*. New York University Press.
Leal, O. F.（1990）Popular Taste and Erudite Repertoire: The Place and Space of Television in Brazil, *Cultural Studies*, 4(1), pp. 19–29.
Manovich, R.（2001）*The Language of New Media*. The MIT Press.（マノヴィッチ、レフ、堀潤之訳（二〇一三）『ニューメディア

アの言語——デジタル時代のアート、デザイン、映画』みすず書房）
McCarthy, A.（2000）The Misuse Value of the TV Set: Reading Media Objects in Transitional Urban Spaces, *International Journal of Cultural Studies*, 3(3), pp. 307–330.
McCarthy, A.（2001）*Ambient Television: Visual Culture and Public Space*. Duke University Press.
Morley, D.（1980）*The Nationwide Audience: Structure and Decoding*, reprinted in Morley, D. and Brunsdon, C.（1999）*The Nationwide Television Studies*. Routledge.
Morley, D.（1986 reprinted in 1988）*Family Television: Cultural Power and Domestic Leisure*. Comedia/Routledge.
Morley, D.（1992）*Television, Audiences and Cultural Studies*. Routledge.
Musser, C.（1994）*The Emergence of Cinema: The American Screen to 1907*. University of California Press.
Silverstone, R.（1994）*Television and Everyday Life*. Routledge.
de Souza e Silva, A. and Frith, J.（2012）*Mobile Interfaces in Public Spaces: Locational Privacy, Control, and Urban Sociability*. Routledge.
de Souza e Silva, A. and Sutko, D. M.（2009）*Digital Cityscapes: Merging Digital and Urban Playspaces*. Peter Lang.
Verhoeff, N.（2012）*Mobile Screens: The Visual Regime of Navigation*. Amsterdam University Press.
吉見俊哉編（二〇〇〇）『メディア・スタディーズ』せりか書房
吉見俊哉・水越伸・若林幹夫（一九九二）『メディアとしての電話』弘文堂

第2章　遍在するスクリーンが媒介する出来事《イベント》
——メディア・イベント研究を補助線に

飯田　豊

スクリーンに媒介されたイベント——「パブリック・ビューイング」や「ライブ・ビューイング」などの集団視聴、あるいは大規模なオンライン視聴と連動したイベントなど——が人口に膾炙している。これらは多くの場合、映画やテレビを中心とするマスメディアの地殻変動と密接に結びつき、その重要な一部を構成しているとともに、インターネット社会におけるマス・コミュニケーションという文化現象の課題や展望を示唆している。そこで本章では、「メディア・イベント」という（やや使い古された）概念を切り口に、スクリーン・スタディーズを切り拓く道筋を検討したい。

1　はじめに

「若者のテレビ離れ」といわれるようになって久しい。若年層の視聴時間が減少傾向にあることに加えて、ネット動画視聴の浸透などにともない、テレビ受像機というモノに対する意識が希薄化しているという面もある。屋外では都市の街頭から電車の車両内まで、いたるところにスクリーンが配備され、映像情報が遍在している。また、スマートフォンやタブレットなどの携帯端末によって、手のひらのうえで映像を扱うことも当たり前になった。こうして端末が複数化するなかで、「視聴者（audience）」という概念も自明性を失いつつある。

図１　サッカーワールドカップのパブリック・ビューイング
出典：E. D. Torial／Alamy Stock Photo／ユニフォトプレス

たとえば、第12章で詳しく論じられているように、サッカーワールドカップ（以下、W杯）の開催にさいしては近年、「パブリック・ビューイング」が世界各地で人気を博している（図1）。その独特な受容体験は、しばしばテレビ草創期における「街頭テレビ」の熱狂に喩えられる。ただし現在では、テレビ中継が会場の巨大スクリーンで視聴されるのみならず、手のひらのスマートフォンでも同時に情報が収集され、SNSなどを通じて声援や野次が拡散していく。

スクリーンに媒介されたイベントを構成するのは、放送局が中継する番組ばかりではない。音楽や舞台などの公演中継を、映画館やライブハウスのスクリーンで鑑賞する「ライブ・ビューイング」も、ここ数年で市場規模が急速に拡大している。[1] 二〇〇九年一二月に映画『アバター』（*Avatar*）が公開され、映画館のデジタル化が一気に進んだことで、ライブ・ビューイングの拡大を促すための技術的要件が整った。高品質の映像・音響設備によって、会場の雰囲気が生々しく再現できるようになり、「非映画コンテンツ（Other Digital Stuff; ODS）」という業界用語も生まれた。宝塚歌劇団のライブ・ビューイングは必ず満席になり、人気アイドルのコンサートも確実に動員が見込めることから、シネマコンプレックスにとって手堅い収益源になっている。[2] コンサートの場合、アーティストは目の前の観客のみならず、遠隔地のスクリーンを介して鑑賞している観客にも呼びかけ、各地の会場を同時に盛り上げる。また、二〇一六年になると、映画館で観客が大声を出すことを認める、いわゆる「応援上映」というイベントが定着した。

二〇一二年から毎年四月、株式会社ドワンゴが開催している「ニコニコ超会議」のように、大規模なオンライン視聴を前提に始まったイベントもある（図２）。会場に遍在する無数のスクリーン、あるいは手元のＰＣやスマートフォンを介して、ネット視聴者とともにイベントを楽しむ。かたやネット上では、「弾幕」と呼ばれるコメントを通じて視聴者同士が盛り上がることから、その様子もまた「街頭テレビ」に喩えられることが多い。

また、スクリーンを用いないプロジェクション・マッピングも、いまのところ技術の希少性が高いことから、「街頭テレビ」と比べられることがある。こうした新しい映像文化は、テレビ受像機が家庭に普及する過程で失われた集団視聴という現象を、擬似的に再生しているという一面がある。さらに、プロジェクション・マッピングは、共時的な身体体験を生み出す技術として使用されている反面、オリンピックの開会式における演出をはじめとして、テレビが媒介する映像表現としても存在感を発揮している。このふたつの系統を切り離して考えることはできない。

これらはいずれも、参加者のあいだに連帯の感情が共有されているかのような、一時的で、仮設的な体験である。国際化や情報化の影響を色濃く反映したトランスナショナルな文化現象でありながら、依然として、マスメディアや文化産業が重要な役割を果たしている。ただし、同じ場所で祝祭的な経験を共有していながら、われわれの意識はそうした局在性をやすやすと超えてしまう。新しい情報技術が空間性や時間性そのものを根底から変容させていく現代社会において、「メディア」と「イベント」の新しい結びつき方を、われわれはどのように捉えることができるだろうか。

図２　ニコニコ超会議（2016年）
出典：著者撮影

2　メディア・イベントからスクリーン・スタディーズへ

ダニエル・ダヤーンとエリユ・カッツは一九九二年、マスメディアに媒介された世俗的儀礼の演出と受容に焦点をあてた議論の伝統を踏まえて、『メディア・イベント――歴史をつくるメディア・セレモニー（*Media Events: The Live Broadcasting of History*）』を著した。「メディア・イベント」という言葉は七〇年代から使われていたが、彼らがとくに注目したのは、通常のテレビ放送の編成が変更され、特別枠で伝えられるイベントである。それは生放送と局外中継の大規模な組み合わせによって、視聴者のあいだに特別な連帯の感情をもたらす「マス・コミュニケーションの特別な祭日」と位置づけられる（Dayan and Katz, 1992＝一九九六）。この意味において、オリンピックやW杯などのテレビ中継はこれまで、典型的なメディア・イベントとして捉えられてきた。

パブリック・ビューイングは、メディア・イベントの新しい受容形態として注目を集めているが、考察の余地を多分に残している。テレビ放送の受容に関してはこれまで、あくまでも家庭内視聴が前提とされてきたのに対して、パブリック・ビューイングは、参加者（視聴者）の能動的関与によって、メディア・イベントとしての放送が再イベント化されるという特性があるためである（立石、二〇一七）。

日本にパブリック・ビューイングが定着したのは二〇〇二年の日韓共催W杯にまでさかのぼるが、こうした集合的沸騰に対して、批判的な言説も存在した。精神科医の香山リカが当時、路上などで無邪気に国旗を振る日本の若者たちを「ぷちナショナリズム症候群」と評したことは、とくに大きな話題になった（香山、二〇〇二）。そして後年には、ニコニコ超会議に表出する右傾化傾向が海外で厳しく非難されたこともある。[3]たとえメディア・イベントという概念を知らなくても、国家的ないし国際的なイベントがもたらす同調圧力、あるいは過度な同期化に対する危機感は、いまでも多くの人びとのあいだで共有されていることが分かる。ただし、二〇世紀のメディア・イベントは、大衆の集団的意識を動員する効果的な手段になり得たかもしれないが、われわれの生活がデジタルメディアによって多重的に媒介され、あちこちにスクリーンが遍在している現実のなかで、それは決して容易なことではない。右傾化批判の妥当性を検証するためには、インターネットやモバイル・メディアなどの普及にともない、複合化した情報環境のもとで成立するイベントの社会的機能を、実証的に捉えていく必要がある[4]。

二〇〇六年のドイツW杯においても、ドイツ国内では大規模なパブリック・ビューイングが開かれた。とくに大きな注目を集めたのが、ベルリンの「ファンマイレ（Fanmeile）」――「ファンのための数マイルの道」の意――である。このイベントでは、試合を観戦するためのスクリーンが仮設されているだけでなく、ステージ上では音楽フェスティバルが催され、露店が立ち並ぶ路上では、ダンスや小競り合いが繰り広げられた。国外からの観光客を見込んだＦＩＦＡの公式イベントだったが、ふたを開けてみると多くのドイツ人――しかも若者だけでなく高齢者までも――が、国旗を振る光景が見られた。第二次世界大戦後、公的空間で国旗を振るという行為が自制されてきたのは、日本と同じである。ところが、参加者が文字通り、熱狂的なサッカーファンだったとは限らない。さほど試合内容に関心を向けることなく、流行のパーティを楽しむために会場を訪れた人びとも数多く存在していたのである。

フランスの哲学者ベルナール・スティグレールが、「プログラム産業」という言葉を用いて批判しているのも、メディア・イベント研究の問題関心と近接している。W杯の決勝は世界中で数億、数十億人によって視聴される。この大規模な時間的一致によって、視聴者の集団的意識と無意識が過度に「同期化」され、人びとの経験の「特異性」を均質化してしまう（Stiegler, 2001＝二〇一三）。インターネットやモバイル・メディアの普及にともない、コミュニケーションが個人の興味関心に最適化されているなかで、こうした議論の構図が有効性を失っているという反論もできる（Crary, 2013＝二〇一五）。ただし、人びとの意識の絶えざる流れを産業的資源として捕捉しようとする、いわゆる「注意・経済《アテンション・エコノミー》」を支えるテクノロジーの進化という観点から見れば、むしろ両者は連続的に捉えられる（谷島、二〇一六）。

ところで、メディア・イベントとは従来、マスメディアの社会的機能を示す概念のひとつとして了解されてきたが、「テレビ」や「放送」、「視聴者」といった概念が軒並み自明性を失っている現在、電波を介して〈放送されている／いない〉という差異は、果たしてどこまで重要だろうか。裏を返せば、イベントを媒介する事業主体が〈マスメディアである／ない〉という同定も、次第に困難になっている。二〇二〇年の東京オリンピック・パラリンピック（以下、五輪）を引き合いに出すまでもなく、ネットに媒介されたイベント中継は、今後ますます大規模化していくだろう。[5] そしてその受容体験は、ネット上で日々、日常的に実践されている擬似的な集団視聴と切り離して考えることはできない。すでに述べたように、パブリック・ビューイングに対しても使われる「街頭テレビ」という比喩、そして批判的言説の近接性も看過できない。

二一世紀に入って、インターネットが世界のすみずみまで普及し、国際化がますます進展していくなかで、少なくとも英語圏では、メディア・イベントがいかに変容しているのかを明らかにする研究が少なくない（Couldry, Hepp and Krotz, 2009; Mitu and Poulakidakos, 2016）。ダヤーンとカッツのメディア・イベント研究が、日常の時間の流れから切断された次元に成立する、全国あるいは全世界の関心が集まるようなイベントに焦点を絞っていたのに対して、日本ではどちらかといえば、新聞社や放送局の事業活動を念頭に、もっと規模の小さな、日常との境界が曖昧なイベントに対して、強い研究関心が向けられてきた。それでは、常時接続が当たり前になったインターネットの媒介作用まで視野に入れた場合、メディア・イベント研究がこれまで蓄積してきた知見は、今後いかに継承できるだろうか。

そこで次に、日本におけるメディア・イベント研究の系譜を中心に跡づける。結論を先取りすれば、日本のメディア・イベント研究は、歴史分析に厚みがある反面、国際化と情報化にともなう今日的変容を分析する機運は低調であった。また、大衆動員の手段としてメディア・イベントを捉える事例研究は枚挙にいとまがなく、逆にそうした権力的作用に対する抵抗の契機を見出そうとする視座も広く共有されている。しかし本章では、この二分法の限界を指摘する。

それに加えて、メディア・イベントが受容される空間を記述する方法論も、これまで十分に精錬されていない。

メディア・イベントが受容されるのは、常設された受像機や常時携帯された端末を取りまく日常的な視聴空間とは限らず、仮設のスクリーンに媒介された、より短命でおぼろげな出来事でありうる。インターネットが現実のコミュニケーションを拡張する方向に作用し、都市とメディアの境界が融解している現在、このような経験をいかに捉えることができるだろうか。

3　メディア・イベント研究の到達点と課題

(1)　日本におけるメディア・イベント研究の系譜

吉見俊哉は一九九三年、「メディア・イベント」という概念の重層的意味を、①新聞社や放送局などのマスメディア企業体によって企画され、演出されるイベント、②マスメディアによって大規模に中継され、報道されるイベント、③マスメディアによってイベント化された社会的事件＝出来事、と分節化している（吉見、一九九三、一九九六）。この整理は後続の研究で頻繁に援用され、日本におけるメディア・イベント概念を決定づけた。

それに先立って、吉見は一九九〇年、「大正期におけるメディア・イベントの形成と中産階級のユートピアとしての郊外」と題する論文のなかで、電鉄資本と新聞社資本によって演出された「メディア・イベント」としての博覧会を分析している。「新聞社というマス・メディアと博覧会というマス・イベントの結びつき」（吉見、一九九〇、一四六ページ）を明示的に表す概念として、「メディア・イベント」という言葉をいち早く、①の意味で用いていたのである。それに対して、②はいうまでもなく、ダヤーンとカッツの概念を意味する。ダニエル・ブーアスティンの擬似イベント論やギー・ドゥボールのスペクタクル論などを踏まえてさらに拡張された③の意味は、一九九五年のオウム真理教事件などを経て、「劇場型社会」といった議論にも継承されていく[6]。部分的にはネット炎上の研究にまで通じる視角といえよう。

もっとも今日では、スポーツのテレビ中継が無条件で「メディア・イベント」と呼ばれることもあれば、何らかのイベントがおこなわれる空間自体を指すという拡大解釈まで散見される。メディア・ミックスとほぼ同じ意味合いで用いられることも珍しくない。こうした概念の揺らぎもまた、メディア・イベント研究の課題のひとつといえる[7]。

こうしたなか日本では九〇年代から、①の意味に重点を置いた実証研究に厚みがあった。それは「新聞事業史研究会」などを母体として、一九九一年に始まった「マス・メディア事業史研究会」(その後、「メディア・イベント史研究会」に改称)の活動(津金澤編、一九九六、津金澤・有山編、一九九八、津金澤編、二〇〇二)に拠るところが大きい。明治以降、新聞社や放送局が主催または共催するスポーツ大会、博覧会や展覧会、音楽会や講演会などの催し物、さらには社会福祉や研究助成などを含む事業活動が、紙面を通じた言論・表現活動と並んで、いかに重要な社会的役割を果たしてきたかが、今日まで多様な事例研究にもとづいて実証されている[8]。とりわけ、マスメディアとスポーツ・イベントの関係に対する関心が高かった。戦前に始まった「夏の甲子園」「ラジオ体操」から、戦後の日本社会に根付いていくプロ野球中継まで、新聞社や放送局はスポーツ・イベントを主催し、みずから報道や中継をおこなう。マスメディアが主導するスポーツ文化が日常に根ざしていった過程が注目され、さまざまな事例研究が蓄積されてきたのである[9]。

その一方、吉田光邦を中心として八〇年前後に始まった「万国博覧会研究会」(吉田、一九八五、吉田編、一九八六)、その成果を批判的に継承した『博覧会の政治学』(吉見、一九九二→二〇一〇)に連なる博覧会研究の系譜がこれに隣接している。これらは「創られた伝統」(Hobsbawm and Ranger eds., 1983＝一九九二)や「柔らかいファシズム」(de Grazia, 1981＝一九八九)などの研究動向とも結びつき、①の意味でのメディア・イベントの産業的基盤が戦前期から形成されてきた過程、および戦中期の戦争宣伝事業との関係などについて、今日まで多くの知見が蓄積されてきた。このような「日本型」メディア・イベント研究の知見は、メディア研究のみならず、日本の近現代史や美術史、観光学や歴史地理学などにも貢献してきた[10]。

もっとも、②や③の視点と通底する先駆的な議論も存在する。たとえば、ジャーナリストの筑紫哲也は一九八〇年、アメリカ大統領選挙に関するテレビ報道を分析するなかで、「メディアがとびついてくれるようなイベントをいかに作り出すかが、選挙運動の眼目になる」として、これを選挙の「メディア・イベント」化と呼んでいる（筑紫、一九八〇、一三〇ページ）。早川善治郎は一九八八年、プロレスの実況中継、皇太子成婚パレード、東京五輪を経て、安田講堂やあさま山荘の現場中継に至るまで、戦後日本のテレビ報道を「イベント・メディア化」の過程と捉えた（早川、一九八八）。

テレビ普及期と重なった一九五九年の皇太子成婚報道、とくにテレビ受像機の普及をうながした四月一〇日の成婚パレード中継が、一九五三年のエリザベス女王戴冠式における儀礼の演出と中継の手法を部分的に踏まえているとされ、②の意味でのメディア・イベントの代表例として頻繁に言及される。また、一九六四年の東京五輪に関しても、メディア・イベントとしての特性が多角的な視点から考察されてきた。二〇二〇年に東京五輪が開催されることが決まって以来、再検証の機運はいっそう高まっている。(11)

そして、一九八八年九月に始まった昭和天皇の病状報道、翌年一月七日の天皇崩御にともなう皇室報道は、③の意味でのメディア・イベントにほかならなかった（竹下、一九八九、吉見・内田・三浦、一九九二）。また、一九九三年の皇太子婚約報道および成婚報道に関しては、当時から明確にメディア・イベントとしての社会的意味が検討されていた（川上、一九九四）。

吉見が強調しているように、①—③の三層は本来、「別々の研究領域として分離してしまうのではなく、互いに密接に結びついた全体的な過程として把握すること」が重要だが、日本において歴史研究に傾斜しているという事実は、「欧米における文化の階級社会的な構成と、日本における文化の大衆社会的な構成の違いが、メディアとイベントの関係に異なる仕方で作用した」帰結と考えられる（吉見、一九九六、二六—二七ページ）。吉見は当時、ダヤーンらの分析を「現時点でのメディア・イベントの形式的特性を素描することに終始しており、それぞれのイベントのリアリティ構成や歴史的形成を明らかにしようとはしていない」と批判し、「こうした経験主義的で非歴史的な研究を超えて、より批判理論的かつ歴史的なメディア・イベント研究に向かっていく必要がある」と述べていた（吉見、一九九三、二四ページ）。しかし裏を返せば、歴史的な視点にもとづく社会的構成の違いはたしかに重要だが、国際化と情報化にともなうメディア・イベントの今日的変容を同時代的に分析しようとする研究が――二〇〇二年の日韓共催W杯に関する考察(12)を最後に――停滞していることも否定できない。

（２）動員／抵抗の二項対立を越えて

つまり日本では、新聞社や放送局が主導するメディア・イベントが、読者や視聴者に働きかけて大衆動員を実現する手法、あるいはナショナリズムを高揚する手段として採用されたと結論づける事例研究は枚挙にいとまがない。メディア・イベントは、人びとに強烈な共有体験をもたらし、「われわれ」としての集合的記憶を強化するとともに、他者との境界を確認させる作用も繰り返し指摘されてきた。①の意味だけでなく、②や③の意味でのメディア・イベントに関しても、同様の視点から解釈されることが多い。

逆に、こうした権力的作用に対して、受け手による抵抗の契機を積極的に見出そうとする視点もある。たとえば、すでに述べた皇室報道の視聴行動に関しては、読みの多様性に焦点をあてた研究が散見される。吉見は、一九五九年の皇太子成婚イベントについて、高橋徹らが当時おこなった調査（高橋ほか、一九五九）などを手がかりに、その送り手と受け手の両面から検証している。その結果、全国一斉的な報道にもかかわらず、実際の受容のされ方は差異を含んでおり、決して一枚岩ではなかったことを裏づけている（吉見、二〇〇二）。また川上善郎は、一九九三年の皇太子結婚報道に関して、大学生を対象とする調査にもとづいて、このメディア・イベントに積極的に関わったのは主として女性であり、「奉祝一色」の視聴者と「メディア批判」の醒めた視聴者に二極化していたことを明らかにしている（川上、一九九四）。

それでも、イギリスのテレビ研究における「能動的な視聴者（active audience）」論などが強調してきたように、受け手の主体性や能動性の度合いを実証的に考察することで、メディア・イベントの重層的な構成を明らかにするような議論は、これまでごく一部に限られていたといわざるをえない。ダヤーンとカッツは著書の冒頭、「私たちは、ダニエル・ブーアスティンよりも、ジオルゲ《ママ》・モッセに、より多くの注意を払っている」(Dayan and Katz, 1992＝一九九六、八ページ)と述べている。モッセによれば、ナチ政権は、ベルサイユ条約下の経済的困窮のみを根拠に出現したのではなく、一九世紀以前からドイツ地域に存在した諸々の文化運動にこそ、その芽があったという。ドイツ体操運動(Turnen)をはじめとして、男子合唱団、射撃協会、モダン・ダンサーたちが大衆運動の担い手となり、国民的記念碑に代表される祝祭空間において、政治的祭祀を実行していったというのである。国家的な儀礼秩序のなかに運動する身体が動員され、大衆の国民化が遂行していく(Mosse, 1975＝一九九六)。日本において、モッセに直接言及しているメディア・イベント研究はきわめて少ないにもかかわらず、多くの事例分析が図らずも、その歴史観を反復しているかのようである。

しかし吉見は、モッセの議論がスポーツとナショナリズムの関係を儀礼論的な視角から捉え返していく可能性を示しながらも、あくまで体操運動家や政策決定者の演出の側の分析にとどまっている点を批判している。そうした演出を果たして大衆が完璧に受け止め、国民化され得たのだろうか。儀礼秩序にもとづく国民化の過程を、より重層的で矛盾をはらんだものとして捉えるための視座として、吉見はヴィクトリア・デ・グラツィアの「柔らかいファシズム」論を挙げている(吉見、一九九九)。

このような対抗的視座は九〇年代以降、日本においても次第に共有されるようになっていく。戦時期の日本思想を対象とする研究領域においては八〇年代まで、文化人が翼賛体制に積極的にのめりこんでいった事実を処断する視点が優勢であった。赤澤史朗や北河賢三らは、こうした視点に立つ研究が、戦時下の文化の「不毛」性を自明の前提としていることを批判したうえで、戦前から戦中の時期が単なる「暗い谷間」の時代だったのではなく、さまざまな領域で文化創造の営みがあり、一定の成熟が見られたことに注目している。日中戦争以降の時代が、あたかも灰色一色で覆われた「暗い谷間」のように見えて、しかし文化創造の「ジャンルや抵抗の形態によっては、「国策協力」のタテマエの下で、ある種の抵抗をおこなうことが可能な時期もあれば、もはやその形態での抵抗は不可能となる時期もあった」(赤澤・北河編、一九九三、七ページ)。こうした視点を踏まえて、戦時期のイベントと大衆動員との関係に着目する有山輝雄は、国家統制と自主性擁護の対抗軸のみならず、その相乗的増幅という基軸を提示している（津金澤・有山編、一九九八、ixページ）。

それでも、大衆動員という権力的作用を主題化したうえで、受け手の主体性や能動性の度合いをいかに精緻に読み解いても、結局は動員／抵抗という二項対立に回収されてしまうのではないか。果たしてメディア・イベントの社会的機能の豊穣さ、とくに参加者の雑種性や複数性、あるいは流動性を、この一元的な尺度だけで測ることができるだろうか。

文化人類学者の青木保は『儀礼の象徴性』のなかで、絶対的平等の傾向が強く見出される「儀礼の解放」と、絶対的服従の傾向が強く見出される「儀礼の拘束」という対比を用いて、その択一性ではなく両義的な性格を強調している（青木、一九八四→二〇〇六）。青木の構図を踏まえれば、メディア・イベント研究では従来、もっぱら後者の観点ばかりが強調されてきたといえよう。

「たとえ、政治的セレモニーが社会を自己崇拝へと誘うことに注意せよ、とモッセが警告しているにしても」と前置きしたうえで、ダヤーンとカッツがメディア・イベントに対して、①ポストモダン状況における有機的結束の基盤となる、②社会を映し出す機能を持つ、③統一性だけでなく多元主義を賞揚するといった理由から、「無批判的ではないが、暗に擁護する立場」を示していることは看過できない（Dayan and Katz, 1992＝一九九六、九―一〇ページ）。この微妙な立ち位置の含意を、われわれはいま一度、注意深く検討する必要があるのではないだろうか。

というのも、ほかならぬカッツこそ、ポール・ラザースフェルドとともに五〇年代、いわゆる「コミュニケーションの二段階の流れ」仮説を実証するために水平的な相互人格影響（＝パーソナル・インフルエンス）に着目した人物であることに留意しておきたい（Katz and Lazarsfeld, 1955＝一九六五）。これが新聞やラジオの受容過程を踏まえた、いわゆる限定効果論であったのに対して、メディア・イベント概念は、テレビの影響力に裏打ちされた強力効果論の復活と捉えられる。山中速人は、カッツがメディア・イベント研究に取り組んだ背景には、歳をとってからイスラエルに移住するほど、彼が熱心なシオニストであることから、壮大な国家行事などに惹かれる部分があったのではないかと推測している（山中、二〇一六、八五―八六ページ）。

4　スクリーンに媒介された集団の雑種性、複数性をどうやって捉えるか

「映像都市（imaged city）」――映像に媒介された都市――の研究に取り組む陸曄《ルー・イエー》は、二〇一〇年に開催された上海国際博覧会の映像展示に着目し、巨大スクリーンを通じた映像が都市イメージの構築を企図しており、参加者が都市生活をめぐる含意を解釈する場でもあったという点で、「映像都市の特殊な標本」と捉えている。映像は都市の一部であり、都市の実空間において意義を生み出す一方、映像も都市を再現する。巨大スクリーンは新しい都市経験である反面、人びとは映像による視覚的経験を通じて、都市に対する理解をさらに強固にしていく。たとえば、二年がかりで制作されたサウジアラビア館の円形状スクリーン映像『砂漠都市』は、会期中に最長待ち時間九時間という記録を作るほどの人気を集め、陸たちが来場者を対象に実施したデプスインタビューにおいても、最も話題にのぼった展示だったという。陸の分析によれば、多くの来場者は「映像＝ハイテク＝近代化」という参照フレームを共有しており、映像表現を国の経済発展の度合いと関連づけて解釈していた。その反面、個人の生活経験や文化経験にもとづいて、多元的な読み解きをも可能にしていた。こうした分析の結果を踏まえて、陸は次のように述べている。

二〇一〇年上海万博の都市というテーマは、一方では国が「視覚イデオロギー」を通じて都市空間を強制利用する合法性を強化した。もう一方では、映像自体の多義性と複雑性により、来場者が自身の生活経験や文化経験を参照フレームとして都市の特徴と含意について多元的な読み解きを行なうことができた。それは時として「視覚イデオロギー」への抵抗さえ生み出し、自身のリアルな都市生活に対する再考を促すものであ

った。（陸、二〇一五、一〇七―一〇八ページ）

もっともこうした解釈によって、たとえ来場者の主体性や能動性をいかに精緻に読み解いても、「視覚イデオロギー」の権力的作用に焦点化している限り、結局のところ、3節で述べた動員／抵抗の二項対立に回収されてしまうのではないかという懸念は残る。それでも、こうしてスクリーンの媒介作用を実証的に分析しようという姿勢に、われわれは多くを学ばなければならない。すでに述べたように、日本では事業史を中心とした歴史研究に厚みがある反面、イベントが遂行される現場を描写する方法論、あるいはマスメディアに媒介されたイベントの受容過程に関する追究が乏しい。

イギリスのテレビ研究においては、受像機が置かれた空間を微細に描くために、リビングにおける「オーディエンス・エスノグラフィ（audience ethnography）」が洗練されてきた。それに対して、アメリカのアンナ・マッカーシーは、家庭外の公的な場所に設置された受像機を取りまく視聴空間を丹念に記述している（McCarthy, 2001）。こうしたエスノグラフィックな調査手法はこれまで、メディア・イベント研究の系譜と充分に接ぎ木されていない。

ただし、第1章で光岡寿郎が指摘したように、テレビの「場所固有性（site-specificity）」を描いたマッカーシーは、視聴空間における家庭の優越性を解除し、公的空間を分析の射程に収めることには成功したが、視聴者の身体は結局、受像機の前に置き去りにされたままであった。本章の冒頭でも述べたとおり、今日のメディア・イベント研究においても、インターネットの普及にともなう複合的な情報環境の特性――携帯電話（スマートフォン）やSNSに媒介された視聴者の情報行動など――を踏まえた分析が不可欠である。

そもそも、SNSが普及した現代社会においては、さまざまな規模のオンラインコミュニティが生成と消滅を繰り返し、無数の出来事＝イベントが日々、島宇宙的に媒介されている。そして実空間に目を向けると、「拡張現実の時代」（宇野、二〇一一→二〇一五）、「現実空間の多孔化」（鈴木、二〇一三）、「セカンドオフライン」（富田編、二〇一六）といった概念とともに指摘されてきた、無数の出来事＝イベントが遍在している。二〇一〇年代の日本におけるハロウィンの隆盛も、見知らぬ者同士で声を掛け合って撮影をし、ネットで公開することが主目的のひとつであり、マスメディアとの相互作用によって、さらに浸透したといえる(13)。

田中大介は、モバイル・メディアによって人びとの個体性や移動性が増したとしても、人びとはいま・ここに集まることをやめず、大都市の複雑性がますます高まっていることを指摘している。「現代社会における都市空間は、高度化した情報空間と重なりながら、それらとも異なる身体性や物質性として現れるモノの手触りとして経験されているのではないか」。いつでも・どこでもコミュニケーションが可能になるネットワーク社会において、都市は「ネットワーク化された身体」なのである（田中編、二〇一七）。

ファンマイレにおいて、若者たちは肩を組んで歌い、ステージ上のＭＣにあわせて一緒に踊る。彼らがともに歌い、踊ることができるのも、サッカーファンであるかどうかにかかわらず、連日ラジオから流れる歌を聴き、ネットで振り付けを予習していたからである(14)。メディア・イベントが受容されるのは、据え付けられた受像機を取りまく日常的な視聴空間とは限らない。「いつもそこにある」（＝都市に常設されたスクリーンの遍在性）あるいは「いつも持っている」（＝人びとが携帯する端末の常時接続性）という恒常性に支えられた視聴空間でさえないかもしれない。パブリック・ビューイングなどは、家庭内視聴の恒常性とは対照的に、仮設されたスクリーンに媒介され、ごく限られた時間のみ、その場限りの出来事として受容されることがある。それは常設のスタジアムで試合を観戦できなかったサッカーファンたちが、仕方なく参加するものであるかのように誤解されるかもしれない。しかし、それは熱心なファンのためだけの催しではなく、逆に趣味集団の境界を曖昧化させる出来事として、より多くの人びとに経験される。

このような傾向は、日本で九〇年代後半以降、夏の風物詩として定着したロック・フェスティバルと通底している。通常のコンサートやライブとは異なり、フェスの来場者は経験を積むほど、必ずしもステージ上の音楽には執着しなくなり、現在では幅広い世代の人びとが、思い思いに会場の雰囲気を楽しむようになっている。永井純一はフェスを、ジグムント・バウマンのいう「カーニヴァル」――持続的な共同体への帰属意識を確認するものではなく、個人化社会における一時的な共通関心としての祝祭――として捉える。多数のフェス参加者に対する聞き取り調査を踏まえて、永井純一は次のように指摘する。「そこでは時間と空間が共有されているのだが、出来事（ライブ）は必ずしも共有されない。そこでは個人個人がそれぞれのやり方で楽しみ、異なる体験をしながらも、全体としてひとつのフェスを共有している」（永井、二〇一六、五七―五八ページ）。都市に遍在するスクリーンから、手のひらのうえのスマートフォンまで、さまざまなデジタルメディアに囲まれた生活が常態化するなかで、テレビの生中継に媒介されたメディア・イベントの価値は（W杯という例外をのぞくと）一貫して低下しており、「ライブ」はテレビではなく、現場で体験されるものになりつつある。

岩見和彦もまた、こうした「選択的なイベント化社会」の特性を、近代社会の個人化原則が徹底しているという前提のもと、時として熱狂的な集団的振る舞いを現出するように見えても、自分本位の私的文脈に合致するものだけが呼び込まれる流動的な振る舞いであり、ある明確な集団思考性を持つわけではないと指摘する（岩見、二〇〇五）。

したがって、特定の音楽趣味を共有した集団としてフェスの参加者を分析することが不可能であるように、パブリック・ビューイングの参加者に対しても、それが特定の指向性を持った集団――熱狂的なサッカーファンもしくは感情的な愛国主義者――であることを自明の前提とした分析には限界がある。インターネットに媒介された集団視聴に関しても、その規模が大きくなるにつれて、あらかじめ特定の趣味が共有されているとはいいがたくなってくる。立石祥子は、日本とドイツにおいて、パブリック・ビューイングに参加した経験を持つ人びとに対して、半構造化インタビューを積み重ねているが、スクリーンに媒介された集団の雑種性や複数性こそを記述するために、「グラウンデッド・セオリー・アプローチ（GTA）」を用いた分析を試みている（立石、二〇一五）。その結果、日本とドイツには第二次世界大戦後、ナショナル・アイデンティティの表明に対する抵抗感が社会的に共有されてきたという大きな共通点がありながら、参加者のアイデンティティ形成の仕方に有意な差異があることが明らかになっている（立石、二〇一七）。

さらに、インターネットに媒介されたイベントの研究に目を向ければ、マス・コミュニケーションを前提としたメディア・イベント研究とは異なるアプローチもある。たとえば伊藤昌亮は、「フラッシュモブ」と呼ばれる集合行動における群衆の多面的・多層的なあり方を分析するにあたって、「集合的沸騰」をめぐるエミール・デュルケムの議論などを踏まえ、ヴィクター・ターナーや青木保などの儀礼的パフォーマンス論を参照している。伊藤は、フラッシュモブが新たな市民運動とテロリズムの両極に連なっており、社会秩序に対して創造的に沸騰することもあれば、逆に破滅的に作用する危うさも兼ね備えていることを、参与観察も含めて実証的に考察している（伊藤、二〇一一）。伊藤はその一方、ダヤーンらのメディア・イベント概念がターナーの儀礼論に依拠している点と、巨大電子掲示板2ちゃんねるに媒介される利用者のパフォーマンスもまた、ターナーの議論にそくしてその構造と意味を把握できる事例が存在している点を梃子に、ネット文化にメディア・イベント概念を拡張した議論も展開している（伊藤、二〇〇六）。

このように、アーカイブが体系的に残されない短命な文化現象に関しては――とりわけ、おぼろげな出来事を体験した人びとの、かたちのない現実を読み取っていくために――質的調査の方法論が多方面で模索されている。その可能性を具体的に検討するだけの紙幅は残されていないが、本章で参照したような事例研究の蓄積と併せて、今後の課題としたい。

5　おわりに

パーソナル・インフルエンスに着目し、後年にメディア・イベント研究に取り組んだエリユ・カッツは、ガブリエル・タルドをマス・コミュニケーション研究の始祖として高く評価していた。タルドは、一九〇一年に著した『世論と群集』のなかで、新聞を読むという行為から生まれた新しい非組織的集合体として、「公衆」という概念を見出した。互いに知らない多くの読者の頭のなかに、情報や思想が複製され、似たような信念や感情が共有されるようになると、「世論」という大きなまとまりが形成されていく（Tarde, 1901 = 一九六四）。社会学という学問が制度化されていく時代を生きたタルドは、社会が精神間および身体間の諸作用の集積であると捉え、さらに郵便、電信や電話、印刷技術などのように、精神間の作用を空間的かつ時間的に拡張させるネットワークに目を向けていた。

伊藤守によれば、われわれはたいてい、「コミュニケーション」という現象をイメージするとき、暗黙に二項間の相互作用ないし相互行為を主題化するか、マスメディアを介した「送り手」と「受け手」という二つの項の関係を問題にしがちである。しかしタルドは、新聞と読者との垂直的な関係を主題的に取り上げるだけでなく、都市空間という――私的領域とも公的領域ともいえない――曖昧な境界領域において、新聞が伝える情報が読者どうしの会話や口論を通じて波及していく水平的な関係にも着目した（伊藤、二〇一三）。

「送り手」と「受け手」が未分化で、「オーディエンス」や「コミュニケーション」という概念が充分に確立されていない当時の状況は、たとえばスクリーンに媒介された数々の出来事《イベント》によって、これらの自明性が再び揺らいでいる現代社会の相貌に通じている。

謝辞

本章は、飯田豊・立石祥子（二〇一五）「複合メディア環境における「メディア・イベント」概念の射程――〈仮設文化〉の人類学に向けて」（『立命館産業社会論集』第五一巻第一号に所収）をもとに大幅に加筆したものである。

本章は、財団法人電気通信普及財団「パブリック・ビューイングの日独比較研究――複合メディア環境における「メディア・イベント」に関する理論構築に向けて」（研究代表者：立石祥子）および科研費（若手研究（B））「メディア・イベント概念の理論的再構築――歴史社会学および比較文化学からのアプローチ」（JP16K17248／研究代表者：飯田豊）の助成を受けた研究成果の一部である。

注

（1）「映画館でコンサート！ライブビューイング拡大、ＬＶＪ、市場けん引、音響良く半額程度、年間動員一〇〇万人目標。」『日経ＭＪ（流通新聞）』二〇一三年一二月一八日号

（2）『季刊カラオケエンターテインメント』第九六号、二〇一五年、三三ページ

（3）二〇一三年四月に開催された「ニコニコ超会議２」において、自衛隊ブースを訪れた安倍晋三首相が迷彩服を着て、展示されていた最新型「一〇式戦車」の砲手席に立ったことは、国内外で大きく報じられた。たとえばイギリスの *Financial Times* 紙は、「首相は国家主義的な傾向を隠さなかった」ときびしく論評している。http://www.ft.com/intl/cms/s/0/b65cb4aa-afe5-11e2-acf9-00144feabdc0.html

（4）古谷（二〇一五）は、二〇〇二年のＷ杯における躁的雰囲気と、後年にネットで前景化する右傾化傾向には、まったく関係がないことを指摘している。

（5）二〇一二年のロンドン五輪以降、一部の競技をストリーミング放送によって視聴することが可能になった。西山（二〇一五）が指摘するように、スポーツ中継は現在、リアルタイム視聴が重要性を持つ数少ない事例である。

（6）二〇〇〇年に刊行された『現代のエスプリ』第四〇〇号「特集：劇場型社会」などを参照。

（7）メディア・イベント概念の範疇については、巫（二〇〇九）が詳細に検討している。

（8）一連の事業活動は日本特有のかたちで展開され、こうした問題関心の萌芽は七〇年代までさかのぼることができるという（津金澤編、一九九六、iii―ｖページ）。

（9）黒田（一九九九）、高井・古賀（二〇〇八）、高井（二〇一五）などを参照。

（10）たとえば、河原（二〇〇一）は、こうしたメディア・イベント概念を補助線に、日本の美術展覧会システムの形成過程を詳細に考察している。

（11）二〇一五年に刊行された『マス・コミュニケーション研究』第八六号「特集：「東京オリンピックの80年史」とメディア――3.11以降の現代を逆照射する」などを参照。

（12）二〇〇三年に刊行された『マス・コミュニケーション研究』第六二号「特集：メディアイベントとしてのスポーツ」などを参照。

（13）ハロウィンに関する社会学的考察として、松谷（二〇一六）が参考になる。

（14）かつて音楽社会学者の小川博司は、ポピュラー音楽のコンサートにおける支配的な規範が「ノリ」であると指摘し、そのためにはＣＤなどの音源、あるいはラジオやテレビなどのメディアを通じた「予習」の必要性を強調していた（小川、一九八八）。ファンマイレは、パブリック・ビューイングであると同時に、参加型の音楽イベントでもある。

引用・参照文献

赤澤史朗・北河賢三編（一九九三）『文化とファシズム――戦時期日本における文化の光芒』日本経済評論社
青木保（一九八四→二〇〇六）『儀礼の象徴性』岩波現代文庫
筑紫哲也（一九八〇）「80年代米大統領への道――メディア・イベントの虚と実」『潮』第二五四号、一二一―一三一ページ
Couldry, N., Hepp, A. and Krotz, F. (eds.), (2009) *Media Events in a Global Age*. Routledge.
Crary, J. (2013) *24/7: Late Capitalism and the Ends of Sleep*. Verso.（クレーリー、ジョナサン、岡田温司監訳、石谷治寛訳（二〇一五）『24/7――眠らない社会』ＮＴＴ出版）
Dayan, D. and Katz, E. (1992) *Media Events: The Live Broadcasting of History*. Harvard University Press.（ダヤーン、ダニエル、カッツ、エリユ、浅見克彦訳（一九九六）『メディア・イベント――歴史をつくるメディア・セレモニー』青弓社）
de Grazia, V. (1981) *The Culture of Consent: Mass Organization of Leisure in Fascist Italy*. Cambridge University Press.（デ・グラツィア、ヴィクトリア、豊下楢彦・高橋進・後房雄・森川貞雄訳（一九八九）『柔らかいファシズム――イタリア・ファシズムと余暇の組織化』有斐閣選書）
古谷経衡（二〇一五）『ネット右翼の終わり――ヘイトスピーチはなぜ無くならないのか』晶文社
早川善治郎（一九八八）「テレビ報道の軌跡――イベント・メディアへの転身の経緯を中心に」、田野崎昭夫・広瀬英彦・林茂樹編『現代社会とコミュニケーションの理論』勁草書房
Hobsbawm, E. and Ranger, T. (eds.), (1983) *The Invention of Tradition*. Cambridge University Press.（ホブズボウム、エリック、レンジャー、テレンス、前川啓治・梶原景昭ほか訳（一九九二）『創られた伝統』紀伊國屋書店）
伊藤守（二〇一三）『情動の権力――メディアと共振する身体』せりか書房
伊藤昌亮（二〇〇六）「オンラインメディアイベントとマスメディア――2ちゃんねる・24時間マラソン監視オフの内容分析から」『社会情報学研究』第一〇巻第二号、九―二三ページ

伊藤昌亮（二〇一一）『フラッシュモブズ――儀礼と運動の交わるところ』ＮＴＴ出版

岩見和彦（二〇〇五）「イベント化社会における「つながり」のディレンマ」『青少年問題』二〇〇五年一〇月号、一〇―一五ページ

Katz, E. and Lazarsfeld, P. (1955) *Personal Influence: The Part Played by People in the Flow of Mass Communications.* The Free Press.（カッツ、エリユ、ラザースフェルド、ポール、竹内郁郎訳（一九六五）『パーソナル・インフルエンス』培風館）

河原啓子（二〇〇一）『芸術受容の近代的パラダイム――日本における見る欲望と価値観の形成』美術出版社

川上善郎（一九九四）「メディア・イベントの視聴構造――「結婚の儀報道」をめぐって」『生活科学研究』第一六号、三一―一四一ページ

香山リカ（二〇〇二）『ぷちナショナリズム症候群――若者たちのニッポン主義』中公新書ラクレ

黒田勇（一九九九）『ラジオ体操の誕生』青弓社ライブラリー

陸曄（二〇一五）「映像都市：巨大スクリーンと都市の視覚経験――二〇一〇年上海万博を事例に」『5――Designing Media Ecology』第四号、一〇〇―一〇九ページ

松谷創一郎（二〇一六）「都市のハロウィンを生み出した日本社会――需要される偶有的なコミュニケーション」吉光正絵・池田太臣・西原麻里編『ポスト〈カワイイ〉の文化社会学――女子たちの「新たな楽しみ」を探る』ミネルヴァ書房

McCarthy, A. (2001) *Ambient Television: Visual Culture and Public Space.* Duke University Press.

Mitu, B. and Poulakidakos, S. (eds.), (2016) *Media Events: A Critical Contemporary Approach.* Palgrave Macmillan.

Mosse, G. (1975) *The Nationalization of the Masses: Political Symbolism and Mass Movements in Germany, from the Napoleonic Wars Through the Third Reich.* Howard Fertig.（モッセ、ジョージ、L、佐藤卓己・佐藤八寿子訳（一九九六）『大衆の国民化――ナチズムに至る政治シンボルと大衆文化』柏書房）

永井純一（二〇一六）『ロックフェスの社会学――個人化社会における祝祭をめぐって』ミネルヴァ書房

西山哲郎（二〇一五）「範例的メディアイベントとしての２０２０東京オリンピック・パラリンピック大会の行方について」『マス・コミュニケーション研究』第八六号、三―一七ページ

小川博司（一九八八）『音楽する社会』勁草書房

Stiegler, B. (2001) *La Technique et le Temps: Tome 3. Le Temps du Cinéma et la Question du Mal-être.*（スティグレール、ベルナール、石

田英敬監修、西兼志訳（二〇一三）『技術と時間3――映画の時間と「難‐存在」の問題』法政大学出版局）
鈴木謙介（二〇一三）『ウェブ社会のゆくえ――〈多孔化〉した現実のなかで』NHKブックス
高橋徹ほか（一九五九）「テレビと〈孤独な群衆〉――皇太子ご結婚報道についての東大・新聞研究所調査報告」『放送と宣伝』一九五九年六月号、三―一三ページ
高井昌吏（二〇一五）「ママさんバレーというメディアイベント――「主婦の青春」と地域スポーツから考える一九七〇年代」、岩見和彦編『続・青春の変貌』関西大学出版局
高井昌吏・古賀篤（二〇〇八）『健康優良児とその時代――健康というメディア・イベント』青弓社ライブラリー
竹下俊郎（一九八九）「メディア・イベントとしての天皇報道――大学生調査の結果から（現代語・現代文化学系研究会4月例会）」『言語文化論集』第三〇号、一七五―一七六ページ
田中大介編（二〇一七）『ネットワーク・シティ――現代インフラの社会学』北樹出版
谷島貫太（二〇一六）「ベルナール・スティグレールの「心権力」の概念――産業的資源としての「意識」をめぐる諸問題について」、松本健太郎編『理論で読むメディア文化――「今」を理解するためのリテラシー』新曜社
Tarde, G. (1901) *L'opinion et la foule.* Félix Alcan.（タルド、ガブリエル、稲葉三千男訳（一九六四）『世論と群集』未來社）
立石祥子（二〇一五）「質的データ分析のビジュアル・デザイン――グラウンデッド・セオリー・アプローチにおける分析プロセス再考」『情報文化学会誌』第二二巻第一号、四〇―四七ページ
立石祥子（二〇一七）「パブリック・ビューイング――メディア・イベントの再イベント化」、飯田豊・立石祥子編『現代メディア・イベント論――パブリック・ビューイングからゲーム実況まで』勁草書房
富田英典編（二〇一六）『ポスト・モバイル社会――セカンドオフラインの時代へ』世界思想社
津金澤聰廣編（一九九六）『近代日本のメディア・イベント』同文舘出版
津金澤聰廣・有山輝雄編（一九九八）『戦時期日本のメディア・イベント』世界思想社
津金澤聰廣編（二〇〇二）『戦後日本のメディア・イベント――1945―1960年』世界思想社
宇野常寛（二〇一一→二〇一五）『リトル・ピープルの時代』幻冬舎文庫
巫坤達（二〇〇九）「メディア・イベント論の再構築」『応用社会学研究』第五一号、一七五―一八七ページ
山中速人（二〇一六）『娘と話す メディアってなに？ 改訂新版』現代企画室

吉田光邦（一九八五）『改訂版 万国博覧会――技術文明史的に』ＮＨＫブックス
吉田光邦編（一九八六）『万国博覧会の研究』思文閣出版
吉見俊哉（一九九〇）「大正期におけるメディア・イベントの形成と中産階級のユートピアとしての郊外」『東京大学新聞研究所紀要』第四一号、一四一―一五二ページ
吉見俊哉（一九九二→二〇一〇）『博覧会の政治学――まなざしの近代』講談社学術文庫
吉見俊哉（一九九三）「メディアのなかの祝祭――メディア・イベント研究のために」『情況』一九九三年七月号、一六―三二ページ
吉見俊哉（一九九六）「メディア・イベント概念の諸相」、津金澤聰廣編『近代日本のメディア・イベント』同文舘出版
吉見俊哉（一九九九）「ナショナリズムとスポーツ」、井上俊・亀山佳明編『スポーツ文化を学ぶ人のために』世界思想社
吉見俊哉（二〇〇二）「メディア・イベントとしての「御成婚」」、津金澤聰廣編『戦後日本のメディア・イベント――1945―1960年』世界思想社
吉見俊哉・内田八州成・三浦伸也（一九九二）「〈天皇の死〉と記帳する人びと」、栗原彬・杉山光信・吉見俊哉編『記録・天皇の死』筑摩書房

第3章　液状化するスクリーンと観客

――「ポスト観客」の映画文化

渡邉大輔

1　ポストメディウム的状況における「観客性」の変容

二一世紀以降、わたしたちの現代社会では、日常空間のいたるところに膨大なスクリーンが遍在し、それらをかいして多種多様な映像が、いわばいつでもどこでもだれにでも見られるようになるという新たな状況が出来してきた。カール・シュミットのよく知られた術語を借りてたとえれば、こうした「スクリーンの例外状態」とでも呼ぶべき昨今の映像の遍在化や多様化の流れが、旧来の映画批評や映像研究の枠組みにも不断に再考を迫っていることは間違いない。おもに二〇〇〇年代以降に台頭してきたもろもろの情報コンピュータ技術（ICT）による「メディアのディジタル的転回」は、そのままわたしたちの暮らす文化世界において、さまざまな「イメージの存在論的転回」――イメージ（映像）が世界のなかで位置づけられるべきありようそのものの変化をもたらしているだろう。

そして、そのなかでも重要な論点のひとつが、それら映画や映像の受容主体／環境、いわゆる「観客性（spectatorship(s))」にかかわる大域的な変化である。たとえば、すでにいたるところで語られているが、文化産業全体の「ディジタル化」や「ネットワーク化」の趨勢に伴って、この一〇年ほどは、映画館における上映素材のディジタルシネマ化（フィルムレス）が大きな話題となってきた。およそ二〇一〇年代なかばを境に他の先進諸国と同様、日本のほとんどの劇場においてもスクリーンのディジタル化が完了し、フィルム上映は国立映画アーカイブなどのアーカイヴと、各地の公共施設や名画座などでの特殊な上映に限られるようになった。また、美学的な理由を除いて、今後、三五ミリフィルムの新作映画が作られることも世界的にきわめて少数になるだろう。そして他方で、シネマコンプレックスの「IMAX」（高精細上映）や「4DX」（体感型上映）によるアトラクション的な映画鑑賞やライブ中継。あるいは、クラウドに保存した映画をてのひらのスマートフォンやタブレットで観るといった受容スタイルの普及。これらの新たな慣習は、映画をめぐるわたしたちの文化的想像力やメディア環境を根本から塗り替えようとしている。

本章では、以上のような現代における映画・映像文化の観客性の変容の意味に注目し、おもにディジタル以降のメディア文化論や哲学的な概念系を参照しつつ、それらの内実をさしあたり「ポスト観客性（post spectator-ship(s)）」という用語で枠づけることを試みたい。

2　「SNS化」する映画文化

まず、近年の映画文化における観客性の変化を象徴するいくつかの事例について考えることからはじめよう。二〇一〇年代の日本映画においてもっとも社会的な注目を集めた作品に、庵野秀明総監督の特撮映画『シン・ゴジラ』（2016）と新海誠監督のアニメーション映画『君の名は。』（2016）があった。両作はいずれも記念碑的な大ヒットを記録しており、実写「ゴジラ」シリーズの最新作となった『シン・ゴジラ』は興行収入約八二億五〇〇〇万円、そしてとりわけ『君の名は。』にいたっては興行収入約二五〇億三〇〇〇万円を記録し、『千と千尋の神隠し』（2001）、『タイタニック』（1997 *Titanic*）、『アナと雪の女王』（2013 *Frozen*）に続く国内歴代四位の記録を樹立した。この破格の『シン・ゴジラ』ブーム、『君の名は。』現象が日本の映画業界にもたらした影響の内実とは何だったのか。

ひとことでいえば、ここには従来型の映画興行の構造や観客のコンテンツ消費の慣習と、ウェブやモバイル機器、SNSをはじめとした現代の情報環境のスキームとのかつてない近接があったと考えられる。やはり二〇一四年に歴史的な大ヒットを記録したディズニー映画『アナと雪の女王』の場合もそうであったように、『シン・ゴジラ』と『君の名は。』はいずれも、それ以前の国内の大ヒット映画の消費形態に比較して、Twitter や Facebook、LINE といったソーシャル・ネットワーキング・サービス（Social Networking Service、SNS）による口コミの拡散が大きく作用し、ごく短期間のあいだに投機的かつ脊髄反射的に興行ランキングを上昇していったという推移において共通している。[1]

より具体的にいうならば、『君の名は。』のヒットの大きな要因のひとつとなったのが、各種動画投稿サイトにアップロードされた、人気ロックバンドRADWIMPSの楽曲を使用した劇中シーンのフッテージや主題歌のミュージック・ビデオ動画だっただろう。これらの映像がウェブ上で公開され、本編とは別に多くのユーザの眼に触れていたのである。知られるように、『君の名は。』の監督を務めた新海は、アニメーション制作に進出する以前、もともとパソコンゲームのオープニングムービー制作から出発していたクリエイターであり、いうなれば物語的な構築性よりも、むしろ個別のシークエンスにおいて伴奏音楽と繊細な背景画を含む映像を、フラッシュカット的に同期させる演出に長けていた。今回の『君の名は。』でも、制作中からRADWIMPSと細かい調整を何度も重ね、音楽と映像編集のリズムを絶妙にあわせる、のちに「ミュージック・ビデオ的」と評された演出にこだわったことが知られている。そうしたことの影響からか、映画の公開後、これらの楽曲動画を素材にして、二〇〇〇年代後半ころからすでに「ニコニコ動画」などを中心に盛りあがりを見せていた二次創作動画（ニコニコ動画のタグでいう「歌ってみた」や「演奏してみた」）が、一般ユーザ＝観客やボーカロイドソフトによって大量に作られ、YouTube に連鎖反応的に投稿されていった。

複数の端末をかいしてネットワーク的に受容されうるディジタルメディア時代のコンテンツが、リニアな物語性や、通常の「作品」としてのパッケージングをキャンセルされ、その代わりに脱文脈的なモジュール性やランダムアクセス性を獲得しがちなことはレフ・マノヴィッチがすでに指摘しているとおりだが[2]、『君の名は。』の興行の背景で起こっていた事態も、まさに同様の映画文化を取り巻く受容環境の構造的な変容だったといえる。すなわち、そこではユーザ＝映画観客たちの情動的かつ脊髄反射的な注意をたくみに誘発する映像の断片がウェブやＳＮＳに拡散し、それらが同様のアマチュア動画（Ｎ次創作）を大量に派生させ、さらにそれら双方がフィードバックを重ねるようにして、劇場の本編自体にもますますひとびとの足を運ばせる。さらに本編を観た観客がふたたびアマチュア動画を大量に投稿し、またしてもそれらがウェブ上で拡散する……。『君の名は。』の大ヒットの経緯は、まさにこうした文化消費の「ニコ動ランキング化」ないし「pixiv ランキング化」と呼ぶべき循環的かつスケーラブルなプロセスをはっきり示していた。こうしたＳＮＳと密接に紐づいた（マスメディアの宣伝を必ずしもかいさない）ボトムアップ的なコンテンツ消費の文化的秩序は、映画のみならず、テレビドラマからアニメーション、さらにアーティストのプロモーション・ヴィデオからお笑い芸人の動画にいたるまで、もはや二〇一〇年代日本の映像文化全般に広がっている。

いずれにせよ、ここ数年の映画の記録的ヒットは、およそ二〇年近く前の『千と千尋』や『タイタニック』の場合のそれとは、当然ながらその構造が根本から変化しているといえる。すなわち、いまやユーザ＝観客は、映画作品のリニアな物語の面白さやパッケージングされた「作品」としての趣向だけに惹かれて映画を楽しむのではなくなっている。ポストシネマ的状況における映像文化の大きな特徴は、Twitter や LINE、あるいは Instagram といった数多のリアルタイムウェブが創発させる脊髄反射的な「コミュニケーション」と、それに伴う「身体的な情動」の惹起にあるが、以上の作品群のヒットはこれらの要素すべてをみごとに体現していたのだ。

３　「観客性」の液状化

『アナと雪の女王』や『君の名は。』に象徴的に見られた、以上のような現代の「映画興行とＳＮＳの構造的融合」は、従来の映画文化が担ってきた固有の観客性のありようを劇的に変容させているだろう。ここで仮に想定する一般的な意味での映画の観客性とは、たとえば日本映画ではおよそトーキーが芽生える一九三〇年代前半ころに確立されたとされる[3]、客席に身体を固定した観客が、スクリーンに投影される映画の物語を寡黙かつ受動的に見つめ続けるという、脱文脈的／脱身体的な観客主体である。周知のように、カルチュラル・スタディーズやオーディエンス研究（観客論）を導入した近年の映画史研究の成果は、そうした観客主体が現代映画の制度的・産業的・美学的変容に伴って歴史的に相対化されつつある経緯をつぎつぎと明らかにしてきた[4]。むろん、右で論じてきたような一連の動向もまた、基本的にはそれらの言説群と多くの文脈を共有している。

しかし他方で、やはりそれらは従来の文脈には容易に包摂されない、二一世紀以降に台頭してきた新たなメディウム環境がもたらす、注目すべき側面も認められるだろう。結論から述べるならば、それは、ＳＮＳや動画サイトといった新たなコミュニケーションツールの社会的浸透によって、これまでの観客論の枠組みでも基本的に維持されてきたと考えられる、観客／テクストという対立的かつヒエラルキカルな主客関係（主従関係）の安定性そのものが構造的に解体しつつあること、いいかえれば、その両者の双方向的なコミュニケーションによる「可塑的 plastic」な再編成が見られるようになっていること、これである。

それにかんして、ここでは『シン・ゴジラ』と、こちらも同年に大きな反響を呼んだ菱田正和監督のアニメーション映画『KING OF PRISM by PrettyRhythm』（以下、『キンプリ』2016）の事例を確認してみよう。まず、前者の公開中に映画館で話題を呼んだイベントのひとつに、「リアルタイム実況」と呼ばれるものがあった。これは、劇中でゴジラが日本に上陸したとされる一一月三日を発端として、Twitter のある非公式アカウント（https://twitter.com/shingoji_real）が実際の同日から物語が終了する二八日までのほぼ一カ月間にわたって、劇中で起こる出来事を時系列順に実況するようなツイートを投稿し、いわば『シン・ゴジラ』の架空の世界観を現実世界に忠実に再現しようとした試みである。これに複数のアカウントが「＃シンゴジ実況」のハッシュタグをつける形で参加し、ネットを中心に大きな盛りあがりを見せた。そもそも『シン・ゴジラ』は、本編の物語や映像演出自体は非常に単純な構成になっており（大部分が、ゴジラの首都襲撃シーンと、それに対する膨大な人数の政府閣僚・幕僚たちの会話劇シーンの小気味よいクロスカッティングのみ）、したがって、映画を鑑賞した観客がそこから適宜派生的な物語を恣意的に読みこみうる「余白」をあえて多く残すような作りになっている。実際、ほかの庵野作品と同様、『シン・ゴジラ』でも公開後から多くの二次創作のイラストや同人誌がSNSや同人誌即売会に大量に出現し、これも映画自体のヒットを後押しした。

あるいは、似たような事態は『キンプリ』をめぐる試みでも率先して行われていた。それが主要上映館で実施された、本作のいわゆる「応援上映」イベントである。応援上映とは、『シン・ゴジラ』で実施された「発声可能上映」とも近い、シネコンのディジタルシネマ（DCP上映）でここ数年、増加しているいわゆる「Other Digital Stuff」（ODS、非映画ディジタルコンテンツ）の一環である。このイベントの観客は、事前にペンライトなどを持参して客席で待機し、映画の物語がはじまると、作中の展開とあわせて、キャラクターの台詞に沿ってあたかも音楽ライブのコール＆レスポンスや歌舞伎の「大向こう」のように、大声でスクリーンに向かって声援や合いの手を入れられる。実際、『キンプリ』の映像演出で興味深いのは、登場キャラクターの一部に意図的に声が入っておらず、その代わりに、スクリーンの画面下部に観客自身がその部分の台詞を当てるために字幕が挿入されるという趣向である。つまり、『キンプリ』とは正確には、その観客からの反応（テクストを取り巻く環境）全体を含めて成立している「作品」なのだ。それが本作の受容空間に通常の映画の感情移入ではない、独特の一体感をもたらしている。

ともあれ、以上に見た『シン・ゴジラ』のリアルタイム実況にせよ、『キンプリ』の応援上映にせよ、両者のイベントに共通しているのは、繰りかえすように、テクスト（映画作品）と、それを観る映画観客とのあいだの双方向的かつ脊髄反射的なコミュニケーションの連鎖を、テクストを取り巻く環境そのもののなかにたくみに配置し、それによってテクストとその外部、あるいはテクスト／他者／客体と、観客／主体という、本来は截然と区分されてきた二項対立図式を相互に溶解・攪拌させる構成を伴っている点だろう（つけ加えれば、『シン・ゴジラ』

にも『キンプリ』にもそれぞれ作中でゴジラの襲撃をリアルタイム実況する群衆や「プリズムショー」を観覧する観客の姿が描かれるなど、一種の「メタフィクション的」な構成が採られている点も以上の趣向に大きくかかわっている）。こうした映像を観る観客たちのコミュニケーションの痕跡の可視化という意味で、いわば「ニコニコ動画化」とも呼べるだろう現代映画固有の演出や受容環境の内実は、ひるがえって、やはり従来の映画批評や映画研究が前提としてきた観客性のありようが機能不全に陥っていることを雄弁に証立てているように思われる。(5)

この点を、映画理論の文脈で敷衍するとどうなるだろうか。たとえば、映画館のスクリーンで物語映画に感情移入しながら観るという、通常の映画観客のありようは、七〇年代以降、おもに記号学とラカン派精神分析に依拠して作られた「装置論（Apparatus theory）」と呼ばれる一群の理論的言説が定式化してきた。(6) もとより、映画というメディア形式は、観客とスクリーン、より抽象化していえば主体と記号＝表象との関係をめぐる、ある二重性をもとに成立しているとされる。たとえば、一方で映画館の観客は、そのまなざしが原理的に一体化しうるものとしてのキャメラアイをかいして、眼の前のスクリーンに投影された可視的なイメージに感情移入している（ラカン派精神分析の用語ではこのメカニズムを「想像的同一化」と呼ぶ）。しかし他方で、同時にそのスクリーンのイメージへの円滑な感情移入のプロセスは、ほかならぬ「キャメラ」（＝映写機）というスクリーンの外部にあるメディアの媒介作用への反省的意識によっても可能になっている。すなわち、映画観客の鑑賞体験とは、実際に眼で見ているスクリーンのイメージを作りあげているにもかかわらず、観客にとっては経験も認識も不可能なイメージの外部＝現実を記号的に変換する形式的な眼差しそれ自体（キャメラワークやフレームなど）への反省的な意識化（これを「象徴的同一化」と呼ぶ）によっても成立している。本来の映画的機制とは、スクリーンのイメージに対する、この唯一の「不在の他者の眼差し」（欠如）であるキャメラアイが成立させている、想像的同一化と象徴的同一化というふたつのメカニズムの二重性、いわば「見えるものと見えないもの」（メルロ＝ポンティ）の領域の重ねあわせが深くかかわっているとされる。

さて、以上の整理を踏まえたとき、さきに挙げた今日の映画テクストと観客の関係が、こうした従来の装置論に立脚した観客性の機制の「液状化・例外状態化」を促していくことがあらためて明らかとなるだろう。すなわち、『シン・ゴジラ』のリアルタイム実況にせよ、『キンプリ』の観客のリアクションにせよ、本来は映画の象徴秩序を担保する「見えないもの」の側にあるはずの、テクストの外部（現実）の観客たちによる多様なコミュニケーションが、テクスト内部の物語や表象、演出と、どちらも「見えるもの」としてつねに相互に折り重なり、浸潤しあっているため、そこではかつての映画の表象＝象徴秩序の安定した自明性や全体性の構造を絶えず潜在的に動揺させてしまっているのである。ここで、かつての映画の観客性を構成していた「見えるもの」と「見えないもの」の截然とした区分は、決定的に変質を迫られている。

4　観客性の「可塑的」な再編

何にせよ、ポストメディウム的状況におけるこの種の観客性の構造をめぐる範例的な理解にふさわしいのは、通常の映像作品というよりも、やはりニコニコ動画を含むウェブプラットフォームの一連の「ユーザ生成コンテンツ（User Generated Contents）」のほうだと思われる。たとえば、知られるようにニコニコ動画は、ユーザが投稿した既存の映像の画面に、それを閲覧する側のユーザが自由にコメントをつけられるようになっている。この独特の仕様は、いわば『シン・ゴジラ』や『キンプリ』に見られるようなテクスト＝客体と、観客＝主体のあいだのコミュニケーションの可視性を、ミニマムな動画レヴェルで具体的に実装しているものと見ることができよう。さらにつけ加えれば、そうした動画サイトを中心に日々、膨大に生みだされているそれらアマチュアベースの動画コンテンツのもつ内実もまた、いわば客体である既成の映像と、そこに多様に加えられるユーザ（主体）側の創造的改変という二極が絶え間なく相互反復・相互包摂を繰りかえすなかでとりあえずの「かたち」を与えられたオブジェクト群なのだと理解しうるだろう。

ところで、こうしたたがいになかば客体であり、なかば主体でもあるというアクターが競合的で相互包摂的なコミュニケーションのネットワークを形成しあうというスキームは、ミシェル・セールやカトリーヌ・マラブーといった現代ヨーロッパの哲学者が扱う「可塑性（plasticité）」という哲学的概念にほぼ対応していることが知られている。この可塑性とは、芸術作品もそこに含まれるあらゆる媒質が一定の「かたち」をなしていく「個体化（individualisation）」の性質にかかわる、複数の変形作用の痕跡（履歴）が保たれる動的なプロセスのことである。さらにこの言葉は、そもそもマラブーが神経科学（ニューラルネットワーク）との文脈で注目していたように（『私たちの脳をどうするか』）、近年ではディジタル化や情報化に伴い、ほかならぬニューメディア研究やポストメディウム論などの情報科学やメディア文化理論関連の領域でもにわかに脚光を浴びている。たとえば、マラブーは可塑性の特性について以下のように説明する。

> 一度形成されるとその祖形を再び見出すことができない大理石彫刻のように、形態を保存するものこそが可塑的なのである。したがって、「可塑的」とは変形作用に抵抗しながら形に譲歩することを意味する。[7]

つまり、可塑性とは、粘性をもった煉瓦のように、あらゆるスタティックな構造化には還元されえない、ある種の「かたち」の成り立ち方を意味しているといってよい。それは、受動的な「硬直性」（形を受けとる既存の力）と、反対に能動的な「柔軟性」（新たな形を与える力）とが絶え間なく牽制しあいながらも結ばれ（続け）る準−均衡状態のプロセスのことなのである。そこでは、「形を維持しようとする力能」（硬直性）と、反対に「形を与えようとする力能」（柔軟性）との複雑なせめぎあいから、とりあえずの「かたち」――「準−安定状態（métastabilité）」としての作品の「かたち」が生成する。

以上のような可塑性のありようが、ここまで敷衍してきた、今日のディジタル／ネットワーク環境固有の動的な機制――ひいては『シン・ゴジラ』のリアルタイム実況や『キンプリ』の応援上映に見られるテクストと観客とのそれにほぼ正確に対応していることはもはや明らかだろう。つまり、それらの映画が成り立たせている固有の観客性とは、いわばスクリーン＝客体と観客＝主体というアクターが相互に可塑的な関係を取り結ぶなかで生まれでる「かたち」なのである。

5　準‐客体と「オブジェクト指向」の観客性

ともあれ、『アナ雪』から『シン・ゴジラ』、『君の名は。』、『キンプリ』にいたるまで、ここ数年の映画の観客文化が、テクストと観客双方をそれぞれ「可塑的」なネットワークの内に包摂しながら再組織していることはまぎれもない。さらにここでわたしたちは、そうして輪郭づけられたポストメディウム的状況における新たな観客性のイメージを、さきのセールのいう「準‐客体（quasi-objet）」という術語で置きかえることも可能となる。この場合、準‐客体とは、さきにも少し触れたように、なかば受動的な客体（モノ）でありながら、同時になかば主体としての能動的・自律的な働きをももってふるまう対象を指す（したがって、しばしば「準‐主体 quasi-sujet」という言葉とカップリングでも扱われる）。こうした特異な対象は、複数の行為者（agent）たちが相互に相手を牽制しあいながらもフォーメーションを変えて動的に結びついていく流動的かつ競合的なネットワークを生成するための媒体として機能する。そして、明らかなように、この準‐客体を媒体として形成されるネットワークや固体――作品や表現、そして観客のかたちは、必然的にハイブリッドな「可塑的」性質を帯びることにもなる。

たとえば他方で、現代フランスの哲学者エリー・デューリングは、近年、「プロトタイプ（prototype）」という新たな美学的概念を提起している。[8]これは、有限の作品としての「オブジェクト（object）」と無限の理念＝実践としての「プロジェクト（project）」という作品創造にかかわる従来通りの二項対立図式――ポイエーシスかプラクシスか――から逸脱する第三項として想定されたものだが、かれはこの概念をまさに「芸術の準客体／準‐芸術作品（quasi-objet d'art）」とも形容している。すなわち、準‐客体にせよ、プロトタイプにせよ、それらは二一世紀以降の、いわば制作物と制作行為がたがいに包摂しあう「ハイブリッド優位の表現／美学」、あるいはそれらに参与するオーディエンスの特性を的確に描きだしたものだといってよい。

すなわち、準-客体が織りなすネットワークとは、「主体／客体」、「自己／他者」、「ヒト／モノ」、「人為／自然」、「一／多」……そして「観客／テクスト」うんぬんといった、かつての近代社会の秩序においては二項対立的に捉えられていたカップリング群が不断に交差交換・融合しあい、それら対立項のおのおのが脱分化された中性的な立場から捉えなおされるような地平である。たとえばそれはマリリン・ストラザーンが人類学の文脈で、かつて全体と部分、主体と客体といった二項的な関係性を、（AがBより大きく、BがCより大きいならば、AはCより大きいというような）不可逆的な推移性・階層性においてのみ捉える枠組みに代わって、「メログラフィック mero-graphic」な世界と呼んだ、それらの二項図式がその位置を絶え間なく入れ替え、相互包摂しあい、一対多の結節点としてのモノ（客体）がいくつもネットワーク状に構造化される様態にもつうじる。[9] そこでは、本来、客体（モノ）は主体（ヒト）に対してつねに従属的な二項的関係のうちに置かれるという「人間（＝観客）中心主義」は吹き飛ばされ、むしろ複数のモノとヒト、あまつさえモノとモノとの能動的な相互干渉が積極的に生みだされることにもなるだろう。

つけ加えておけば、こうしたマラブーやセールの準-客体論やデューリングのプロトタイプ論が今日の文化事象やメディア環境にことのほか馴染み深いのは、むろんたんに本章が注目するような観客性の可塑的な再編成という事態のみではない。むしろそれは、かつてフリードリヒ・キットラーが述べたように、コンピュータやリアルタイム・ネットワークをはじめとするメディア技術＝客体と主体の存在様態との多種多様な交差交換として、今日、いたるところで見られるようになっている。

> 近代の機械的ツール、とりわけ第二次大戦後のコンピュータを、もはや我々の非物質的なデカルト的主観が自らに対して表象する外在的かつ外延的対象として考えることはできないのである。むしろ、一方におけるコンピュータ技術（テクノロジー）と、他方における人間とは、テクノロジーの精髄であり危険そのもので

もある、終わりなきフィードバック・ループによって不可分に結びついている。[10]

たとえば、近年のサイボーグ技術や「人工知能」（ＡＩ）の飛躍的な発達は、端的にそれらの変化を象徴するものだといえる。あるいは、二〇一〇年代後半からのウェアラブルデバイスやブレイン・マシン・インターフェースなどの本格的な普及は、人間と機械の認知的な相互干渉をいっそう緊密なものに変え、それどころか、ややもすれば、機械のほうが人間の知能の大部分を肩代わりしていく可能性さえ指摘されている。そして他方で、Siri や bot、無人飛行機ドローンのようなＡＩ・ロボット技術、あるいは WiMAX ネットワーク、Wi-Fi、ＲＦＩＤタグなどユビキタス・コンピューティングの発達がもたらしている、いわゆる「モノたちのインターネット（Internet of Things）」（IoT）という事態は、まさに長らく人間に対して従属的な位置を占めていた有象無象の「モノ」たちが人間の生活圏に自律的かつ能動的に介入し、ヒトと、あるいはモノ同士とネットワーク状に相互作用しつつ、今後、人間の存在論的なポジションを不断に脅かしていくことにもなるだろう。

そして当然ながら、こういったメディア環境の変化は、すでに映画や映像の生成／受容環境にも直接的な影響を及ぼしはじめている。現実の人間と区別がつかない精緻なＣＧ映像はもちろん、ドローンや GoPro による無人撮影にいたるまで、すでに撮影者・被写体＝主体との相互干渉、またはかれら主体から乖離した無数の客体＝オブジェクトたちの能動化・自律化という「イメージの存在論的転回」もまた日増しに進行しはじめている。近年の映画研究や視覚文化論、ソフトウェア・スタディーズもまた、現代のハリウッド映画で繰りかえし描かれる「絶滅」――「ポスト人類」や「ポストアポカリプス」の表象や主題に注目し、主体＝人類の能動的な干渉が存在しない「無人の世界」を描くそれらの映画作品をさかんに論じている。[11] また、その過程で、ディジタルシネマそれ自体の存在論的条件をめぐって、「ポストキャメラ」、「ノンシネマ」といった概念を用いて、従来通りの「キャメラ」や「シネマ」の枠組みにはおさまらない様態を批判的に検討する試みがなされるようにもなっている。[12]

さらに、こうした一連のメディア的な文脈と連動するようにして、同様に、多様なオブジェクト＝モノの蠢きに注目するような一群の哲学的言説が、ここ数年、英語圏を中心に台頭してきているのも、よく知られるとおりだ。ブルーノ・ラトゥールらの「アクター・ネットワーク理論（Actor Network Theory）」、グレアム・ハーマンらの「オブジェクト指向の存在論（Object-Oriented Ontology）」、マヌエル・デランダらの「新しい唯物論（New Materialism）」などの動向に代表されるそれらは、ひとしなみにカント以来の西洋哲学が人間＝主体の思考や知覚の従属的かつ対立的な相関物としてのみ客体（物質）や自然物を捉えてきたことを、カンタン・メイヤスーの提起する「相関主義（corrélationisme）」というコンセプトの一環として批判的再考を迫っている。[13] 知られるように、カントの「コペルニクス的転回」は、感性的認識を行うエージェントとしての人間精神と物自体の両者を明確に区別するとともに、それらに不可分な結びつきを見いだしてきた。しかし、現在重要なのは、むしろそうした近代以来の問題構制から溢れだすもの、すなわちヒト（主体）とモノ（客体）との可塑的な相互干渉、あるいは複数のオブジェクトたち（プラスチック、砂丘、空気ポンプ、そして映像……）の精妙な個体性・自律性・能動性、さらにそれらが相互に及ぼす因果（原因）性の局面にこそ光を当てる試みなのである。

実際、いまもＳＮＳの情報空間の生態系のなかで生まれているキャメラアプリの動画やＧＩＦのアニメーションなどは、まさにわたしたち人間の与り知らぬところで生き物のごとく蠢き続けているだろう。その意味で、いまわたしたちの映画・映像文化の前にその姿を現しつつある新たな観客性を、さしあたり「オブジェクト指向」の観客性、あるいは「ポスト観客性（post spectatorship(s)）」と仮に呼んでおくことができるだろう。

6　「ポスト観客性」と映画批評の「ノンヒューマン的転回」

あらためて整理すれば、ここでいう「ポスト観客性」とは、ディジタル化やネットワーク化に伴う「イメージのノンヒューマン（無人／非人間）的転回」を受けて見いだされる、ヒトの操作を離れて能動的・自律的にふるまうオブジェクトとしてのスクリーン＝映像と相互干渉的――ジルベール・シモンドンの表現では「横断個体的

（transindividual）」——に、あるいはそれらのスクリーン＝映像とは隔絶して位置づけられる、「準‐客体的」な観客主体の位相である。ポストメディウム／ポストシネマ的状況におけるこうした観客主体の実在論的な変化は、やはり当然ながら、今日の映画をめぐる批評主体の支配的なパラダイムをも組み替えていく可能性を提起するだろう。そのための論点を最後に短く挙げておけば、蓮實重彥の映画批評に対する批判的検討がありうる。

ここ数年、映画を含む映像文化全般の広範なポストメディウム的状況を踏まえつつ、蓮實重彥の映画批評の仕事を「メディア論的」な視点からあらためて検証する試みが——筆者自身の仕事を含め——相次いでいる[14]。よく知られるように、主著『表層批評宣言』（一九七九年）において「表層批評」という標語で要約された蓮實の批評的方法とは、物語の主題や社会的背景、制作者の履歴といった映画を取り巻く多種多様な外的要素への参照をいっさい捨象して、あくまでも観客の瞳に映る具体的かつ物質的な「画面」のみを頼りに組み立てられるというものであった。かつてならば、「フィルム断片」や「表層」、そしてごく近年ならば「テクスト的現実（réarité textu-elle）」などとさまざまにいいかえられはしてきたものの、こうした「画面」（表層）のもつ不透明な物質性と観客主体との無媒介的な「遭遇」や「不意撃ち」にこそ批評的倫理を見いだす蓮實の姿勢は、二〇一〇年代の現在にいたるまでほぼ一貫している[15]。そしてひるがえって、今日の映像文化の中心を急速に占めつつある動画サイトなどのディジタルコンテンツが生みだす有象無象の「動画」に対しては、かれはもっぱら消極的な評価しか与えていない[16]。

とはいえ、こうした蓮實的な枠組みはまさに今日の映画や映像を取り巻くさまざまなメディウム（支持体）の変化——「アナログからディジタルへ」——に伴って、いまや急速に現実味を失いつつあることも、また事実だろう。たとえば、モルモット吉田は、「映画の外の情報を含」まずに「画面の中だけを論じ」る蓮實の映画批評について、「もっとも、この手法が最大に効果を発揮したのは、ビデオが登場するまでの時代だった」と簡潔に指摘している[17]。およそ八〇年代以降、ビデオやＤＶＤ、Blu-ray ソフト、あるいはYouTubeといった映像データベースやNetflixなどのストリーミング配信の普及によって、膨大な過去の作品が何度でも繰りかえし観られるようになった時代の若い映画ファンにおいては、その圧倒的なまでの「映画史的記憶」や「動体視力」に依拠しながら映画を語る蓮實的なスタンスは、（驚きや畏敬こそすれ）もはや自らの規範的モデルにはなりえない。

あるいは、以前、筆者も指摘したように、[18]蓮實が「画面」＝「表層」として想定する「フィルム」のもっていた支持体の物質性・固有性自体も、そもそも二〇〇〇年代以降に一般的になったディジタルシネマやウェブ動画の映像のはらむメディア的な可塑性・混淆性によって、実質的に消滅しつつある。今日の可塑的に自律化し、今日見たものが明日以降も同様に残っているとはもはや信じられなくなったディジタル映像のスクリーンにおいては、それらを批評する主体との距離もまた、不断に任意な変動と断絶を蒙らざるをえなくなる。つまり、蓮實の批評的倫理＝「フィルム体験」が寄りかかる、スクリーン＝表象と批評主体が相関や対立をそこで演じる表象の持続性や自明性は本質的に崩壊してしまうわけだ。以上のように、蓮實自身の企図とは別に、かれの一連の仕事のアクチュアリティが今日の大域的なメディア史的転換のなかで相対化されつつあるのが、だれの眼にも自明になったのがここ数年の状況だといえそうだ。

ところで、さきに挙げたオブジェクト指向の存在論や、メイヤスーらが提唱するいわゆる「思弁的実在論（Speculative Realism）」が繰り広げる実在論的／唯物論的転回のパラダイムは、以上のような蓮實の批評の再考にもゆたかな示唆を与えるもののように思われる。繰りかえすように、蓮實がその批評で準拠するのは、あくまでも観客がその動体視力で捉えた具体的な画面＝表象であるが、同時にその画面＝表象はつねに主体の思考の相関物として想定されたものともいえる。逆にいえば、観客やユーザの視線や思考を離れて情報環境で蠢くオブジェクトとしての映像はかれの画面＝表象の埒外にあるだろう。実際、蓮實がその批評的枠組みとして設定する具体的かつ物質的な「表層」（見えるもの）とその外部（見えないもの）との区分（とその二重性自体を設定する観客主体という図式）は、まさに相関主義が批判の対象とするカント的な超越論的哲学をその祖型とするものだ。蓮實の批評は、いうなれば「私たちは思考と存在の相関のみにアクセス［accès］できるのであり、一方の項のみへのアクセスはできない」[19]とメイヤスーが要約する超越論的哲学以降の思考＝相関主義の、ラディカライズされた「映画批評版」としてみなすことができるのではないか。以上は雑駁な類推にすぎないが、こう仮説を立ててみることで、浮かびあがる視点もあるはずだ。

だとすれば、わたしたち二一世紀の映画観客＝批評の主体に急速に強いられつつあるのは、こうしたスクリーンとの「相関」からの離脱可能性ではないだろうか？　少なくとも融通無碍な可塑性を獲得しつつある今日のスクリーンにおいて、人間＝観客が知覚的に把握したり統御したりしうる余地は、かつてよりもますます狭くなってきている。[20]では、そうしたスクリーンの可塑性の増大と「ポスト観客的」な主体像が自明化しつつある現在、わたしたちはどのような批評主体の姿を描きうるのだろうか。

思えば、そもそもかつてビデオもＤＶＤも、ましてやNetflixも存在せず、劇場のスクリーンしかなかった時代、映画を観ることとは、時代の変遷とともに推移するジャンル史的な記憶や慣習に作品をとおして寄り添い、それらを身体的に習得／馴致していくいとなみであった。そして、そうした記憶や慣習に基づくジャンルの「リズム」を堅牢かつ豊穣にインストールした観客の特異な身体性を、「シネフィル（cinéphile）」と呼んだのだろう。すなわち、そこには物理的なスクリーン＝フィルムと相関的にかかわる、確固とした「足場」＝歴史性があった。しかし、いうまでもなく、そうした前提はいまやすっかり雲散霧消している。今日のわたしたちは、たとえばYouTubeにアップロードされた古今東西の映画作品を、文脈や歴史的順序に頓着せず、ときには全編か断片かにすらこだわりなく、「食べログ的」に消費するほかなくなっているのである。たとえば、三浦哲哉は、ここにこそ、かつての「足場」――一貫した歴史的記憶や慣習を欠いた新たなシネフィリー＝観客主体が生まれる余地があるのだと記している。

映画史を、ある習慣としての「自動性」がたえず更新されて、幾層にも重なった地層に喩えることができる。（中略）
映画史的記憶を持たぬ世代が過去の映画を見ることは、自分の趣味判断を一旦保留したうえで、かつて別の何らかの習慣が在ったことを漠然とであれ仮定し、試行錯誤しながらそこへと自らの感覚を馴染ませてゆく、そのような営みである。(中略)

習慣の場から場へと自ら移行することの冒険があり、そこで獲得される自由があるということだ。(中略)映画は見慣れることを要求する表現形式である。だがそれは同時に、いまここの習慣に囚われた身体からの「脱 - 習慣化」を意味するだろう。[21]

三浦のいうとおり、歴史的記憶という名の安定的な足場を喪失し、ディジタルのよるべなき広大な海にたゆたう現代のシネフィリーの存立条件とは、眼の前にばらばらにちらばった複数の映画的慣習(「時代」「ジャンル」「作家性」……)のあいだを危うげに経巡りながら、絶え間なく「習慣化」と「脱 - 習慣化」を繰りかえしていく――まさしく自らの習慣化された身体に異なった身体を習得＝接ぎ木していく(そして、そこからまた離脱してゆく……)行為にある。その意味で、今日のシネフィリーとは、ある種の「器官なき身体」(ドゥルーズ＝ガタリ)として存在する。そして、それは歴史的記憶(時間的連続性)の足場のみならず、おそらくは本章で論じてきた「フィルム体験」としての観客主体とスクリーン＝表象との相関の安定性にもそのままあてはまることだろう。したがって、「ポスト観客性」の時代の観客主体は、絶えず自律的に蠢き、ヒトとの相関を離れて可塑的かつ投機的に変化するディジタルなスクリーンと、気散じ的にちらばる複数の視線＝キャメラアイで危うげに触れあっていくことになるのだろう。映画史的記憶のみならず、スクリーンと向きあう安定的な足場をも失いつつある「ポスト観客」時代の映画観客たちは、おそらくはその器官なき身体性を、映画をめぐる未知の「習慣」へと「接ぎ木」していくことになる。そこで起こる「脱 - 習慣」の連なりこそが、次なる映画文化の創造性の契機となることを信じながら。

注

(1) この『アナ雪』現象にかんして、筆者はすでに同様のメディア文化論的な検討を加えている。渡邉大輔「イメージのヴァイタリズム――ポストメディウムの映画文化」『すばる』二月号、二〇一五年、二八三―二九六ページ

(2) レフ・マノヴィッチ『ニューメディアの言語――デジタル時代のアート、デザイン、映画』堀潤之訳、みすず書房、二〇一三年

(3) 板倉史明「映画館における観客の作法――歴史的な受容のための序論」、黒沢清ほか編『日本映画は生きている第1巻　日本映画は生きている』岩波書店、二〇一〇年、二三三ページ以下を参照。

(4) ミリアム・ハンセン「初期映画／後期映画――公共圏のトランスフォーメーション」、瓜生吉則・北田暁大訳、吉見俊哉編『メディア・スタディーズ』せりか書房、二〇〇一年、トム・ガニング「アトラクションの映画――初期映画とその観客、そしてアヴァンギャルド」中村秀之訳、長谷正人・中村秀之編訳『アンチ・スペクタクル――沸騰する映像文化の考古学』東京大学出版会、二〇〇三年、三〇三―三一五ページ、加藤幹郎『映画館と観客の文化史』中公新書、二〇〇六年、上田学『日本映画草創期の興行と観客――東京と京都を中心に』早稲田大学出版部、二〇一二年

(5) むろん、スクリーンや舞台との双方向的なコミュニケーションを含め、映像文化の多様な受容の様態が、初期映画やサイレント期を中心にすでに存在していたことは知られている。ただ、ここで強調しておきたいのは、それが今日では情報環境の広範な社会的浸透と過剰流動化に伴って、第一に同様の受容の様態の量的な拡大が映像文化自体の質的な変化をも起こしていること、また第二にスクリーンと観客、あるいはスクリーン同士のコミュニケーションが対立的ではなく、相互包摂的・代替的なものになっているのではないかという仮説的な視点である。

(6) 代表的な文献としては、クリスチャン・メッツ『映画と精神分析――想像的シニフィアン』鹿島茂訳、白水社、二〇〇八年

(7) カトリーヌ・マラブー『ヘーゲルの未来――可塑性・時間性・弁証法』西山雄二訳、未來社、二〇〇五年、三二ページ、傍点原文。

(8) エリー・デューリング「プロトタイプ――芸術作品の新たな身分」武田宙也訳、『現代思想』一月号、二〇一五年、一七七―一九九ページ

(9) マリリン・ストラザーン『部分的つながり』大杉高司・浜田明範・田口陽子・丹羽充・里見龍樹訳、水声社、二〇一

五年、五三―五四ページ。また、この点は清水高志『実在への殺到』水声社、二〇一七年、第六章なども参照。

(10) フリードリヒ・キットラー「メディアの存在論に向けて」大宮勘一郎訳、石田英敬・吉見俊哉・マイク・フェザーストーン編『デジタル・スタディーズ１　メディア哲学』東京大学出版会、二〇一五年、五一ページ、傍点引用者。

(11) ユージーン・サッカー「絶滅と存在についての覚え書き」島田貴史訳、『現代思想』九月号、二〇一五年、七九―九一ページ、トム・コーエン「映画、気候変動、ユートピア主義の袋小路」清水一浩訳、同上、九二―一一一ページ

(12) William Brown, "Man Without a Movie Camera—Movies Without Men: Toward a Posthumanist Cinema?", in Warren Buckland, ed., *Film Theory and Contemporary Hollywood Movies*, Routledge, 2009, pp. 66–88. William Brown, "Non-Cinema: Digital Ethics, Multitude", *Film-Philosophy*, 20(1), 2016, pp. 104–130.

(13) スティーヴン・シャヴィロ『モノたちの宇宙――思弁的実在論とは何か』上野俊哉訳、河出書房新社、二〇一六年などを参照。

(14) たとえば、渡邉大輔『イメージの進行形――ソーシャル時代の映画と映像文化』人文書院、二〇一二年、一三六―一四七ページ、同「ディジタル映像と「モノ」のうごめき――現代ハリウッド映画から見るイメージの変質」『文學界』一一月号、二〇一五年、八三―八五ページ、同「「歴史的／メディア論的転回」の帰趨をめぐって――「ポストメディウム的状況」と蓮實重彦」『ユリイカ』一〇月臨時増刊号、二〇一七年、二〇九―二一六ページ、中路武士「メディア化する映画――一九二〇／一九三〇年代から二〇〇〇／二〇一〇年代へ」、工藤庸子編『論集　蓮實重彦』羽鳥書店、二〇一六年、四三〇―四六五ページなどを参照のこと。

(15) 蓮實重彦『夏目漱石論』（講談社文芸文庫、二〇一二年）序章、同「リアルタイム批評のすすめ」『映画論講義』（東京大学出版会、二〇〇八年）三七八ページ以下。たとえば、三浦哲哉はこの蓮實の映画との「接触体験」に注目し、そこで析出される批評的話者を「テクスト的身体」と呼んでいる。三浦哲哉「映画からこぼれ落ちそうになる男」、前掲『論集　蓮實重彦』三三五―三六三ページ

(16) たとえば、蓮實重彦『映画時評２０１２―２０１４』講談社、二〇一五年、三五三ページ

(17) モルモット吉田『映画評論・入門！――観る、読む、書く』洋泉社、二〇一七年、四二―四四ページ

(18) 前掲「ディジタル映像と「モノ」のうごめき」八三―八五ページ

(19) カンタン・メイヤスー『有限性の後で――偶然性の必然性についての試論』千葉雅也・大橋完太郎・星野太訳、人文

書院、二〇一六年、一五―一六ページ、〔　〕内原文。

(20) とはいえ、これまで一貫して画面の具体的細部を見ることを標榜してきた蓮實もまた、ごく最近では、見たはずの画面を意識化する作業を怠ってしまうという「人間的」な条件にあらためて触れたうえで、「本当に見つづけなければならないのか？　ことによると、あるとき見ることをやめてしまうことこそが最大の映画批評であるという可能性もあるのではないか？」と述べている。この蓮實の価値観の決定的な変質も、「映画批評のノンヒューマン的転回」を別な側面から照射する事態だと思われる。蓮實重彥「「そんなことできるの？」と誰かに言われたら「今度やります」と答えればいいのです」、前掲『ユリイカ』一〇月臨時増刊号、二二ページ

(21) 三浦哲哉「二つのリアリズムと三つの自動性――新しいシネフィリーのために」『現代思想』一月号、二〇一五年、二一六ページ

第4章　アーカイブのパラドックス

林田　新

1　拡張するアーカイブ

近年、多くの領域で様々なアーカイブが構築され、また、アーカイブという言葉が多様な意味で用いられている。アーカイブは数量的にも概念的にも拡張の一途を辿っている。今日においてアーカイブを厳密に定義し、アーカイブとアーカイブでないものとの間に明確な境界線を描くことは極めて困難である。アーカイブは、一方で無闇に濫用されているとも言えるし、他方で従来の定義を越えた豊かな広がりを見せているとも言えるだろう(1)。

こうしたアーカイブの濫用と広がりの背後に九〇年代以降のデジタル技術の発展があることは間違いない。デジタル技術の発展によってアーカイブ構築の敷居が下がり、多くの領域で多数のアーカイブが構築される一方、アーカイブについての専門的な教育を受けていない人々がアーカイブの構築に関わることも少なくない。なかには、デジタル保存に適したものであれば何でも――ときに違法性を伴うものであったとしても――アップロードするということもあるだろう。今日におけるアーカイブの濫用と広がりはこうしたアマチュア・アーキビストによって支えられているのであり、物理的な施設を必要としないインターネット上のアーカイブは無尽蔵な増殖を見せている。

そもそもアーカイブとは、公的な文書記録、ならびにそれを専門的な知に基づき保存・管理する公的な施設を意味していた。一六世紀以降、近代国家によるアーカイブ、すなわち文書館が次々に設立され、その後、一八世紀、フランス革命を契機に設置されたフランス国立文書館（Archives Nationales）は、行政記録を保存・管理すると同時に、国民に公開する施設であった。そこに保管される文章資料は実証的で客観的な証拠とみなされ、過去を検証し歴史を記述するための土台を形成してきた（青山、二〇〇四）。日本では、国立公文書館（National Archive of Japan）が歴史資料として重要な公文書等の保存・管理を担う施設として位置づけられている。もちろん、今日、アーカイブは文書資料のみを対象とするわけではない。写真や映画、テレビ番組といった映像もまた重要な記録資料としてアーカイブの対象となっているし、人々が生み出してきた様々な文化的・芸術的な遺産を広く資源とみなし、それらを網羅的にデジタル化することによって広く公開することを目指す機運も高まっている。(2)

デジタル化に伴うアーカイブの拡張は、その概念的枠組みをめぐる議論を生み出すこととなる。影山幸一は、「デジタルアーカイブ＝インターネットでは必ずしもない」と、両者を安易に混同することに注意を促している（影山、二〇一五、四ページ）。また、古賀崇は、日本では「アーカイブズ（学）」という術語が定着する以前に「デジタル・アーカイブ」という言葉が人口に膾炙してしまっているという「ねじれ」を指摘し、その上で伝統的な「図書館・文書館・博物館」の役割――「様々な資料（中略）を「コレクション」として保有するのみならず、遺産、記憶、証拠を保全する役割」――をつなぐ「最大公約数」としての「アーカイブ」の上に、デジタル・アーカイブを位置づけることを提案している（古賀、二〇一五、五〇―五三ページ）。また、研谷紀夫は、現代のアーカイブを「国家や地方の行政組織や、企業、家や個人などの活動から作成された記録資料が非現用になった後に、アーキビストが評価・選別を行った上で移管された資料群およびそれらを保管・保存する施設」であると定義し、「原型保存」「原秩序」「出所原則」の三原則に基づきアーキビストが評価・選別を行った「アーカイブズ資料」と専門的知によって再構成・再編集された「編纂資料」が基盤となり「客観性と実証性」を目指す「歴史叙述」がなされるとする。その上で、そうした伝統的なアーカイブにおける「アーカイブズ資料」と「編纂資料」の区分をデジタル・ネットワーク時代における映像アーカイブへと敷衍することを試みている（研谷、二〇一五）。

拡張するアーカイブに対して、文書館をモデルとしたアーカイブについての学問的な蓄積を踏まえてその概念を厳密に定義し、現在的な状況に応用可能な形に練り上げていくことが――とりわけ記録資料を未来へと残すべくアーカイブを構築し運用するという実践的な立場において――重要なことは言うまでもない。しかしその一方で、こうした立場はデジタル化に伴うアーカイブの拡張という状況自体について十分に検討できていないのではないだろうか。

デジタル化に伴うアーカイブの拡張について、さしあたり以下の三点を確認しておこう。第一に、従来のアーカイブが前提としていた原資料と複製、あるいは複製と複製にあった差異は質的な変容を被っている。そもそも原資料が紙であったとしても写真であったとしてもデジタル化された時点で二進数列で記述されるデータとなるのであり、メディウム間の差異は失われる。第二に、物質的な建造物であったアーカイブに対して、デジタル・アーカイブはネットワーク上の非物質的な情報の集積である。それゆえデジタル・デバイスとネット環境さえあれば、実際に公的機関に足を運ぶ必要はない。誰でもいつでもどこからでも、多くの場合は無料でアクセスし、手元のディスプレイに情報を表示させることができる。第三に、従来のアーカイブは主として公的な記録資料を対象としていたが、誰もがデジタル・デバイスを所有している現在、「公」と「私」の区分は曖昧になっている。公的機関ではなく、アマチュアが構築するアーカイブが乱立していることに加え、例えば、東日本大震災の際には、一般の人々が撮影した津波や被災地の映像が多数、報道番組に使用されたり、東日本大震災に関するデジタル・データのポータルサイト「国立国会図書館東日本大震災アーカイブひなぎく」には、個人が撮影した写真や動画が多数、掲載されたりしている。

アーカイブはこれまで以上に私たちの日常に浸透してきている。私たちは、YouTubeで動画を検索・閲覧するのと同じ作法で、「Europeana」や「国立国会図書館デジタルコレクション」といったデジタル・アーカイブから記録資料を検索・閲覧することができる。あるいは、YouTubeやFlickrといった写真・動画投稿サイト、あるいは個人サイトやブログに資料的価値のある写真や動画が投稿されていることも珍しくない。もちろん文書館を前提にした定義に則るのであれば、こうしたサイトはアーカイブではない。しかし、デジタル化がこうした「アーカイブのようなもの」を増殖させているということもまた事実である。そこで本章では、文書館モデルを前提にしてアーカイブを厳密に定義するのではなく、アーカイブ概念の曖昧さを引き受け、今日的なデジタル環境を前提にしたアーカイブの考察を行っていく。デジタル化によるアーカイブの拡張と変容は私たちに何をもたらしているのだろうか。

2　データベースという文化的表現形態

デジタル化がもたらしている事態について考察するために、レフ・マノヴィッチの著書『ニューメディアの言語』（堀潤之訳、みすず書房、二〇一三年）を糸口としよう。マノヴィッチが本書で扱っているのは、コンピュータをはじめとするデジタル・メディアである。それを議論するにあたり、彼は「ニューメディア」という言葉を採用している。彼の言う「ニューメディア」とは、デジタル技術の進展によって誕生した「新しいメディア」を指す一方で、従来の既存のメディアがコンピュータに取り込まれる段階をも含意している。すなわち、紙メディアであれ写真や映画などの視聴覚メディアであれ、デジタル化のプロセスを経ることでコンピュータによる操作・管理・流通が可能となるとき、諸メディアはニューメディアとなるのである。

本書においてマノヴィッチは、ニューメディアを「インターフェース」「オペレーション」「イリュージョン」「フォーム」という四つの観点から分析を行っていく。二進数列からなるデジタル・データを人間にとって理解可能なものとする「インターフェース」、そこでは出来合いのパーツの選択・合成、あるいは遠隔への作動（テレアクション）といった「オペレーション」が行われるのであり、そうした操作を通じて具体的に現出する外観を「イリュージョン」という観点から論じていく。そして、デジタル・メディアにおけるより高次の二つの「フォーム（形式＝形態）」として「データベース」と「航行可能な空間（navigable space）」――プレイヤーが動き回ることのできる３Ｄ的な仮想空間――が論じられることとなる。本章で注目したいのは、とりわけ「データベース」という「フォーム」である。

一九九〇年代以降、デジタル技術は私たちの日常にあまねく浸透し、コンピュータ化のプロセスが文化の広範囲に行き渡るようになった。そこで生じたのは、コンピュータによって新たな制作物が創られていくことというよりは、既存の制作物がコンピュータ化されるという事態であった。

> 一九九〇年代に〈万能メディア機械〉としてのコンピュータの新たな役割が明白になったとき、すでにコンピュータ化していた社会はデジタル化の大流行へと突入した。既存のあらゆる書物、ヴィデオテープ、写真、録音が、とどまることを知らぬ速さでコンピュータに送り込まれ始めたのだ。（中略）ひとたびデジタル化されたら、データは整頓され、組織化され、索引を付されなければならない。コンピュータ時代は、現実→メディア→データ→データベースという、新たな文化のアルゴリズムをもたらした。ウェブという膨大で常に変化するデータ・コーパスの隆盛は、何百万人もの人々に、データに対する索引の付与という新たな趣味や職業を与えた。ウェブサイトにはたいてい、少なくとも１ダースほどの他サイトへのリンクが張られているので、あらゆるサイトは一種のデータベースである。（マノヴィッチ、二〇一三、三一七ページ、傍点筆者）

デジタル化されニューメディアとなった諸メディアは、整頓・組織化・索引の付与を経て、データベースというフォームを形成する。ニューメディアではデータベースというフォームが支配的となるのである。ウェブサイトは文字テクストのブロック、画像、動画、他のページへのリンクといった複数の要素のリストによって構成されている。YouTubeなどの動画サイトでは複数の動画のサムネイルがリスト形式で表示され、ユーザーはその都度、リストから動画を選択・閲覧する。あるいは、コンピュータの基本的なインターフェースでも、複数のアイコンが画面に表示され、そのひとつを選択してフォルダを開くと、なかからまたアイコンのリストが表示される。ニューメディアのデータベースは始まりも終わりもない無限のリストの増築の可能性に開かれている。そこに要素同士をシーケンシャルに組織化する展開はない。各要素はユーザーが様々な行動——閲覧、検索、編集——を遂行できるような項目の集積として現れるのである。もちろん、項目の集積という形態を取らないオブジェクトもある。しかし、そのようなものであったとしても、ニューメディアのオブジェクトは、基本的にデータベースとそれにアクセスするためのインターフェースによって構成されているのである。

マノヴィッチのニューメディア論が興味深いのは、彼の議論が素朴にデジタル技術の革新性を強調するのではなく、それを広域な視覚文化の歴史の内に位置づけようとするその立場である。マノヴィッチは、一方で、従来のメディアと異なるデジタル技術に固有の特性についてそれが作動する具体的な様態の検証を通じて理解しようとする。しかし、他方で、それ以前のメディアとの——とりわけ映画との——比較を通じて、ニューメディアが最終的な現出形式としてはオールドメディアの慣習に多分に依拠していることを解明していくのである。新旧メディアの断絶と連続性を検証するマノヴィッチの議論は、最終的に連続性を強調することとなる。

このような立場ゆえに、データベースというフォームもまた、単にニューメディアに固有の形式としてのみ位置づけられるわけではない。マノヴィッチは、データベースとはコンピュータの高速検索用に組織化・構造化されたデータの集積であるというコンピュータ・サイエンスの定義を踏まえた上で、それを一つの文化的表現形態として理解しようとする。美術史家のエルヴィン・パノフスキーが、線遠近法を近代における「象徴形式」として分析したように、マノヴィッチはデータベースを「コンピュータ時代の（中略）新たな象徴形式」として理解しようとする。マノヴィッチにとってデータベースとは、技術的な用語であると同時に、私たち自身や世界の経験に認識の枠組みを与える構造なのである。

ジャン＝フランソワ・リオタールが「大きな物語」という用語で近代という時代を特徴づけようとしたことはよく知られている（リオタール、一九八九）。近代科学は、自らが準拠する規則を——とりわけ神話的な寓意に対して——正当化するための言説を必要とするのであり、そうしたメタ言説が「大きな物語」である。「大きな物語」が説得力を行使していた「モダン」という時代に対し、それへの信頼が失墜した時代が「ポストモダン」であるというのがリオタールの見立てであった。リオタールは、そうした変化が何に起因するのかについては十分に検討していないものの、コンピュータ化された社会の隆盛をその要因として示唆している。マノヴィッチもまた、物語＝ナラティヴが近代における支配的な文化的表現形態であったとした上で、コンピュータ化した社会というニューメディアの時代にあっては、それがデータベースに取って代わったとしている。「まず小説、次いで映画は、近代の鍵となる文化的表現形態としてナラティヴを特別視した。その後、コンピュータ時代はナラティヴの相関物としてデータベースを導入する」（マノヴィッチ、二〇一三、三〇九ページ）。二つの文化的表現形態は、それぞれ対照的な次のような特徴を持つ。

文化的形態としてのデータベースは、世界を項目のリストとして表象しつつ、そのリストを秩序づけようとはしない。それに対して、ナラティヴは見かけは秩序づけられていない項目（出来事）どうしの因果関係の軌跡を作り出す。（マノヴィッチ、二〇一三、三一八ページ）

データベースが支配的なニューメディアにおいても、ナラティヴを持つオブジェクト――マノヴィッチが挙げるのはゲームである――は多数存在している。しかし、インターフェースとしてナラティヴの形式を纏うことがあったとしても、その根底にはデータベースがある。ニューメディアの時代では、データベースという文化的表現形態がナラティヴに対して支配的なのである。では、データベースとはいかなる文化的表現形態なのだろうか。

3　データベースとしての写真／写真というデータベース

マノヴィッチはデータベースとナラティヴという二つの文化的表現形態を、パラディグム（範列）とサンタグム（連辞）という記号学の用語によって概括する。パラディグムとサンタグムとは、もともと自然言語を記述するためにフェルディナン・ド・ソシュールが定式化し、後にロラン・バルトなどによって他の領域――ファッションや料理――に適用すべく拡張された概念である。サンタグムとパラディグムは、記号における二つの構造的次元を指す。サンタグムは記号の統合の次元を構成し、パラディグムは記号の選択の次元を構成する。自然言語を例に挙げるのであれば、発話を行う際に単語をひとつひとつ前後に結びつけていく軸がサンタグムであり、それぞれの単語の選択を可能にする代替可能な項目の集合体がパラディグムである。「馬が走る」と発話するとき、話者の頭の中には、「馬」と代替可能な、「人間／犬／車……」といった潜在的な項目が連想関係において浮かんだであろう。こうした代替可能な記号間の関係がパラディグムである。それに対して「馬↓が↓走る」といった、項目と項目を前後に結び付ける際に働く関係性がサンタグムである。

ナラティヴという文化的表現形態では、サンタグムの次元が記号表現に現前状態で関与するのに対して、パラディグムの次元は不在状態で関連付けられることとなる。映画や文学のナラティヴは、実体として存在する言葉や文、ショットの統合によって構成され、それは読者や観客の前に可視的なものとして現前する。その一方で、選択されなかった他の要素は読者や観客に対して不可視のままに不在であり、潜在的にしか存在しない。「ナラティヴが構築される元となる選択肢のデータベース（範列）は暗示的であり、それに対して実際のナラティヴ（連辞）は明示的である」（マノヴィッチ、二〇一三、三二五ページ）。ニューメディアはこの関係を逆転させる。ニューメディアは、近代的な文化的表現形態であるナラティヴとは異なり、サンタグムに対してパラディグムを前景化させるのである。「データベース（範列）が物質的な存在を付与される一方で、ナラティヴ（連辞）が非物質化される。範列が現実的なものとなり、連辞が潜在的なものとなる」（マノヴィッチ、二〇一三、三二五ページ）。ニューメディアの時代においてデータベースがナラティヴに対して支配的であるとは、サンタグムに対してパラディグムが前景化するということなのである。

マノヴィッチはデータベースとナラティヴをこのように定式化し、両者を「2つのせめぎ合う想像力、2つの基本的な創造的な衝動、世界に対する２つの本質的な応答」とした上で、二つの文化的表現形態のせめぎ合いの歴史として、視覚的記録媒体の歴史を次のように読み解いていく（マノヴィッチ、二〇一三、三二八―三二九ページ）。アカデミズムの画家たちがナラティヴに依拠した歴史画を書く一方で、写真がカタログ、分類学、リスト――データベースという形態――を特権視する。次なる視覚的記録媒体であるフィルムはもっぱらナラティヴを語り、ヴィデオという磁気テープもまたそれと同様に振る舞う。次に登場したストレージ・メディア――コンピュータによって制御されるデジタル・ストレージ装置――が再びデータベースを特権視する。マノヴィッチの議論は、ここから映画――データベース映画、コンピュータを基礎とした映画――の分析を展開していくのだが、本章では、マノヴィッチがニューメディアとならんでデータベースを特権化したとする写真という視覚的記録媒体に注目し、データベースという文化的表現形態についての考察を深めていきたい。

マノヴィッチがデータベースへの衝動に駆り立てられた写真実践の例として挙げているのが、ウィリアム・ヘンリー・フォックス・トルボット『自然の鉛筆』、アウグスト・ザンダー『時代の顔』、ベルント＆ヒラ・ベッヒャーによる給水塔のタイポグラフィーである。こうした事例は他にも挙げることができる。フランスでは一八五一年に歴史記念物委員会が「ミッション・エリオグラフィック」というプロジェクトを組織し、写真によって歴史的建造物の立面像を記録して回ったし、犯罪者の写真を身体の測定値などと一緒にキャビネットに分類していくことで、身体のイメージを分類学的に利用可能にしていく司法写真の実践もあった。アビゲール・ソロモン＝ゴドーが指摘するように、「一九世紀の中頃は、分類学、目録の作成、生理学が最も盛り上がった時期であった。写真は世界の様々なものをリスト化し、知り、所有するためのとりわけ優れたエージェントとして受け止められた」のである（Solomon-Godeau, 1991: 155）。

マノヴィッチが言うように、データベースへの衝動はその歴史を通じて写真を駆り立ててきた。では、なぜ写真はデータベースという形式を好むのだろうか。写真による世界のデータベース化の背景には、写真が記録としての価値を持つという考えが前提としてある。写真が記録としての実証性を持つことの根拠は、映像を生成するそのプロセスに求められてきた。絵画が人間の手によって描写されるのに対して、写真はカメラの機構に従い、光学的な直接性によって眼前の現実を無差別的に写し取る。美術批評家のロザリンド・クラウスが言うように「あらゆる写真は、光学的な反射を感光紙の表面上に転写した物理的な痕跡」であり、それゆえ「写真は対象との似姿であるアイコン的な記号でありつつも、それは被写体とのインデックス的な関係性に由来する」と見なされてきたのである（クラウス、一九九五、一六三ページ）。それゆえ写真は、普段では決して注目しないような細部をも偶然的に写し込んでいる。そうした細部は記録媒体としての、すなわちそれを通じて過去を知るという機能とどのように関わるのか。例えば蚤の市で出所の分からない古い写真をたまたま手に取ったとしよう。そこにはある人物が写っている。その写真は確かにその人物がその場所にいたことを記録している。しかし、詳細は分からない。そうした写真を見た時、私たちの注意は些細な断片へと注がれる。いつ頃に撮られた写真なのか、撮影場所は何処なのか、写っている人物は誰なのか、誰が何のために撮影したのか……。犯人の痕跡を探す探偵のごとく、私たちは微細な痕跡から時間を遡り、自らの知識や記憶を駆使しながら微細な読みを試みるだろう。写真は、かつて・あった現実の断片への微細な読みを見るものに要求する。

西村清和はこうした写真の細部を「物語素」と呼ぶ。「［写真に：引用者注］意識的・無意識的に写りこんだ様々なディテイル、たとえばなにかしら不安をたたえたような笑顔、きつく組まれた手、しわのよった衣服、古びた調度といった細部は、なにごとかを語る最小単位として、なお全体が未知の物語のいわば「物語素」なのである」。すなわち、一枚の写真は「物語素の束」、すなわち物語素がパラディグムを構成するデータベースなのであり「物語への潜在的な喚起力を支えている」（西村、一九九七、四五ページ）。この物語の語り手は写真を見る現在の「わたし」である。「わたしは現在に立つひとりの発話主体として、その視点から、写真がその引用であるところのひとつの可能な物語をあらたに語るべく要請」される（西村、一九九七、六〇ページ）。

文書の記録としての地位の確かさに比して、一枚の写真は常に新たな読解の可能性を潜在させている点において記録として不安定である。一枚の写真は何かを記録している。しかし、それが何の記録であるのかを一義的に規定するのは困難なのである。ジークフリート・クラカウアーは、「写真」と題されたエッセイのなかで、家族アルバムから引き剝がされた一枚の写真を見たときの経験について記述している。六〇年前に撮影されたその写真に写っているのは両親から伝え聞くところによると若かりし頃の祖母であるらしい。が、彼はその写真に写る若い女性を、祖母と認識することができない。彼にとって写真の中のその女性は、不特定多数のうちの任意の一人としか見えないのである。それゆえ、この写真について彼は「同類と一緒に「一八六四年の服装」という名札を付けたガラスケースに収められて博物館にあっても良い」と言う。祖母の姿を認めることのできない彼の意識は写真の細部、その女性が身に纏っている衣服や装飾へと向けられる。「髷を付け、ウエストを紐できつくしめ、鯨骨のスカートをはき、ズワーヴ兵風ジャケットを着ている。孫達の目の前で、祖母は当時の古めかしい流行の細目に分解する」(クラカウアー、一九九六、一七ページ)。ここでは、一枚の写真が彼女が纏う衣装の細部、物語素に分解され、それがひとつの体系へと統合されることによって、当時の流行の記録という地位を獲得している。おそらく、家族アルバムという他の写真の纏まりのなかでこの写真を見たのであれば、彼はそこに祖母の姿を認めることができたであろう。しかし、アルバムから剝がされたことで、その写真が何の記録であるのかが曖昧になる。その写真は、博物館のコレクションの一部として撮影当時の流行を物語る記録にも、家族アルバムのなかで祖母の姿を伝え、家族の歴史を物語る記録にもなりえるという、意味生成性を潜勢させている。言い換えれば、写真の意味を一義的に規定し、そこに了解可能な記録としての地位を与えるのは、一枚の写真そのものではなく、複数枚の写真の集合体である。だからこそ写真はデータベースという形式を好むのである。

写真は二重にデータベース的である。ひとつは、マノヴィッチが指摘するような、一定の集合体として世界をカタログ化しようとする点においてである。もうひとつは、一枚の写真が「物語素の束」であるという点においてである。「物語素の束」としての写真は常に新たなナラティヴを生成する可能性を潜勢させている。そうした多義性を孕んだ写真は、一定の集合体の内部に埋め込まれることによって秩序が与えられ、要請されるナラティヴが一義的に規定されることとなる。

用する。

4　アーカイブのパラドックス

さて、ここまでマノヴィッチのデータベースという概念に着想を得て、写真においてデータベースがどのように作用しているのかを考察してきた。改めて定式化するのであれば、以下のようになる。データベースは一方で、羅列的な諸項目のリストを展開し、そこから項目の選択と統合によってサンタグムが形作られ、ナラティヴが生成されていく。他方で、データベースは各項目に秩序を与えることで、語られうるナラティヴを規定するよう作用する。

ここまで用いてきたデータベースとナラティヴという用語を、次のように言い換えてみよう。すなわちアーカイブと歴史である。諸項目の集積を形作るデータベースとしてアーカイブを捉えるとき、もはやそれは堅牢な建造物に物質としての記録資料が精緻に保存・保管される静謐な場ではない。アーカイブは過去についての語りを可能にする場、新たな歴史生成の可能性を胎動させた動的な場なのであり、同時にその可能性を統治する場なのである。

アーカイブが生成の場であり、かつ統治の場でもあるというこの二重性は、ジャック・デリダがアーカイブについて論じたことを想起させる。デリダは、アーカイブという語が「arkhē」――始まりと掟を同時に示す言葉――を含むことから次のように論じている。「この名は、外見上二つの原理を一つにまとめ上げている。一つは、自然あるいは歴史に従う原理で、物事が始まるところ――自然学的、歴史的あるいは存在論的原理――である。しかしそれはまた、法に従う原理であり、人々と神々が支配するところ、権威が、社会秩序が行使される場であって、この場所においてそこから秩序が与えられる――法規範的原理でもある」（デリダ、二〇一〇、一ページ）。アーカイブには「始まり」と「法」、つまりは起源と統治の二つの原理が作用している。アーカイブとは、無意識のなかから夢が立ち現れるように集積のなかから意味体系が形作られていく場であると同時に、アーカイブの語がアテナイの上級政務官、アルコン（archonte）の居留地を意味するアルケイオン（arkheîon）に由来するように、権力が記録の選別・管理・解釈を統治し行使する場でもあった。

ここで、歴史を「物語る」という行為によって構成されるものであるとしたアーサー・ダントの議論を参照しておこう。ダントは「物語とはある出来事を別のものと一緒にし、またある出来事を関連性に欠けるとして除外するような、出来事に負荷された構造」であるとする（ダント、一九八九、一六一ページ）。物語は二つの出来事を選択的に結びつけ記述する。一つの出来事は歴史ではない。ある出来事は後続する結果によって原因という価値を事後的に付与されることで歴史となるからである。歴史は時間的に前後関係にある複数の出来事を因果的に関連付けて物語る。歴史は、事後的に出来事を振り返り秩序立て組織化することによって成立する物語なのである。それゆえ、物語の文脈が変化すれば過去の出来事に対する意味付けも変化することとなる。その意味において歴史という物語＝ナラティヴは、過去についての認識の枠組みを与える文化的表現形態なのである。ただし、そうした物語のすべてが歴史として許容されるわけではない。歴史の物語は入手可能な記録資料＝証拠との適合性がその物語の真偽を判断するための基準となるのであり、その点において物語＝歴史と恣意的な物語＝フィクションが厳密に区別されるということは強調しておく必要がある。

アーカイブとは記録資料が集積した場である。そこに集積した記録資料のパラディグムから歴史家は複数の記録資料を選択し、それぞれが指し示す出来事を因果的に関連付けることで歴史の物語＝ナラティヴを語ることとなる。アーカイブというパラディグムは、記録資料がサンタグムの次元へと統合され、歴史の物語が生成する可能性が潜勢する「始まり」の場なのである。アーキビストは、記録資料を評価・選別し、保管・管理する権利を持っている。そのことは、確かな歴史が語られうる可能性を将来に向けて確保することであると同時に、語られうる歴史の物語を統治することでもある――記録資料の改竄や遺棄によって将来において語られるであろう歴史を事前に操作することすら可能である。

近代において記録資料が集積する場――アーカイブ、ミュージアム、ライブラリー――は国家をはじめとする公的機関に属しており、その管理下にあった。しかし、従来の物質的なメディア形式にニューメディアが取って代わり始めると、デジタル化された記録資料は公的機関との結びつきを緩め、インターネットという広域な領域へと拡散していく。インターネット上には過去の出来事を記録した映像が大量に漂っている。硫黄島の摺鉢山で旗を掲揚する米軍海兵隊、月面に立つニール・アームストロング、投下された核兵器が生み出した巨大なキノコ雲、原爆投下後の長崎で握り飯を持って立つ少年、ぎこちない姿勢でこちらを見つめる幕末の志士、天安門広場で戦車の前に立ちふさがる青年、地震により倒壊した阪神高速道路から辛うじて転落を免れたバス……。こうした映像は必ずしも公的な機関が管理しているとは限らない。オリジナルとコピーの質的な差異が失われたデジタル環境において記録資料は、アルコンの管理を免れ、改変や修正を伴いながら増殖していく。

こうした事態に対して専門的なアーキビストによる評価・選別を経た、より信頼性の高いデジタル・アーカイブを構築し、記録資料を管理・保管・公開することは急務であろう。しかし、従来のアーカイブが堅牢な建造物によって厳密に内と外が区分されていたのに対して、デジタル・アーカイブにおいてそうした区分が曖昧であることには注意が必要である。例えそれを管理する機関やサーバーが領域化されていたとしても、ユーザーは手元のディスプレイに情報を呼び出して閲覧するのであり、ワン・クリックで簡単に他のページに移行することができる。専門的知によって管理されたデジタル・アーカイブのウェブサイトも、他のウェブサイトも、広大なパラディグムを構成する一要素として等価である。マノヴィッチが指摘していたように、「あらゆるサイトは一種のデータベース」なのであり、それぞれのサイトは選択肢の集積の一要素だからである。

アルコンの管理から逃れていくデジタル・ネットワーク時代のアーカイブ。そこでユーザーは、マウスを操作し、クリックすることで、ウェブサイトとウェブサイトの間、アーカイブとアーカイブの間を自由に行き来しながら関心に応じて情報を探索していく。その過程において発見された記録資料が選択・統合され、物語が紡がれていく。アーカイブの海をネット・サーフィンする航行の軌跡としてナラティヴ＝歴史が生成されていくのである。その歴史の物語は必ずしも未知の過去を明らかにするために厳正な検証を経て語られるとは限らない。その人の思惑・思想に都合の良い任意の歴史を物語るための「証拠」として記録資料が利用されることも少なからずあるだろう。もちろん、そうしたナラティヴは、他の記録資料との適合性が厳正に検証されていないという点において、また、過去についての認識の枠組みを与えるものではなく自らの価値観の投影に過ぎないという点において、歴史には程遠い。しかし、そのナラティヴは、アーカイブから「発掘」された記録資料に依拠し、かつ自身の興味や思想に合致しているという点においてその人にとっては「真実」の「歴史」たり得てしまう。

デジタル・ネットワーク時代においてアーカイブは、アルコンの統治を逃れ、集積可能な記録資料の量を著しく増加させ、時間と場所を選ばない自由かつ気軽なアクセスを可能にした。そのことは、歴史研究の可能性を広げ、新たな歴史像の形成に寄与していくことだろう。しかし、その一方で、誰もがアーカイブを「発掘」し、「真実」の「歴史」を語ることをも可能にしている。記録資料を管理・保管することで歴史を物語る可能性を担保するためのアーカイブが、歴史と似て非なる物語を生成する母体となる。アーカイブはこうしたパラドックスを抱えているのである。

注

（1）「アーカイブ」と「アーカイブズ」という区別や、「アーカイヴ（ズ）」という表記もあるが、本章では厳密さよりもその概念としての曖昧さを引き受ける立場を取るため、引用箇所を除き「アーカイブ」に統一して表記することとする。

（2）文化資源戦略会議が刊行した『アーカイブ立国宣言』（ポット出版、二〇一四年）では、二〇世紀後半の高度経済成長に取って代わる新たな地平を築き上げるためのキーワードとして「デジタル」と「アーカイブ」を挙げる。それは、デジタル・アーカイブによって日本に蓄積された文化資産――文学、音楽、美術、映画、テレビ、広告など――や「知識」を横断的に集積し地球規模で活用していくことが「日本再生の鍵」となるという期待に基づいている。

引用・参照文献（発表年については［　］で原著出版年を記載）

青山英幸（二〇〇四）『アーカイブズとアーカイバル・サイエンス』岩田書店

ダント、アーサー、河本英夫訳（一九八九［一九六五］）『物語としての歴史――歴史の分析哲学』国文社

デリダ、ジャック、福本修訳（二〇一〇［一九九五］）『アーカイヴの病――フロイトの印象』法政大学出版局

影山幸一（二〇一五）「忘れ得ぬ日本列島――国立デジタルアーカイブセンター創設に向けて」、岡本真・柳与志夫編『デジタル・アーカイブとは何か――理論と実践』勉誠出版

古賀崇（二〇一五）「デジタル・アーカイブの可能性と課題」、岡本真・柳与志夫編『デジタル・アーカイブとは何か――理論と実践』勉誠出版

クラカウアー、ジークフリート、船戸満之・野村美紀子訳（一九九六［一九六三］）「写真」『大衆の装飾』法政大学出版局

クラウス、ロザリンド、小西信之訳（一九九五［一九八五］）「指標論パート1」『オリジナリティと反復』リブロポート

リオタール、ジャン＝フランソワ、小林康夫訳（一九八九［一九七九］）『ポスト・モダンの条件――知・社会・言語ゲーム』水声社

マノヴィッチ、レフ、堀潤之訳（二〇一三［二〇〇一］）『ニューメディアの言語――デジタル時代のアート、デザイン、映画』みすず書房

西村清和（一九九七）『視線の物語・写真の哲学』講談社

Solomon-Godeau, A.（1991）*Photography at the Dock: Essays on Photographic History, Institution, and Practices*. University of Minnesota Press.

研谷紀夫（二〇一五）「デジタルネットワーク社会において復号化する記録資料とアーカイブズ」、石田英敬・吉見俊哉・マイク・フェザーストーン編『デジタル・スタディーズ2　メディア表象』東京大学出版会

#集まることとスクリーン

SHIBUTANI
WEATHER
NEWS
TSUTAYA
TSUTAYA
SEIBU
Hisamitsu
サロンパス
1st ALBUM
2014.8.6
RELEASE!!
EXCUSE ME

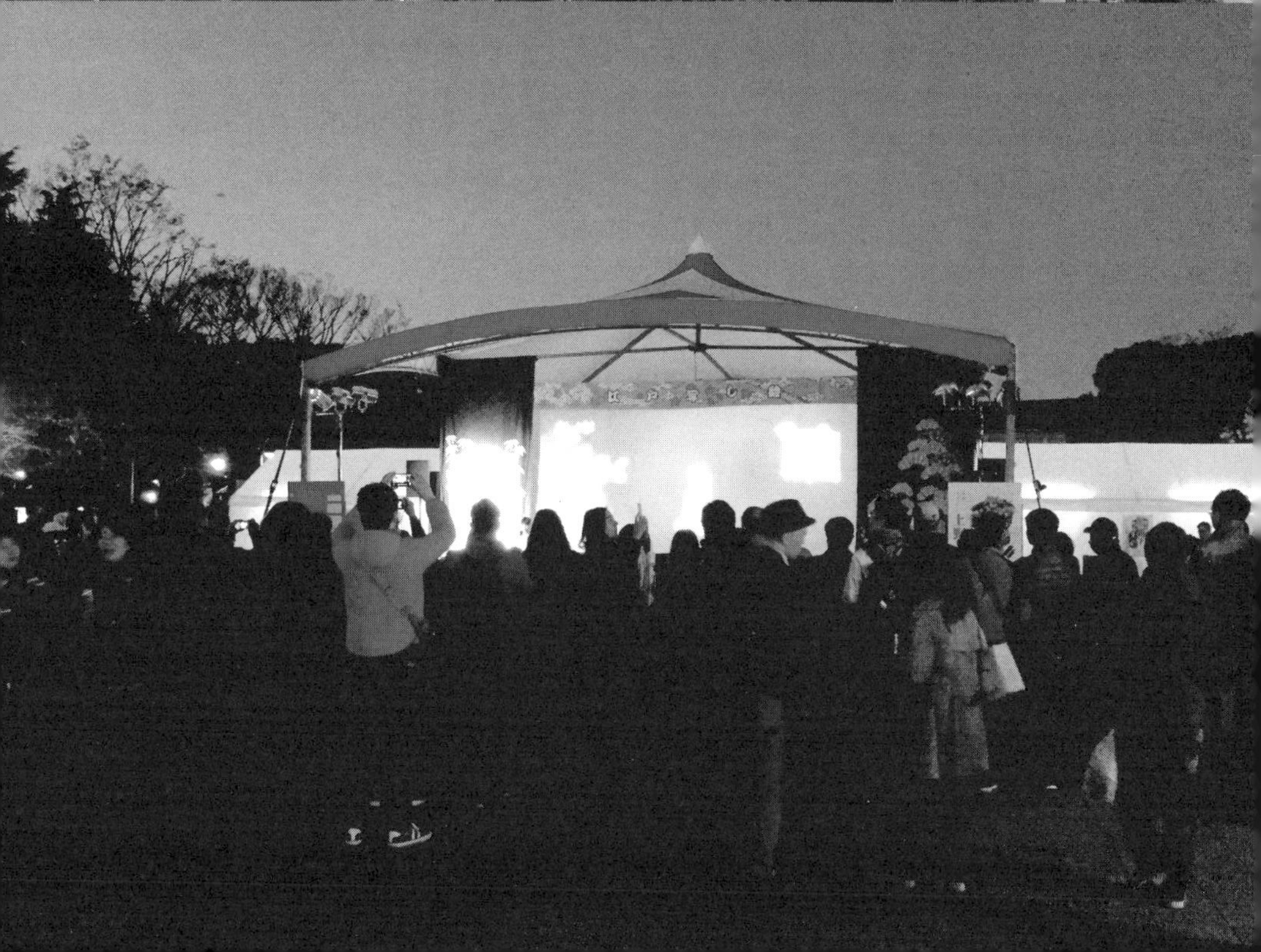

acure
福
矢印でも購入できます

WINE
No.51
CHOJIRO
廻転寿司
京都
日本語
English
中文简体
한글
店長おすすめ
季節のおすすめ
寿司
一品料理
お飲み物デザート
おまかせにぎりセット
ご注文の確認へ
0
注文履歴
呼出・会計

#消費とスクリーン

おいしく焼けてます!
焼きパスタ
media
media
ATM

8/
8F 8/
愛媛 砥部焼まつり-梅山窯と中田窯-
THEATRE
↑3F
↓1F

第2部　歴史のなかのスクリーン

第5章　明治期のヴァーチャル・リアリティ
——非分節ショットへの回帰

上田　学

1　はじめに

明治期に、今日のモーション・シミュレーター・ライドにあたる、汽車活動写真館という体感型の映画館が存在していたことは、あまり知られていない。本章は、技術的には未熟ながらも、かつての東京ディズニーランドの「スター・ツアーズ」や、ユニバーサル・スタジオ・ジャパン（ＵＳＪ）の「バック・トゥ・ザ・フューチャー・ザ・ライド」などを先取りしたかのような、この奇妙な映画館を取り上げることで、現在のスクリーン文化を歴史的に相対化することを試みる。

現在のシミュレーター・ライドにおける映像の特色は、基本的にそれがショットの編集によって分節化されていないことである。古典的ハリウッド映画の形式が、観客の没入を促すのは、複数のショットの分節が観客に違和感を生じさせない、巧妙なコンティニュイティ編集のためである。ところが、シミュレーター・ライドにおいて、映像に観客が没入するためには、そのような編集すら不要のものとなっている。たとえば、ＵＳＪの「きゃりーぱみゅぱみゅ ＸＲライド」のヴァーチャル・リアリティの映像は[1]、通常のミュージック・ビデオとは異なり、ショットの編集がまったくされていないところに特色がある[2]。

ここで私たちは、初期映画のシークエンスにおいて、複雑なショットの分節化がおこなわれていなかったことを想起する必要があるだろう。エディスン社のブラック・マリア[3]において製作された、あるいはリュミエール社のキャメラマンによってロケーション撮影された初期映画の大部分は、単一のショットによって成り立っていたことはいうまでもない。

すなわち初期映画とシミュレーター・ライドの映像は、その技術的な表現の巧拙をひとまず度外視すれば、形式として親和性をもっていることがわかる。そして、そのことに初期映画の興行師たちはすでに気づいていたのである。本章は、まず二〇世紀初頭にアメリカ合衆国から世界中に広がっていったシミュレーター・ライドの原型、ヘイルズ・ツアーズについてから、議論をはじめたい。

2　モンタージュの受容空間としてのヘイルズ・ツアーズ

汽車活動写真館の原型でもあるヘイルズ・ツアーズが、ウィリアム・J・キーフによって構想され、ジョージ・C・ヘイルらによって一般に公開されたのは、一九〇四年のセントルイス博覧会においてのことであった。[4]翌年、カンザスシティのエレクトリック・パークで興行されたヘイルズ・ツアーズは、客車を模した縦長の観客席に、一〇セントの入場料で約六〇名を収容し、正面のスクリーンに移動する風景が映し出され、乗車中の振動や風圧、転動音、汽笛など、映像の色彩以外のすべてのイリュージョンを統合して、列車に乗っている気分を味わうことができるものだったという。[5]

ヘイルズ・ツアーズで主に上映されたのは、ファントム・ライドと呼ばれた、列車の先頭から撮影した映像である。これは、トム・ガニングがいう古典的ハリウッド映画以前の「アトラクションの映画」に属するものであり、彼はエディスン社の『メイ・アーウィンのキス』(1896 *May Irwin Kiss*) のクロース・アップとともに、非演劇的な「アトラクションの映画」の事例として、ファントム・ライドを取り上げている。[6]ただしエルキ・フータモは、「ファントム・ライド映画によって構成される主体の位置は、たとえば観客の存在を想定するにもかかわらず「距離を保って」いたトリック映画によって構成されるそれよりも、ずっと観客を巻き込むものである」[7]と指摘している。フータモは、ファントム・ライドが、古典的ハリウッド映画のような物語世界への没入とは異なりながらも、オルタナティブな没入を促す装置であることを述べている。

ここで、あらためてヘイルズ・ツアーズがもつ、ヴァーチャル・リアリティとしての性格を考えてみたい。レフ・マノヴィッチは、ヘイルズ・ツアーズについて、「航行可能な空間」の先駆的な形態と位置づけている。[8]ここでいう「航行可能な空間」とは、たとえば古典的ハリウッド映画が、心理的な葛藤から物語を進行させるのに対し、ビデオゲームなどでの探検は、単純なフィールド上の空間移動だけでも、物語が進行されることを意味している。空間の移動そのものが物語を展開させることになるのだ。それは、まさにヘイルズ・ツアーズや現代のシミュレーター・ライドの魅力であるだろう。さらにいえばマノヴィッチは、「ニューメディア」の時代において、時間的モンタージュが空間的モンタージュに取って代わられていくことを指摘している。[9]時間的モンタージュとは、すなわち古典的ハリウッド映画にみられる、複数のショットをコンティニュイティ編集でつないでいく一般的なモンタージュのことであり、空間的モンタージュとは、ひとつのショットに複数のレイヤーが重ねあわされている、3Dコンピュータ・グラフィックスのような映像の合成を指している。本章の冒頭で述べた、ショットの編集ではなく、合成のワン・ショットで構成される「きゃりーぱみゅぱみゅ XRライド」は、まさに空間的モンタージュを体現した映像といえるだろう。

さらにフータモは、ヘイルズ・ツアーズから「スター・ツアーズ」に至るまで、「シミュレーターそのものは、建築的・演劇的な舞台装置である「プレ・ショー」に囲まれていることが多い」とし、「プレ・ショーは、物理的世界とスクリーンのヴァーチャルな世界を隔てる境界線を徐々になくしていくことで、没入体験を作り出すことにも寄与する」と指摘している。[10]こうしたプレ・ショーとシミュレーター・ライドの映像の組み合わせは、マノヴィッチがいう「ニューメディア」の空間的モンタージュとは異なるものである。しかし、巧妙なショットの編集技術が歴史的に確立されていない、初期映画の段階において、客車を模した映画館や車掌の制服を着たスタッフなど、観客が存在するプレ・ショーの空間で諸要素を動員しながら、観客の没入を促そうとする、ヘイルズ・ツアーズのプリミティブな形態は、いわばモンタージュの受容空間ということができるだろう。そのようなモンタージュの受容空間こそが、ヘイルズ・ツアーズの、そして汽車活動写真館のヴァーチャル・リアリティを達成させることになるのである。

3　内国勧業博覧会と初期映画

日本の汽車活動写真館について論じる前に、明治期の博覧会と初期映画の関係について言及しておきたい[11]。博覧会における初期映画の上映は、たとえば一九七〇年の大阪万博にて世界で初めて公開されたアイマックスのように、同時代の先端的なスクリーン文化の位相をよく示していると考えられるからである。

一八九七年にシネマトグラフが日本へ輸入された後、最初に開催された大規模な博覧会は、一九〇三年に大阪で開催された第五回内国勧業博覧会であった。この博覧会において、会場外の一角に不思議館というパビリオンが設置され、その興行を取りまとめたのが荒木和一であった。荒木和一は、一八九七年に日本へスクリーン投影式の映画が初輸入された際の四つの経路の一つを担った人物であり、在野の英語学者としても知られている[12]。荒木は一九〇〇年からモントリオールの加奈陀サン生命保険会社の代理店業をはじめており、のちに関西支部長に就任した[13]。その関係によるものか、彼は一九〇二年にバンクーバーからモントリオールを経てニューヨークに滞在し、翌年に帰国している[14]。その間、グラスゴー、コーク、チャールストン、セントルイス、バッファロー、ポートランド等の博覧会事務局に対し、人気を集めたパビリオンの演目の照会調査をおこなっていた[15]。その成果は、内国勧業博覧会の不思議館の演目に活用されることとなる。

不思議館では、『月世界旅行』（1902 *Le voyage dans la luna*, ジョルジュ・メリエス監督）や『雛の孵化』（1903 *Chicks to Order*, G・W・ビッツァー撮影）など、いくつかの初期映画が上映された。ここで興味深いのは、映画とともに上演された演目である。それは、ステレオスコープの「天然色写真実体鏡」、グリエルモ・マルコーニ発明の「無線電信」、凹面鏡の「角度応用滑稽鏡」、鉄道模型の「鉄道雛形」、保育器の「胎児の化育器」、万華鏡の「万花光彩管」、ミラーガラスと思われる「透明鏡」、大阪市内の細菌を写した「顕微鏡写真」、人体の骨格を映す「X光線」、生人形と思われる「印度の占者」、反射望遠鏡と思われる「遠距離実体鏡」、中国音楽の「発音機」、鉛筆に電気を通した「電気筆」、貴婦人の「蝋細工の人形」、カーマンセラーの舞踊による「電気踊」である。この一見すると無秩序な演目の羅列を、どのように考えるべきだろうか。

当時のパンフレットによれば、「夫等の品と人とは、孰も文明国を以て誇る欧米の大博覧会に於てさへも、既に不思議なもの、珍奇しい芸として、賞賛と喝采を博したものである」と紹介されている[16]。すなわち、初期映画も含めて、これらの演目に共通するのは、西洋の最新のテクノロジーを紹介するものだったという点である。ただし、それらは同時代の大多数の観衆にとって、珍奇な見世物に過ぎなかった。吉見俊哉は、明治政府が内国勧業博覧会を開催した背景に、既存の文脈から切り離されて出品された商品を、消費のための視覚的な秩序に再編する役割があったのに対し、そこに集った観衆は、伝統的な見世物の文脈において博覧会の出品物を捉えていたことを指摘している[17]。そのような二重性が、初期映画が上映された不思議館の演目からうかがえるのである[18]。

本章の主旨に戻るならば、そもそも博覧会自体が、空間の移動やヴァーチャル・リアリティと密接に関連していた。アン・フリードバーグは、万国博覧会が世界中からの出品物を展示することで、「ショッピングや観光旅行の移動性をもった視線」と、「にせの現実に向けられた仮想の視線」を統合する空間であったことを指摘している[19]。内国勧業博覧会の不思議館で上映された初期映画は、その他の演目ともあわせて、西洋近代への観光という、ヴァーチャルな移動としての一面ももっていたのである。

そして内国勧業博覧会のパビリオンで、移動性と仮想性を統合し、ひときわ大きな注目を集めたのが、「舟滑り」とも呼ばれたウォーターシュートであった。グラスゴー博覧会の設備を模して設置された[20]ウォーターシュートについて、皇太子および皇太子妃、有栖川宮が見物した際には、「其線路の両側には。《ママ》各国の国旗数百を掲げ[21]」

との記述がみられる。ウォーターシュートは、身体の移動を娯楽として楽しむと同時に、欧米の博覧会をモデルとした遊具に「乗船」することで、西洋へのヴァーチャルな空間の移動を楽しむ装置でもあったのである。

4　汽車活動写真館の歴史性

第五回内国勧業博覧会のウォーターシュートと類比されたのが、京都の保津川下りだった。保津峡について当時の観光案内は、「大阪の博覧会に余興の一つでウオーターシユウトといふ舟すべりの壮快な遊びがあつて大層な評判」であるが、「嵐峡には申さば天然のウオーターシユウトで其距離も三里」と紹介している[22]。そして、この保津川下りの沿景を撮影した映画が、後述するように汽車活動写真館で上映されることになるのである。

アメリカ合衆国からヨーロッパに伝播したヘイルズ・ツアーズは、日本でもその機構を模倣されて、汽車活動写真館という興行を生み出した。それが日本で最初に設置されたのは、一九一〇年に東京日本橋の三越で開催された児童博覧会においてである[23]（図1）。汽車活動写真館が、最初に博覧会において設置されたことは重要だろう。前節で論じたように、博覧会は、来場者の移動する仮想の視線を前提としており、汽車活動写真館は、それを補完する機能を果たしたからである。三越の広報誌は、汽車活動写真館の興行の様子を次のように伝えている。

わが三越の汽車は驚くべき速力を以てこの三階停車場を出発し、忽ちに東海道五十三駅を馳せ尽して、途中の風景は一として乗客諸君の目を漏るゝ事なし。諸君試みに此汽車に乗られしと仮定せられよ、汽笛一声天地忽ち暗黒となり、東海道の沿景は悉く眼中に入り来るべし。諸君は前に広場に於て箱根、愛鷹、富士山麓の大景を一場に萃めたる理想的日本の風景を貪り見られしが、此度は更に此等の真景をそれよりそれと実際に賞玩し給ふ事となるけり。わが「三越」が如何にしてかゝる汽車旅行を諸君の前に提供し得たる歟につ いては、茲に深くわが鉄道院の吏員諸公に感謝せざるを得ず。わが博覧会準備員は、此驚くべき、又如何にも珍らしき趣向を成功せしむる為めには、如何ばかり多額の費用も、何程大なる労力も敢て辞せざる覚悟なりしに、寛大なる鉄道院の吏員諸公は「三越」に対して殆ど夢想し得ざる程の便宜を与へられ、此珍らしき趣向を首尾よく成就せしめられたり。尚此汽車は一時、名古屋に停車し、諸君を御案内して／同地の関西共進会／に導き其内外を御覧に入るべし。此共進会は殆ど内国博覧会を凌ぐほどの大規模にて、先年の東京博覧会にも劣らぬものと聞く、諸君は坐ながらにしてかゝる大旅行をも為し得らるゝなり。それのみかは、此驚くべき汽車は、時としては鬼ヶ島へも、月世界へも、諸君が未見未想像の怪異国へも赴くべく、また車内にて御伽噺や滑稽劇をも見る事を得べし。此東海道観覧汽車の一番発車は午前九時にして／一時間毎に一列車／を発し、午後四時を以て終列車の発車時刻とす。一列車はボギー車二輛より成り、一、二両等を連結し、乗車賃は特別切符御持参の御方に限り之を無料とす。[24]

図1　汽車活動写真館
出典：「第二回児童博物館の一部」『みつこしタイムス』第8巻第5号，1910年

ここから判断できる汽車活動写真館のプログラムは、まずファントム・ライドとして、東海道線沿景の映画が上映されたことである。先述したように、ファントム・ライドは、汽車の先頭から撮影された初期映画のジャンルの一つであり、引用文中に「わが鉄道院の吏員諸公に感謝せざるを得ず」とあるように、鉄道院の協力のもと撮影がおこなわれた[25]（図2）。さらに、名古屋で開催されていた博覧会、関西共進会の実写映画が上映された後[26]、『月世界旅行』なども上映されていたことが確認できる。

汽車活動写真館で上映された東海道線沿景のファントム・ライドについて、次の文章が、当時の観客の楽しみ方を伝えている。

図2　東海道線沿景の撮影風景
出典：「東海道観覧車は如此して成れり」『みつこしタイムス』第8巻第4号，1910年

> 汽車内にて当店が特に技師を発して非常の苦心の後に作り得たる新橋名古屋間汽車旅行の活動写真を御覧に入る。途中の名勝好景、一として目に入らざるなく、殊に箱根山中隧道《トンネル》より隧道に入る絶景の如きは、児童諸君の喝采を博する事非常にして、毎回の発車毎に好評嘖々、「こんな面白い活動写真は、生れて初めてだ」と絶叫せられし人さへ有りたり。此汽車の運転中は、その動揺、その音響共に本物の汽車と毫も異ならず、その双眸に入り来る光景は、一方の窓より覗ひ見るを得るのみなる普通の汽車にては、到底夢想すら出来ざる展望なるを以て、大人諸君も拍手して賞賛せらるゝが多かりき。(27)

ここで注目したいのは、「その双眸に入り来る光景は、一方の窓より覗ひ見るを得るのみなる普通の汽車にては、到底夢想すら出来ざる展望」という表現である。通常は視覚的に体験できない「航行可能な空間」（マノヴィッチ）こそが、汽車活動写真館で上映されたファントム・ライドの魅力なのである。一方で「その動揺、その音響共に本物の汽車と毫も異ならず」と述べながら、他方で通常ではありえない視界からの「名勝好景」の魅力が強調されていることは、あらためて汽車活動写真館がヴァーチャル・リアリティの装置であることを示している。

こうした観客による汽車活動写真館の享受を考えるためには、その時代背景を踏まえる必要があるだろう。汽車活動写真館は、一九一一年に京都新京極にも設置されるが、そこで上映されたのは、先述したように山陰線沿景である保津峡の風景であった。(28) そもそも保津峡は、近世以来、京都の知識人に愛されてきたものの、それは詩情として享受される、山水鑑賞の作法に則った風景であった。[29] それを変容させたのが、保津川下りという近代のスペクタクルである。一九世紀に欧米の観光客によって〈発見〉された、保津川下りという空間移動を楽しむ新しいスペクタクルは、やがて国内の関心も集め、一九〇七年には専門の遊船会社まで設立されるに至った。[30] 保津川下りにおける空間移動のイメージは、山水鑑賞に代わり、そのまま保津峡のイメージとも結びついていく。たとえば、『太陽』誌上に相次いで掲載された、「保津川の急流」（一九〇七年五月）、「急流（丹波保津渓）」（一九〇八年九月）、「保津川の激流」（一九一〇年五月）、「保津川の急流」（一九一一年六月）といった、保津峡や保津川を題材にした四枚の写真は、そのどれもが保津川の急流を示すものとして、激流の渦中にある保津川下りの舟を捉えている。[31] このようなイメージの存在は、同時代の風景の享受方法に、速度をもった空間移動が新たに加わったことを示している。先述した第五回内国勧業博覧会のウォーターシュートの人気も、そうした時代背景を裏づけるものだろう。

汽車活動写真館で上映されたファントム・ライドは、没入のための編集にもとづかない、基本的に分節化されていないショットによって成り立つものであった。[32] それは、当時のスクリーン文化が、コンティニュイティ編集による、特定の物語への観客の没入とは異なる方向にあったからにほかならない。[33] そうした非分節ショットは、現在のシミュレーター・ライドにおいて、ヴァーチャル・リアリティを構成するため、古典的ハリウッド映画とは異質なスクリーン文化として復活することになるのである。

5　おわりに

現在のスクリーン文化をめぐる状況は、再び一九世紀から二〇世紀に向かう世紀転換期に戻っているかのようにみえる。しかし、それは過去への回帰というよりも、むしろ二〇世紀の大部分において主流を占めていた、映画館のスクリーンに無言で静止して対峙する映画受容の作法が、そもそも特殊な歴史性をもっていたというほうが適切ではないだろうか。近年、映画館が純粋な映画受容の空間としてのみならず、イベント開催のための多目的ホールのひとつとして利用されることも増えているのは、それを裏づけるものだろう。また二〇世紀の半ばまでに、多くの芝居小屋が映画館へと変貌したが、旧金比羅大芝居をはじめとして、再びいくつかの映画館が芝居小屋へと回帰している点も、このような動向と関連を見出せるかもしれない。

その点において本章は、汽車活動写真館というシミュレーション・ライドを通じて、過去と現代のスクリーン文化を架橋することを試みた。そこで連関するショットの非分節化は、二〇世紀と二一世紀のまったく異なるテクノロジーの文脈においてもたらされたことはいうまでもないが、それらが共通項を構成していることこそが重要である。そのようなメディア考古学の視点は、私たちが映像という十全に言語化しえない対象を、より長期的な視野から捉えることを可能にするだろう。

注

（1）　ヴァーチャル・リアリティという用語は、一般にきわめて多義的に使用されているが、本章においては、単に没入的な映像というだけではなく、受容の身体性と結びついた映像を示すものとする。一九世紀において視覚は、五感の身体性から切り離され、「無垢」で自律的な観察者の主体に位置づけ直された（ジョナサン・クレーリー『観察者の系譜——視覚空間の変容とモダニティ』遠藤知巳訳、十月社、一九九七年）。それに対して、ヴァーチャル・リアリティの映像は、たとえ仮想のものであっても、たとえばインタラクティビティの点で、身体性と不可分なものだからである（アン・フリードバーグ『ウィンドウ・ショッピング——映画とポストモダン』井原慶一郎・宗洋・小林朋子訳、松柏社、二〇〇八年）。

（2）　飯島範久「「Gear VR」を利用し仮想と現実を融合させたライド「きゃりーぱみゅぱみゅ XRライド」の制作裏話　気をつけたのは「やり過ぎない」」（http://japanese.engadget.com/2016/01/16/gear-vr-xr/　二〇一七年八月一五日アクセス）。「XRライド」は、観客がヘッド・マウンテッド・ディスプレイから仮想的な3Dコンピュータ・グラフィックスを享受しつつ、同時にその映像に連動して高速で移動するローラー・コースターによって、物理的な感覚も楽しむ、USJのシミュレーター・ライドのひとつである。

（3）ブラック・マリアは、エディスン社のキネトスコープ用の初期映画を撮影するための専用スタジオであり、内部は黒色で、屋根の一部が開閉し、そこから太陽光が光源として取り入れられた（小松弘『起源の映画』青土社、一九九一年、一七七―一八五ページ）。

（4）ヘイルズ・ツアーズについて、詳しくは Raymond Fielding, "Hale's Tours: Ultrarealism in the Pre-1910 Motion Picture," in John L. Fell ed., *Film Before Griffith*, University of California Press, 1983; Lauren Rabinovitz, "'Bells and Whistles': The Sound of Meaning in Train Travel Film Rides," in Richard Abel and Rick Altman, eds., *The Sounds of Early Cinema*, Indiana University Press, 2001, 加藤幹郎『映画とは何か』みすず書房、二〇〇一年、同『映画館と観客の文化史』中公新書、二〇〇六年を参照のこと。

（5）Raymond Fielding, *op. cit.*, pp. 122–123.

（6）Tom Gunning, "Non-Continuity, Continuity, Discontinuity: A Theory of Genres in Early Films," in Thomas Elsaesser with Adam Barker, ed., *Early Cinema: Space, Frame, Narrative*, British Film Institute, 1990, p. 101. ガニングはまた、「自足した物語世界をスクリーンの上に創造しようという関心のこのような欠如は、初期映画の上映方式にも反映されていた」として、ヘイルズ・ツアーズ自体の演出機構を取り上げている（トム・ガニング「アトラクションの映画――初期映画とその観客、そしてアヴァンギャルド」中村秀之訳、長谷正人・中村秀之編訳『アンチ・スペクタクル――沸騰する映像文化の考古学』東京大学出版会、二〇〇三年、三〇七ページ）。

（7）エルキ・フータモ「カプセル化された動く身体――シミュレーターと完全な没入の探求（下）」堀潤之訳、『Inter-Communication』第五三号、二〇〇五年、七九ページ

（8）レフ・マノヴィッチ『ニューメディアの言語――デジタル時代のアート、デザイン、映画』堀潤之訳、みすず書房、二〇一三年、三四八ページ

（9）同右、二二八―二二九ページ

（10）フータモ、前掲、七四ページ

（11）たとえば、山本佐恵『戦時下の万博と「日本」の表象』（森話社、二〇一二年）、小林貞弘『新聞に見る初期日本映画史――名古屋という地域性をめぐって』（学術出版会、二〇一三年）など、博覧会と日本映画の関係については、いくつかの先行研究が言及している。ただし初期映画が内国勧業博覧会で上映されたことについては、これまで指摘されてこな

かった。

(12) 荒木によるヴァイタスコープの輸入については、塚田嘉信『日本映画史の研究――活動写真渡来前後の事情』(現代書館、一九八〇年、一六八―一九四ページ)を参照のこと。なお荒木については、シネマトグラフの最初の輸入者である稲畑勝太郎と同じように、最初の興行を手がけた後、映画から手を引いたとの記述がみられるが(たとえば、武部好伸『大阪「映画」事始め』彩流社、二〇一六年、八六ページ)、本章で示すとおり荒木はその後も映画興行に関わる機会があった。

(13) 日比恵子「ミス・デントンから荒木和一への書簡」『同志社談叢』第二三号、二〇〇三年、五八ページ

(14)「博覧会彙報」『大阪朝日新聞』一九〇三年一月一六日付

(15) なお宇田川文海『電気工学不思議館の案内』(不思議館、発行年不明)には、「荒木和一氏が、農商務省の嘱託を受て博覧会視察の為め渡米するので、即ち同氏に託して欧米に於ける最新珍奇の機械を購入れ、及び有名な芸人を傭入れることにした」(二ページ)とある。なお後述する不思議館のプログラムは、同書を参照した。

(16) 同右

(17) 吉見俊哉『博覧会の政治学――まなざしの近代』中公新書、一九九二年、一四六―一五二ページ

(18) 初期映画という新たなテクノロジーは、後年に主流となる芸能娯楽としての興行の系統のみならず、社会教育としての非興行の系統においても大きな役割を占めていたことに留意したい。とりわけ日本において初期映画は、西洋の知識を移入するための装置でもあったといえる。無声映画の弁士が政治演説に起源のひとつをもつことは、上田学「弁士の系譜――政治演説から無声映画へ」(『比較日本文化研究』第一八号、二〇一六年)を参照のこと。

(19) フリードバーグ、前掲、一〇四―一〇五ページ

(20) 第五回内国勧業博覧会協賛会編『大阪と博覧会』入澤京太郎、一九〇二年、一六〇ページ

(21)「舟滑りの御台覧」『風俗画報臨時増刊　第五回内国勧業博覧会図会　下編』東陽堂、一九〇三年、二八ページ

(22) 大江理三郎『京都鉄道名所案内』京都鉄道名所案内発行所、一九〇三年、五四ページ

(23) 三越の児童博覧会に汽車活動写真館が設置された背景や、それがのちに東京浅草や京都新京極に設置された経緯については、上田学「明治40年代の都市と〈子供〉の映画観客――汽車活動写真館を手がかりに」(『映像学』第七八号、二〇〇七年)を参照のこと。その後、一九一一年に大阪箕面で開催された「山林こども博覧会」にも、汽車活動写真館が設置された可能性がある(伊井春樹『小林一三は宝塚少女歌劇にどのような夢を託したのか』ミネルヴァ書房、二〇一七年、

六五ページ）。なお汽車活動写真館について、当時を回想して梅村紫声が平面図を残しているが（図3）、これをみるとリア・プロジェクションを主に採用していたヘイルズ・ツアーズとは異なり、観客席後方から映写がおこなわれていたようである。

(24)「第二回児童博覧会前記」『みつこしタイムス』第八巻第四号、一九一〇年、八—九ページ

(25) 田中純一郎『日本教育映画発達史』蝸牛社、一九七九年、二四—二五ページ

(26) 第一〇回関西府県連合共進会に横田商会が設置したパビリオン、および会場で撮影された実写映画については、小林、前掲、四三—四七ページを参照のこと。

(27)「第二回児童博覧会の盛況」『みつこしタイムス』第八巻第五号、一九一〇年、二ページ。ちなみに浅草のルナパークに設置された汽車活動写真館について、当時の回想によれば、「東海道線と関西線を全部見るには七十銭くらいかかった」とされ、「新橋から小田原まで十銭、そのさき静岡まで十銭という具合」で、「何といっても人気があったのは天竜川の鉄橋を渡る場面であった」という（植原路郎「活動写真への回想」『映画史料』第一〇集、一九六三年、一〇ページ）。

(28)「たのしみ」『大阪朝日新聞京都附録』一九一一年五月一六日付

(29) 佐藤守弘「ピクチャリング・キョウト——観光と視覚文化　#1」『diatxt.』第九号、二〇〇三年、一六〇—一六九ページ

(30) 亀岡市史編さん委員会編『新修　亀岡市史』本文編三巻、亀岡市、二〇〇四年、二四九ページ。なお保津川下りが欧米の関心を集めていたことは、『保津川の急流』（パテ、一九〇六年）という初期映画の存在からも想像できよう。

(31) こうした構図は、『太陽』に限らず、『京都府写真帖』（京都府庁、一九〇八年）や『京都名勝写真帖』（風月堂、一九一〇年）など、当時の保津峡を紹介した写真に共通するものである。

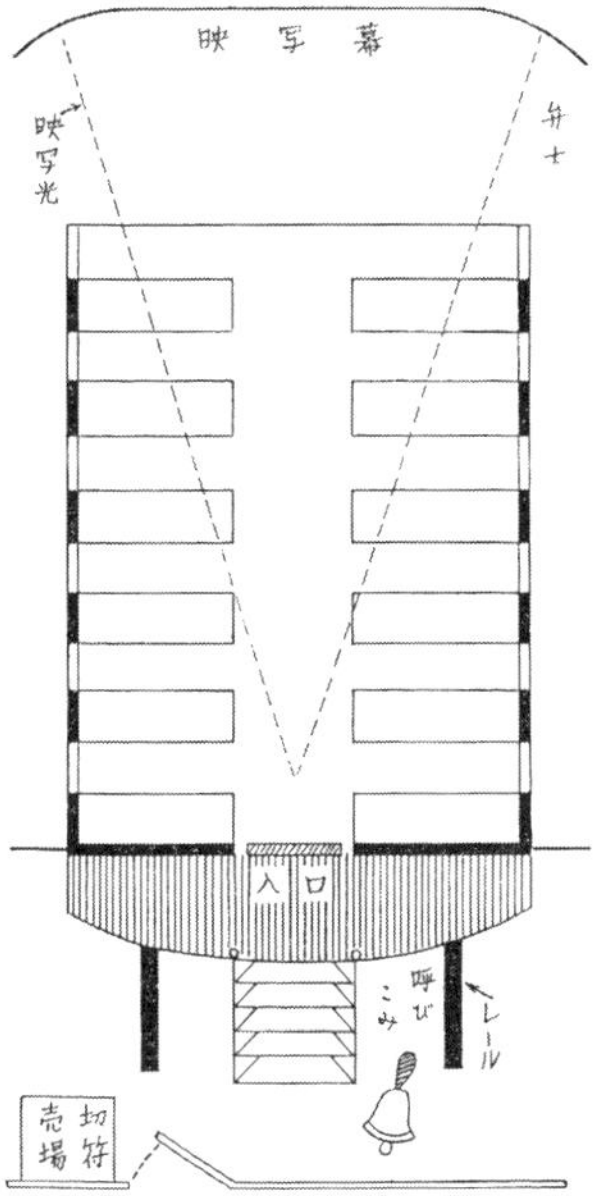

図３　汽車活動写真館平面図
出典：梅村紫声「汽車活動の思い出」『映画史料』第14集、1965年、9ページ

(32)　これはフィルムがまったくの未編集であることを意味してはいない。マテリアルとしての制約のもと、たとえば『高架鉄道　ニューヨーク104番街のカーブ』(*1899 104th Street Curve, New York, Elevated Railway*, エディスン）などのファントム・ライドにおいて、フィルムはいくつかのショットによって構成されていた。また東海道線や山陰線の全線を未編集で撮影することは、当時の技術では不可能なため、当然ながら汽車活動写真館で上映された、この現存しないファントム・ライドも編集されていたと考えられる。ここで議論したいのは、物語への没入がショットの編集によるか否かという問題である。

(33)　このことは、一九一〇年に東京浅草に設置された汽車活動写真館の事例からも読み取ることができる。東京浅草の汽車活動写真館は、ルナパークという遊園地に設置された。ルナパークにおいて、汽車活動写真館とともに人気を集めたのが、相撲活動写真館という施設である。そこで上映されたのは、相撲の取組であり、ここでも物語への没入とは異なるスクリーン文化の存在を指摘することができるだろう。ただし、没入とは異なる形式でフィルムが編集されていたことは、「力士の立上りまでの気の長いのには実に閉口だが、相撲活動には其の心配は少しもない、土俵へ上れば直ぐ立あがる、此の時間省略法」（太郎作「ルナパークを観る」『活動写真界』第一四号、一九一〇年、二五ページ）という当時の記述や、現存する『明治二十八年の両国大相撲』（土屋常二撮影、一九〇〇年）からも判断されよう。

第6章　オフ・スクリーンの映像文化史
——大正・昭和期の複合施設型映画館

近藤和都

1　はじめに

ショッピングモール内に設置された映画館が普及している現代社会においては、映画のスクリーンにたどり着くためには、種々のウインドウや商品の配列によって構造化された空間のモンタージュを通過しなければならないことが多くなっている（Acland, 2003; Friedberg, 1993＝二〇〇八）。映画館はスクリーンを内包するだけでなく、その内外に多種多様な娯楽経験を媒介するオフ・スクリーン（off-screen 画面外の／画面から離れた）[1]空間を節合した「複合施設」へと変容しつつあり、それに応じて映画受容をめぐる想像力のあり方も変化してきている。いわば映画館の現在とは、「複数のスクリーン空間／多様なオフ・スクリーン空間」の複合形式としてあるのだ。そのため映画のスクリーンの現在について考える際には、逆説的に映画館をめぐるオフ・スクリーン空間のあり方にも焦点を当てなければならない。

だが、このような映画のスクリーンをめぐる連続的・入れ子的な空間のあり方は現在にだけ特徴的なことというわけではない。歴史を振り返れば、戦前においてすでに「複合施設型」と呼べるような映画館は多くあった。興行主たちは映画館内で「映画を観る」だけでなく、それ以外の様々な実践が可能になるオフ・スクリーン空間を積極的に提示していったのである。このことを踏まえると、スクリーンをめぐって展開された実践（screen practice）に焦点を当て、それとの関係において映画史をより幅広い映像文化史の文脈から書き直す研究が多く提出されているが（Musser, 1994）、それと同時に、オフ・スクリーンにおいて可能になっていた実践（off-screen practice）が映画・映像文化史のうちにどのように位置づくのかを問う視座が重要になるだろう。本章はこのような問題関心から、「映画館＝映画を観るための場」が「複合施設型映画館＝映画を含めた多様な娯楽を消費する場」へと物理的に変容する歴史的過程を分析する。そうすることで、現在的な映画のスクリーンの文脈を歴史的な視座から捉え返すための土台を構築したい。

具体的な分析は以下の諸点に着目しながら行われる。映画館への都市論的なアプローチが示すように（Hallam and Roberts eds., 2014; 吉見、二〇一六）、それが立地する地域間の関係に焦点化することで映画館同士の交渉関係が明らかになるが、このことは、映画興行のあり方およびそこで展開される人々の諸実践の意味を映画館同士の関係性の動態のうちから把握することを可能にする点で重要である。このことを踏まえ本章は、対象を関東大震災以降（一九二三年）の主として東京における封切館およびそれに準ずる映画館に設定し、東京における盛り場間の力学、具体的に言えば浅草と市内の映画館の交渉関係に焦点を当てて分析を進めていく。対象をこのように限定するのは、歴史的に日本の映画興行の中心に位置した東京の映画館のあり方をまずは分析する必要があり、また東京の封切館およびそれに準じる映画館のあり方が震災を契機として「複合施設型」の方へと舵を切るからである。

分析に際しては映画産業従事者たちが執筆した著書や業界誌の記事を渉猟し、また映画館が発行し観客に無料配布していた印刷メディアである「プログラム」[2]を通覧した。前者の資料群は映画産業従事者たちがどのように映画興行の場を捉え、いかなる方向へと変容させる必要があると認識していたのかを明らかにするものであり、後者の資料群は映画館のあり方をどのように受け手＝観客たちに提示していったのかを示すものである。いわば前者は映画館の定義を構築するために発信されたものであり、後者はその具体的な現れ方を各映画館に即して明示するものである。水準の異なる両者の資料群を合わせて分析することで、当時の映画館のあり方を多角的な視座から考察することが可能になる。

なお、映画館プログラムを参照する際は、（『映画館が位置する地名＋映画館名＋プログラム』発行年月日）と表記する。必ずしも映画館プログラムの紙面上に「プログラム」と記載されているわけではない。それにもかかわらず名称を「プログラム」に統一するのは、当時の多くの観客や編集者が上記のような印刷メディアを「プログラム」やその省略形の「プロ」と呼んでいたことを踏まえてである。そうすることで、該当資料が映画館に訪れた観客に対して配付されたものであることを明瞭にし、分析箇所においては興行主たちが提示する映画館のあり方に焦点化していることを示す。

以上を踏まえ2節では、種々の娯楽施設を内包＝「複合施設化」した館が「理想的映画館」として再定義されたことを業界誌上の記事より確認する。その上で、日活映画封切館・浅草富士館を事例にどのように映画館の施設が変容していったのかを明らかにする。続く3節では、このような映画館の変容の背景として一九二〇年代にかけて生じた送り手・受け手双方の文脈の変化を指摘する。最後に4節では各項で、「複合施設化」した映画館において可能になった諸実践のあり方について明らかにする。

2　「複合施設化」する映画館

一九二三年に起こった関東大震災は映画館に大きな被害を与え、特に映画興行の中心地であった浅草は「各館全滅と云ふ有様」（太田、一九三〇、三九ページ）だった。その結果震災後の多くの映画館は仮設館での興行を強いられ、東京は「バラックの都」（「帝都復活か映画復活か」『キネマ旬報』第一四六号、一九二三年、八ページ）へと変容し、その後一九二八年頃から映画館の改築・新築が盛んになる（「映画の春は弥栄す――常設館新築申請は依然熾烈」『国際映画新聞』第一三号、一九二八年、二ページ）。このような歴史的流れにおいて注意したいのが、映画館の再構築は以前の状態を再現する形では行われなかったという点だ。この時期から映画館は、「映画を観るための場」という定義には収まらない形へと転換していくことになるのだ。そこで以下ではまず、どのような建築様式が映画館に求められていったのかを、同時代の映画業界誌上の記事から確認していこう。

（１）映画館を再定義する

映画館建築の大家で、洋画劇場として高い地位を誇った新宿武蔵野館の改築を行った加藤秋は、映画興行者向けの業界誌である『国際映画新聞』（一九二七年創刊）に映画館建築に関する連載を行っていた。そこでの主張は多岐にわたるが、主眼は「映画館建築の合理化」とそれを通じたより「理想的な」上映環境を実現するための方策を読者＝興行者に授けることであった（加藤、一九二七a）。この背景には、当時の映画館建築の多くが「徒に伝統的悪習に囚はれたものの建設であつて」、その結果、スクリーンと観客との位置関係が不適切なものとなり映画を理想的な状態で観賞することが困難になっていたという認識（加藤、一九二七b、七ページ）、そしてこのような状況では到底「理想的映画館は生み出せる」わけがないという考えがある（加藤、一九二七a、一〇ページ）。

このような状況を踏まえて加藤は、「理想的映画館」（加藤、一九二七a、一〇ページ）を世に知らしめるために様々な提言を行っていくが、本章にとって興味深いのは映画館の内部施設に対して述べられる項目である。いわく、「理想的映画館」の内部施設として重要なのは、「舞台における映写装置、通風換気の設備、照明装置及至観客の気分に関係する座心地よき椅子、床舗装の完全、室内装飾の形及び色彩配合、其他喫煙室、休憩室、遊歩場に於ける優待及慰安的設備、出入口、切符売場、ロッビー等に於ける商業的施設等」（加藤、一九二七b、六ページ、傍線は引用者による）である。

まず傍線を付していない項目から確認すれば、それらは映写設備や映画館における身体的快適さに関わるものということができる。これらの項目が「映画を観ること」に関わる施設に言及したものであるとすれば、他方で傍線を引いた項目は対照的な次元に関わるものだということができる。「喫煙室」「休憩室」「遊歩場に於ける優待及慰安的設備」「商業的施設」といった項目は、直接「映画を観ること」とは関わらない施設を指示するものだからだ。つまりここでは、「映画を観る前後」に様々な実践を可能にする施設を内包している映画館が「理想的」とされているのである。

スクリーンと観客の位置関係の不備を指摘し、どの席からでも作品に十全に没入できるような環境を作るために多くの誌面を割く加藤秋の連載からすると、このように「映画を観ること」とは直接関連しない施設を提示するというのはやや違和感がある。だが同時代の映画産業従事者の言説を確認すると、加藤秋のように映画館を「複合施設化」していく流れがあったことがわかる。例えば日活の撮影所長・取締役などを歴任した根岸耕一は、「既に国産映画全盛で其経済力を回復しつつあるから、今後の本邦映画界に於ては今日米国で見るが如き映画封切の情調若はデルウクス常設館の出現が予想される」（根岸、一九二八、六三ページ）と述べ、同時代のアメリカの映画宮殿を例に取りながら映画館の再構築を提案している。

（2）「複合施設化」する映画館——浅草富士館を事例に

このように一九二〇年代後半にかけて、言説の水準において映画館のあり方を「複合施設」として再定義していく流れがあった。それではこのような言説は、映画館を改築・新築する際にどれほどの規定力を持っていたのだろうか。このことを考えるために、当時改築・新築された映画館のあり方をみていきたい。

全国を旅行し、各地の映画館の建築様式を熟知すると自認する人物による紹介記事によれば、当時の「常設館の建築及び施設として代表的なものは何と謂っても浅草の富士館を第一に推さなければなら」（XYZ、一九二八、三七ページ）ないという。そこで以下、浅草富士館を例に、当時理想的とされた映画館の具体的な施設についてみていこう。改築工事が終わった後の浅草富士館の施設を紹介する記事によれば、改築後の富士館は様々な施設を内包していた（「浅草富士館の施設に就て」『国際映画新聞』第一三号、一九二八年、一四—二一ページ）。記事中で言及され、本章との関連において重要となる施設を記すと以下のようになる。

富士館には一階から三階までの客席があるが、客席の周りは「五尺」（およそ一・五メートル）の廊下に囲われているため「自由に気持よく散歩する」ことができる。また各階には「喫煙室」が二つずつ設けられており、それぞれ床・壁・天井の配色・装飾が異なっているため好みにあった場所で「気持よく談話喫煙」ができるようになっている。さらに各階共通の施設として「喫茶店」や「倶楽部室」、「屋上庭園」がある。館直営の「喫茶店」は「極めて安価で」利用することができ、内装は「気分本位にしてゆつとりとした気分で喫茶することが出来る」。この場所は「特にファンの観賞会等に利用して戴きたい」と富士館側は考えている。三階北側にある「倶楽部室」は「特にほこるべき映画関係記者の談話室」のようなもので、「客席に関係なく自由に談話を交換」することができる。「屋上庭園」は「常設館としては最初の試み」であり、「浅草十二階倒潰以来の近方の展望をなし得る」ものとなっている。

このように浅草富士館には、「廊下」や「喫煙室」、「喫茶店」、「倶楽部室」、はたまた「屋上庭園」に至るまで様々な施設が内部化されていた。そしてこのような「複合施設化」は同時代の他の映画館にも見出せるものである。例えば先の加藤秋は、大阪松竹座（一九二三年開館）を「兎に角内部に於ける大ホール、休憩室、喫煙室、食堂の設置、其他各附帯設備等の完備せることに於て、断然従来のものに超越したところの劇場建築」（一九三二、二六ページ）と評価し、映画館建築における模範として位置づけていた。また3節において確認するように、都市部の多くの映画館には飲食施設等が設けられ、様々な娯楽が提供されていた。いわば震災以降の映画館は、「映画を観るための場」であると同時に、それに限定されない様々な消費経験が媒介される建築物として再構築されていったのである。

3　都市空間のなかの映画館

前節では、関東大震災以後に映画館が改築・新築される際に、建築学的な見地からそれを「複合施設化」することが「理想的映画館」のための一つの条件として設定され、規模の差こそあれ、そのような言説に沿った形で映画館が再構築されていったことを確認した。次に問題としたいのは、なぜ「複合施設化」が映画館建築において重視されるに至ったのかということである。このことを考えるにあたって、震災後の東京の映画興行を取り巻く状況の変容、すなわち①同時封切りの開始に伴う興行地図の書き換えと②映画興行と都市的娯楽との対峙に着目したい。

（1）興行地図の変容

関東大震災は映画館を物理的に破壊した一方で、映画興行に好況をももたらした。当初、「活動写真界は人々から最も最後のもの、他の全部のものが復興されて後に始めて再びその形を成すべきもの位に考へられて居た（中略）活動写真そのものさへ自ら卑下して堂々社会の必要品である自信を失はうとさへして居た」（「帝都復活か映画復活か」『キネマ旬報』第一四六号、一九二三年、八ページ）。だが実際には映画への需要は非常に高く、麻布松竹館、神楽坂牛込館といった市内館の復興を皮切りに続々と映画興行が再開されていった。

そしてこのような「震災後の爆発的好況ぶり」（田中、一九五七、五〇四ページ）は映画館数の増大へと結びつく。一九二三年から二四年の一年間で全国の映画館数は三一〇館も増加し（田中、一九五七、五〇四ページ）、東京においても一九二〇年の段階で六二館だった映画館数は一九二九年には二〇八館となった（石巻、一九三〇、二七一ページ）。震災後の映画需要の高まりを背景に、多くの人々が映画興行の場に参入していったのである。だが「震災後の好況は一時的の現象であつて、不景気風の襲来と共に、映画興行も漸次その影響を蒙むり、館数の増加した割合に入場人員は増加し」（石巻、一九二五、四六一ページ）なかった。そのため映画館数の増加は、興行同士での潜在的な観客の取り合いを促すことにつながった（近藤、二〇一五）。

また映画館同士での競争は、東京においては「同時封切」の開始によっても促進された。映画学者のアーロン・ジェローが論じたように、一九〇〇年代の日本では映画は複製技術であるにもかかわらずほとんど複製されず、一つの作品につき数本しか流通していなかった（Gerow, 2000）。当時の日本では製作会社と興行者たちとでは後者に分があり、封切館が持つ集客力をあげるために少ない本数のプリントしか作成されなかったのだ。このような背景のもと、浅草や千日前といった興行街の封切館を頂点とする階層的な配給構造が成立し、その結果、できるだけ早く新作映画を観賞したいと望む人々は限られた封切館に向かわざるを得ないという状況が形成されることになった。

モノとしてのフィルムの稀少化を通じたある種の保護主義といえるこのような状況はしかし、関東大震災に前後して変化していく。「所謂市内封切の実行」（「時報」『キネマ旬報』第一二二号、一九二三年、一七ページ）を報告する記事が雑誌に掲載され始めたことからわかるように、封切のあり方は変容していった。さらに、このような封切り場の移転は関東大震災によって決定的となる。震災後に「封切興行といふことが市内館に於て益々盛んになつて来たし、関西方面に於ても頻々と行はれ」（石巻、一九二五、四五九ページ）るようになったのだ。このことは洋画興行において顕著で、一九二四年一一月から一九二五年二月にかけての東京では同時封切を含めると半数以上の作品が市内で封切られることとなった（近藤、二〇一五、一〇―一一ページ）。それまで浅草に特権的に与えられていた「封切権」が浅草以外の地域にも与えられ「二分」されることになったのである（太田、一九三〇、三九ページ）。

くわえてこのような封切場の拡散は、一九二〇年代後半には製作体制の変動によっても促されていった。日活は「松之助の『忠臣蔵』以来特作映画主義を実行し、昨年（一九二七年：引用者注）秋の『水戸黄門』昨年春の『大久保彦左衛門』昨秋の『尊王攘夷』[3]と云つた風に春秋二期に、所謂百萬弗映画としての特作を発表するになつて」いったが、その結果「一本の特作映画に対しては、異常となる経費と日数を費やし」ていくことになった（西本、一九二八、二五ページ）。そしてこのことが同時封切を行う誘因となる。というのも石巻が述べるように、製作費の回収を速やかに行うためには複数館で封切る必要があるからだ。

封切興行が重大視されるのは、封切興行の成績によつて映画の興行価値が定まるといふことの外に、この興行によつて製作者は製作費の大部分を回収しやうとしてゐるためである。従つて回収を急げば何館でも同時に封切をする。「砂絵呪縛」で各社が全国一斉に行つた封切は極端な例だとしても、数館の同時封切は屢々行はれてゐる。（石巻、一九三三、三〇〇ページ）

けた違いの製作費を回収するために、一九七〇年代以降のブロックバスター映画も大規模な同時封切を実施していったが、それと相似的な論理において日本における複数館同時封切は推し進められていったのである。

そしてこのような「封切権の二分」が、映画興行者たちに一層の経営努力を強いることになる。稀少性のある作品の上映という差異化の手段が使えなくなれば、上映作品以外の部分で人々を惹きつけなければならない。とりわけこのことは浅草の映画館にとって切実となる。浅草日本館支配人の太田団次郎いわく、「「浅草へ行かねば封切映画が見られない」と云ふ感念をファンの頭から取り去つたと同時に、当時のバラックの館で見るよりは、気持のいい市内館で見た方がいいと云ふ気持が知らず知らずの間にファンに植へつけられ」（太田、一九三〇、三九ページ）、その結果、「震災直後、約二年間ばかりは、浅草は依然として浅草の面目を保持してゐたが、今日では残念乍ら旧時の盛況は見られない」（太田、一九三〇、三九ページ）状況になったという。東京の興行地図は震災を契機として大きく書き換えられていったのである。

以上のような歴史的背景において映画館の再構築は行われていった。映画館数が増加するとともに同時封切が開始されることによって、映画館は他館との差異化の実践に従事しなければならなくなったが、このことが映画興行を効率的に運営するための合理的な思考様式を要請し、『国際映画新聞』や『キネマ週報』（一九三〇年創刊）といった業界誌の出現につながる。そして先に確認したように、そのような場において見出された合理的な方策の一つが新たな建築様式の映画館であった。映画館同士の競争が激しくなりつつも、上映作品によって自館に人々を惹きつけることが難しくなることで、「映画館」という物理的な場それ自体が構成する上映環境のあり方が、以前にもまして重要な問題として興行者たちの間で浮上していったのである。

(2) 都市文化との対峙

このように映画興行をめぐる諸条件が変容し競争が激化するなかで、上映環境としての映画館のあり方が対象化されていったのだった。だがこれではまだ、改築・新築の際に「複合施設化」が重視されたことを十分には説明しないだろう。上映環境が重要になるにしてもその際問題となるのは「再現性」や「快適さ」の位相であり、そのためには「映写機」や「座心地よき椅子」などを充実させればよいからだ。それではなぜこの時期の映画館は「複合施設化」していくのだろうか。このことを考えるにあたって、震災以後に花開いた都市文化とそれを消費する新たな主体の出現に焦点を当てていきたい。

一九三〇年、世界恐慌の影響もあり映画興行界は不況に陥っていた。七月には松竹洋画系封切館の浅草・新宿両松竹座が「各等入場料金約半額」（「松竹系洋物館の値下げ」『キネマ週報』第二一号、一九三〇年、一〇ページ）の値下げを行い、それに続いてパラマウント系の封切館も値下げをするに至った（「日本映画の封切館は料金を値下げせぬ」『キネマ週報』第二二号、一九三〇年、八ページ）。また、当初は値下げに対して反対していた邦画館も最終的に不景気の波に逆らうことはできず、一九三〇年一一月には入場料は自由化された（「浅草興行組合が入場料の自由競争いよいよ激甚になる興行戦」『キネマ週報』第三八号、一九三〇年、一〇ページ）。このように洋画・邦画問わず、映画興行界は人々を映画館に集めることに大きな困難を感じていた。

そして当事者たちの認識において興味深いのが、映画興行界の不況は経済的な要因だけでなく、他の娯楽文化の出現と対になって語られていったということである。例えば「映画界空前の不況時代の批判とその打開策に就いての所感」と題された特集において、パラマウント社顧問を務めた中谷義一郎は、洋画興行の不況との関連で「一度映画に対するインテレストを失はしめたならば現代には潑溂として躍進する種々の娯楽――或はスポーツ、或はラヂオ、或はダンス、或は蓄音機等に大衆を奪はれて了う」（中谷、一九三〇、三八ページ）と危機感を表している。また先の太田の記事も同特集のものだが、そこでは浅草が凋落した要因として「封切権を二分したこと」の次に銀座や新宿、神田と比較して浅草には「近代的の設備」や「近代的の感覚」が少ないことを挙げ、「モダンな設備のない所に、若い人の集る理由がないではないか」(太田、一九三〇、三九ページ)と続ける。一九二〇年代とは、第一次世界大戦による特需を背景に資本主義が成熟し、大量生産・大量消費型社会へと日本が移行しつつあった時期だった。都市への人口集中が促進され企業組織に属するサラリーマンを中心とした新中間層が出現し、また高速移動網の整備に伴って郊外化が生じ都市空間を移動する新たな消費主体が形成された。制度化された労働はそれとの対照領域である余暇を創出し、様々な都市的な娯楽が花開いていった。カフェやバーでの飲食やスポーツ観賞、あるいはダンスホールでの身体経験などを享受することがモダンなものとして捉えられていった。このような状況において映画興行、とりわけ入場料金が高くなり中間層以上の人々を対象とした興行を行わなければならない封切館は他の娯楽との対峙を求められていったのである。

映画館を再構築する際に都市的な娯楽施設は必ずしも必要なわけではない。それにもかかわらず多くの映画館が都市的な娯楽施設を内包することを選択していったのはこのような文脈においてである。後述するが多くの映画館には飲食施設が設けられ、また同時代の広範な階層に拡がっていた読書熱(永嶺、二〇〇一)を満たすかのように様々な雑誌が提供されていた。新宿の帝都座には「ダンスホール」が併設されていた(「帝都座にダンスホール」『キネマ旬報』第三七六号、一九三〇年、三二ページ)。そして多くの映画館はトーキー化と並行してレコード再生装置を設置し、休憩中にはコンサートを行っていたのだった。このように、同時代の都市文化と対峙する中で映画館は自己の生き残りをかけて「複合施設化」していったのである。

4　「複合施設」としての映画館

以上で述べてきたように、関東大震災後の「映画館＝映画を観るための場」は送り手－受け手相互を取り巻く状況の変化に応じて、「複合施設型映画館＝映画を含む多様な娯楽を消費するための場」へと変容していった。戦間期の日本映画は近代的な都市空間・文化をスクリーン上に具現し、ナショナルな「視覚のコミュニティー」

を形成していったが（ワダ・マルシアーノ、二〇〇九、一四―二四ページ）、「「複合施設」／オフ・スクリーン空間の複合としての映画館」は都市文化と地続きのものとして自己を位置づけることで、都市空間・文化を媒介する映画／スクリーンに文脈を与える作用を果たしていったといえよう。映画を通じて都市文化は日本中に広がったが、同時にそのような都市文化それ自体を経験する場として映画館が再構築されていったのだ。本節ではこのような映画館の変容を踏まえ、具体的にどのような実践が「「複合施設」としての映画館」において展開されたのかを考察する。

（1）社交空間としての映画館

これまで論じてきたように、一九二〇年代後半以降多くの映画館には飲食施設が内包されていった。そのような空間でどのような実践が想定されていたのかを、浅草富士館の「喫茶店」についての広告文からみていこう。

改築直後の広告において興味深いのは、「スマートな構装は、かるいお疲れを、お休めになるにもお話し合ひなさるにも應しいものであります」（『浅草富士館プログラム』一九二八年二月二三日）とあるように、「喫茶店」がある種のサロンとして提示されていたということだ。先に内部施設を記述する際に参照したように、富士館としては「喫茶店」を「特にファンの観賞会等に利用して戴きたい」と考えていたが（「浅草富士館の施設に就て」『国際映画新聞』第一三号、一九二八年、一四―二一ページ）、この傾向は一九二八年六月頃から「映画に関する図書棚」が設置されることで強まっていく（『浅草富士館プログラム』一九二八年六月二二日）。それ以降「喫茶店」では『映画評論』『国際映画新聞』『映画美術』『富士』といった雑誌が映画上映の合間や上映前後の時間に閲覧可能で、そのことが定期的に広告されている（『浅草富士館プログラム』一九二八年一〇月二六日）。つまり上映までの「待ち時間」の消費という一時的な利用のみならず、「読書」という場合によっては映画観賞時間よりも長くなるような実践までもが館内で可能となっていたのだ。

このような「喫茶店」の提示方法は同時代の他の映画館の広告文にもみられるものである。例えば浅草富士館と同様に日活映画の市内封切り館であった神田日活館には、「映画に関する集会其他の催物に開放」する「倶楽部室」と「直営喫茶室」があり（『神田日活館プログラム』一九二九年七月一三日、一九三〇年八月一五日）、新宿帝都座と新宿映画劇場には「森永キャンデーストア」（『新宿帝都座プログラム』一九三二年三月一〇日）や「「森永」独特の喫茶室」（『新宿映画劇場プログラム』一九三七年一〇月一三日）が設えられていた。あるいはシネマ銀座の「喫煙室」には『キネマ旬報』や『スター』といった雑誌が備え付けられ（『シネマ銀座プログラム』一九三八年二月一七日）、ちょっと一服といわず長時間居座ることが可能だった。

先の加藤秋は『映画館の建築計画』という著書の中で、「一般的な映画館には、食堂と称する程のものは余り必要は認められない。それは映画の興行は休憩時間が短くて、観客が落着いて食事を取る様な時間を持ち得ないからであつて、映画館には寧ろ喫茶店程度のものの方が反つて便利である」（一九三二、一五二ページ）と述べている。だが実際には上記のように、「喫茶店程度のもの」であったとしても長居することが前提となるように空間が提示されていったのである。そして「富士館三階の喫茶室、此処には退屈な時など、よく、おやぢ〔富士館支配人のことを指す：引用者注〕一人デレリとお茶など飲んでゐるのに逢ふ」（小島、一九三一、二九ページ）という言明に表れているように、長居することが前提となることで次第に映画館の喫茶店は常連たちによる社交空間としての性質を帯びていく。例えば浅草帝国館地下室にあった「ロック」は「映画人の最もよく集るカフエー」として位置づけられていた（章塔亭、一九三〇、二三ページ）。このような性格を背景に、同「帝国館地下室」では「東京学生映画研究会連盟」主催で松竹蒲田作品の「合評会」も開かれている（「カレツヂシネマ」『キネマ週報』第一三五号、一九三二年、三五ページ）。

（2）試聴空間としての映画館

このように映画館内の飲食施設は読書や議論の場として位置づけられ、ある種の社交空間として人々に経験されていくことになった。他方で映画館は、種々の技術が集積することで様々なメディア経験を得られる空間としても再構築されていった。このことを、映画館内での聴取経験との関係から考えよう。

映画館の「複合施設化」が進行した時期はトーキー映画への移行期でもあった。楽士や弁士といった映画に音声を与えていた職能集団の姿は徐々に姿を消し、映画からの音を聞く習慣が形成されていった。だがこのことは、映画館から映画以外の音が消えていったというわけではない。封切館に限らず多くの映画館にはレコードの再生機器が備え付けられ、映画上映の合間に多様な音が提供されていったのだった。もちろんサイレント映画時代においても映画館では楽士による休憩奏楽が提供されていたが、ここで重要となるのは映画館がレコードの試聴空間として提示されていったということだ。

一九二〇年代後半とは、『東京行進曲』にみられるように映画とレコード産業とのタイアップ企画が多く採用されていくことになった時期だった（「レコードと映画（三）」『キネマ週報』第二〇号、一九三〇年、一五ページ）。その結果、レコードの映画化あるいは映画主題歌のレコード化という形で相互宣伝関係が積極的に形成され、映画とレコードの興行／販売の場所である映画館とレコード店が他業種の宣伝空間として位置づけられていった。映画館で再生されたレコードの曲名およびレコード番号はプログラム上に掲載されることが一般的であったため、映画館で聴取した音楽を気に入ればレコード店に行って購入可能な状況が一九二〇年代後半には生まれていた。

例えば一九三〇年九月二四日発行の浅草・新宿両松竹座のプログラムに封入された宣伝チラシには、同年一〇月一日に両館で封切予定の帝キネ映画『子守唄』中で用いられた楽曲の目録およびレコード番号が掲載され、「関屋敏子吹込ビクターレコードは全国至る所のビクター特約販売店にあり」と宣伝されている。より直接的な提携関係としては、銀座東宝四階劇場が一九四〇年六月六日に発行したプログラム上で以下のような報告を行っている。「皆様の超大なる御声援を頂いて居ります当劇場の各社名画選択上映と共に今回休憩演奏にも新企画を立てビクター・レコード洋楽部と提携し、未発売新譜レコード、愛好家協会レコード等の名曲を選択して演奏致す事になりました。四階劇場では何時でも新しいレコードが聴けるといふ映画館の名物として何卒御記憶御援助をお願ひ申上げます」。

大正時代にかけて、従来は見世物的に街頭で享受されていた音声の複製メディアは家庭において消費される商品へと変容していった（吉見、一九九五、九一―一〇〇ページ）。「大正文化は、思想や芸術を教養として身につけ、趣味を楽しむ新しい中産階級の家庭と、そうした家庭の趣味や娯楽を基盤とする文化産業を成立させた」（吉見、一九九五、九九ページ）のだった。そしてこのような聴取産業が要請する主体性、すなわち複製された音声に耳を傾けながら楽しむことができるという身体技法を身につけるための訓育の場の一環として映画館はあったといえよう。映画館は毎週異なる組み合わせのレコードを休憩中に反復的に流すことで、レコード機器を家庭に持っていなかった人々に対してもレコードを通じた聴取経験の快楽を与えていき、「声の資本主義」（吉見、一九九五）に適した主体としての聴衆を結果的に生み出していったのである。

（3）展示空間としての映画館

以上のように映画館は、視覚経験以外にも様々な感覚が媒介される場であった。他方で再び映画館内における視覚経験に目を向けてみると、映画観賞だけでなく映画館の「複合施設化」を利用した形で別様の実践が展開されていたことに気が付く。それは「遊歩場」や「休憩室」等を用いた「展覧会」の試みである。最後にこの点について確認していこう。

まず、プログラムに掲載された広告から映画館と展覧会の関係についてみていこう。プログラムを通覧すると、映画館と展覧会の関係は一九三〇年前後を境に急速に深まっていることがわかる。それまでは映画館で展覧会が開催されることはほとんど確認できないが、この時期からその数が増えていくのである。展覧会の種類を大別すると①個別の映画作品に関連するスチール写真やポスターを中心としたものと、②個別の映画作品とは関連しない種々の制作物が出品されたものに分けられる。前者のものとしては例えば、衣笠貞之助監督による『唐人お吉』が上映される際に、浅草帝国館の「地下大休憩室」にて「唐人お吉遺物展覧会」が開催されている（『浅草帝国館プログラム』一九三一年一二月二三日）。

後者②はあるテーマに沿った制作物を募集し、それを展示するという形式が多かった。例えば浅草松竹館は一九三二年に複数回、「十日会主催古泉堂後援」で映画館に訪れた観客にその都度の「課題」、例えば「奇抜な写真冬」（『浅草松竹館プログラム』一九三二年二月一九日）といったものに関する写真を募りそれを展示していた。写真だけでなくスターに関する「似顔絵」や「漫画」を募集する場合もあり（『新宿帝都座プログラム』一九三五年九月二六日）、受け手の参加を積極的に促している。このような展覧会の流れは戦中には「報国絵画協会」主催による「第五回潜水艦へ感謝慰問献納画展」へと繋がり、映画館が戦時動員の空間へと変容していく様がうかがえる（『道頓堀松竹座プログラム』一九四二年七月一六日）。

さて、それでは上記のような展覧会はなぜこの時期から盛んに開催されることになったのだろうか。まず考えたいのは、それまでも映画の展覧会は映画館以外の場所で多く開かれていたということである。例えば一九二一年には「活動写真展覧会」がお茶の水の東京博物館で開催されており、そこでは洋画のスチール写真などを中心としたきらびやかなイメージの空間が展開されていた（「活動写真展覧会に際し」『キネマ旬報』第八二号、一九二一、表紙）。震災後にも映画と展覧会の結びつきは継続しており、特に百貨店を中心として各種映画の展覧会が盛んに行われていた。例えば改築前の一九二六年に発行された浅草富士館のプログラムには、「忠臣蔵撮影衣装紀念陳列会」が「銀座松屋呉服店のウインド」にて行われる旨が告知されている（一九二六年三月一二日）。

このような百貨店と映画が結びつく背景には次のような要因がある。消費文化が花開く大正期から百貨店は女性や児童を消費の主体として見出していき、彼ら／彼女らに訴求する展覧会を開催する傾向にあったが（吉見、一九九二、一五八―一六五ページ）、女性や児童から人気を博していた映画もまたそのような販売戦略に活用されていったのだった。映画観客とデパートの顧客が「ともに大正期以降の都市の構造的な変容という共通の局面において、新しい都市文化の担い手として同時的に析出されてきた存在として理解していくことができる」（吉見、一九九六、三三ページ）とすれば、映画と百貨店の節合関係は必然だった。映画の展覧会はあくまでも無料で消費できる対象だったかもしれないが、その周りをきらびやかな有料商品で埋め尽くすことでその観客を購買者として主体化していくのである。そしてこのような展覧会の延長線上に、一九三〇年以降の映画館内展覧会も位置づけられる。

それではなぜ、百貨店等で催されていた展覧会が映画館内においても開かれるようになったのだろうか。このことに関して示唆的なのは展覧会が開かれた場である。この時期の多くの映画館内展覧会は「休憩室」や「喫茶室」、「遊歩場」などで行われたが、これまで論じてきたようにそれらはこの時期から映画館に内部化されていった新しい施設である。様々な娯楽を消費する新たな主体の出現を背景に映画館は「複合施設化」していったが、それはすなわち「映画を観ること」とは関連しない種々の施設＝オフ・スクリーン空間が現れることを意味した。つまり、それまでは百貨店などの外部施設において展覧会を催すしかなかったが、この時期からは「映画を観るための場」において展覧会を開催することが物理的に可能となったのだ。

もちろん、映画館の内部に種々のオフ・スクリーン空間が出現したからといって直ちに展覧会の開催には結びつかないだろう。興行者たちが展覧会を開催するに至るのは観客の側の変容が関わっている。先に述べたようにこの時期の映画興行をめぐる状況は構造的に変容していた。映画はあくまでも「娯楽の一つ」として相対化され、それゆえ興行者たちは観客を惹きつけようと様々な付加価値＝映画以外の娯楽を提供しようとするが、その一つとして展覧会も見出されていくのだ。受け手側の変容を前提とするからこそ、興行者たちは展覧会を映画館内で行っていくのである。そしてこのような展開は、例えば横浜オデオン座を紹介する戦後すぐの一九四七年の記事において「休憩室（喫煙室）の有無」の欄に「有、展覧会可能」とあることからわかるように（「映画館展望」『映画展望』第五巻第六号、一九四七年、二九ページ）、戦後にも継続していくことになった。

5　おわりに

ここまで述べてきたように、関東大震災以降の映画のスクリーンをめぐる状況は、映画産業内の変化および他の文化産業の勃興に促されて大きく変容していった。映画産業従事者たちは映画館内部にオフ・スクリーンの空間を見出し、そこを様々な仕方で活用していくことで同時代の潜在的な映画観客を引きつけようとしていった。メディア史家であるサイアン・ニコラスは、イギリス社会を念頭に置きながら、「戦間期のマスメディアを、徹底して相互関連的で複層的な現象として経験していたものこそが**オーディエンス audiences**だったのだ」(Nicholas, 2012 : 389, 太字強調は原文イタリック)と述べ、マスメディア確立期におけるオーディエンスの身体の複数性を強調するが、同様のことがこの時期の日本の映画館をめぐって生じていたといえよう。一九二〇年代後半以降の映画観客とは、同時にカフェの享受者であり、読者大衆であり、レコードの聴取者であり、そして展覧会の観覧者であった。このような複数形のオーディエンス audiencesとしての身体が形成されていたからこそ、映画館はオフ・スクリーン空間を拡張し、「観る前後」に多様な娯楽を人々に提供していったのである。

あるいはこのようにも言えるだろう。資本主義的生産物としての映画は、自身の産業的基盤を再生産するためには多くの顧客を創出することが不可欠だった。しかしながら映画産業の生成期とは、多種多様な近代的娯楽が出現し、「文化産業」や「メディア産業」といいうる領域が拡張する時期でもあった。そのため映画産業界は、それらの企業・産業と対峙しながら自身の領分を確保しなければならなかったが、その際に選択されたのが、自身の顧客を観客としてのみ想像することではなく、むしろ同時代の様々な娯楽を享受する複数形のオーディエンスとして定義することだったのである。そうすることで、映画に強い関心を持つ人々というニッチなオーディエンスだけではなく、より幅広い関心を持つ人々を潜在的な市場として想定することが可能になるからだ。そしてこのことが、映画興行の場を映画以外の娯楽を消費する場へと転換することにつながったのだった(4)。

以上のような過程を経て、関東大震災以降の一部の映画館は、「単一のスクリーン空間／多様なオフ・スクリーン空間」の複合形式へと変容した。言い換えると、「観ること」に限定されない多様な実践が展開可能なものとして、映画館は歴史的にあったのである。だとすると、このような「「複合施設」としての映画館」は、現代的なショッピングモール内映画館とどのように連続し、そして断絶しているといえるだろうか。両者は映画館－

内－複合施設とショッピングモール（＝複合施設）－内－映画館というように文字通り構造的に反転した関係にあるが、「映画を観る前後」という文脈を構成するオフ・スクリーン空間を重視するという考えが共通基盤としてある。以上のような戦前／戦後の連続／断絶を踏まえて映画館におけるオフ・スクリーン空間の変遷を明らかにすること、このことがスクリーンの現在を捉える上での次の課題となる。

付記
本章は、二〇一八年一月に提出・受理された筆者の博士論文（未公刊）の一部を大幅に加筆・再構成したものである。

注
（1）ジョナサン・グレイは、オフ・スクリーンにおいて流通する第二次テクストが量的に拡大しているという現状認識から、作品ではなく第二次テクストに焦点を当てた研究を提唱し、その名称として「オフ・スクリーン・スタディーズ off-screen studies」を掲げている（Gray, 2010）。本研究はグレイと「オフ・スクリーン」についての関心を共有しているが、それをより歴史的な視座から捉え返すことに力点を置いている。
（2）映画館プログラムの歴史および受容のあり方については近藤（二〇一五）を参照されたい。
（3）『尊王攘夷』については例えば、日活邦画封切館だった浅草富士館のプログラム（一九二七年九月一五日）に、「完成近し、十月一日全国／大都市一斉公開の予定」と告知されている。
（4）くわえてこのことは、映画製作のあり方をも変容させることになるだろう。一九二〇年代とは、3節2項で論じたようなタイアップといった戦略が有効であるという認識が生まれたり、小説の映画化を通じて「巨大なマーケットが形成」されたりすることで（志村、二〇一三、一〇六ページ）、映画・音楽・出版の各メディア領域が連関しあう関係を形成し始めた時期にあたる。この時期から、オーディエンスは複数のメディア領域を横断する存在として理解され、そのことが「メディアミックス」を促したのである。いわば、現代メディア文化において主流となっている「メディアミックス」のあり方は、本章が論じてきた時期における、オーディエンスを複数形において想像することで市場として想定しうる顧客層を最大化しようとする実践に一つの起源がある。複数形のオーディエンスという想像力こそが、メディアミックスの条件なのである。

引用・参照文献

Acland, C.R.（2003）*Screen Traffic: Movies, Multiplexes, and Global Culture.* Duke University Press.

Friedberg, A.（1993）*Window Shopping: Cinema and the Postmodern.* University of California Press.（フリードバーグ、アン、井原慶一郎・宗洋・小林朋子訳（二〇〇八）『ウインドウ・ショッピング――映画とポストモダン』松柏社）

Gerow, A.（2000）One Print in the Age of Mechanical Reproduction: Film Industry and Culture in 1910s Japan. http://tlweb.latrobe.edu.au/humanities/screeningthepast/firstrelease/fr1100/agfr11e.htm（二〇一八年一一月六日最終アクセス）.

Gray, J.（2010）*Show Sold Separately: Promos, Spoilers, and Other Media Paratexts.* New York University Press.

Hallam, J., and Les Roberts (eds.),（2014）*Locating the Moving Image: New Approach to Film and Place.* Indiana University Press.

石巻良夫（一九二五）『欧米及日本の映画史』プラトン社

石巻良夫（一九三〇）「都市の映画館集中」『映画科学研究』第七号、二六五―二九六ページ

石巻良夫（一九三三）「日本映画商事要綱」、市川彩編『昭和八年版　映画館員必携』国際映画通信社、二九二―三〇七ページ

加藤秋（一九二七ａ）「映画館建築の実際（一）」『国際映画新聞』第二号、一〇―一一ページ

加藤秋（一九二七ｂ）「映画館建築の実際（三）」『国際映画新聞』第五号、六―七ページ

加藤秋（一九三二）『映画館の建築計画』洪洋社

小島浩（一九三一）「浅草嬢」『キネマ週報』第九号、二九ページ

近藤和都（二〇一五）「映画館における／についてのコミュニケーション空間――一九二〇年代日本における興行モードの論理」『映像学』第九五号、五―二三ページ

Musser, C.（1994）*The Emergence of Cinema: The American Screen to 1907.* University of California Press.

永嶺重敏（二〇〇一）『モダン都市の読書空間』日本エディタースクール出版部

中谷義一郎（一九三〇）「不況時代のショウマンシップ」『キネマ旬報』第三七六号、三八―三九ページ

根岸耕一（一九二八）「本邦映画事業の将来」『映画科学研究』第二号、五七―六六ページ

Nicholas, S.（2012）Media History or Media Histories?: Re-addressing the History of the Mass Media in Inter-war Britain. *Media History*, 18（3-4）, 379-394.
西本聿造（一九二八）「昭和二年度に於ける吾社営業状態の回顧　特作主義で成功」『国際映画新聞』第一一号、二四―二七ページ
太田団次郎（一九三〇）「不景気の対策――浅草を中心として」『キネマ旬報』第三七六号、三九―四〇ページ
志村三代子（二〇一三）『映画人・菊池寛』藤原書店
章塔亭福丸（一九三〇）「浅草と映画人（下）」『キネマ週報』第九号、二三ページ
田中純一郎（一九五七）『日本映画発達史Ⅰ　活動写真時代』中央公論社
ワダ・マルシアーノ、ミツヨ（二〇〇九）『ニッポン・モダン――日本映画1920・30年代』名古屋大学出版会
XYZ（一九二八）「映画常設館の印象――全国映画興行観戦記其の一」『国際映画新聞』第一九号、三七ページ
吉見俊哉（一九九二）『博覧会の政治学――まなざしの近代』中公新書
吉見俊哉（一九九五）『「声」の資本主義――電話・ラジオ・蓄音機の社会史』講談社
吉見俊哉（一九九六）「デパート、映画館、群衆」『RIRI流通産業』第二八巻第八号、二九―三三ページ
吉見俊哉（二〇一六）『視覚都市の地政学――まなざしとしての近代』岩波書店

第7章　パテ・ベビーというシステム[1]
——映像文化史の視座から

松谷容作

1　はじめに

フランスのパテ・フレール社は、一九二二年のクリスマス商戦に合わせて、手回し式映写機の販売を始めた。この映写機は、映写に不案内な者が家庭内で使用することを主眼に置いたものであり、そのためサイズ、構造、価格いずれにおいてもコンパクトさを追求したデザインを備えていた。また、映写機専用のフィルムも合わせて販売された。このフィルムは、映画館で主に使用されるフィルムの四分の一程度のもの、九・五ミリのサイズであり、上映中の出火を回避すべく可燃性を極力抑え込んだかたちで設計されていた。くわえてこのフィルムでは、画面サイズを制限しないように、パーフォレーションを中央にひとつおくことで、一六ミリフィルムと同程度の大きさの画面が実現されている（図1）。つまり、この家庭むけ手回し式映写機と専用のフィルムは、家庭用として販売するために操作性と経済面、安全面を保証し、なおかつ迫力をもった映像を人びとに提示したのだ。そして人びとは、この映写機とフィルムを介して、劇場公開映画の短縮版（三五ミリフィルムから九・五ミリへと変換・編集した作品）、またアニメーション、さらには教育や科学関連の映像、時事映像などを家庭内や小さな共同体で楽しむことができたのである。[2]翌一九二三年、パテ・フレール社は、フィルムと映写機の好調な売り上げを背景として、九・五ミリフィルムを使用する、手のひらサイズの手回し式カメラの販売も開始する（図2）。こ

図1　9.5mm フィルム
出典：個人所蔵、筆者撮影

れらの装置は、他の付属品なども含めて、統合的に「パテ・ベビー」と呼ばれ、フランスだけではなく世界各国に浸透することになる[3]。

日本においては、フランスの化粧品などの輸入販売を行っていた貿易商、伴野文三郎が一九二三年にまず映写機とフィルムを、翌年にカメラを輸入し、関東大震災以降、積極的に販売を開始した。また伴野はパテ・ベビーを専門に扱う伴野商店を創業し、日本全国に販売網を構築する。そうしたなか、パテ・ベビー愛好家たちのクラブが日本各地で続々と設立されていく。クラブは上映会や、メンバーのオリジナル作品の競技会などのイベントを主催するとともに、機関誌を定期的に発行していた。この機関誌は、愛好家たちによる論考や論争記事、および技術開発報告やクラブの活動報告などを誌面に掲載し、メンバー間の結びつきの強化と実践の促進を図ったのである。いわば機関誌は、愛好家たちのプラットフォームであったのだ。やがて各地のクラブは、伴野が旗振り役となって、全日本パテーシネ協会として統合され、全国規模の組織となっていく。さらには、パテ・ベビーの広告や記事が新聞などのマス・メディアに掲載され、その存在が社会に広まっていった。こうしたことにより、パテ・ベビーを軸として、人やモノ、メディアや社会、文化、歴史などが様々なかたちで交差していったのである[4]。結果、パテ・ベビーはたんなる装置ではなく、人やモノ、メディアや社会、文化、歴史を有機的に結合させ変容させていく、動態的なシステムと化した。そしてこのシステムは瞬く間に日本全国および朝鮮半島、中国大

図 2a　パテ・ベビーの映写機
出典：神戸映画資料館所蔵、筆者撮影

図 2b　パテ・ベビーのカメラ（写真は後のゼンマイ駆動式のカメラ）
出典：神戸映画資料館所蔵、筆者撮影

陸、台湾で数十万もの人びとを内部に組み込んでいった(5)。だが戦時色が濃くなり、社会が大きく変容する一九四〇年代初頭にクラブ機関誌の発行が終了すると、このシステムは一気に消散することになる(6)。

たしかにパテ・ベビーは、大正末期から昭和前期の二〇年ほどしか日本において存在しえなかった。だがわずかな期間であったとしても劇場で映像をただただ観るという、映画を主軸とした映像文化にたいし、このシステムは大きな変化をもたらした。つまりは、現代の私たちがスマホを片手に映像を記録するように、動きをもった映像を撮ることと、それを見ることが連続的に結びついたことにより、映画とは異なるスクリーン経験を人びとにあたえたのである。本章の目的は、このスクリーン経験を当時のメディアや映像経験、また社会や文化、歴史の関係のなかで描き出すことにある。そのため、２節では、日本におけるパテ・ベビーについてのこれまでの研究を整理し、このシステムについて本章がとる視座を明らかにする。続く３節では、一九二〇年代から四〇年代に存在したこのシステムが、当時どのように受容されたのか、そのことを出版や新聞といったメディアを軸に検討する。そして４節および５節では、同時代の人びとがそのシステムのなかで得たスクリーン経験を明らかにし、おわりにで、パテ・ベビーと今日のスクリーン経験の関係について、ひとつの見解を示す。

２　九・五ミリフィルム実践をめぐる議論

「日本におけるパテ・ベビー」を主題にした議論は、これまでそれほど多く行われてきたわけではない。だが、一九九〇年代から二〇〇〇年代にかけて、映画研究の立場から那田尚史と西村智弘がまとまった研究を残している。彼らがパテ・ベビーを論じた当時、九・五ミリフィルムの映像を鑑賞する機会は非常に少なかったため、両者の研究は一九二〇年代から一九四〇年代にかけての文献資料をベースにしている。[7] 文献の中心は、パテ・ベビー愛好家クラブの機関誌や同時代の書籍、さらには愛好家たちのインタビュー記事などである。それらの精査をつうじて、那田は「日本個人映画の歴史」という観点で、また西村は「日本実験映像史」という観点で、パテ・ベビーの装置を用いた映像制作とその映像内容をめぐる議論を展開している。[8] ただし両者は共通して、制作された映像をひとつの「映画作品」とみなし、作品に内在する芸術的、前衛的、美的な側面、また社会や文化にたいする抵抗の側面、さらには制作者の思想的な側面を読み取ろうとする。彼らによれば、この種の映画作品は一九二〇年代および三〇年代のヨーロッパで制作された絶対映画や純粋映画に影響を受けたものであり、撮影と現像、映写についての高度な知識（化学、工学、光学）をもった、愛好家のなかでも上級者とみなされる人たちによって制作されたという。[9] こうした映画作品を分析することで、両者はなにを明らかにしようとするのか。那田は日本個人映画の歴史をめぐる連載のなかで、自身の研究についてつぎのように述べる。

私の関心は小型映画愛好者の中に、意識的に実験的映画を製作していた連中を探すことにあった。（中略）〔中井正一の実験映画よりも：引用者注〕もっと早い時代から多くの無名のアマチュア小型映画作家たちは西洋の斬新な芸術を積極的に受容していたはずである。
　だからそれを実証したい、と私は考えた。(10)

この著述から理解できるように、両者は物語をベースにした規範的な商業映画に対抗する、第二次世界大戦以後の実験映画や前衛映画、個人映画との接続や系譜作りを目論み、九・五ミリフィルムの映像を論じているのである。

しかし、たとえば神戸映画資料館（日本における九・五ミリフィルムの保存・収集にかんして有数の機関）に所蔵されている九・五ミリフィルムのなかで、彼らの言う「映画作品」は全体の一割程度にすぎない。(11) もちろんこの機関は日本のあらゆる九・五ミリフィルムを所蔵しているわけではない。だがその割合は、映画作品制作が、パテ・ベビーの諸実践のなかでは少数派の営みであることを示すのではなかろうか。その意味で那田と西村は、後の実験映画や前衛映画、個人映画との接続のために、パテ・ベビーの映像および映像制作を慎重に選別し、それらの一角を分析しているにすぎないのである。そして、その際のパテ・ベビーとは、なんらかの創造力や思想をもった制作者が映画作品を生み出すための、また制作者と受容者を従来の映画においてと同様に区分するための装置あるいは手段となる。

以上のように、これまでパテ・ベビーは映画研究のなかで主に「映画」という制度にもとづき、映画制作の「装置」として議論されてきた。しかしながら、九・五ミリフィルムのなかで圧倒的にその数が多い、芸術性とは無縁の、明確な始点や終点もなく作品とは言い難い断片的な映像は、この観点からどのように理解すればよいのか。また、パテ・ベビーが日本社会で受容されたとき、同時代の社会や歴史、他のメディアとどのような関連をもったのか。従来の議論の視座ではとらえることができない多くの疑問が浮かび上がる。だがパテ・ベビーは、先立つ研究成果とは対照的に、映画という制度に限定して存在していたわけではなく、人やモノ、メディアなどが複雑に絡み合う実際的な社会や文化などのなかにあった。そうしたパテ・ベビーというシステムを思考するためには、「映画」という単眼的な視座ではなく、複数の分野に目を配り、それらを統合していく複眼的な視座が求められるのではないだろうか。つまりは、芸術性のない映画に、メディアに、社会に、歴史に、文化に私たちは関心をむけ、そのシステムを明らかにしていく必要があるように思われる。そのとき、多角的な視点で対象を検討しようと変容する近年の映画（史）研究、フィルム・アーカイヴの実践、メディア研究は、重要な参照先となろう。

一九八〇年代に映画（史）研究における思考のあり方はシフトチェンジし始めた。たとえば、アンドレ・ゴドローとトム・ガニングは、マニフェスト的論考のなかで、その変化を端的に示している。彼らは、従来の理論先行型の歴史記述や目的論的な歴史への視座を否定し、通時的系列と共時的分析とのあいだの有機的な相互依存について考察する研究の必要性を主張する。[12]つまりは映画にたいする特定の理念や価値に還元あるいは収斂していく歴史の記述が拒絶されるのだ。代わって彼らが提起するのは、歴史や社会、文化などとの相互関係のなかで映画を分析し、その系譜を作り出す「映画史の新たな方法」である。もちろん、従来の映画史の方法がまったく放棄されるわけではない。そうではなく、たとえば芸術性や作家性、美的なものなどといった、特定の価値で映画を思考し歴史を編むことが支配的な方法ではなくなったのである。そして、これまでの支配的な方法は相対化され、映画やその歴史を思考する諸々の方法のひとつとなる。よっていまや私たちは、対象となる映像がもっとも豊かな姿で立ち現れるような方法を選別し（あるいは方法そのものを練り上げ）、また他の方法とも交差しながら議論しなければならない。そうしたとき、パテ・ベビーの実践は、芸術性や作家性、美的なものにだけ収斂するのではなく、同時代の社会や文化、歴史、メディアなどの結節点として、さらには当時の知覚や認識、思考を露にするものとして、重要な価値を帯びることになる。

また、九・五ミリフィルムなど過去のフィルムの収集と保存、管理、活用をするフィルム・アーカイヴの状況も変化した。岡島尚志がアマチュア映画の保存について論じるさいに指摘するように、フィルム・アーカイヴではこれまで商業劇映画などの保存が優先的に実施され、小型映画（三五ミリフィルムより幅の狭いフィルムの総称）やアマチュア映画、ホーム・ムーヴィは手つかずの状態であった。だが一九九〇年代以降、商業劇映画を中心としたフィルム保存が一定の成果をあげると、各国のフィルム・アーカイヴは収集と保存の範囲を広げ、アマチュア作品のアーカイヴィングを体系化することを重要な課題とした[13]。こうした状況の変化の下、九・五ミリフィルムも収集、保存、復元の対象となり、各地で多くのフィルムが発掘されている[14]。事実、二〇一三年ごろから始まった神戸映画資料館でのアマチュア映画フィルムの整理・分類・調査作業をつうじて、五六六本の九・五ミリフィルムの所蔵が確認、調査された[15]。

さらにはメディアにかんする研究動向の変化もある。周知のとおり、二〇世紀の終わりに人びとを取り巻く視聴覚メディアの状況は大きく変化していく。こうした変化に敏感に反応し、ロジェール・オダンらは社会学の立場からアマチュアの映像実践に着目する。たとえば彼が一九九九年に編纂した『コミュニカシオン』誌の第六八号は、こうしたアマチュアの映像実践を特集するものであった[16]。当時、一方向的に情報を伝達し、大衆に影響をあたえてきたテレビやラジオ、新聞といった従来のメディア環境とは異なり、新しいメディア環境が顕在化してきたのである。それは、個々人が、様々な経路（地上波テレビ、ケーブル・テレビ、インターネットなど）をつうじ、また複数のスクリーン（テレビやパーソナル・コンピュータ、モバイル・メディアなどのスクリーン）をかいして情報と対面するという環境である。また、その環境は同時代のテクノロジーの結節点であり、そうした環境のなかで人は、スクリーンをかいしてただ情報を受けとるだけでなく、それを送る存在にもなる。つまりは、公共的な機関や組織とは異なる、アマチュアの映像および音響制作者たちが情報を送受信し、社会に大きな影響をあたえてきたのである。そうしたとき、パテ・ベビーの営みも、現在的なメディア環境を鑑みるひとつの分析対象となるのだ。

したがって今日、パテ・ベビーを考察するためには、上記の映画や映像、フィルム、あるいはメディアをめぐる研究動向をふまえる必要があるだろう。言い換えれば、私たちは一九二〇年代から四〇年代の日本社会や文化、メディア状況および歴史との関係性のなかで、実際に映像を精査し、複眼的な視座でパテ・ベビーの姿を描出しなくてはならない。そのとき、規範化された劇場公開映画の経験とは違った様相で、システムとしてのパテ・ベビーの姿が浮かび上がってくるはずだ。

3　日本におけるパテ・ベビーの受容――メディアをかいして

先の伴野商会は一九二四年一一月二二日付『朝日新聞』東京版にパテ・ベビーの広告を掲載した（図3）。これを皮切りに『朝日新聞』（『東京朝日新聞』、『大阪朝日新聞』）では、伴野商店以外のものも含め、パテ・ベビーの広告が頻繁に掲載されることになる。こうした広告は、このシステムの受容や位置づけを描き出し、読者に周知させる役割を果たしただろう。図3では、販売所や価格の情報に加えて、「容易」、「安心」、「低廉」という言葉、そして印象的なふたつの図像が描かれている。まず言葉は、パテ・ベビーの少なくとも三つの特徴を読者に訴えかける。第一に、パテ・ベビーの装置は劇場公開用の映画装置に比べて構造が単純で重量は軽く、女性や子供でも操作可能な点である。第二は、パテ・ベビーで使用されるフィルムが燃えにくく、安全面で優れている点である。最後の特徴は、三五ミリフィルムの場合と比較すると機材購入から現像まで圧倒的に安い点である。これらの「売り文句」に加え広告は、これまでの日本の映像文化にはなかった経験をパテ・ベビーがもたらすことを図像で示していく。図3のふたつの図像をみてみよう。右の図像では、とある家庭の主婦がパテ・ベビーのカメラで二人の子供を撮影している。また左の図像は、この三人に家の主を加えて、昼間に撮影された映像をその日の夜に自宅で鑑賞している光景を表している。[17] これらの図像が三つの言葉と交差しつつ読者に示すことは、一方で、パテ・ベビーの装置が男性だけでなく、家庭内で女性や子供が主となり使用できる可能性をもっていることであ

図3 『朝日新聞』1924年11月22日付東京版に掲載されたパテ・ベビーの広告

る。他方で、さらに重要なこととして、言葉と図像が伝えることは、想像的な物語ベースの映像を映画館でただ観るだけのスクリーン経験と異なり、パテ・ベビーは身近な風景を自身で撮影し、その映像を家庭内で見るというスクリーン経験を可能にすることである。言い換えれば、「撮る」と「見る」の経験が区分されず連続的であることが示されるのだ。確かに、先の那田などが指摘するように、当時の技術上の限界（とくに現像）から、昼間に撮影したフィルムをその夜に上映することは困難であったであろう[18]。実際、日本で販売され始めたころは百貨店の玩具売り場に陳列されていたほど、パテ・ベビーの映写機やカメラの構造はシンプルで不安定である。これらの装置で映画館で観るような映像を生み出すためには撮影と現像、映写の各段階において、様々な創意工夫が必要とされた。だが、ここでは現実の技術的制約を問題にしているのではない。パテ・ベビーの販売を一手に担い、そうした技術上の困難さを他の誰よりも知っていた伴野商会が、このシステムを新聞というメディアをかいして日本の人びとにどのように意識づけまた認知させようとしていたのか、そのことが重要なのだ。メディアによる情報の流通・循環のなかで、パテ・ベビーは映画とは異なった映像システムとして形作られていったのである。

だが、同時代の新聞の読者は、広告に示されたようなかたちで本当にパテ・ベビーをとらえていたのだろうか。その問いへの回答の糸口として、同時代の論壇と文壇について考察した大澤聡の議論が有効である。従来の論者が当時の文学、批評、言論の「経済資本に還元されざる価値」を徹底して描き出してきたのにたいし、大澤は、市場のダイナミズムに放り込まれ、商品として存在する文学、批評、言論の存立条件を意識化する地点、換言すれば、同時代の出版における物質性あるいは形式、メディアという観点からそれらを再考する[19]。以上の考察のなかで大澤は、出版文化とメディアが拡大、浸透し、日本の社会や人びとを形作っていた一九三〇年代前後の読者心理について、同時代の複数の言説を参照しながら議論する。なかでも私たちは三木清の言及に注意したい。

今日或る人々はもとの論文やもとの作品を読まないでただ新聞や雑誌の論壇時評や文芸時評を読むだけでその論文やその作品について定まつた意見を作つてゐる。これは固より歓迎すべきことではない。しかしながら批評家・プロフェッサーと雖も時には同様の遣方をしないといふことは不可能である。[20]

円本などに顕著なように、膨大な出版物が低価格で発行され始めた当時、人びとがそれらをすべて読破することは不可能である。そこで出版メディアが用意したのは、時評や月評、書評などである。[21] これらをつうじて消費者である読者たちは、もとの論文や作品を読まずとも、各出版物にたいする意見をもつことができる。[22] そのとき「ある評者の私的な「意見」や批判が時評という半ば公的な意匠をまとう」のである。[23] 三木が指摘するのは、そうした事態は一般読者にだけ生じているのではなく、批評家やプロフェッサーといった専門的読者にも同様に生じていることである。専門的読者は、時評にもとづきつつ、自らの意見を形成し、自らの仕事をつうじてそれを流通させていく。つまりは出版メディアに掲載された言葉である私的な「意見」がしだいに公共性を獲得するのだ。[24]

パテ・ベビーの広告を新聞紙面上で読む人も同様であろう。日本という社会と、爆発的に拡張する出版メディアや出版文化のなかにいる人びとはみな、出版物に書かれた言葉を、たとえ私的な意見だとしても、公共性を有するものとして経験していた。大澤が鋭く指摘するように、このような状況を危惧する先の三木でさえ、そのシステムの外部に立っているという保証はどこにもない。[25] よって、技術上の限界とは切り離されたかたちで、「秋晴れの朝心地よく撮影してその晩すぐご御宅で映写出来る」もの、つまり「撮る」と「見る」の連続性をもたらすものとして、パテ・ベビーは新聞の読者に認知され、そのシステムのなかにすべての人びとを組み込んでいくのである。[26]

4　記憶の層としてのスクリーン

もちろん、日本のあらゆる人がパテ・ベビーの装置を購入できるわけではない。小型映画の指導的な人物のひとりであった吉川速男の一九二九年の記事によれば、当時、パテ・ベビーの装置を使用して映像を制作するためには少なくとも三〇〇円の資金（撮影機および付属品に一〇〇円、映写機および付属品に一〇〇円、フィルム接合のためのセメントなど消耗品に一〇〇円）が必要であった。[27] この価格は、パテ・ベビーの装置が日本に輸入され始めた時代（クランク式カメラが一七〇円、ゼンマイ式カメラ（モートカメラ）が一八〇円から一九〇円、映写機が一五〇円）と比較すると、かなり安いものとなっている。だが、同時代の大衆文化の受容と階層について議論する小山昌宏の調査にもとづけば、その時代に大衆文化を享受することが可能な都市部の新中間層あるいは旧中間層の一部の平均月収は一三〇円程度である。[28] とすれば、これらの装置はやはり高い買い物だったかもしれない。その後、装置の価格はさらに下がっていき、また月賦での販売や中古販売なども始まる。そのときパテ・ベビーの装置は、新中間層や旧中間層の一部の者たち、さらには支配階層の者たちにとって、安易には購入できないが手に届く物となったであろう。小山は一九二〇年から三〇年にかけての日本の大衆状況について考察する別の論考のなかで、当時の階層におうじた人口割合を示している。その数値によれば、日本の三・五パーセント前後の者たちがパテ・ベビーの装置を購入可能だと言える。[29]

とはいえ、パテ・ベビーのカメラや映写機を所有している者が当時の日本ではごく少数であることは間違いない。実際、パテ・ベビーの装置は「大正から昭和初期の有閑階級の趣味としてわずかな人たちが享受したもの」とこれまで再三指摘されてきた。だがこのような見解は、「映画」の枠組でパテ・ベビーをとらえてはいないだろうか。つまりは、制作者と観客が明確に区分され、とりわけ制作者が重視され高い価値があたえられる、という枠組である。そしてその背後には、映画の作り手は、芸術性や美的な側面、抵抗の側面、個人の思想であふれている、という考え方がある――よってパテ・ベビーを論じる者はそれらを見出す作業に専心する。

しかし、別の視座があるように思える。そこで鍵となるのは、パテ・ベビーにおいて制作者と観客の区分が不明瞭だという点である。佐藤守弘がヴァナキュラー写真の実践との類似性を意識しつつまとめるように、人びとはパテ・ベビーの装置によって、家族の様子や催事、旅行、共同体の行事、町の光景など、商業映画やマス・メディアが提示するナショナルな、大きな歴史＝物語ではなく、そこからこぼれ落ちる「小さな歴史＝物語」を、つまりは周縁的な、個人的な、情動的な、平凡な、日常的なものを記録し、映像を作り出していった[30]。たとえば、パテ・ベビー愛好家クラブの機関誌に当時の小学生、大江絹子は以下のような文章を投稿している。

この間家中で、川崎のお大師様へロケーションに行きました。
（中略）私達のすがたがうつたので、おもしろうございます。
ほかの人が見ましたら、つまらないと思ふかもしれませんが、たとへすこしでも自分がうつゝてゐれば、ずゐぶんうれしいものです[31]。

彼女はパテ・ベビーのカメラで撮影し、映写機で見たその映像の経験について率直に述べている。現存する九・五ミリフィルムを確認するとすぐに気づくように、そこでの映像は退屈なものが実に多い。退屈とは少々言い過ぎかもしれないが、多くの映像は見る者になんらかの出来事を、場所を、人物をただ提示するだけで（またなにを写したいのかわからないものも多い）、それ以上のものではない。ところが、そのなかにふと既知のもの――現在も残っている場所やランドマーク、あるいは判読可能な文字やモノ――を見出すと、その映像は一気に色味を帯びてくる。幼い大江の文章の力点はここにある。彼女が撮影にかかわり、見た映像には既知のもの（ここでは自身の姿）が映りこんでいて、たとえ他人は興味のないものであったとしても、その映像は大江や彼女に関係する人びとには興奮や喜びをあたえるのだ。たしかに映画と比すると、パテ・ベビーの映像は家庭用に合わせた縮尺のため小さなものかもしれない[32]。しかし、その映像は周縁的な、個人的な、情動的な、平凡な、日常的なもので満ちあふれている。だからこそ自身が映像を制作していなくとも、私的な（あるいはそれに近い小さな共同体の）空間で、なんらかの関係性を有している人びとの前で映写されるとき、人びとは映像に反応して声を出し――「これは僕だ！」、「これは誰だ！」、「これは何だ！」、「これは何処だ！」――、ことばが映像に重ねられ、映像の意味が更新されていく。当時、パテ・ベビーの装置を販売していた人物の記事はそのことを示している。この人物は観客からよく聞く上映会の話を以下のように記す。

御親類のうちで「今度の土曜日に、パテベビーを見せて下さい」などゝ要求され、又は好きな同志「次の日曜に僕のうちでこの間の写真を見せてくれ、誰も来る誰も来る、又近所の者も来る事になつて居るから」などゝ申されゝば、「よし来たツ」と千里も遠しとせずして（中略）〔お客様は：引用者注〕一夕の映幕会をなさる[33]。

記事中の客は人びとに求められ、様々な場所で上映会を開催している。会の来場者は、その客となんらかのつながりをもった人たちだ。そしてつながりがあるからこそ、あるいは既存のコミュニティに支えられているからこそ、映像を起点にし、撮影の苦心談をはじめとして様々な声が上がり、人びとの間でコミュニケーションが活性化するのである[34]。そのとき映像のなかの人物や風景には、名前や年齢、家族や住まい、様々なエピソードや出来事が、言い換えれば、ことば＝記憶が重ねられ、それらは変容していく。そしてそのとき、スクリーンはいわば記憶の層と化すのだ。その意味で、パテ・ベビーにおける映像制作者とは、撮影し編集する者だけでなく、映像を見て語る人びとも含みこまれる、と言えよう。つまりは、「撮る」と「見る」が連続的なそのシステムにおいて制作者と観客の区分は極めて曖昧なのである。

このようにパテ・ベビーのシステムは、人びとにことばを誘発することでスクリーンを記憶の層と化し、コミュニケーションを活性化する。そしてそのとき、このシステムに組み込まれた人びとは、たんなる映像の観客でも制作者でもない、その両面をもつアクターとして存在する。そのような経験は、劇場で公開される規範化された映画とは異なるものであり、当時の日本の映像文化に新たな扉を開くものだったのだ。

5　映像経験の規範——森紅を例として

前節で述べた記憶化されたスクリーン経験は、名もなき人びとの実践のみにもたらされるものではない。戦後の実験的、前衛的、芸術的と形容される映画の源流のひとつとして規定された九・五ミリフィルムの「作品」にも、同様の経験が本質的な要素として横たわっている。というのも、パテ・ベビーそれ自体が、記憶化されたスクリーン経験のなかに人びとを組み込むシステムであるからだ。そのことを、当時の卓越した映像制作者のひとりである森紅《もりくれない》という人物と、彼が制作した映像に注目し、明らかにしていこう。

森紅（本名：森博《もりひろし》）は、日清戦争が終わる一八九五年あたりに大阪で誕生し、関西のアマチュア映像文化の領域で活躍した人物である[35]（図4）。彼は、一九二〇年代半ばにパテ・ベビーを入手し、すぐさまこのシステムの魅力に取り憑かれていった[36]。小型映画の世界に足を踏み入れた人たちと同様に、彼は家族や日常の風景、様々な出来事、旅行の記録撮影から始め、やがて二〇年代末には「作品」制作を開始する[37]。彼が制作した作品は、同時代の傑出した小型映画制作者である荻野茂二や塚本閣治らの作品と肩を並べるものであった。実際彼は、パテ・ベビーの愛好家クラブや新聞社などが主催する全国規模の作品競技会に、一九二九年から体調を崩す一九三四年まで休むことなく自作を出品し、数々の入選を果たした。なかでも一九三四年に発表された『私の子供』は国内外で非常に高く評価され、フランスやブダペストの国際コンテストで賞を獲得するとともに、第四回国際小型映画コンテスト（一九三五年、バルセロナ）に九・五ミリフィルム部門の日本代表として出品されるに至った[38]（図5）。一九三五年以降は病のなかでの制作となり作品数は減少するが、それでも『台所の戯曲』（一九三五年）など秀作を発表する。しかしながら一九四二年に森はその短い生涯を終える。奇しくも彼が亡くなる時期に、戦時統制から愛好家クラブの活動と機関誌の発行が停止し、さらにはフィルム輸入の問題から日本でのパテ・ベビーの実践自体が終焉してしまう。まさに森紅は、日本におけるパテ・ベビーの歴史と共にあり、その歴史を象徴する人物と言えるであろう[39]。

管見のかぎり、森や彼の作品について考察した論者は先の西村のみである[40]。まず西村は、森の『或る音楽』（一九三三年）と『旋律』（一九三三年）を取り上げ、特殊映画の傾向をいち早く示した作品として重要視する[41]。特殊映画とは、パテ・ベビー愛好家が制作した前衛的な作品を示すジャンルであり、その代表的な制作者として森

図4　森紅
出典：神戸映画資料館所蔵、森紅『スケッチ』より、筆者撮影

図5　『私の子供』のラストでバンザイをする森の2人の息子たち
出典：神戸映画資料館所蔵、森紅『私の子供』より、筆者撮影

は理解されているのだ。しかし森は作品の傾向を変化させる、と西村は主張する。森の論考を参照する西村によれば、特殊映画のモンタージュやリズムを重視した作品に孕む欠陥、つまりは作品内容の乏しさにたいして、森は否定的な態度をとるという。結果、森は素朴な記録映画に専念する作家となる[42]。

しかし、森が制作した映像を観ると、西村の議論に修正を加える必要が出てくる。現在、神戸映画資料館には、森の映像が四六タイトル所蔵されている[43]。そのうち、特殊映画と分類可能なものは、『競馬放送』（一九三一年）、『ヴォルガの舟唄　扇光楽』（一九三二年）、『旋律』、『奔流』（制作年代不詳）、『千鳥の曲』（制作年代不詳）、『タバコの煙』（一九三三年）、『私の子供』、『台所の戯曲』の八タイトルであり、その他はすべて仏事や行楽、家族、風景を撮影した映像である。たしかに神戸映画資料館は、森が制作した映像すべてを所蔵しているわけではない。しかしながら、この施設にある森の映像は、最も古いもので一九二九年に制作された『別府雑景』から一九三七年に共同制作された『遺訓によりて』まであり、森の活動期間とほぼ重なっている。よって、そうした映像を見ると、森を前衛的な作品を制作する「作家」とみなすことは難しい。

たとえば特殊映画と分類もされる『私の子供』が自身の三人の息子たちの映像化だったように、森が制作した映像の大部分は家族の姿である。とくにその家族映像の軸となるのは彼の父である。森の父は、一九二〇年代後半に療養のために大阪から、当時温泉街として隆盛し、大規模な病院もあった別府に移住している。父を見舞うために森と家族は何度か別府に向かうが、その時々の家族旅行記として制作されたのが『別府雑景』、『別府のお父さんに逢ふて来まそ』（制作年代不詳）、『海の彼方へ』（一九三〇年）、『夏の景物』（制作年代不詳）である。その後、父は死去し、大阪で葬儀が執り行われる。冒頭で父の訃報をニュース映画の形式で伝える『寂光』（一九三〇年）は、その葬儀の様子を映像化する（図6）。さらには、その後に引き続く、仏事や納骨での家族の様子も森は頻繁に映像にしていく（『速報ニュース今日の佛事』（一九三〇年）、『石碑をたてて』（一九三〇年）、『納骨の日』（制作年代不詳））。

このように森は、日常や身近な人やモノ、出来事や光景の映像を生み出すのである。特殊映画から素朴な記録映画に専念する作家ではない。あくまでも、日常の家族などを対象とした映像制作を基盤にし、愛好家クラブのコンテスト用に前衛的とされる作品を彼は制作していたのだ。

ところで、森が制作した映像には特徴的なものがある。それは、カメラがほとんど動かない、あるいは被写体がカメラの前で止まることである。たとえば先の『別府のお父さんに逢ふて来まそ』では、森の親族である女性がカメラの前で正面を向き、止まった姿勢で歯を見せながらポージングし大写しになる（図7）。このような静止の要素が森の映像には非常に多いのだ。これはどういったことであろうか。

パテ・ベビーで制作された映像の技術と美的規範については、那田が綿密な議論を展開している。[44] 彼によれば、

図６　『寂光』での葬式の風景
出典：神戸映画資料館所蔵、森紅『寂光』より、筆者撮影

図７　止まってポージングする親族の女性
出典：神戸映画資料館所蔵、森紅『別府のお父さんに逢ふて来まそ』より、筆者撮影

図８　9.5ミリフィルムのノッチ
出典：神戸映画資料館所蔵、筆者撮影

人間の知覚にとってノイズのない、動きをもった視覚像の端正な再現という美的規範にそって、パテ・ベビーの作家たちは映像作品を制作していた[45]。だが、パテ・ベビーのカメラおよびフィルムの技術的制約から、この再現を達成するためには装置を操作する優れたスキルと、装置やフィルムなどについての高度な知識が必要であった。たとえば、カメラを動かすことで、動きをもった映像を美的規範にそって実現するには、手ブレだけでなく、構図やフィルムの回転速度、露出など、スキルと知識の高いレベルでの調和が必要なのである[46]。こうした美的規範にもとづいたパテ・ベビーの映像制作のなかで、その規範を覆す可能性をもつものとしてあったのが、ストップの機能である。

パテ・ベビーの販売用フィルムには価格を抑えるために、映写機内でフィルム送りを止めるノッチという刻みが入っている（図８）。とくに像が変化しないインター・タイトルの箇所にノッチが入れられ、これによりフィルムの流れが停止する。ひとつのノッチで四九コマのフォトグラム（フィルムの長さで約三八センチ、時間にして三秒半）分の映像の静止が生まれ、その分のコストが抑えられる[47]。そして、ノッチは個人が映像を制作する際にも使用された。パテ・ベビー愛好家クラブの中心人物の一人であった大伴喜祐は述べる。「字幕以外の止め写し例へば一定の場所とか、景色とか、手紙の文字とか、人物の大写しなどは皆之に依て切り込みをつけられたならば、フイルムを制約する上に於て大なる利益があると信じます」[48]。しかしながら那田は、当時の制作者たちがこのストップの機能にたいして否定的な見解を述べていたことをふまえつつ、その機能が映像を静止させるため、上述の美的規範に反するものととらえる[49]。そして、動きのなかに静止を混成させるパテ・ベビーに、後のエクスパンデッド・シネマとの関連性をみてとろうとする。

たしかに、当時の資料を精査した那田の議論は、映画を動く像の芸術的な表現として理解し、その理解を背景にしつつパテ・ベビーの映画映像を正確にとらえているように思える。しかし、その議論から示唆されることは、那田の主張とは真逆の事態であるように見える。つまり、パテ・ベビーはその美的・存在的規範として、動きの回避および静止への志向があった、ということである。映写機とフィルムの交差から生まれる静止はもちろんのこと、パンやティルトなど動きをもった映像を実現するために優れたスキルと高度な知識が要求されるということは、パテ・ベビーの基本理念として動きよりも静止が重視されていたのではないだろうか。カメラは静止し、可能なかぎり動きを抑えた、静止に近い対象物をフィルムに記録する。また映写機は、フィルムに刻まれたノッチから静止を生み出す。これらの静止への欲望こそが、パテ・ベビーの規範であろう。それはパテ・ベビーが誕生した背景からも裏付けられる。

パテ社は、一九二〇年代初めに劇場映画の興行と配給を行うパテ・コンソルシウム社と、フィルムの製造やアマチュアや家庭、教育機関むけの映像を制作するパテ・シネマ社から構成されていた。当時、パテ社は後者に力点を置き、その方針のなかで考案されたものがパテ・ベビーである。ただしパテ社は、パテ・ベビーの発表に先立つ一九二一年に、同じ方針のもと、「パテオラマ」という名前の装置を販売している。パテオラマは、三つのコンセプト――①未使用のフィルムの新たな販路の獲得、②大衆が映像の投影に慣れ親しむこと、③家庭や教育機関、宗教施設などでの映像教育に貢献すること――にもとづいて考案された[50]。その装置は、十数センチほどの小さなヴューワーとフィルムから構成され、ヴューワーにフィルムを挿入し、つまみを手で回転させることでフ

図9a　パテオラマ外観
出典：おもちゃ映画ミュージアム所蔵、筆者撮影

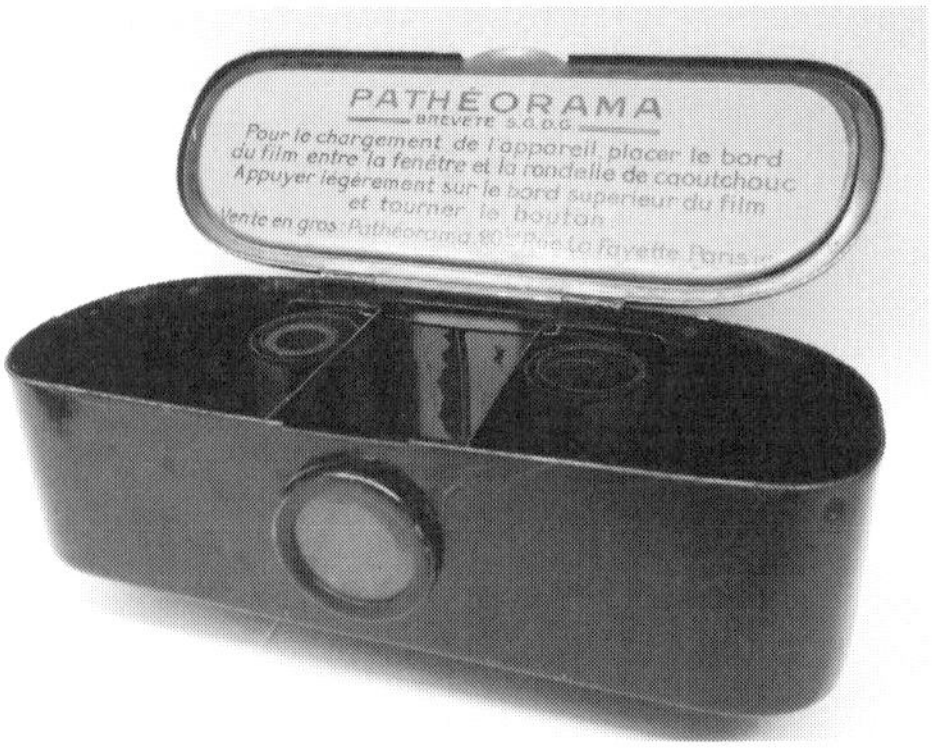

図9b　パテオラマ内部
出典：おもちゃ映画ミュージアム所蔵、筆者撮影

ィルムを送る。それにより鑑賞者は静止像の連なりを見ることができる。またヴューワーを専用の映写機「ココリコ」に差し込み、より大きなイメージを投影することも可能である（図9a・bと図10）。使用されるのは、多くの場合、製造する過程で廃棄処分になった劇場公開用三五ミリフィルムの断片である。それを一メートルほど（二〇コマから五〇コマほど）つなぎ、パテオラマ用のフィルムが制作される。[51] たとえば上映時間五五分のロバート・フラハティ『極北のナヌーク』は三つのパートに分割され、各パートは四〇コマの静止像からなる一本のフィルムとなり、それぞれのフィルムが販売された。だが、たんなる静止像の連なりでは、情報量が十分ではない。そのため、映像で語られる内容を端的に示す、作品の象徴的なあるいはクライマックスの像を写したフィルムが選択された。それでもなお、情報量が不足している状況は変わらない。よって、フィルムにはインター・タイトルやスーパーインポーズが頻繁に挿入され、またココリコを使用する際には、操作者の語りが付与された。言うなれば、ことばが静止像の間隙を覆い尽くすのである。そして、こうしたテクストの読解と語りのリズムに合わせて、再生スピードの調整が行われた。つ

まり、パテオラマの鑑賞者は、連続する静止像と各像の間隙を埋めることば、そしてそれらの変化としての運動を経験し、物語や知識、教訓を享受するのである。

　こうしたパテオラマと同じコンセプトをもち、その発展版としてパテ・ベビーは考案された。そのためパテ・ベビーは、静止とことば、運動というパテオラマの特徴を存在の条件として内部に組み込んでいるのである。パテ・ベビーのあらゆる装置は、カメラが動くことを拒絶し、映写機がフィルムを強引に止めてしまうなど、静止への欲望をみたすために働き、静態的な映像を生み出そうとする。しかし、ときとして動きも生じる。つまりパテ・ベビーは、基本的に静止する映像を欲望するものであり、また静止と運動の反復とその間隙を表す映像を欲望するのだ。そして静止したとき、あるいは静態的な要素が画面に充満したとき、何が生じるのか。それは先に述べた声であり、ことばである。止まるあるいは止まっているように見えるからこそ、人はその映像を起点に、声＝ことばを発し、記憶を映像に重ねていき、映像を変容していく。記憶化されたスクリーンが生み出されるのである。モノが半ば強引なかたちで人びとからことばや記憶を誘発させ、映像を更新し、コミュニケーションを活性化していく。人はパテ・ベビーというシステムのひとつとして組み込まれ、記憶の層となったスクリーンを作り上げていくのだ。

図 10　パテオラマを装着したココリコ
出典：おもちゃ映画ミュージアム所蔵、筆者撮影

　静止の要素が森の映像に非常に多いのは、パテ・ベビーに病的に熱中していた彼にとっては当然のことなのかもしれない。たとえどんなに優れたスキルと高度な知識をもっていたとしても、パテ・ベビーにどっぷりと組み込まれた森は、そのシステ

ムが欲望する静態的な映像を生み出してしまう。そして、「撮る」と「見る」の連続性から、彼と彼の家族はその映像を見て記憶を刺激され、ことばを重ね映像を変容することを余儀なくさせられる。こうして自らが生み出した記憶化されたスクリーンから大きな喜びや満足を彼らは得るのだ。そしてますます森はパテ・ベビーに陶酔し、システムの深みに入っていく。

パテ・ベビーは「映画」にかかわる装置でもなければ、「映画」を生み出す装置でもない。それは映画とは異質な経験を生じさせるシステムなのだ。「撮る」と「見る」が連続的なそのシステムのなかで、様々な要素は相互に動的に絡み合い、人は静態的な要素でみちた動く映像を経験する。そしてシステムは、映像にことばを重ね、映像を変容することを誘発し、結果として記憶化されたスクリーンをもたらす。そのスクリーン経験は人びとにとって快となり、さらなる欲望を喚起するようシステムは欲していく。パテ・ベビーとは、様々なモノと人を内部に組み込んだ、欲望するシステムなのだ。

6　おわりに

現代に生きる私たちは、モバイル・メディアを手にとり、自身の日常を様々に映像化している。こうした映像はSNSなどにアップロードされ、大域的に張り巡らされたインターネットの力によって世界中で閲覧可能となる。そのため私たちは膨大な数の映像を見ることができるのだが、多くの場合、そうした映像はつまらない退屈なものであろう。もちろん、私たちが意味や感情を共有できる映像であれば、それらに目を奪われるかもしれない。だが大抵はそうはならない。

しかし、モバイル・メディアの映像を密な関係にある人びとと鑑賞したらどうか。そのとき、パテ・ベビーの経験のように私たちは、物理空間で、あるいはSNSのグループ内でことばを発し、スクリーンを記憶の層として作り上げていくであろう。そしてモバイル・メディアでの撮影は、その装置があまりに小型すぎてそれ自体が震えるため、あるいは装置の特性から映像が乱れてしまうため、私たちは可能なかぎり装置を動かそうとしない。スマホではあまりパンやティルトをしないのではないか。できるだけ不動にし、安定した映像を生み出すこと、つまりは静止への欲望に支えられた静態的な映像を、静止した映像をモバイル・メディアは私たちに要請してくる。そして、そうした映像は私たちにことばや記憶をそこに重ねていくように誘発する。スクリーンの記憶化をメディアは求めるのだ。もちろん現代の私たちは、パテ・ベビーと同じ経験をしていると素朴に語ることはできない。しかし、たった数十年しか成立しなかったそのシステムの欲望は、現代のスクリーン経験のなかで部分として垣間見ることはできるのだ。

注

(1)　本章は、拙稿「9.5mm映像システム論序説――テクノロジー、アーカイヴ、コミュニケーション」(『映画学』第二七号、二〇一三年、四五―五七ページ)および「応答9.5mm映像システム論補遺――那田氏への応答として」(『映画学』第二八号、二〇一四年、一一〇―一一五ページ)を本書のコンセプトにおうじたかたちで再考し、大幅に修正を加えたものである。また大幅な修正にかかわり、神戸映画資料館とおもちゃ映画ミュージアムから多くの資料を提供いただいた。この場を借りてお礼を申し上げたい。

(2)　木下利正「パテーベビー映画に就て」『ベビーシネマ』第三巻第四号、一九二九年、四二ページ

(3)　アメリカでは「パテックス(Pathex)」、イギリスでは「パテスコープ(Pathescope)」と呼ばれた。

(4)　水島久光「遍在する残像――パテ・ベビーが映し出す〈小さな歴史〉・研究「序説」」、『大正イマジュリィ』第八号、二〇一三年、一九ページ。日本のパテ・ベビーの受容、普及、発展において、伴野文三郎が非常に重要な位置にいたことは確かである。しかしながら、伴野にかんする研究は現在のところ部分的なものに留まっている。

(5)　もちろんパテ・ベビーは、当時の日本帝国主義と無縁の素朴なシステム、と言うことはできない。パテ・ベビー愛好家クラブは、当時の植民地である朝鮮半島や中国大陸、台湾にも設立され、その地でのクラブの活動が機関誌上で無邪気に紹介、報告されている。むしろパテ・ベビーは、同時代の帝国主義とそれにたいする日本の人びとの無意識的な馴化を色濃く反映している。この問題は非常に重要なものであるが、本章では論の展開上ここで指摘するにとどめておく。

（6）しかし、第二次世界大戦後の一九四六年六月に関西で誕生したシネ・グループ「パテーシネサークル」では、短期間であるが九・五ミリフィルムが使用されていた。ただ、以前のようなかたちでは使用されず、主役の座は八ミリフィルムあるいは一六ミリフィルムにとって代わられた（竹部弘編『１９７６年度版アマチュア映画年鑑』日本小型映画連盟、一九七五年、一四二―一四三ページ）。

（7）だからと言って、両者の研究が不十分であると主張しているのではない。文献を精査、読解し、文字で表現された当時の九・五ミリフィルムの実践を両者は活き活きと描き出している。

（8）一九九二年から二〇〇二年にかけて、那田は『Ｆｓ』という雑誌で日本個人映画の歴史をめぐる連載をしており、とくに『Ｆｓ』第二号（一九九三年）から第八号（二〇〇二年）では九・五ミリフィルムの実践について論じている。さらに彼は上記連載以外にも、パテ・ベビーについての論考を野心的に発表しており、なかでもつぎの二編は重要なものとなる。那田尚史「小型映画の技術と美的規範について（１９２９―１９３２）」（『映像学』第五五号、一九九五年、三〇―四三ページ）および、「荻野茂二の絶対映画」（『映像学』第七四号、二〇〇五年、五四―七二ページ）である。また、同時期に西村も『あいだ』という雑誌の日本実験映像史をめぐる連載のなかで九・五ミリフィルムの実践について論じている。とりわけ『あいだ』第八九号と第九二号から第九四号にかけての論考は、パテ・ベビーを中心にしたものである。さらに、西村のつぎの論考も参照のこと。西村智弘「アマチュア映画のアヴァンギャルド」、村山匡一郎編『日本映画史叢書⑤映画は世界を記録する――ドキュメンタリー再考』森話社、二〇〇六年、五一―七八ページ。

（9）ドイツで誕生した絶対映画とは、ヴィキング・エッゲリングやハンス・リヒター、ヴァルター・ルットマンなどを代表的な作家とする、具体的な対象をもたない純粋な抽象映画を指す。またフランスで誕生した純粋映画とは、ルネ・クレール『幕間』（一九二四年）やフェルナン・レジェ『バレエ・メカニック』（一九二四年）を嚆矢とし、物語性を駆逐した視覚的な要素で成立する、映像によって生み出される視覚的リズムを重視した映画を指す（西村智弘「日本実験映像史３　絶対映画と色彩映画」『あいだ』第八九号、二〇〇三年、二〇―二一ページ）。

（10）那田尚史「日本個人映画の歴史（戦前篇６）小型映画研究の新しい局面――手島増次作品における先駆的実験性『明暗』『灯臺守』」『Ｆｓ』第六号、一九九八年、九一ページ。

（11）この数値は二〇一六年三月時点でのものである。

（12）André Gaudreault et Tom Gunning, « Le cinéma des premiers temps : un défi à l'histoire du cinéma ? », dans Jacques Aumont,

André Gaudreault, et Michel Marie (eds.), *Histoire du cinéma: Nouvelles approches.* Publications de la Sorbonne, 1989, p. 57.

（13）岡島尚志「ＦＩＦＡカルタナ総会報告ＦＩＦＡの新しい挑戦——保存対象としてのアマチュア映画」、東京国立近代美術館フィルムセンター編『ＮＦＣニューズレター』第一四号、一九九七年七‐八月号、二ページ

　このアーカイヴィングの作業は、たんにオリジナルの映像を保持し、再現することのみにあるのではない。マイケル・フレンドが、一九七〇年代から九〇年代にかけての映画保存の変遷と問題点を論じる際に指摘するように、その作業は「公開当時の上映体験なども含めた歴史的イメージを再生産することに関わっていることになる」（マイケル・フレンド「映画保存の近未来——フィルムとデジタルの関係」斉藤綾子・岡島尚志訳・構成、東京国立近代美術館フィルムセンター編『ＮＦＣニューズレター』第七号、一九九六年五‐六月号、一四ページ）。映像の質だけでなく、その映像の正統性や、元々の環境により近いかたちでの上映などにも注意を向ける必要があるのだ（同上）。

（14）ただしこうした試みは、九・五ミリフィルムについて言えば、大量のフィルムが散在しており、また各フィルムについての情報があまりにも少ないため、非常に困難を伴うものとなる。さらには目録化や情報化の困難さ、保存・復元処理の困難さ、さらにはプライバシーの保護をはじめとした公開上映についての困難さなど、新たな問題がいくつも浮上していることは指摘しておきたい（岡島、前掲、四—五ページ、郷田真理子「フィルムセンター所蔵の小型映画コレクション——9.5mm フィルム調査の覚書」『東京国立近代美術館研究紀要』第一七号、東京国立近代美術館、二〇一三年、九六ページ）。

（15）これは二〇一六年二月に集計されたデータである。

（16）Roger Odin, « Présentation », *Communications*, n°68, 1999, pp. 5–6.

（17）『東京朝日新聞』一九二四年一一月二二日付夕刊、二ページ

（18）那田尚史「日本個人映画の歴史（戦前篇3）階級・技術・制限——作品のできるまで」『Ｆｓ』第三号、一九九四年、七八—七九ページ

（19）大澤聡『批評メディア論——戦前期日本の論壇と文壇』岩波書店、二〇一五年、一九ページ

（20）三木清「批評の生理と病理」、三木清『三木清全集』第三巻、岩波書店、一九六七年、一〇四—一〇五ページ。なお、読みやすさを考慮し、引用中の旧字体は新字体に改めた。特定の箇所以外は、以下の本文・引用文・註も同様である。

（21）大澤、前掲、二八—二九ページ

(22) 現代のインターネット・ニュースの見出し文あるいは要約文を介した社会事情の把握は、こうしたことと地続きであるように思える。現代の経験については、土橋のつぎの論考を参照のこと。土橋臣吾「断片化するニュース経験――ウェブ／モバイル的なニュースの存在様式とその受容」、伊藤守・岡井崇之編『ニュース空間の社会学――不安と危機をめぐる現代メディア論』世界思想社、二〇一五年、二二一―三二ページ
(23) 大澤、前掲、二九ページ（強調は筆者によるもの）。
(24) 同上
(25) 同上
(26) 『東京朝日新聞』、前掲、二ページ
(27) 吉川速男「活動写真と資金の問題」『ベビーシネマ』第二巻第二号、一九二九年、一九―二一ページ。なお、当時の経済状況とパテ・ベビーの受容者層の関連については、同じく吉川の論考などを参照して議論する那田の研究も参照した（那田尚史「日本個人映画の歴史（戦前篇2）危うくて柔らかな機械――パテ・ベビー登場の前後」『Ｆｓ』第二号、一九九三年、八九―九四ページ、那田、前掲、一九九四年、七四―七五ページ）。
(28) 小山昌宏「民衆文化から大衆文化への歴史的・物質的条件について――大正期の日本における大衆文化の開花をめぐって」『東京外国語大学留学生日本語教育センター論集』第三三号、二〇〇七年、七四―七六ページ
(29) 小山昌宏「１９２０（大正９）年から１９３０（昭和５）年の大衆社会状況――昭和初期の都市大衆と農村民衆の生活水準について」『東京外国語大学留学生日本語教育センター論集』第三四号、二〇〇八年、一〇六―一〇八ページ
(30) 佐藤守弘「シンポジウム報告「映像とミクロヒストリー」」『大正イマジュリィ』第八号、二〇一三年、八ページ
(31) 大江絹子「私の家のパテーベビー」『ベビーシネマ』第二巻第三号、一九二九年、二八ページ
(32) 服部茂「映写の研究」『ベビーシネマ』第二巻第一二号、一九二九年、三―五ページ。パテ・ベビーの映写機は、そのレンズ特性からかなり拡大して映像を投影することは可能であった。しかし、上映会に参加する人数とその会場の広さに合わせて、過度な拡大は避けられていた（同上）。
(33) 照子「お客様のお一人の宣伝力」『ベビーシネマ』第二巻第五号、一九二九年、二一ページ。
(34) 同上
(35) 酒蛙々居士「森紅氏論」『パテーシネ』第一一巻一月号、一九三八年、三五ページ

(36) 森紅「私を語る」『パテーシネ』第八巻九月号、一九三五年、三八―三九ページ
(37) 同上、三八ページ
(38) ただし船が遅れたため、コンテスト会場にフィルムは到着しなかった。なお、『私の子供』にはいくつかのヴァリエーションがある。二〇一七年に神戸映画資料館に寄贈された九・五ミリフィルムのなかに、これまでとは異なる長さ、内容（登場する子どもたちが成長している）の『私の子供』が含まれていた。本章では、新たに発見された『私の子供』ではなく、これまで神戸映画資料館で収蔵されていたものを検討している。
(39) 森は作品制作だけでなく技術開発も行い、その成果を論考にまとめてクラブの機関誌に発表してもいる。パテ・ベビーの映写機と蓄音機を同期させトーキー映像を上映する技術にかんする論考などは、なかでも優れたものとして評価されている（森紅「パテートーキー第一歩」『パテーキネマ』第四巻五月号、一九三三年、一―九ページ）。さらにはパテ・ベビーやアマチュア文化の推進も彼は積極的に行っていた。実際彼は、大正末期に創設された大阪パテーキネマ倶楽部の創設以来の役員であり、その後、大毎アマチュア映画同好会理事、日本アマチュア文化映画連盟の創立発起人および主事、さらには関西小型映画連盟主事を務めていた。そして、彼が属したクラブの機関誌の論考やクラブでの活動を鑑みれば、関西のみならず日本全国の愛好家たちのオピニオン・リーダーの一人としての森紅の姿が浮かび上がる。パテ・ベビーでの作品制作やアマチュアをめぐる彼の意見が強く現れた論考としては以下の文献を参照のこと（森紅「連盟理事会『自己の創作論』に寄す」『ベビーキネマ』第三年三月号、一九三二年、一―三ページ）。
(40) 日本映画史を総括する佐藤忠男が、パテ・ベビー愛好家たちのクラブ機関誌に掲載された作品寸評を引用する際、森の名前を私たちは見つけることができる。しかし、佐藤は森について論じることはない（佐藤忠男『日本映画史第4巻』岩波書店、一九九五年、三四―三五ページ）。
(41) 西村智弘「日本実験映像史8アマチュア映画のアヴァンギャルド(3)」『あいだ』第九四号、二〇〇三年、二九―三〇ページ、西村、前掲、二〇〇六年、七六ページ。なお、『旋律』については、現在、神戸映画資料館が所蔵している。
(42) 同上、三四ページ
(43) 二〇一五年の時点の数値である。なお、森紅の映像の調査と分類については以下の拙稿を参照されたい。松谷容作「映像におけるアマチュア――森紅の「再発見」」、神戸ドキュメンタリー映画祭実行委員会編『神戸の映像文化――「神戸と映画」「神戸映像アーカイブプロジェクトの取り組み」』、神戸ドキュメンタリー映画祭実行委員会、二〇一四年、一二―

一四ページ

（44）那田、前掲、一九九五年

（45）同上、三五ページ

（46）同上

（47）大伴喜祐「パテベビーの編輯から映写迄」『ベビーシネマ』第二巻第二号、一九二九年、二五―二六ページ

（48）同上、二六―二七ページ

（49）那田、前掲、一九九五年、三九―四二ページ

（50）Valérie Vignaux, « Le film fixe Pathéorama (1921), phénomène ou paradigme », Laurent Guido and Olivier Lugon (dirs.), *Fixe/animé : Croisements de la photographie et du cinéma au XXe siècle*. Éditions L'Age d'Homme, 2010, p. 140.

（51）Ibid.

第8章　マンガ・プロジェクション
――戦後日本大衆文化におけるマンガ・劇画のスクリーン映写

鷲谷　花

1　映画『忍者武芸帳』と昭和期の静止画映写メディア

一九六六年、大島渚率いる独立映画プロダクション創造社は、白土三平の長編劇画『忍者武芸帳――影丸伝』の長編映画化に着手した。今日に至るまで、マンガ・劇画原作の映画化にあたっては、原作の画に準拠してアニメーターがデザイン・作画したキャラクターを動かすアニメーションか、実在する俳優がキャラクターに扮装してカメラの前で演技するライブ・アクション（実写）か、いずれかの方法が一般的には採用される。しかし、『忍者武芸帳』映画化に際しては、そのいずれとも異なり、原作者白土三平の描いたオリジナル原稿を直接映画用フィルムに撮影・編集し、音楽（林光作曲）、俳優による声の演技、効果音からなるサウンドトラックを付けるという独自の方式が採用された。「長編フィルム劇画」と名付けられた『忍者武芸帳』は、六七年二月にアート・シアター・ギルド（ATG）系で公開され、当時のATG映画としては画期的なヒットとなった[1]。

原作『忍者武芸帳――影丸伝』（三洋社）は、元々は貸本劇画――貸出専門の書店である「貸本屋」向けの劇画シリーズ――として、一九五九年に刊行が開始され、六二年に完結した。同作は、忍者と剣豪による必殺技を駆使した闘争を、スピーディーでダイナミックな描線を駆使して視覚化し、かつ、要所に博物学的知と唯物史観を盛り込んだユニークなシリーズとして、発表当初から高い評価と人気を獲得した。当時は、五九―六〇年の三井三池闘争から、六〇年安保闘争に至る社会運動・政治闘争の高揚期にあたり、『忍者武芸帳』は、「革命」のヒロイズムを体現する作品として、若い世代の活動家の間でも支持された。原作完結から五年後に公開された映画版のヒットも、同時代の社会運動のコミュニティと重複した原作のファンダムに支えられるところが大きかったといえるだろう。

映画公開直後から今日に至るまで、映画『忍者武芸帳』には、相応の批評的・学術的関心が寄せられてきた。とりわけ、「マンガと映画」の関係について分析・考察を試みる論考において、映画『忍者武芸帳』は、必ずしも肯定的な評価の対象ではなくとも、何らかの形での言及は不可避であるような重要作品のひとつとして扱われてきた。三輪健太朗『マンガと映画』の記述によると、「マンガを映画に直接置き換えようとした『忍者武芸帳』は、その置き換えの不可能性——と言って言い過ぎならば不完全性——を露呈することによって、マンガの特性を語るための格好の叩き台として、利用されることになったのである」[2]。

映画『忍者武芸帳』を「叩き台」に、マンガと映画というふたつの媒体の間の連続性もしくは差異についての考察を試みてきた先行論は、『忍者武芸帳』が、マンガのコマをいかに映画のフィルムに移し換えたかという点に、関心を集中させてきた。つまり、マンガ原稿がどのようなフレーミングやカメラワークによって撮影され、撮影されたフィルムがどのように編集されたのか、という「撮影・編集」面が、もっぱら分析・考察の対象となってきた。一方、『忍者武芸帳』が、「マンガをスクリーンに大きく映し出す試み」でもあったという「映写－プロジェクション」面については、今日までほとんど顧みられなかったといっていい。

映画『忍者武芸帳』は、アニメーション史においても実写映画史においても孤立した特異な作品として、しばしば「実験作、というよりは珍品」[3]、「一風変わったスタイルの作品」[4]といった形容で語られてきた。しかし、「マンガそのものを静止画としてスクリーンに連続的に拡大映写する」作品としての『忍者武芸帳』には、「映画」「マンガ」とは異なるもうひとつの映像メディア、すなわち日本で「幻灯」または「スライド」と呼称されてきた静止画の拡大映写メディアとの繋がりを見出すことができる。その繋がりに注目することで、必ずしも「特異な実験作」ではなく、昭和期の静止画映写メディアの独自の系譜上に位置する作品としての、『忍者武芸帳』の異なる相が浮かびあがってくるだろう。

2　戦後幻灯（スライド）小史

一七世紀以来、欧米で「魔法のランタン」（laterna magica〔羅〕、magic lantern〔英〕）と通称された静止画像の拡大映写装置は、一八世紀に日本にも輸入され、「写し絵」または「錦影絵」と呼ばれた。それと同種の装置が明治初期に再輸入され、「幻灯」の訳名を与えられて以来、長きにわたって、透明な媒体上のイメージを、光源とレンズを用いて、静止画像としてスクリーンに拡大映写し、その場で弁士が物語や解説を語り聞かせる形式[5]で上映される映像メディアは、日本語で「幻灯」と呼ばれてきた。「幻灯」の呼称は一九五〇年代を通じて一般的に用いられたが、その後徐々に「スライド」の呼称に取って代わられた。

明治期日本の幻灯ブームは、日清戦争期（一八九四—九五年）にピークに達したが、日露戦争期（一九〇四—〇五年）の国内の映画産業の急速な発展と相俟って終息した。大正期から昭和初期に至るまで、幻灯は、家庭向けの光学玩具、学術・教育の場における教材・資料提示、寺社や教会における宗教教育など、限定的な用途に継続的に利用されてはいたが、公共的・大衆的な映像メディアとしての影響力は衰えていた。

しかし、一九四〇年代、日中戦争の激化から対米開戦に至る時局下で、幻灯は一転して復興への途を辿りはじめた。日米開戦とほぼ同時期の一九四一年一二月に、文部省は幻灯の教育利用の再開を公的に宣言し、新たに制定した規格に適合する幻灯機及び上映用フィルムの製作を業者に委託し、全国各地の教育機関・組織に向けて頒布を開始した。

明治期以来の幻灯機は、ガラス製のスライド（種板）を一枚ずつ架け替えながら映写する仕様が一般的だったが、四一年一二月に文部省が定めた新規格の幻灯機は、映画フィルムと同型の三五ミリのロールフィルム（フィルムストリップ）を水平に巻き取りつつ、一コマずつ映写する仕様だった。

文部省の説明によれば、従来のガラス製種板式に対し、三五ミリロールフィルム式幻灯には、比較的低コストで製造・複製できること、より製作者の編集意図に忠実な上映が行われ、一部分だけを紛失するリスクもないこと、軽量で持ち運びやすく、映写も簡単であること、といった複数の利点があった。(6) しかし、ロールフィルム式はガラス製種板に比べると映写用の画面が小さく、その分画質が劣るという欠点もあった。そこで、一コマ分の面積を最大化し、かつ映画と同様の縦三×横四という視覚的に快適とされる映写画面を得るために、縦二四ミリ×横三二ミリのコマをフィルム上に水平に並べる方式が採用された。こうして導入された三五ミリの映写用フィルムと、フィルムを水平に巻き取る機構を備えた比較的小型の幻灯機は、戦後に至っても、もっとも標準的なタイプの幻灯のソフトウェアとハードウェアとして、継続的に使用された。

アジア・太平洋戦争（「大東亜戦争」）期を通じ、幻灯は、戦時総力戦体制下における国策教育・宣伝に資するメディアとして、官と軍の主導による普及が進められた。日本敗戦後も、視聴覚教育を重視した連合国軍最高司令官総司令部（GHQ／SCAP）の占領政策下で、幻灯の教育利用は引き続き推進された。占領初期に教育現場での幻灯の需要が急増したことで、幻灯専門業者が乱立し、学校や官庁などに向けて、教材やレクリエーション用の幻灯を製作・販売したが、粗製乱造の弊もしばしば指摘された。市販品の幻灯の品質や教材としての使い勝手に不満を抱いた教育関係者たちは、各自の使用目的により適合した教材用幻灯の自主製作に取り組みはじめ、当初は教育現場で開始された幻灯の自主製作・上映の取り組みは、労働組合運動などの他領域にも波及していった。

とりわけ、一九五二年（昭和二七年）四月二八日のサンフランシスコ平和条約発効による連合軍の日本占領終結後、労働運動をはじめとする各種の社会運動が一挙に高揚すると、そこでも独自の幻灯の自主製作・上映文化が培われた。幻灯は映画より低コストで運用できるうえに、アマチュアでも比較的簡単に手作りし、多数の観客を集めて大画面で上映できるという利点をもつことから、この時期の社会運動には欠くことのできない重要なメディアとして、記録・教育・宣伝・説得などに活用された。この当時、美術、写真、映画、マンガなど、多様なジャンルの専門家が、社会運動に関連する幻灯の自主製作・自主上映活動に参入し、少なからぬユニークな作品や貴重な記録を残している。(7)

3 『ユンボギの日記』をめぐる「幻灯」的文脈

『忍者武芸帳』と、それに二年先行する『ユンボギの日記』（一九六五年）という、大島渚監督による二つの静止画モンタージュ作品は、一九五〇年代の社会運動に関連する幻灯のレパートリーとスタイルを、それぞれに継承した例として論じることも可能といえるだろう。『ユンボギの日記』の着想源として大島が直接言及している作品が、全編が静止画ショット(8)で構成されたクリス・マルケルの短編映画『ラ・ジュテ』（一九六二年）であることは、すでに知られている。一方、『ユンボギの日記』及び『忍者武芸帳』の製作に関連して、大島渚当人による「幻灯」もしくは「スライド」についての言及は今のところ発見できていない。しかし、大島渚と、一九五〇年代の社会運動の映像メディアとしての幻灯の間に接点があったことは、複数の傍証から推測しうる。

京都大学在学中（一九五〇―五四年）に学生運動に参加し、学生劇団創造座の一員として山村文化工作に遠征したこともある大島は、幻灯を身近な教育・宣伝・記録メディアとして活用していた社会運動組織に深く関わっていた。さらに、大島が脚本も担当した監督デビュー作『愛と希望の街』（松竹、一九五九年）には、渡辺文雄演じる人物が、「僕も学生時代にセツルに出入りしてましてね。こういうところの子供たちのために、紙芝居や幻灯を持って歩いたことがあるんですよ」と語る場面がある。(9)

『愛と希望の街』は、川崎工業地帯の近郊を舞台に設定しているが、当時、川崎市古市場には東京大学セツルメントの拠点があり、大学生と社会人の有志が常駐して、地域住民の生活向上のためのさまざまな社会福祉事業に取り組んでいた。東大川崎セツルメントこども会には、後に日本を代表する絵本作家となる加古里子《かこさとし》が、社会人活動家として参加し、地域の子どもたちと共に幻灯や紙芝居の自主創作活動を行っていた。(10) したがって、『愛と希望の街』中の「セツルの紙芝居や幻灯」に関する言及が、実際の東大川崎セツルメントこども会の活動を念頭に置いていることに、疑う余地はないだろう。

『愛と希望の街』で渡辺文雄の演じる人物は、学生時代にセツルメント活動に参加し、貧困家庭の子どもたちを「紙芝居や幻灯」によって慰問した経験について語る。しかし、現在の彼は父親が重役を務める会社に労務課長の職を得て、安定したサラリーマン生活に落ち着き、かつて支援しようとした貧困層の人々を切り捨ててゆく。したがって、そうした人物の回想する東大川崎セツルメントの「紙芝居や幻灯」を用いた活動に、積極的な意義や価値が見出されているとは言いがたい。しかし、重要なのは、『愛と希望の街』の脚本を執筆した一九五〇年代末の時点で、大島渚が東大川崎セツルメントによる幻灯創作・上映活動を確実に知っており、かつ、その後一〇年以内に、『ユンボギの日記』と『忍者武芸帳』の、いずれも「幻灯的」といえるスタイルとレパートリーを共有する二作品を世に送り出していることである。

大島渚監督による「幻灯」的作品の嚆矢としての『ユンボギの日記』は、「静止画を連続的に映し出し、ナレーションやせりふを重ねてナラティヴを作り出す」というスタイルのみならず、「子どもの生活記録」の映像化の試みであるという点においても、東大川崎セツルメントの自主創作による幻灯作品と重なりあうものといえる。

加古里子の回想によれば、川崎セツルメントこども会の幻灯活動には、当初、セツルメントが一部の地元住民に「アカ」とみなされ、地域社会から浮き上がりがちだった状況を打破すべく、地域社会への活動内容の理解を呼びかける、という目的もあった。集団創作によるオリジナルの幻灯作品としては第一作目にあたる『私たちのまちとつるつるめんと』（一九五三年）は、勉強会とこども会に参加していた子どもたちの創作した生活記録作文（綴方）と児童画を、加古里子がまず紙芝居に構成した後に、カラーフィルムを用いて撮影・現像し、幻灯化した。以降、最後の幻灯作品『自転車にのってったお父ちゃん』（一九五六年）まで、計五作品が創作されている。加古里子が一貫して指導的な役割を担った一方、他のこども会メンバーも、作画から上映に至るまでの諸作業や、説明台本の内容についての討議に積極的に参加し、各作品は集団創作的なプロセスを経て完成したとされる。加古里子が作画・構成を担当した『ぼくのかあちゃん』（一九五四年）、『自転車にのってったお父ちゃん』の二作品についても、「いじって劇的にするのではなくて、事実に基づいた作文に絵をつけて作品にした」[11]ものだった。

東大川崎セツルメントこども会による一連の生活記録幻灯の創作には、加古里子も認めているように、山形県山元村の中学教師無着成恭《むちゃくせいきょう》の指導により、教え子の中学生たちが執筆した生活綴方（生活記録作文）集『山びこ学校』の影響が大きかった。『山びこ学校』は、一九五一年三月に東京・青銅社より書籍化されて刊行され、ベストセラーとなったが、そこで示されていた、自分自身の日常生活を文章で記録し、それを集団により共有・検証することで、自分を取り巻く社会に存在する問題や困難を認知し、解決手段を模索しようとするアプローチは、学校教育の枠を超えた広範な層に大きな刺激を与えた。『山びこ学校』以降、生活綴方を書き、読み合わせ、文集化する運動が、全国津々浦々に広がっていった。

『山びこ学校』のインパクトは、幻灯にも波及した。『山びこ学校』書籍化の翌年の一九五二年三月に、農山漁村文化協会によって幻灯版『山びこ学校』が製作されたが、その際には現地山元村でのロケーション撮影が行われ、無着成恭と何人かの生徒たちが本人として出演した。『山びこ学校』の最初の映像化としての幻灯版が、「複数の子どもの生活記録」としての要素の継承と再現に力点を置いたのに対し、幻灯版完成の二カ月後に公開された今井正監督・八木保太郎による劇映画版は、山村の社会問題の提示とその解決をめぐるドラマの軸に、木村功の演じる「ヒーロー」としての無着先生を配置し、よりオーソドックスなナラティヴを展開した。

『山びこ学校』、もしくは戦争の犠牲者としての子どもたちが自らの体験を綴った作文を編纂した『原爆の子――広島の少年少女のうったえ』（一九五一年）、『基地の子――この現実をどう考えるか』（一九五三年）など、困難な状況下にある子どもたちが自らの体験を書き綴った手記集が、一九五〇年代を通じてくり返し生成、蓄積されてゆき、幻灯の重要なレパートリーのひとつとなったばかりか、ラジオ、舞台、映画と、メディアミックス展開も盛んに行われた。一九六三年に韓国の貧困児童の手記『ユンボギの日記――あの空にも悲しみが』の日本語訳が太平出版社から刊行されてベストセラーとなり、六五年に大島渚によって映画化された背景には、そのような文脈が存在していた。

大島渚は、一九六五年一二月に雑誌『映画芸術』に掲載されたエッセイにおいて、製作中の『ユンボギの日記』について、次のように言及している。「私は今、『ユンボギの日記』という韓国の少年の日記と、私が去年韓国で撮って来た子供の写真とをモンタージュして一種のドキュメンタリー・フィルムをつくっている。（中略）日韓条約に対する私のささやかなメッセージでもある。今のところ、映画館やテレビにかける予定はない。ただ一度発表会を持ち、あとは需要があれば貸し出すだけのものである(12)」。

つまり、『ユンボギの日記』は、少数グループによる手作りに近い形で製作され、発表は自主上映会と貸出によるという、「テレビドキュメンタリー」とも、映画館で上映される「映画」とも異なる、同時代の映像メディアとしては幻灯に近い形態の作品として、当初は構想されていた。また、同様に子どもの生活記録の映像化である『山びこ学校』の幻灯版及び映画版と比較すると、「静止画を連続的にスクリーンに映し出す」スタイルのみならず、子どもの書いた原作の文章を、プロの脚本家がシナリオ化して起承転結のあるドラマへと書き替えるのではなく、原語から日本語への翻訳を経ているとはいえ、オリジナルに沿ってナレーション化するアプローチにおいても、『ユンボギの日記』はより幻灯版に近い。

『ユンボギの日記』は、大島がテレビドキュメンタリー『青春の碑』の撮影のため一九六四年に二カ月間にわたって韓国に滞在した際に、現地の人々や風景を撮影した写真を連続的に映し出し、そこに大人（小松方正）と子どもの声の二種類のナレーションが交錯しつつ重なる構成となっている。日本語版『ユンボギの日記』の文章をそのまま読み上げる子どもの声に対し、小松方正のナレーションは、「イー・ユンボギ、君は一〇歳の少年、イー・ユンボギ、君は一〇歳の韓国少年」というフレーズをくり返し、もう一人の語り手に対話的に呼びかける一方、写真の中の韓国社会と子どもたちの生活の現状についても、独自の視点からのコメントを加えてゆく。小松方正の声が読み上げるナレーションは、大島が韓国から帰国した際に、雑誌『太陽』一九六五年三月号に寄稿したエッセイ「国土は引き裂かれたが」のテクストと一部重複している。したがって、『ユンボギの日記』の二種類のナレーションは、ふたつの異質な立場と視点から記述された「記録」としてパラレルに配列され、かつ、通常の映画製作の場では成立が難しい、「子どもと大人がそれぞれに主体性をもっておこなう共同創作」性を作品にもたらしている。そして、この「子どもと大人による共同創作」は、『山びこ学校』から東大川崎セツルメントの幻灯創作活動に至る一連の実践においても特に重要な要素だった。

幻灯版『山びこ学校』や、東大川崎セツルメントこども会の生活記録幻灯では、子ども自身の書いた文章がナレーションとして読み上げられ、書き手の子どもたちの実際の生活に直接的に関連するイメージ（『山びこ学校』の本人の写真、『私たちのまちとつるつるめんと』の児童画）が映写される。一方、映画『ユンボギの日記』で映写される、大島渚が韓国滞在時に撮影した一連の写真は、原作の手記を書いた実在の少年とその家族の生活とは直接には関連しない。しかし、それらの写真は、ユンボギ少年が実際に生活していた社会空間の間近で撮影され、ナレーションの内容を補完するだけの「記録」性を備えたものでもある。

映画『ユンボギの日記』のラスト近くでは、原作の記述を離れて、韓国で李承晩政権の下野のきっかけとなった一九六〇年の大規模な学生運動「四月革命」についての言及がなされる。当局の弾圧による学生側の犠牲者の遺影、街頭のデモの情景、デモに加わる子どもたちの写真が次々に映し出され、小松方正のナレーションが「少年たち、石を投げる。誇りに満ちて石を投げる。イー・ユンボギ、君もいつか石を投げるか」と、写真に記録されたデモの情景を、直接的には関係がないはずのユンボギ少年の物語へと接続する。こうした「社会運動における大規模な大衆行動の記録」もまた、「子どもの生活記録」と共に、一九五〇年代の幻灯の重要なレパートリーだった。

一九五二年五月一日のメーデーに、国会議事堂周辺でサンフランシスコ講和条約発効後の最初の大規模なデモが行われ、デモ隊と警官隊が衝突して、二名の死者と多数の負傷者を出した。「血のメーデー」と称されたこの騒擾事件に際しては、現場に居合わせた多数のメーデー参加者が撮影した膨大な写真を基に、幻灯『行け！　人民広場え』（日本幻灯文化社、一九五二年）がいち早く製作され、全国の労働組合ほか社会運動団体に向けて頒布された。

『行け！　人民広場え』は、大規模な抗議行動の現場で撮影された写真を、客観的・中立的なナレーションではなく、抗議し闘争する一方の当事者の肉声に近い、感情的・主観的で、ときには詩的、ときにはアジテーション的な説明と組み合わせて映写することで、画面に映し出されるデモ隊の運動に、上映会場の観客も参加する実感を促すように構成された幻灯だった。同様のスタイルは、一九五二年以降に頻発した大規模な労働争議に際して、各労働組合がこぞって製作した争議記録・宣伝幻灯や、基地問題・反基地運動に関連する一連の幻灯などにも引き継がれていった。

映画『ユンボギの日記』のクライマックスの、デモ隊と警察権力の衝突を記録した写真と、闘争への参加を呼びかけるナレーションは、先に引用した大島のエッセイ中にも言及のあった、映画公開と同年に成立・発効したばかりの「日韓条約に対するメッセージ」を、同時代の観客が読み込みうるように提示されたものでもあった。そこには、一九五〇年代の社会運動の場で自主製作・上映されていた幻灯と、表現のスタイルのみならず、政治・社会問題に対するプロテスト性においても、共通性を見出すことができるだろう。

4　運動と空間の水平展開

『ユンボギの日記』は一九六五年一二月に完成し、学校や労働組合での上映用に貸し出されたほか、ＡＴＧ新宿文化劇場でレイトショー限定公開され、当初の予想以上の成功をおさめた。この成功は、映画『忍者武芸帳』の実現に向けた自信を関係者にもたらした。『ユンボギの日記』の編集を担当した浦岡敬一は、同作の脚本を担当した佐々木守と大島とが、「コマ止めでも映画が出来るという確信を得て、（中略）『忍者武芸帳』を撮ろうということになった。突然、呼ばれて大島さん宅に行くと、白土三平作の劇画全巻があり、「至急これを読んでくれ！」という話。一気に読みおえて編集をＯＫした」と回想している。(13)

映画『忍者武芸帳』製作途中に、大島が『映画評論』一九六六年五月号に寄稿した「『忍者武芸帳』製作メモ」[14]によれば、原作の壮大な群衆場面や、忍者や動物たちの形態や活動を、現状の実写映画の予算と技術によって再現することは不可能であると考えた大島は、「白土氏の画そのものをフィルムに撮るという方法」を思いつき、静止画をフィルムに撮影・編集し、サウンドトラックを付けるという、『ユンボギの日記』に準ずる手法による映画化に着手した。

「製作メモ」中には、「『忍者武芸帳』全一六巻には二万コマに近い画がふくまれている。これらをそれぞれ映画的なフレームで撮影するのである。時には一枚の画を何度もカットバックして使用することもあるし、また、一枚の画の中でアップも撮ればロングショットも撮るというようにする。移動、パン、ズームも使うし、オーバーラップ、ワイプの技法も使う」「こうした画面に、各役に俳優をキャスティングして、そのセリフを入れる。物音、音楽、歌等をふんだんにつける。それは圧倒的な画と音の大交響楽になる筈である」[15]との構想が記されている。かくして製作され、公開された映画『忍者武芸帳』は、先述した通り、良きにせよ悪しきにせよ、「特異な実験作」とみなされて今日に至っている。

しかし、『忍者武芸帳』公開当時には、同作を幻灯と関連づける評も書かれていた。たとえば、全大阪映画サークル協議会の機関紙『大阪映画サークル』の「映画案内」欄には、『忍者武芸帳』に関して、「紙芝居、幻灯、アニメーション映画、などの機能と、それに接する観客の側のイメージの作り方についても、ごく原理的な考察をうながす矛盾にみちた面白さもある」[16]との評が掲載されている。全大阪映画サークル協議会は、映画の自主上映運動のほか、長年にわたって幻灯の上映・貸出・自主製作などの活動も行っており、そのような立場から見た場合、映画『忍者武芸帳』と幻灯の繋がりは自明だったということだろう。

また、「マンガをスクリーンに大きく映し出して見せる」こと自体は、『忍者武芸帳』の映画化が試みられるはるか以前から、幻灯の重要なレパートリーのひとつだった。占領期以来、もっぱら学校や公民館などでのレクリエーションや、家庭用の娯楽向けに、専門業者が製作・市販していた幻灯には、マンガを幻灯化したもの、あるいは後述する幻灯版『サザエさん』のように、人気マンガ家が作画を担当したものが少なからず含まれていた。一九四〇―五〇年代に「マンガを拡大映写して見せる／見る」用途に活用されたメディアは、映画やテレビではなく、第一に幻灯だったといってよい。

先述した「製作メモ」では、多彩なカメラワークの構想が列挙されていた。しかし、実際に完成した映画では、全編通じて、「移動」と識別しうるカメラワークは二回、控え目なズームが一回、回想から現在時への移行を示すワイプが二回使用されるのみで、カメラワークのパターンはかなり限定されている。カメラの位置を固定し、想定上の水平もしくは垂直の軸を中心に、上下もしくは左右に回動させて撮影するショット、すなわちティルトとパンのみが突出して多用され、上下のティルトショットが五〇回、左右のパンショットに至っては、一三〇回を超える使用回数を数えることができる。つまり、『忍者武芸帳』は、カメラのパンが作り出す「水平方向のスライド運動」に支配された映画ということもできる。

秋田孝宏が、原作の見開きにわたる横長のコマと、映画の左右のカメラワークの相関性をすでに指摘している[17]が、白土三平の原作『忍者武芸帳――影丸伝』には、多数の水平方向に拡がるイメージが含まれている。たとえば、見開き二ページにわたる横長のコマを縦に連ねてゆく独特の画面構成（図1）、あるいは幾条もの曲線によって表現される風とその下に横たわる大地、常に風に吹かれて水平方向になびくキャラクターたちの髪、群れをなして疾駆する人と獣の群れ、飛び交う手裏剣と銃弾、突き出され突き刺さる刀と槍、そして同じ階級に属する者たちの横並びの連帯。白土三平の好んで描くこうしたイメージの数々を捉えるのに、パンが好適なカメラワークであることは間違いない。しかし、一方で注目したいのは、映画『忍者武芸帳』を支配する「水平方向のスライド運動」とは、きわめて「幻灯的」な運動でもあったということでもある。

先述したように、戦時中の幻灯復興に際して導入され、戦後に至っても普及しつづけたロールフィルム式幻灯は、映画の三五ミリフィルムと同仕様のロールフィルムを幻灯機にセットし、手動でフィルムを水平に巻き取りながら、一コマずつスクリーンに映写してゆく仕様だった。スクリーンに映し出された静止画は、観客の目の前

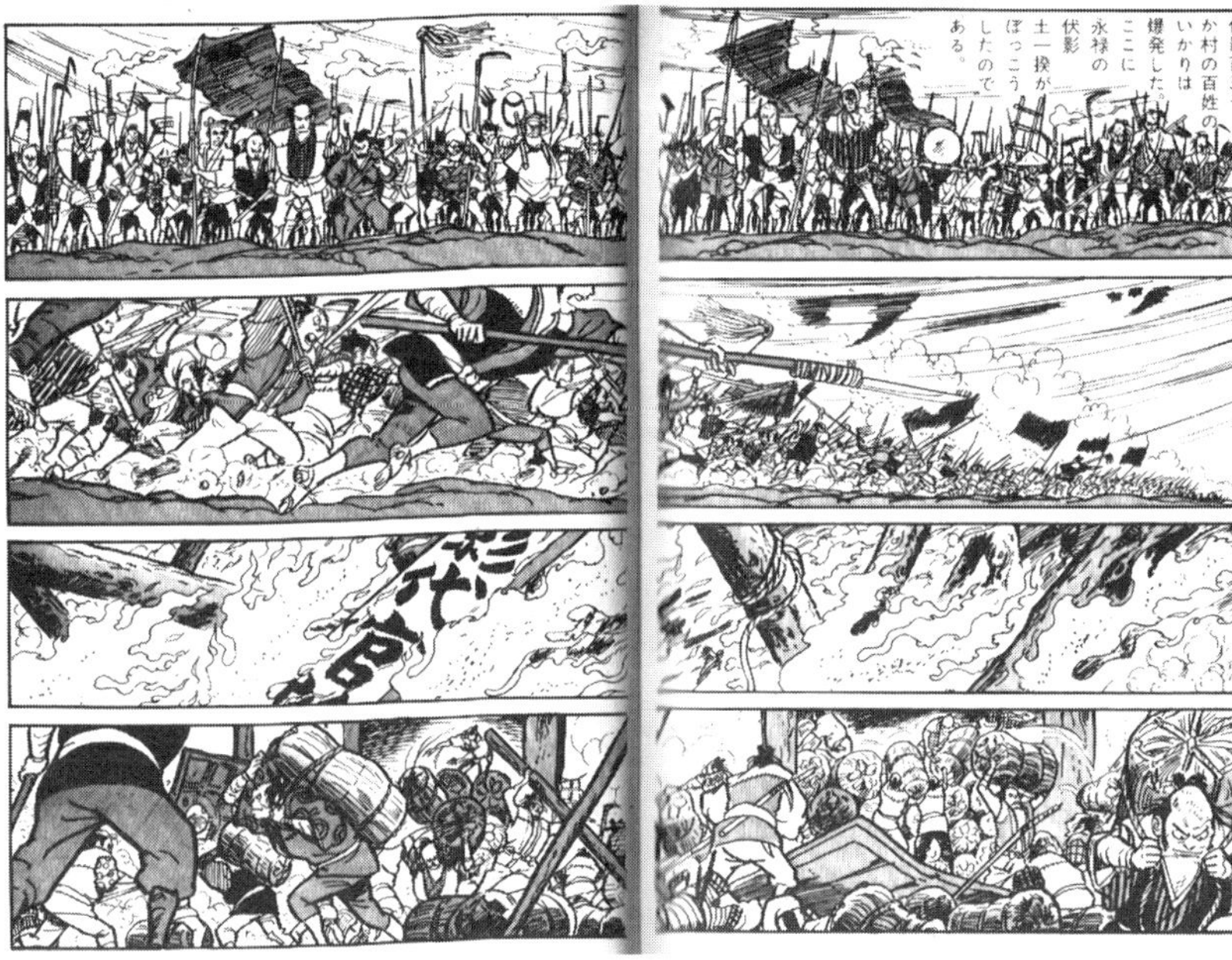

図 1　白土三平『忍者武芸帳——影丸伝』「土一揆」
出典：白土三平『忍者武芸帳《影丸伝》① 疾風編』（小学館叢書）、小学館、1993 年、203-204 ページ

で水平にスライドし、次の静止画へと移行する。この映写に伴う「静止↓水平方向へのスライド↓静止」という運動を活かした表現の工夫が、ロールフィルム式幻灯の創作に際してはしばしば試みられていた。

たとえば、占領期から一九五〇年代にかけて小西六写真工業が製造・販売していたカラー幻灯「コニグラフ」レーベルの一作『サザエさんの日よう日』(18)（製作：小西六写真工業株式会社、作画：長谷川町子、製作年不詳）は、原作者の長谷川町子本人が、原作『サザエさん』の複数のエピソードを、同じ一日のうちに起きた出来事として編集・再構成した幻灯化作品だが、四コマを縦に並べた原作マンガとは異なる、ロールフィルム式幻灯の上映形態に即した水平方向の運動表現が、新たに導入されている点も注目に値する。

『サザエさんの日よう日』の一場面では、弟カツオにからかわれたサザエさんが、怒ってホウキを振り上げ、左手に向かって逃げるカツオを追いかける。この原作漫画の最終四

図2 『サザエさんの日よう日』第11コマ

図3 『サザエさんの日よう日』第12コマ

コマ目にあたるコマ（図2）に、右手から登場した妹ワカメに呼びとめられたサザエさんが、左手から右手を振り向きながら一時停止する、幻灯化に際して新たに追加されたコマ（図3）が続く。この二コマの人物の運動は、「水平運動→静止」というロールフィルム式幻灯固有の画面の運動に対応するように描き直され、配置されており、より連続性の高いダイナミックな水平運動の印象が加わっている。

また、原作では、基本的には人物のみを目立たせるべく、ごく簡略化された背景のみが描かれるコマが続いていたのに対し、幻灯版に新たに追加されたコマ（図3）では、廊下の板目や障子の桟、人物の影など、原作マンガ版にはなかったディティールが新たに描き込まれ、立体的な奥行きのある室内空間が提示される。図2と図3の空間表現は対照的だが、廊下の板目の水平線が、上映に際してスクリーン上を水平にスクロールする二つのコマを繋ぐことで、「一続きになった空間を横断する移動」の印象が鮮やかに際立つ。

また、ロールフィルム式幻灯においては、複数のコマを繋ぎ合わせて一フレームとして構成することで、横に拡がる大きな空間や集団、アクションを表現するパノラマショットがしばしば活用されてきた。たとえば、立川米軍基地が地域社会にもたらす被害を訴える幻灯『基地立川』（製作：立川平和懇談会、配給：日本幻灯文化株式会社、一九五三年）では、「立川全市の二倍もある」という広大な飛行場の全景と、「朝鮮への爆撃を待つ」米軍機が、四コマ分を一画面にまとめたパノラマショットで提示される（図4）。

映画『忍者武芸帳』で多用されるパンショットが映し出すものは、ロールフ

図４　『基地立川』

ィルム式幻灯の特徴的な運動としての「水平方向のスライド運動」であり、のみならず、幻灯のパノラマショットが見せようとした「大きな空間や集団」のイメージでもあった。映画『忍者武芸帳』の編集のひとつの特徴として、いわゆる「パンつなぎ」に類する編集パターンの多用を指摘できるだろう。映画冒頭では、野分吹く最上平野を見渡すパンショットが二連続するトップシーン以降、同方向のパンショットを連続させる「パンつなぎ」が随所で活用されている。「地走り」と呼ばれるノネズミの大群の暴走場面における「パンつなぎ」は、とりわけユニークな効果を発揮している。ここでは、「地走り、それは何万、何十万、何百万というノネズミの大群である」という小沢昭一のナレーションが流れ、左から右方向へのパンショットが四連続するうちに、画面を横切る地平線上を黒い点となって埋め尽くすノネズミの群が、画面手前に向かって近づいてくる（図５）。

「パンつなぎ」とは、本来は同方向へのパンショットを連続して繋いでゆく撮影・編集技法を指す用語であり、『血煙高田馬場』（一九三七年）で、叔父の助太刀に向かう中山安兵衛（阪東妻三郎）の疾走を捉えるべく、監督のマキノ正博が駆使した「パンつなぎ」がとりわけ名高い。この『血煙高田馬場』の阪妻の疾走に見るように、通常、「パンつなぎ」は、水平方向への運動をダイナミックに展開するために活用される。しかし、『忍者武芸帳』の「地走り」の場面では、描かれた運動は奥から手前に向かうのに対し、撮影・編集は左から右へと拡がる水平方向への展開を強調する。したがって、この「パンつなぎ」によって強調される要素は、「運動」よりも、むしろ「空間の果てしない広がり」の感覚といえるだろう。

三輪健太朗『マンガと映画』による『忍者武芸帳』の先行論についての詳細なまとめに見るように、映画『忍者武芸帳』に関する先行論の論点は、もっぱら「マンガのコマ」を

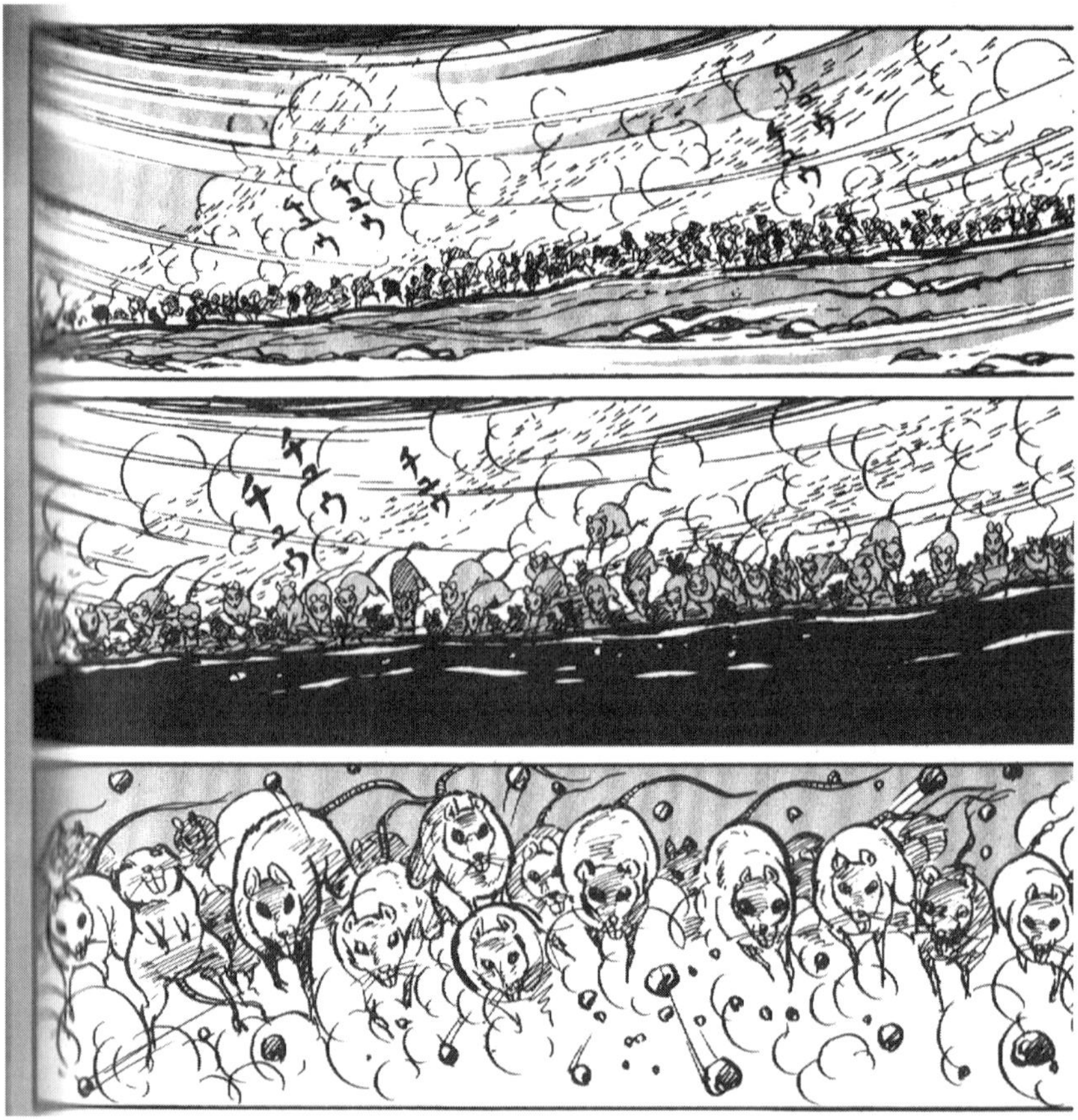

図 5　『忍者武芸帳――影丸伝』「地走り〔3〕」原作のこの場面のコマは、映画では「パンつなぎ」によって撮影・編集される
出典：白土三平『忍者武芸帳《影丸伝》③ 化生編』（小学館叢書）、小学館、1993 年、204 ページ

「映画のフィルム」に置き換えるにあたって、「時間」のデザインや「運動」の表現が、成功したか失敗に終わったかという、撮影・編集の問題に集中してきた。一方、マンガのコマをスクリーンに拡大映写することで得られる「拡大された空間の視覚性」それ自体が、作り手と観客を惹きつけていた可能性については、今日までほとんど顧みられずにきた。しかし、「マンガをスクリーンに大きく映し出す」営為には、そこに「運動」が感じられるかという問題とはまた別に、観客を惹きつけ、興奮させるスペクタクルの可能性が潜在しており、ここまで見てきたように、映画『忍者武芸帳』とは、原画をスクリーンに直接映写することによる「描かれた空間の拡大可能性」を、カメラワークや編集技法を駆使して増幅強化してゆく作品でもあった。

5　『忍者武芸帳』以後のマンガ・プロジェクション

そして、映画『忍者武芸帳』は、映画史及びマンガ史上の単一の特異点に終わることなく、その後も続いたマンガ・劇画の映像化の、アニメーション映画化とも実写映画化とも異なる系譜に、少なからぬ刺激を与えることとなった。

たとえば、一九七一年三月二九日、さいとうたかをの人気劇画を原作とする深夜番組『ゴルゴ13〔サーティーン〕』が、TBSテレビ系で放映開始されている。この番組の収録方式はTBSにより「テレビ界初の〝ダイナビジョン方式〟」と命名され、放映開始前の『讀賣新聞』記事では、「上質の原紙に描かれた絵を、コマどりではなく、実写カメラを使って写していく方法。一つの絵を〝アップ〟にしたり〝ロング〟にしたり、絵の流れをとめないのが特徴」[19]と紹介されている。また、同記事には、同様の手法が「映画では昭和四十二年に大島渚監督が『忍者武芸帳』（白土三平原作のまんが）で試みたことがある」との記述があり、映画『忍者武芸帳』との連続性が意識されていたことがうかがわれる。

映画『忍者武芸帳』と連続性をもつ商業作品としてのTBS『ゴルゴ13』の「ダイナビジョン方式」は、初期のコミックマーケットにおける二次創作活動によって継承された。一九七三年、当時『別冊少女コミック』に断続連載中だった『ポーの一族』により人気の絶頂にあった萩尾望都のファンサークル「モトのとも」の有志は、萩尾の代表作のひとつ『11月のギムナジウム』(『別冊少女コミック』一九七一年一一月号)のダイナビジョン化を企画する。「モトのとも」の代表だった原田央男(霜月たかなか)によれば、TBS『ゴルゴ13』の「まんがのコマを撮影・着色して紙芝居仕立てで見せ、音声を付けた[20]」方式から、『11月のギムナジウム』の八ミリ映画化の着想を得たという。

ダイナビジョン版『11月のギムナジウム』は、和光大漫研を中心に、「モトのとも」を介して動員された萩尾望都ファンも加わった約二〇人のスタッフによって、原作マンガの一コマずつをB4サイズの用紙に手描きで模写して四〇〇枚の原画を作成、その原画を八ミリ映画カメラで一枚一枚撮影するという手順で製作された。そのようにして撮影・編集された静止画の連続からなる約四五分の映像に、萩尾ファンの中から公募とオーディションで選ばれたヴォイスキャストがせりふを入れ、BGMの「パッヘルベルのカノン」と効果音を加えて、ダイナビジョン版『11月のギムナジウム』が完成した。一九七四年七月二三日に、渋谷区区民会館で行われたお披露目上映の情景を、『コミックマーケット創世記』は次のように記述している。「前日に編集を終えてツギハギだらけのままのフィルムが持ちこまれ、「モトのとも」の関係者ら、無料上映会に集まった観客たちの前で、模造紙で作ったスクリーンに映写が始まる。(中略)上映が始まると会場はたちまち歓声に包まれたが、むろんその熱狂を呼び起こしたのは萩尾望都による、原作の力であった[21]」。

ダイナビジョン版『11月のギムナジウム』は、予算の制約のため、オリジナルの原画ではなくアマチュアによる模写を、モノクロフィルムで撮影し、カメラワークはズームのみ、ヴォイスキャストはすべて素人と、『コミックマーケット創世記』によれば、「映画館で上映されるアニメーション映画と比べたらアマチュアが作ったそれははるかに拙く、かろうじて作品の形を保っているとさえいってもいい[22]」フィルムだった。しかし、そのアマチュアによる手作りの映像作品は、予想外の反響を呼んだ。ダイナビジョン版『11月のギムナジウム』は、完成から数年間にわたって各地で上映され、一九七五年一二月二一日に日本消防会館を会場に開催された第一回コミックマーケットでも、看板企画として上映会が行われた。その際には二〇〇人のファンが会場につめかけ、贔屓のキャラクターが登場すると歓声をあげ、涙すら流して模造紙のスクリーンを見つめていたという。『11月のギムナジウム』の成功により、全国各地でマンガ原作のダイナビジョンの自主製作ブームが起こり、ファンが集って思い思いの作品のダイナビジョン化と上映を試みた。しかし、原田＝霜月によると、『11月のギムナジウム』以来のダイナビジョンのブームも七〇年代後半には終息し、「それから幾星霜。『11月のギムナジウム』を始めとするこれらダイナビジョンのフィルムは、フィルムからビデオへと時代が変わるなかで、すべて朽ち果ててしまった(23)」。

ダイナビジョンと同様に、昭和期の幻灯の復興も、映像文化史のミッシング・リンクとなって久しく、作られたフィルムや説明台本も今日では多数が散逸している。ただ、白土三平と大島渚という著名な「作家」の名を冠した『忍者武芸帳』のみが、「特異な実験作」とみなされて歴史に名を残す。しかし、一九四〇年代以降の幻灯の復興から、一九六七年の映画『忍者武芸帳』を経て、一九七〇年代のダイナビジョンに至る系譜を辿ってみると、「マンガをスクリーンに大きく映し出す営み」に、動きや色彩のあるなしとはまた別に、作り手と観客をこもごも惹きつけてやまない独自の魅力が備わっていたことが、かいま見えてはこないだろうか。

幻灯にしても、初期コミックマーケットにおけるダイナビジョンにしても、「マンガをスクリーンに大きく映し出す試み」は、アマチュアによる自主創作・自主上映活動によって支えられてきた。現状の政治と社会への抗議を行い変革を志向する運動から、同じ作家・作品を愛好するファン同志のコミュニケーションへと、活動の方向性は大きく変わってゆくが、自主創作・自主上映が、志を同じくするアマチュアの集合と交流の場として機能してきた点は一貫している。そして、映画『忍者武芸帳』は、戦後日本の映像文化史における孤高の特異点ではなく、一九五〇年代の社会運動と、一九七〇年代後半以降のファン活動を結ぶ転換期の試みとして位置づけうる作品でもあったといえるだろう。

謝辞
本章執筆にあたり、神戸映画資料館に資料閲覧及び画像撮影・使用についてご協力をいただきました。また、神戸映画資料館及び大阪国際児童文学振興財団に画像使用のご協力をいただきました。記して深謝申し上げます。

注

（1）『忍者武芸帳』公開当時の新聞記事によれば、「アートシアターが久しぶりに活気づいている。白土三平原作、大島渚監督の長編漫画「忍者武芸帳」がヒットしたからだ。「大記録」だそうである。観客は、大学生を中心に若い男性がほとんど」（『朝日新聞』東京版、一九六七年二月一八日付夕刊、一二ページ）。

（2）三輪健太朗『マンガと映画――コマと時間の理論』NTT出版、二〇一四年、九八ページ

（3）森直人「大島渚フィルモグラフィ」『ユリイカ』二〇〇〇年一号（第三二巻第一号）、二四四ページ

（4）三輪、前掲、九七ページ

（5）一九五〇年代初頭に、テープレコーダーとスライドプロジェクターを連動させ、スクリーンへの映写と音声の再生を自動的に同期させる装置であるオートスライドが発売され、一九五三年に、実験工房がオートスライドを用いた造型・音楽作品の発表と展示を行っている。同時期、学研などの大手教材メーカーは、スライドフィルムと説明台本に加えて、上映時に再生するための音声・音響を録音したカセットテープやレコード、ソノシートなどの販売を開始しており、幻灯／スライド上映に際しての録音メディアの再生は、時代を下るごとに一般化してゆくが、一九五〇年代以前には、上映の場での説明台本の朗読や、ライブ・パフォーマンスによる歌声や音楽演奏、効果音の付与が一般的だった。

（6）文部省社会教育文化施設課「文部省幻燈施設に就て」一九四一年

（7）一九四〇年代以降の日本における幻灯の復興と再発展については、以下の拙稿を参照のこと。「昭和期日本における幻灯の復興――戦後社会運動のメディアとしての発展を中心に」『映像学』第八七号、二〇一一年、五―二三ページ

（8）全編のうち、ワンカットのみ動画が挿入される。

（9）『愛と希望の街』の「セツルの幻灯」について言及する場面については、中村秀之氏よりご教示いただいた。記して深謝申し上げる。

（10）東大川崎セツルメントこども会の幻灯創作活動については以下を参照。加古里子『絵本への道――遊びの世界から科

学の絵本へ』福音館書店、一九九九年、三三―三七ページ。鷲谷花「「映像作家」としての加古里子――一九五〇年代の幻灯創作活動」『現代思想』第四五巻第一七号、二〇一七年、一三〇―一四四ページ
(11)　加古、前掲、三四ページ
(12)　大島渚「「悦楽」とわが自由への道――ベトナム戦争と私の創造姿勢」『映画芸術』第二一九号、一九六五年、二四ページ
(13)　浦岡敬一『映画編集とは何か――浦岡敬一の技法』（構成：山口猛）、平凡社、一九九四年、一四五ページ
(14)　大島渚『「忍者武芸帳」製作メモ」『映画評論』第二三巻五号、一九六六年、一一〇ページ
(15)　同上、一一〇ページ
(16)　全大阪映画サークル協議会『大阪映画サークル』第二四〇号、一九六七年四月一日、二面
(17)　秋田孝宏『「コマ」から「フィルム」へ――マンガとマンガ映画』NTT出版、二〇〇五年、二二五ページ
(18)　『サザエさんの日よう日』のフィルム及び説明台本に製作年の記載はないが、フィルムのタイトル画面に検閲番号「L－10301」が印字されていることから、おそらくはCIEによる幻灯検閲が継続していた一九四九年以前に製作されたものと考えられる。占領期のフィルム検閲番号と検閲時期については、板倉史昭「占領期におけるGHQのフィルム検閲」『東京国立近代美術館　研究紀要』第一六号、二〇一二年、五四―六〇ページの記述を主に参照した。
(19)　『讀賣新聞』一九七一年三月三日付朝刊、二三面
(20)　霜月たかなか『コミックマーケット創世記』朝日新書、二〇〇八年、七六ページ
(21)　同上、九二ページ
(22)　同上、九二ページ
(23)　同上、九四ページ

第9章　一九七〇年代のビデオ技術受容とセクシュアリティ

溝尻真也

1　ビデオのイメージをめぐる歴史

（1）VHS／ベータ以前のビデオ史へ

ビデオデッキとは、放送されているテレビ番組をカセット内の磁気テープに録画・保存して再生したり、映画などの映像コンテンツが収録された市販品やレンタル品のビデオカセットテープを再生し、テレビ画面に映し出すことのできる映像機器である。

日本において家庭用ビデオデッキが本格的に普及しはじめるのは、一九八〇年代後半であった。ビデオデッキの普及とそれに伴うビデオソフトの流通拡大は、それまで一度観たら終わりであった映画やテレビ番組を、好きな時間に、繰り返し観ることのできる映像コンテンツへと変化させた。また、録画しコレクションされることを前提としたテレビ番組が製作されたり、ビデオでしか観ることのできないオリジナルの映像コンテンツ製作も盛んになるなど、コンテンツの内容や形式にも影響を与えた[1]。何よりビデオデッキの普及は、専門的で高価な機器を使わなければ不可能だった映像コンテンツの保存・再生を、家庭内でも手軽にできる行為に変えた。その意味で一九八〇年代後半は、映像文化の歴史的転換点であったといえる。

家庭用ビデオデッキの普及プロセスについては、「VHS／ベータ戦争」を発端として語られることが多い。

「VHS／ベータ戦争」とは、一九七〇年代後半から一九八〇年代にかけて起きた家庭用ビデオデッキの規格競争を指す呼称であり、日本ビクターが主導するVHS方式を採用したメーカーと、ソニーが開発したベータ方式を採用したメーカーとの間で、激しいシェア争いが繰り広げられた。この規格競争は当時から大きな注目を集め、その後もノンフィクション小説（佐藤、一九九九）の刊行や、NHKの人気ドキュメンタリー番組『プロジェクトX』（二〇〇〇年）での放映、さらには映画公開（『陽はまた昇る』二〇〇二年、東映）など、さまざまな形で物語化された。競争は最終的にVHS陣営の勝利に終わり、この規格統一をきっかけに、ビデオデッキは急速に一般家庭に普及したといわれている。

しかしながらビデオは、VHSやベータ方式のビデオデッキ発売とともに突如社会に出現し、映像コンテンツと視聴者の関係をドラスティックに変えてしまったわけではない。映像を上書き可能な形でテープに保存する装置自体は一九六〇年代から存在しており、専門家以外の人間がその技術に触れることができる場所も、存在してはいた。「VHS／ベータ戦争」は、このような技術が家庭化していくプロセスの最後に起こった一事例に過ぎない。既にさまざまな形で醸成されていたビデオのイメージの上に、規格の統一や低価格化などの要因が重なった結果として、一九八〇年代後半以降ビデオは家庭内に浸透していったのである。

こうしたビデオの歴史の連続性について論じるために、本章は主に、一九七〇年代の日本におけるビデオ技術についてのイメージの流通過程に焦点を当てる。「VHS／ベータ戦争」が起こり、ビデオが家庭内で広く利用されはじめる以前の段階で、ビデオはいったいいかなる技術としてイメージされていたのだろうか。またそれは、どのような過程を経て現在のようなビデオのイメージへと収斂していくのであろうか。本章ではビデオ技術の受容史を、ビデオという言葉が流通するようになった一九七〇年代初頭にまで遡って捉えてみたい。

（２）ポルノビデオ／アダルトビデオへの照準

裏ビデオの場合、テープはＶＨＳ用のものしか出回ってませんよ。ベータのものをつくっても、ベータのビデオデッキを持っている絶対数が少ないから売れないんです。

今日までＶＨＳを育てたのは、何を隠そう、裏ビデオとアダルトビデオですよ。裏を見たいがためにＶＨＳを買った人が随分いるんだから。（『週刊読売』一九八八年一月三一日号、二八ページ）

ビデオの歴史を語る際に必ず浮上するのが、このような「ビデオデッキの普及にとって、アダルトビデオの存在は決定的に重要であった」という神話である。上記の雑誌記事にも見られるように、この神話は既に一九八〇年代末の段階で流通していた。現在においても、たとえばWikipediaでは、ＶＨＳとベータによる規格競争でＶＨＳ陣営が勝利した要因のひとつとして「アダルトビデオに対する見解の違い。（中略）海外においてＶＨＳ陣営がアダルトソフトにも積極的に進出する一方、ベータ陣営は採算が取れないことから発売が少数に留まった」と説明されており（Wikipedia「ビデオ戦争」二〇一八年九月二〇日閲覧）、同様の神話が根強く語られ続けている。

この神話の真偽を明らかにする作業は別稿に譲りたい。むしろ本章では、こうした神話が現在でも一定の信憑性を持って語られている状況が、いかにして成立したのかを検討する。すなわち、「ビデオが一般家庭に普及するにあたって、アダルトビデオの存在は決定的に重要であった」という言説が、いかに構築され、流通するに至ったかを明らかにすることを目指す。

アダルトビデオに関しては、フェミニズムの文脈をはじめ、これまでにも多くの研究が蓄積されてきた。[2]しかし本章において特に重要な先行研究は、永井（一九九二）および赤川（一九九六）であろう。

社会学者の永井良和は、フェミニズムの文脈ではなく社会史としてアダルトビデオを分析するための視座を提示した。そしてアダルトビデオを「男性の欲望喚起装置」として捉えるとともに、個室ビデオ店などに象徴されるアダルトビデオ視聴空間を事例に、膨張する男の過剰な欲望が狭い空間へと圧縮されていくことの意味について論じた。

赤川学の論考は、この永井の論考を受けて書かれたものである。赤川はアダルトビデオのテクスト分析を通して、「自己がいかなる性的人間であるかの「問いかけ－再認」の場として、すなわちイデオロギー装置」（赤川、一九九六、一八六ページ）としてアダルトビデオを論じた。

本章もこれらの研究に多くを負っている。しかし、ビデオに対するイメージの歴史を検討しようとした場合、これでも十分とはいえないだろう。たとえば永井も赤川も、劇場公開を前提とせず最初からビデオソフトとして企画・製作されたポルノ作品が初めて発売された一九八一年を、アダルトビデオの起源としている。しかし後述するように、ビデオ技術を通してポルノ映像を視聴するという行為自体は、一九七〇年代から既に行われていた。したがって一九八一年のいわゆる「日本初のアダルトビデオ」の発売と、それに伴うポルノ映像の受容空間の変容も、こうした流れの中で考える必要があるだろう。(3)

本章では、この「日本初のアダルトビデオ」が発売される以前の一九七〇年代において、ポルノ映像がどのような場で視聴されていたかについて論じることにしたい。そして「ビデオといえばポルノ」というイメージが次第に強化されていく過程を記述しながら、この時期に起こったビデオに対するイメージの変化を明らかにしたい。

資料としては、『大宅壮一文庫雑誌記事索引総目録 件名編』の三巻および五巻にて、「モーテル」「ラブホテル」「ブルーフィルム、ポルノビデオ」の項目に分類されていた雑誌記事、計五二四件（重複を含む）を用いた。また業界向け専門雑誌の記事は大宅文庫の索引に載っていないことが多く、それを補うため、今回は国立国会図書館に収蔵されている『レジャー産業資料』『月刊ホテル旅館』『Hotel review』を通読した。

2　一九七〇―八〇年代のビデオイメージとその変容

(1)　一九七〇年代における業務用ポルノビデオの流通

ビデオという言葉が認知されるようになったのは、一九七〇年の講演会で語られた、石田達郎フジポニー社長による「ビデオソフトウェア産業は一〇年後には五〇〇〇億円規模の産業になるであろう」という宣言が契機であったとされる。業務用ビデオデッキが米・アンペックス社によって開発されたのは一九五六年だが、日本でも一九六五年にソニーが家庭用ビデオデッキを発売して以降、各社が相次いでこの分野に参入していた。一九六九年にはビクターとソニーがカラービデオデッキを発売しており、石田発言は、白熱しつつあったメーカーによる技術開発競争を背景になされたものであった(中村、一九九六、六―一八ページ)。

しかしながら、一九七一年に行われたビデオソフト流通に関する調査(表1参照)では、当時流通していた個人向けビデオソフトはわずか〇・五パーセントに過ぎず、実に九八パーセントが業務用ソフトとなっている。この時期はまだ、個人でビデオデッキを所有・使用していたケースはきわめて稀であった。

同時にこの調査からは、流通していたビデオソフトの中で、成人娯楽の占める割合が群を抜いて高かったことがわかる。いわばポルノビデオが流通量の六割を占める状態から、ビデオソフト業界ははじまったのである(4)。

一九七〇年頃まで、こうした成人娯楽のためのビデオソフトは一般的にピンクビデオと呼ばれていたが、この時期のピンクビデオはピンク映画を焼き直したものが主であった。ピンク映画の多くは、比較的小規模の映画配給会社によって製作されたポルノ作品であったが、一九七一年、テレビ普及の煽りを受けて経営に行き詰まった大手映画会社・日活がポルノ路線へ転向すると、日活が製作したロマンポルノシリーズは人気を博し、次第にピンク映画の代名詞として流通するようになる。また、転向後の日活はポルノビデオの製作にも積極的で、一九七一年の秋から「毎月四本ずつ成人向けビデオテープを下請け業者に製作させ、日活のマークをつけて販売して」

表1　創生期ビデオソフト産業のビデオソフト流通の現実

市販ソフト：100%						
業務用：98%					一般市販ソフト：2%	
成人娯楽	企業訓練	学校教育	娯楽関係（船舶）	ロビーサービス等	営業見本用	個人用
60%	25%	3%	5%	5%	1.5%	0.5%

出典：中村朗『検証 日本ビデオソフト史』映像新聞社、1996年、35ページ

（中村、一九九六、五二ページ）いたという。

では、家庭用ビデオデッキがほとんど普及していなかったこの時代、このようなポルノビデオは、どこで視聴されていたのであろうか。

一九七二年一月、日活と高松市のビデオレンタル業者が、わいせつ物図画頒布で摘発を受けている。「わいせつ」の定義をめぐってこの後七年に亘る裁判となる「日活ポルノビデオ事件」のはじまりだが、本章において重要なのは、この高松市のレンタル業者が、モーテルにポルノビデオをリースする業者であったという点である。中村朗はこの頃の状況について「七一年頃モーテルは競争も激しく、モノクロのテレビからカラーへの切り替えが盛んだったが、その際に電気店の勧めで、VTRのシステムを導入するところが多かった。VTRは帳場に置き、各室にはモニターを置いて、客室から電話で注文があれば、一回二〇〇〜三〇〇円でテープを回すのである」（中村、一九九六、五三ページ）と説明している。つまり当時ポルノビデオの多くは、モーテルやラブホテルで視聴されていたのである。

モーテルやラブホテルでのポルノビデオ視聴は、フロント内に設置したビデオ再生装置をホテルのテレビ回線につなぎ、客からの電話注文に応じてビデオソフトを再生する方法が主流であった。注文後、客室のテレビを空きチャンネル（東京の場合は2チャンネル）に合わせると、再生中のビデオソフトを視聴することができたという。基本的にはホテル内のみで視聴できるシステムだが、映像信号が逆流してアンテナから送出され、その周辺の民家がポルノビデオの映像を受信してしまった事件なども起きている（『朝日新聞』東京二三区版、一九八二年六月一六日付朝刊、二一面）。

モーテルやラブホテルにこのようなビデオ視聴装置が設置されるようになったのはい

つからなのだろうか。複数の論考が一九六七年をその契機としているが（金、二〇一二、二二〇ページ、近藤、二〇〇六、二四八ページ）、厳密に特定することはできていない。しかし一九七〇年、埼玉県旅館組合に加入する業者八五六軒（モーテル三〇〇軒を含む）が、「電動ベッド等、VTR装置等、ミュージックテープ等、寝室ミラー（中略）以上は、いっさい使用しない」とする自粛申し合わせを行っており（『週刊文春』一九七〇年一一月二日号、一四六ページ）、既にこの段階でビデオ視聴装置の設置は一般的になっていたと考えられる。また一九七二年に女性誌『ヤングレディ』に掲載された、未婚女性一六七五人へのアンケート調査結果によると、「次のモーテルの設備、装置を知っているか」という設問に対して、ピンク映画を「知ってる」と答えた回答者は七六・五パーセントに上っている（『ヤングレディ』一九七二年八月七日号、一一七ページ）。モーテルやラブホテルにおけるポルノ視聴装置としてのビデオの存在は、少なくとも一九七〇年代初頭にはある程度認知されていたといえるだろう。

（2）親密な空間におけるポルノビデオ視聴

前項では、一九七〇年代初頭までのポルノビデオ視聴空間がモーテルやラブホテルであったことを明らかにした。しかしながらこの時期、ビジネスホテルや観光ホテルなど、その他のホテルでもポルノビデオが視聴されていたことを裏付ける資料は、未だ発見することができていない。

業界誌『レジャー産業資料』一九七一年四月号には、先述の石田達郎・フジポニー社長らによる「VTRの導入と事業家の展望」と題された特集記事が掲載されているが、内容はホテルの従業員教育のためのメディアとしてビデオの有効性を説くものであり、宿泊客向けサービスとしてビデオ視聴設備を売り込むような姿勢は見られない。(5)

一方、業界誌『月刊ホテル旅館』一九七五年二月号によると、一九六九年に大阪・梅田に開業したホテルプラザには、本格的な有線放送の設備が導入されていたという。ホテルプラザでは、受信した放送局の電波を有線配信するのみならず、空きチャンネルを利用したニュース番組の再放送やホテル設備のPRなど、専用プログラムの配信も行われていた。さらにその後、東京でも赤坂東急ホテルや東京グランドホテルなどが同様の設備を導入したという。しかし放送されていたコンテンツは、館内ガイドや結婚式の案内など、インフォメーション番組が主であった（『月刊ホテル旅館』一九七五年二月号、一〇八―一一〇ページ）。

一方でこの記事には、「ビデオチャンネルコインタイマーによる「館内カラービデオシステム」」を導入した静岡県の観光ホテルの事例も紹介されている。これは客室のテレビにコイン式のチャンネルタイマーを設置し、一〇〇円を入れて指定のチャンネルに合わせると、再生中のビデオ映像が一〇分視聴できるというものである。この記事には、ポルノビデオが上映されていたという直接的な記述はない。しかしながら管理人の「最初は品位の低下などの懸念がありましたが、時代の流れもあり、（中略）心配はしていません」（『月刊ホテル旅館』一九七五年二月号、一一三ページ）という発言から、ここでポルノビデオが上映されていた可能性は高いと考えられる。今回確認することができた、ポルノビデオが視聴可能な観光ホテルの存在を示唆する雑誌記事としては、これが最も早いものであった。(6) なお、記事の最後には「今後、館内カラービデオシステムはビジネスホテルでも採用される余地があり、人手不足のおり、ホテル経営に大きく貢献できるものである」（『月刊ホテル旅館』一九七五年二月号、一一三ページ）という一文があり、ここからも、一般的なホテルでビデオ視聴装置を導入していた施設はまだ少なかったことが推測できる。

一九七〇年代前半の段階でビデオ視聴装置に触れることができたホテルの多くは、ビジネスホテルのような男性の一人客を主な客層とするホテルよりも、モーテルやラブホテルといった、複数人で宿泊することが前提となっているホテルであったと考えられる。したがってそこでのポルノ視聴も、男性が単独で自慰行為を行うための視聴ではなく、パートナーとの性行為の際の性的興奮を高めるための視聴が想定されていたと考えた方が妥当であろう。つまり少なくともこの段階では、永井や赤川が論じたように、ビデオ技術によってポルノ視聴空間の「個室化」が進行したとはいえないのである。むしろビデオの出現によって、映画館など不特定多数の人間（主に男性）が集まる儀礼的無関心の空間のみならず、恋人や配偶者と共有される親密な空間(7)においても、ポルノ映像が視聴されるようになったと考えるべきではないだろうか。

(3)「観る」ビデオと「撮る」ビデオ

一九六〇年代後半のビデオ業界誌には、ビデオの販売規模拡大のために教育現場への普及を重視すべきとする主張が展開されていたという（永田、二〇一六、一四一―一四四ページ）。しかし確認したように、少なくとも同時期、モーテルやラブホテルの多くでビデオ視聴装置が利用されており、その結果、ラブホテルにおけるポルノビデオ視聴は、一九七〇年代初頭にはある程度認知されるに至っていた[8]。そこで起こっていたのは、ポルノ視聴空間の親密空間化というべき現象である。

さらにその後ラブホテルでは、この流れをより強化するような現象が起こりはじめた。一九七〇年代前半からラブホテルで展開されるようになった、自分たちの性行為を備え付けのビデオカメラで撮影しその場で鑑賞するサービスである。その多くは、料金を投入するとベッドの上やテレビモニター脇に備え付けられた固定式のビデオカメラが録画をはじめ、一定時間経つと録画された映像が自動的にテレビ画面に映し出される、というものであった。再生が終わるとテープは巻き戻され、次の利用者の映像が上書きされていく。

ラブホテルにビデオ撮影装置が導入されはじめたのは、一九七〇年から七一年頃と推測されるが（近藤、二〇〇六、六ページ、鈴木、二〇〇二、五八ページ、金、二〇一二、二二二ページ）、この自分たちの姿を撮る技術であるラブホテルのビデオ撮影装置を紹介する雑誌記事は、ポルノ映像を観る技術としてのビデオ視聴装置を紹介するそれよりもはるかに多い。

あのビデオはなかなか評判いいですね。自分たちの〝行為〟を録画してもう一度見られるわけだから、ちょっとしたポルノ映画よりはよほどコウフンできるらしいです。（『宝石』一九七五年一〇月号、一九八ページ）

この記事に顕著に見られるように、当時ラブホテルにおけるビデオ撮影装置は、ビデオ視聴装置以上に明確に、被撮影者の性的興奮を高めるための技術として言及された。換言するなら、ビデオ撮影装置は、密閉された親密な空間で、その親密さを確認するために、自らを録画・再生する技術として語られたのである。

ラブホテルでは一九六〇年代前半から、自らの性行為を投影し性的興奮をさらに高めるための装置として、鏡を多用した部屋を設けていた。鈴木由香里が論じたように、「鏡を使って女性に性的な身体を自覚させるということは、ヘテロセクシュアルな男性用ポルノグラフィ類で多用される、性的興奮のためのコード」（鈴木、二〇〇二、三九ページ）であり、ビデオ撮影装置も基本的には鏡と同型の、見られることの羞恥心を女性から引き出すことによって性的興奮を得ようとする仕掛けとして位置づけることができるだろう。

しかし鏡に映す行為に較べて、ビデオカメラで自身を撮影しその姿をテレビに映すという行為は、当時まだ普及していなかった最新の技術を介して行われる行為であり、この強力な非日常性、すなわち技術としての物珍しさ自体が、ラブホテルにおけるビデオ撮影装置利用の動機になっていた可能性について、考える必要があるだろう。たとえばラブホテルのビデオ撮影装置を紹介する記事には、前述のような「パートナー間の性的興奮を高める」という記述とともに、「テレビや映画の登場人物になれる」といったフレーズが多く見られる。そこで強調されているのは、自分自身が「出演」するポルノ作品を撮影し、その場で観ることを可能にする技術への驚きと興奮である。

「特ダネ！　あなたも一度ＴＶ出演をお試しになりませんか？」（中略）「当ホテルでは、取扱い簡単な〝ミニテレビ〟セットを取揃えカメラがあなたを鮮明にとらえます。そこに神秘的な新しい魅力のある…」（『週刊大衆』一九七〇年一一月五日号、一四七ページ）

一ラウンド二五分だから、ある程度シナリオを頭に描いて、録画撮りをする。（中略）素人同士とはいえ、

図1　ラブホテルにおけるビデオ撮影装置
出典：図1右『ラブスペース　シティホテル・ラブホテル・モーテルの情報誌　首都圏版』1981年6月、見聞社、147ページ、図1左、同誌、61ページ

いろいろ演技に変化をもたせるとＶＴＲのデキがタノシミ(9)
（『週刊大衆』一九七四年九月五日号、一一三ページ）

一九七〇年代のラブホテルで急激な「遊園地化」が進んだという点は、多くの論者が指摘するところである（井上、一九九九、三八一―三九一ページ、鈴木、二〇〇二、四七―四八ページなど）。この時期のラブホテルは、従来の「連れ込み宿」という呼称に付与されていた隠微なイメージを払拭するべく、古城や王宮を模した外観に、回転ベッドやメリーゴーランドが設置された部屋を設けるなど、あらゆる手段で「明るく楽しいセックス遊び」（保田、一九八三、七七ページ）のための場というイメージを演出していた。

ラブホテルにとって一九七〇年代は、「単なるカップルへセックスのスペースを提供する施設から、生活感を感じさせない非日常空間の提供を求められる時代」（金、二〇一二、一三三ページ）への転換点であった。その中で、自分自身の動く姿、さらには一糸まとわぬ姿を撮影し、テレビ画面に映し出すことを可能にするビデオという技術もまた、非日常を演出する技術のひとつとして語られた。つまり、性的欲望と非日常をもたらす技術への欲望とを分かち難く結びつけた形で、ラブホテルのビデオ撮影装置は紹介されたのである(10)。

ただし、こうしたラブホテルにおけるビデオ利用の背景には、滞在時間を延ばそうとするラブホテル側の経営戦略も働いていた。[11]利用者の性的欲望や非日常をもたらす技術への欲望、そしてこれらの欲望を作り出し受け止めるラブホテル側の戦略、カメラとセットでビデオデッキの売り込みを企図するメーカーや販売店、ポルノビデオの売上げが事実上の生命線であったビデオソフト業界等々、各アクターの複雑なかかわりの中で、親密な空間で受容されるメディアとしてのビデオのイメージは生み出され、強化されていったといえるだろう。

(4)ビデオ技術の家庭化

その後、親密な空間というビデオ受容空間のイメージは、ビデオという技術をラブホテルから家庭内部へと移行させる際にも利用されることになる。

図2の通り、一九八〇年代後半以降ビデオデッキの家庭への普及は急速に進んでいくが、それに少し先行する形で、一九八〇年代前半からアダルトビデオに関連する雑誌記事も急増した。[12]こうした記事の大半は市販されているアダルトビデオを紹介するものであったが、それらのソフトがいかに受容されていたのかに焦点を当てると、その多くに「夫婦で楽しむ」という記述があることに気づかされる。

休日など、子供を外に追い出して、昼間からカーテンをしめ、「あなた、アレ、見ましょうよ」なんてことになり、思わぬエネルギー消費を強いられることになるかも。[13]（『週刊文春』一九八二年三月二〇日号、一八三ページ）

もちろんこれまでの記事と同様、これらの雑誌に掲載された記事が、実態をそのまま反映していたとは考えにくい。単なる猥談として、さらには男性がビデオデッキやアダルトビデオを購入・視聴することを正当化する際の資源として、これらの記事は受容されたと考えた方が妥当であろう。しかしながら、単なる猥談やアダルトビ

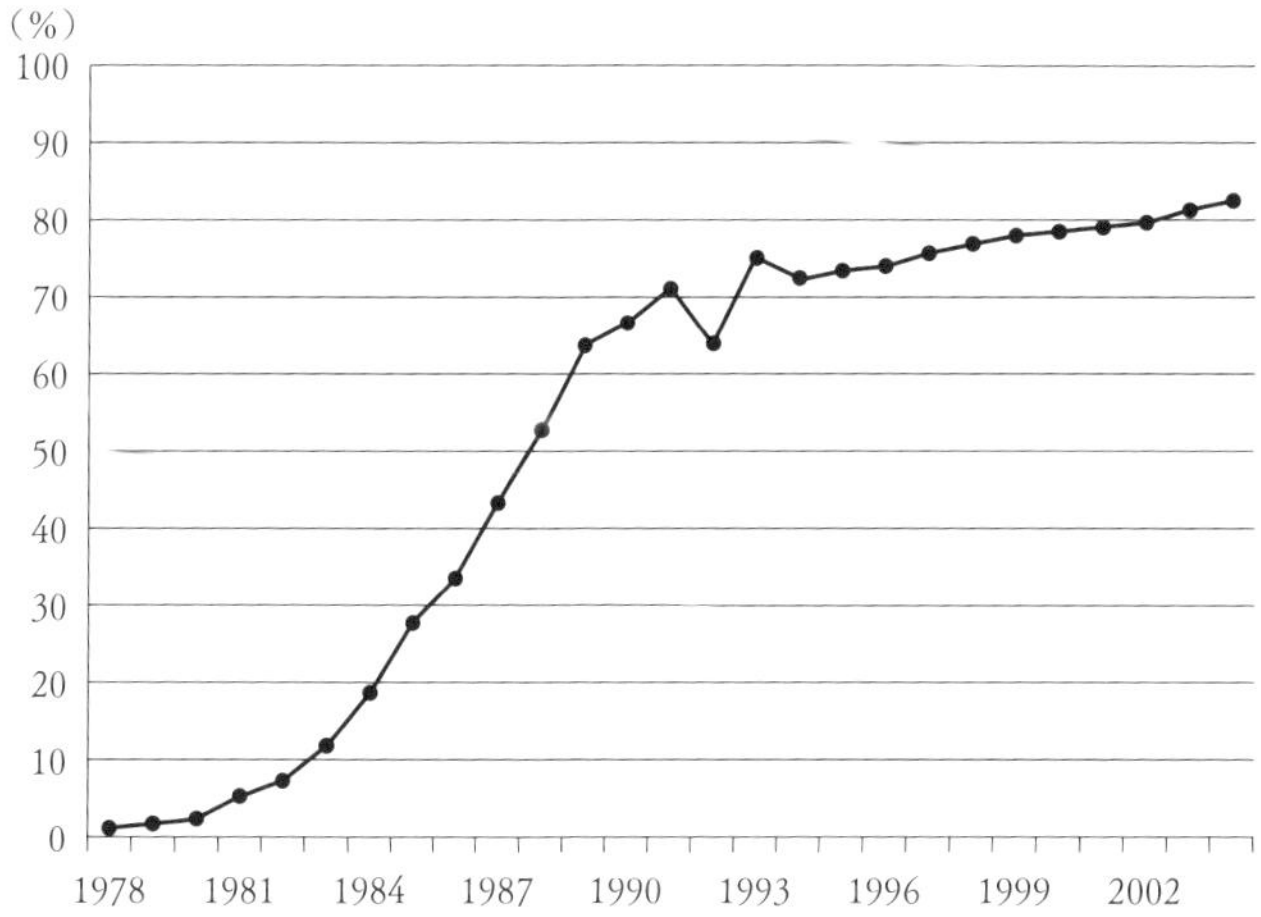

図２　ビデオデッキ普及率の推移
出典：内閣府「消費動向調査」をもとに筆者作成
※内閣府の「主要耐久消費財の普及率（全世帯）」より「VTR」普及率を抜粋した。なお「VTR」の項目は2004年を最後に調査対象から外れ、2005年からは新たに「DVDプレーヤー（再生専用機）」「DVDレコーダー（録画再生機）」が調査項目に加えられた。

デオ受容を正当化するための物語であったとしても、このような物語が「あり得るかも知れない」リアリティとともに流通する土壌は、一九七〇年代を通して既に形成されていた。一九七〇年代までのビデオ技術が、個人によるポルノ映像視聴のための技術としてというよりは、親密な空間でパートナーに対する性的欲望を喚起するための技術としてイメージされていたことを考えれば、本格的な普及を前にした一九八〇年代前半の雑誌記事が、個人よりも夫婦で利用できる技術としてビデオを語ったのも、不思議ではない。

　しかしながら、ビデオ技術が実際に家庭に普及しはじめると、当のラブホテルからビデオ撮影装置は姿を消していった。一九八四年の風営法改正によって、こうしたさまざまな仕掛けや遊具を持つホテルに対する規制が厳しくなったのが最大の要因だが、それ以外の要因として、鈴木由加里はアダルトビデオ業界における素人流出ものジャンルの拡大を挙げている。「密室性を求められるラブホテルの設備としては、この流出の恐れが大きなマイナス要因になったことは想像に難くない」（鈴木、二〇〇二、五九ページ）のは、おそらくその通りであろう。少なくとも一九七〇年代までは、ビデオ撮影装置とラブホテルの結びつきは強固なものとしてイメージされており、一九八〇年代に入り家庭用ビデオデッキの普及がはじまった後も、こうしたイメージは残っていた。したがって、家庭用ビデオデッキの普及にあわせて拡大をはじめたアダルトビデオ市場において、俗に「消し忘れ」と呼ばれた素人流出もののジャンルが生まれたのは、自然な流れである。一方で皮肉なことに、このアダルトビデオにおける「消し忘れ」ジャンルの生成と拡大が、当のラブホテルにおけるビデオ撮影装置を消滅させたのである。

しかし、これまでの本章の流れを鑑みれば、ラブホテルからビデオ撮影装置が消滅した要因はそれだけではないだろう。

一九八〇年代後半は、家庭用ビデオデッキが普及するのみならず、家庭用小型ビデオカメラの認知も進んだ時代であった。たとえば、一九八六年にテレビ放送がはじまった人気バラエティ番組『加トちゃんケンちゃんごきげんテレビ』では、視聴者が投稿するおもしろビデオコーナーが人気を博した。ビデオカメラを持たない投稿希望者には番組が貸し出しを行い、投稿した映像が高評価を獲得すると、賞品として新品のビデオカメラが贈られた。また、一九八九年に発売されたソニーの小型ビデオカメラCCD‐TR55は、旅行などの際に鞄に入れて手軽に携行できる点を全面に押し出したテレビCMを大量に流し、「パスポートサイズ」というキャッチコピーは当時の流行語にもなった。

このような流れの中で、一九八〇年代後半以降ビデオ技術は急速に家庭化し、イメージの次元を超えて生活空間の中に埋め込まれていった。それは同時に、自分たちの身体を映像に撮るという行為が持っていた非日常的なイメージが徐々に失われていくことを意味していた。結果として、ラブホテルのビデオ撮影装置はその姿を消し、ラブホテルという空間とビデオ技術の強固な結びつきを表していた「消し忘れ」というジャンルも、次第に広い意味での「素人プライベート映像」へと変わっていったのである。

この後、家庭用ビデオデッキやビデオカメラの価格が低下するにつれ、ビデオは家庭の技術からさらに個人の技術になっていく。先行研究が示しているのは、この間のポリティクス――どのようなソフトが生み出され、それが受け手の身体や受容空間の変容とどのような関係にあったかという点だったわけだが[14]、このポリティクスを語るためにはそれ以前の段階、すなわち、ビデオという技術そのものに対する認識がいかに生み出され、それが受容される空間や受け手の身体とどのような関係にあったかを明らかにする必要があるだろう。本章が明らかにしてきたビデオのイメージをめぐる歴史は、あるメディア技術が受容され、それが最終的に個人化していくプロセスの複雑さを表しているといえるのではないだろうか。

3　コンテンツへの欲望／技術への欲望

井上章一は、一九七〇年代のラブホテルにおける電動ベッドブームについて、当時の雑誌記事を丹念に紐解きながらも、次のような疑問を呈している。

> 客もホテルも、新しいベッドをもとめつづけていた。だから、電動の工夫が、どんどんエスカレートしていったのだという。
> しかし、どうだろう。ほんとうに、こういう言葉を信じてしまっても、いいのだろうか。とりわけ、利用客がそれをのぞんでいたという話には、疑問を感じてしまう。（井上、一九九九、三一六ページ）

この問いに対して井上が与えた解答は、次のようなものであった。

> あんがい、ベッドの新機軸をもとめたのは、週刊誌の記者たちだったのかもしれない。今までにないうごきをしめすベッドの登場は、記事になる。読者の性的好奇心をくすぐる読みものが、これを素材にすれば書き出せる。そんな作文上の都合もあって、新しいベッドの出現が歓迎された可能性はあろう。（井上、一九九九、三一八ページ）

これは、「電動ベッド」を「ビデオ技術」に置き換えれば、そのまま本章にも当てはまる指摘であろう。たとえば本章では撮る技術としてのラブホテルにおけるビデオ撮影装置について論じた。ただし、当時多くの雑誌がこの装置に言及していたことは事実だが、だからといって客の多くがこの装置の利用を望んでいたと早急に結論づけることはできない。

しかしながら重要なのは、これらの雑誌記事を通して、ビデオが親密な空間でその親密さを確認するための非日常的な技術として読者にイメージされたであろう点である。そこでは、赤川学が「AVオナニー空間」と呼んだ空間とは異なるビデオ技術の受容空間が想定されていた。そして、こうしたイメージの上に、冒頭で論じたような「ビデオデッキの普及には、アダルトビデオの存在が決定的に重要であった」をはじめとする言説は堆積していったのである。

新しいメディアが普及していくとき、その要因として性的欲望が挙げられるのは、ビデオに限った現象ではないだろう。しかしながら本章が射程に入れたのは、新しいメディアに対して向けられる性的欲望の存在を認めつつも、必ずしも性的欲望という単一的なファクターに還元することが困難な、メディアをめぐる複雑な欲望のあり方である。この欲望は主にイメージとして流通し、それが新たな欲望／イメージを生産するような、再帰的な関係にある。

メディアはコンテンツ消費への欲望とともに生み出され、拡大していく。しかしビデオの歴史を通して見えてきたのは、技術への欲望もまた、メディアが生み出され拡大する上で不可欠のファクターであるという点である。新しいメディア技術は、その新しさゆえに利用者に強い非日常感をもたらすものとして語られ、それがメディア利用のさらなる動機を生み出す。しかし、利用者が増加するにしたがって、その技術が持つ新しさ＝非日常感は次第に失われていく。結果としてメディア技術への欲望は背景化し、コンテンツへ向けられた欲望が迫り出すことになるのである。しかしそれは、技術に向けられた欲望が消失したことを意味しない。むしろ技術として意識しないまま日常的に技術と戯れることのできる身体を、ユーザーは手に入れたと考えるべきであろう。ビデオが非日常をもたらす技術として語られた一九七〇年代の雑誌記事からは、日常に深く浸透したゆえに語られることが少なくなった現在の映像技術に対する感覚の有様が、逆説的に浮かび上がってくる。

注

（1）溝尻（二〇〇七）、永田（二〇一七）などを参照。
（2）たとえば、フェミニズムにおける性の商品化をめぐる議論（江原編、一九九五）に対し、AV女優の動機語りの分析を通して新たな視座を提示した鈴木（二〇一三）などがある。
（3）フリーライターの藤木TDCは、一九七〇年代におけるビデオ技術の展開が、その後のアダルトビデオの製作手法に与えた影響について詳述している（藤木、二〇〇九、五四―六六ページ）。
（4）学校教育におけるビデオ利用の歴史については、永田（二〇一六）を参照のこと。
（5）なおこの号では、ホテル内にVTR中継室を設置し、独自の客室向け番組を製作・送出していた名古屋の観光ホテルの事例が紹介されている。そこでは「同ホテルはその形態から見てピンク系は望ましくない」というホテル側の判断に基づき、ホテル内のガイドや周辺地域の情報、天気予報などを放送しており、「ピンク系番組を期待してくる客には受けが悪かったという（『レジャー産業資料』一九七一年四月号、一四二―一四三ページ）。ホテルのVTR設備に「ピンク系番組を期待」する客が、この段階で既に存在していたことがわかる。
（6）同記事によると、このシステムは「リゾートホテルではかなり普及しているもの」と紹介されているが、少なくともこの時期のリゾートホテルにこのようなビデオ放送のシステムが「かなり普及」していたことを示す資料は、他に発見できていない。
（7）ここでいう親密な空間とは、英語圏において一般的に性的関係を意味する「親密な関係」（intimate relatonship）にある人びとの間で共有される空間を指している。この親密な空間としてのラブホテルに、ギデンズ（Giddens, 1992）が提示した親密性の変容（婚姻や母性といった制度・伝統を前提とした関係から、対等な個人間で絶えず確認・更新される信頼を前提とした「純粋な関係性」への変容）を含意させることも可能かもしれないが、この時代のラブホテルを、ギデンズのいう「純粋な関係性」を確認する場として位置づけることには慎重であるべきだろう。金益見が指摘するように、少なくとも一九七〇年代の段階では、多くの場合女性はラブホテルに「連れ込まれる」あるいは「連れて行ってもらう」受け身の存在として認識されていたと考えられる（金、二〇一二、一四七ページ）。ただし「純粋な関係性」とはいえなくとも、親密な関係にある人間が、その親密さを確認するという想定の下で共にポルノビデオを視聴する行為は、互いに顔も知らない不特定多数の人間が映画館に集まってポルノ映画を観るという行為とは、意味的に異なっており、本章ではこのポルノ視聴空間の変化とそこでの視聴行為が持つ意味の変容に焦点を当てたい。

（8）この後ビデオソフト業界は、ポルノのイメージを払拭し「正統派」ソフトを流通させるべく企業や学校への営業を行った結果、一九七八年までにビデオソフト流通量全体に占める成人向けソフトの割合は一五パーセント程度にまで低下したという（永田、二〇一六、一五〇ページ）。

（9）なお同様の記事は、『週刊現代』一九七一年六月二四日号、一三一―一三二ページ、『週刊プレイボーイ』一九七五年六月二四日号、一四九ページほか多数。

（10）ビデオ撮影装置をはじめとする多くの機械を設置し、「遊園地」に喩えられた一九七〇年代のラブホテルについて考える上で、長谷川一の〈アトラクション〉概念は重要であろう。ここでいう〈アトラクション〉は「遊戯機械としてのアトラクションと同様に、見世物性を発揮することで人びとを引きつけ、参加と体験を通して〈テクノロジーの遊戯〉へと巻き込み、「愉しさ」を立ち上げてゆく」（長谷川、二〇一四、一九八ページ）仕掛けを指している。生身の身体を露にするラブホテルという場で、利用者が新たな機械技術と出会い「愉しさ」を経験するとき、そこではまさしく露出するテクノロジーと身体との同調・同期が起きているといえるのではないだろうか。

（11）「この装置は、（中略）自作自演のポルノ映画を楽しむわけだが、そのポーズを眺めているうちに刺激され、また連チャンの時間延長なんてことにもなって（中略）ニヤリほくそえむのは、むろんホテル側」（『アサヒ芸能』一九七六年四月二九日号、一二二ページ）とあるように、ラブホテル側には、ビデオ撮影装置の利用料金に加えて、それを再生し、場合によっては再度の性行為に及ぶ間の延長料金が入るメリットがあった。

（12）大宅壮一文庫において「ブルーフィルム、ポルノビデオ」に分類された記事の数は、一九六九年以前一件、一九七〇―七四年八件、一九七五―七九年二〇件、一九八〇―八四年一四〇件となっている（大宅壮一文庫編、一九八五b、六五五―六五九ページ）。

（13）なお同様の記事として、『週刊現代』一九八二年五月一五日号、二一三ページ、『週刊現代』一九八三年四月二三日号、一八〇ページなど多数。

（14）一九八〇年代後半以降、アダルトビデオは急速に「個室ビデオ店や一人部屋という空間的条件のもとで鑑賞・視聴されるポルノグラフィ」（赤川、一九九六、一七七―一七八ページ）になっていく。元々は親密な空間で、パートナーや自らの性的興奮を高めるために撮影されていた映像が、それゆえにリアリティを持った映像として、個室でひとりで視聴されるようになるという捩れた過程に、アダルトビデオ視聴空間の視聴の複雑さが現れているといえるだろう。

引用・参照文献

赤川学（一九九六）『性への自由／性からの自由――ポルノグラフィの歴史社会学』青弓社

江原由美子編（一九九五）『性の商品化　フェミニズムの主張２』勁草書房

藤木ＴＤＣ（二〇〇九）『アダルトビデオ革命史』幻冬舎

Giddens, A. (1992) *The Transformation of Intimacy: Sexuality, Love and Eroticism in Mordern Societies.* Polity Press.（ギデンズ、アンソニー、松尾精文・松川昭子訳（一九九五）『親密性の変容――近代社会におけるセクシュアリティ、愛情、エロティシズム』而立書房）

長谷川一（二〇一四）『ディズニーランド化する社会で希望はいかに語りうるか――テクノロジーと身体の遊戯』慶應義塾大学出版会

井上章一（一九九九）『愛の空間』角川書店

金益見（二〇一二）『性愛空間の文化史――「連れ込み宿」から「ラブホ」まで』ミネルヴァ書房

近藤利三郎（二〇〇六）『なつかしの関西ラブホテル60年 裏のうらのウラ話』レベル

溝尻真也（二〇〇七）「日本におけるミュージックビデオ受容空間の生成過程――エアチェック・マニアの実践を通して」『ポピュラー音楽研究』第一〇号、一一二―一二七ページ

永井良和（一九九二）「アダルトビデオと欲望の変容――縮みゆく男性性」、アクロス編集室編『ポップ・コミュニケーション全書』ＰＡＲＣＯ出版局、一七八―二〇七ページ

永田大輔（二〇一六）「ビデオにおける「教育の場」と「家庭普及」――１９６０年代後半‐７０年代の業界紙「ビデオジャーナル」にみる普及戦略」『マス・コミュニケーション研究』第八八号、一三七―一五五ページ

永田大輔（二〇一七）「アニメ雑誌における『第三のメディア』としてのOVA——一九八〇年代のアニメ産業の構造的条件に着目して」『ソシオロジ』第六一巻第三号、四一—五八ページ
中村朗（一九九六）『検証 日本ビデオソフト史』映像新聞社
大宅壮一文庫編（一九八五a）『大宅壮一文庫雑誌記事索引総目録 件名編3』大宅壮一文庫
大宅壮一文庫編（一九八五b）『大宅壮一文庫雑誌記事索引総目録 件名編5』大宅壮一文庫
佐藤正明（一九九九）『映像メディアの世紀——ビデオ・男たちの産業史』日経BP社
下川耿史編（二〇〇七）『性風俗史年表 昭和［戦後］編』河出書房新社
鈴木涼美（二〇一三）『「AV女優」の社会学——なぜ彼女たちは饒舌に自らを語るのか』青土社
鈴木由加里（二〇〇二）『ラブホテルの力——現代日本のセクシュアリティ』廣済堂出版
保田一章（一九八三）『ラブホテル学入門』晩聲社

第3部　スクリーンの現在へ

Anthony McCall "Line Describing a Cone" (1973) Installation view.
Photograph: Peter Moore © The Estate of Peter Moore / VAGA, NYC.
Courtesy of the Artist

Hito Steyerl "How Not to Be Seen: A Fucking Didactic Educational. MOV File" (2013) HD video, single screen in architecturar environment, 15 minutes, 52 seconds
Image CC 4.0 Hito Steyerl
Image courtesy of the Artist and Andrew Kreps Gallery, New York

ELEVENPLAY × Rhizomatiks Research × Kyle McDonald “discrete figures”（2018）photo by Tomoya Takeshita

ELEVENPLAY × Rhizomatiks Research × Kyle McDonald "discrete figures"（2018）photo by Suguru Saito

第10章　スクリーン・プラクティスの再設計
——舞台表現におけるスクリーンの問題

大久保遼

1　PLAY　SCREEN

二〇一二年末からKDDIが展開したau 4G LTEのテレビCMシリーズは、スマートフォンというデバイスが持つ可能性や、スクリーンと一体となった諸技術が都市空間やライブ会場などで大規模に実装されつつあることを強く印象づけるものだった。四面のホログラフィックやプロジェクションマッピングが導入されたライブ会場とスマートフォン・アプリは連動しており、CMでは観客の操作によって投影される映像やLEDの光のパターンが変化する様が映し出される(1)(「PERFECT SYNC.」「FULL CONTROL TOKYO.」)。あるいは、渋谷QFRONTの巨大なスクリーンと照明をスマートフォンで操作し、スクランブル交差点をダンスフロアに変えていく「FULL CONTROL YOUR CITY」(図1)では、実際にスマホと連動したシステムのデモが行われており、こうした技術がすでに実装可能な水準になっていることを明確に示した。

シリーズ第三弾として二〇一三年に制作された「PLAY SCREEN」は、とりわけスマートフォンと一体化したスクリーンの存在感を際立たせるものだった(図2)。スマートフォン、タブレットPC、パソコン、ゲーム、トレインチャンネル、映画館のスクリーン、屋外広告や街頭のディスプレイなど、スクリーンが遍在する都市空間で展開するこのCMは、すでに私たちの生活が様々な形状のスクリーンに包囲され、そしてそれらを横断するよ

図 1　au 4GLTE「FULL CONTROL YOUR CITY」CM（KDDI 株式会社、2012 年）

図 2　au 4GLTE「PLAY SCREEN」CM（KDDI 株式会社、2013 年）

うにしてデジタル化された情報が流通していること、スマートフォンもまたそうした情報の流通のなかの一つの結節点として機能していること、そしてまさにそのスクリーンによって私たちが状況に介入し操作する余地があることを、疾走感のある映像と音楽で視覚化することに成功していた。ここでスマートフォンのスクリーンは、大規模に再編されつつある映像・身体・装置の流動的な配置のなかで、それらが一時的に再配置されたパターンの一つを構成している。

2　スクリーン・スタディーズの展開

現在、「ポスト・シネマ」「アフター・テレビジョン」などと形容されるマス・メディア以降に出現した映像環境を前にして、映像の基体となるスクリーンを一つの焦点に、学際的なスクリーン・スタディーズとも言うべき領域が立ち上がりつつある。これは一方でポスト・メディア（フェリックス・ガタリ）[2]、ポスト・メディウム的状況（ロザリンド・クラウス）[3]と呼ばれる変化へのメディア研究・文化研究の反応の一つであり、また他方で映画、テレビ、写真など映像研究の各領域がデジタル化以降ますます領域横断的になりつつある状況に対するリアクションでもある。[4]歴史研究から現在開発中の映像技術まで、表象研究から視覚文化論、映画・映像史、ソフトウェア研究から映像人類学、テクノロジーの考古学、メディアアートの研究・実践を含む横断的な探求が、スクリーンを一つの焦点として進みつつあると言えるだろう。[5]

なかでも、本書第1部で中心的に紹介された、空間と観客、集合性とアーカイブの問題に加え、新しい研究の方向性として浮上しつつあるのが、ソフトウェアの作動とスクリーンの物質性に照準した一群の研究である。たとえばこの領域を牽引しているレフ・マノヴィッチは現代のデジタル化したコンピュータの特徴をソフトウェアとハードウェアの分離に見出し、新しいメディア文化を規定しているソフトウェアを分析すべきだと指摘している。[6]マノヴィッチはこうした視点からフォトショップやインスタグラムの解析を進めているが、他にアレクサンダー・ギャロウェイによるゲーム研究やインターフェイス論を加えても良いだろう。[7] 他方、メディアの物質性に照準する研究も多様な展開を見せている。たとえばショーン・キュビットはCRTディスプレイからLCDやLEDへの技術的な変化に注目し、スクリーンが映像を映し出す物理的なプロセスやファイルフォーマットが、いかにグラフィックや色彩表現を制約しているかを検討している。[8] またユッシ・パリッカはスクリーンの物理的な素材であるレアメタルに着目し、その構成や分布など地質学的な要素や製造のためのインフラの存在が、デジタル文化を規定する側面について論じている。[9] デジタル化で失われるとされたメディアの物質性は別の形で残存し、スクリーンの物理的な構成や技術的な特徴が、映像表現やその流通に関わる構造に影響を与え続けているのである。

しかしながら、これまで本書第2部で見てきた通り、近年のスクリーン研究はたとえばアナログな映画からデジタル化したスクリーンへの移行を背景にして、後者を理論化することだけが目指されているわけではない。むしろ「スクリーン」という領域を仮設的に置くことで、現代のみならず、映像史の見落とされてきた側面や他の領域との隠れたつながりに焦点をあてることが企図されている。それは映画、テレビ、写真といった映像のジャンルを脱中心化することで浮上する可能性を追求するための「方法としてのスクリーン」であり、理論と歴史を両輪で再編することを志向しているのだ。そしてその明確な特徴の一つは、スクリーンの変化に対応した新しい映像表現や多彩なメディア文化の出現に牽引されている点にあると言えるだろう。

冒頭の「PLAY SCREEN」をはじめとするCMシリーズを、テクニカル、ディレクションの両面で支えていたのがRhizomatiks（以下、ライゾマティクス）であることは示唆的である。二〇〇六年に「メディアアートと産業、企業とのコラボレーションによって社会に大きなインパクトを与えるため」[10] に設立されたライゾマティクスは、映像を中心とする新しいテクノロジーの開発と導入により、コマーシャル・エンターテイメント・アートを横断する領域で舞台表現や広告デザインの更新に携わってきた。真鍋大度、石橋素、齋藤精一といった牽引力ある個人を中心としながら、二〇一六年には「Research」「Architecture」「Design」の三部門体制となり、様々な専門家の集団的な協働、および他分野・企業とのコラボレーションに特徴のあるプロジェクトとしての側面を一層強めている。本章は、ライゾマティクスが二〇一〇年代以降に関わったプロジェクトを振り返りながら、現在の映像およびその基体としてのスクリーンの変容について、いくつかの論点を素描することを試みるものである。ライゾマティクスの仕事は多岐にわたるものであるが、論点を明確にするために、本章では特に舞台演出関係のプロジェクトに焦点を絞って論じる。

3　舞台表現におけるスクリーンの問題

ライゾマティクスのプロジェクトをスクリーンの視点から考えるにあたり、さしあたってここではまず、国際的な注目を集めた二〇一五年のSXSW（South by Southwest）において「STORY」のパフォーマンスで使用された半透過スクリーンの話から始めたい。SXSWでは精密なダンスや3Dスキャン、モーションキャプチャ、リアルタイムでの映像合成を組み合わせたライブ中継が注目を集めたが、舞台演出上の要となったのは、三幅の可動式の半透過スクリーンを用いた装置である（図3）。これは全体の演出を担当したMIKIKOの提案によりライゾマティクスがインタラクションデザインを設計したもので、ハーフスクリーンに取り付けられたセンサーを、舞台上方に設置された複数のカメラでトラッキングし、スクリーンに合わせて投影を行っている[11]。ここでスクリーンはパフォーマンスに合わせて移動する舞台装置であり、コレオグラフィと一体化することで全体の演出のなかに位置づけられる。同様の半透過スクリーンを用いた装置は、

図3　「STORY」の半透過スクリーン
出典：佐渡岳利『WE ARE Perfume -WORLD TOUR 3rd DOCUMENT』2015年

図４　「LIVE 3:5:6:9」における半透過スクリーン
出典：Perfume Anniversary 10days 2015 PPPPPPPPPP「LIVE 3：5：6：9」（DVD、ユニバーサルミュージック、2016 年）

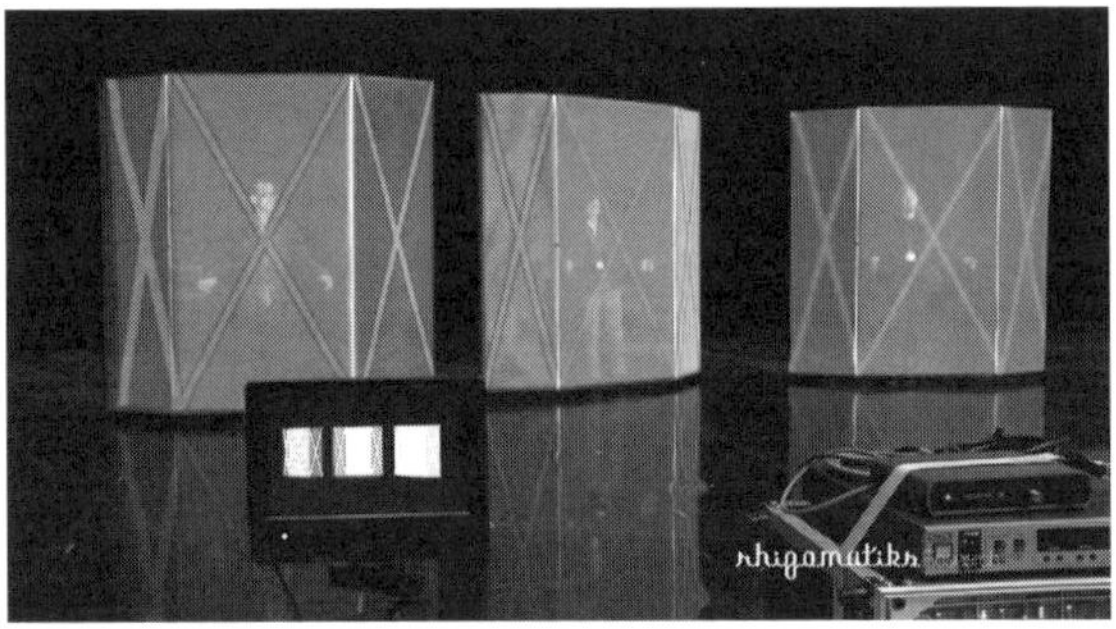

図５　紅白「Pick Me Up」の投影システム
出典：daito manabe「Screen tracking and projection for Perfume's live at Kouhaku 2015」（www.youtube.com/watch?v=aArGdkcN2Tc）

図６　「LIVE TOUR LEVEL3」のスクリーンと舞台装置
出典：Perfume 4th Tour in DOME「LEVEL3」（DVD、ユニバーサルミュージック、2014 年）

素材はそれぞれ異なるものの二〇一五年のＬＩＶＥ「３：５：６：９」（図４）やＮＨＫ紅白「Pick Me Up」（図５）のパフォーマンスでも用いられている。より大規模なものでは、ＬＩＶＥ ＴＯＵＲ「ＬＥＶＥＬ３」（二〇一三年）で会場に設置された開閉式の巨大な半球型のスクリーン、および移動する球体型の装置もスクリーンとしての機能を持つと同時に、それ自身がアクター的な役割を果たす性質の装置と言えるだろう（図６）。

あらかじめ断っておくならば、ここでは舞台表現における半透過スクリーンの使用や舞台装置へのプロジェクションの導入がデジタル技術による新しい映像表現であると指摘したいわけではない。映像史を振り返ると、一

図 8　選挙結果の建物への投影
出典：Ellery E. Foutch, "Moving Pictures: Magic Lanterns, Portable Projection, and Urban Advertising in the Nineteenth Century," *Modernism/modernity* 1(4), 2016.

図 7　「ペッパーズ・ゴースト」（幻燈を用いた舞台演出）
出典：Frank Richard Stockton, Round-about Rambles in Lands of Fact and Fancy, Charles Scribner's Sons, 1910.（http://www.gutenberg.org）

図 9　空中への広告投影のアイデア（19 世紀）
出典：Ellery E. Foutch, "Moving Pictures: Magic Lanterns, Portable Projection, and Urban Advertising in the Nineteenth Century," *Modernism/modernity* 1(4), 2016.

九世紀にはすでに半透過性の紗幕とマジック・ランタンによるプロクションを用いた舞台演出や、屋外の建築物に大規模なスライド投影を行う技術が実用化されており、また空中への投影やスクリーンを用いないプロジェクションの機構も度々提案されている（図7―9）。後述するように、ライゾマティクスは過去の様々な投影装置や舞台演出のサーベイを自覚的に行っており、その映像表現は、デジタル状況下における技術的な変動の視点からだけでなく、過去のスクリーン・プラクティスとの連続性やその再構成の視点から捉え直すことができると言えるだろう。

したがって、スクリーンの問題にとって重要な点は、導入された技術の個別的な目新しさだけにあるわけではない。ライゾマティクスの真鍋大度と石橋素は、自身が携わったアートパフォーマンス作品、エンターテイメント分野の舞台表現の開発を振り返った論文において、以下のように述べている。

近年のディジタル技術の進歩により、舞台やアートパフォーマンス、エンタテインメントの場においてさまざまな技術を用いた表現、演出が積極的に利用されるようになった。最も大きな変化は、映像技術の進歩によるものであり、通常の照明や音響に加え、プロジェクションや大型LEDビジョンを利用することが、特にエンタテインメントの領域においては当たり前となった。[12]

確かに近年のライブ会場では大規模な映像を使用した演出が施される機会が多い。しかし、注意しなければならないのは、ここで論じられている映像の利用が、SXSWやLEVEL3の事例から分かるように、単に舞台上に映像を投影するとか、パフォーマンスの様子を背景の大型ビジョンに表示するといった類のものではない、ということだ。真鍋と石橋によれば、その大きな特徴は、「映像表現だけによらず、物理的なオブジェクトや装置を伴う」[13]点にある。ほとんどの場合、ライゾマティクスにおけるスクリーンとは、舞台上のオブジェクト・装置と一体となった技術的な機構であり、単に映像の基体であるだけでなく、空間と演出に合わせてその都度設計される、スクリーンとオブジェクトの混淆的な装置である。またその混成体をハードウェア／ソフトウェアの両面において技術的に設計するだけでなく、舞台表現や演出上の課題、身体やコレオグラフィとの整合性を追求する過程で絶えず変動させていく点に、その重要な特徴があると言えるだろう。

4　スクリーンとオブジェクト

スクリーンとオブジェクトの混淆的な装置、とはいかなることだろうか。前述の論文のなかで、真鍋と石橋は、舞台演出のために開発を行った物理的なオブジェクトの特徴を、「空中移動体」「飛翔体」「地上移動体」「発光体」という四つのカテゴリに分けて論じている。まず空中移動体とは、ワイヤーとステッピングモータによって舞台上空で制御されるオブジェクトのことを指す。二〇一五年のパフォーマンス「motion」において、舞台上空に設置された可動式の一〇個の立方体がそれにあたる（図10）。これらの立方体は他の装置やダンサーの動きとともに移動するオブジェクトであり、表面には再帰性反射シートが貼付され、赤外線カメラで検出した位置情報をもとに、リアルタイムでプロジェクションマッピングが行われる[14]。地上移動体とは、たとえば「border」のパフォーマンスに導入された直方体のボックスがこれにあたる。舞台上を移動する複数のボックスはモーションキャプチャシステムで制御されており、実空間での投影とVRによる映像の重ね合わせの双方においてスクリーンの機能を果たしている（図11）。またICCで展示された「distortion」[15]では、移動する五台の全面鏡のボックスが用いられ、ボックスそのものが映像の投影されるスクリーンになると同時に、鏡面に反射した映像が反射角度によって床面に結像するという、イメージ創出のための装置としても用いられる（図12）。

また飛翔体とは、具体的にはドローンとそれを用いた舞台演出システムであり、真鍋と石橋は「24 drones」の公演を例に挙げている。モーションキャプチャによって制御されたドローンは、人間とともにコレオグラフィが施されるアクターであり、また照明装置が取り付けられることで、発光パターンの変化により映像装置と同様の

図10　「motion」のパフォーマンス
出典：【安川電機】e- メカサイト「YASKAWA × Rhizomatiks × ELEVENPLAY」（www.youtube.com/watch?v=H_eAkJ_o-pk&t=159s）

図11　「border」のパフォーマンス
出典：daito manabe「border（2015）- another perspective - short ver.（Rhizomatiks Research + ELEVENPLAY + EVALA + Kinsei）」（www.youtube.com/watch?v=gpE20khn8R0&t=110s）

機能を果たす（図13）。最後に発光体とは、LEDを用いた様々な形態の光源と組み合わされた装置のことであり、パフォーマンスに合わせて発光する衣装や、舞台演出で使用される様々な形状のLEDフレームがこれに相当する。

スクリーンの視点から重要なのは、こうした装置のハードウェアの水準の設計が、それらの作動を制御するソフトウェアと常に総合され、演出やコレオグラフィと協働している点である。先述したドローンや移動体を制御するソフトウェアの設計だけでなく、たとえば二〇一八年に行われたライブパフォーマンス「Reframe」において、ライゾマティクスはGoogle の画像認識サービス Cloud Vision API を利用したシステムを構築し、一般から投稿された写真の画像解析と機械学習によって、類似したミュージックビデオのフレームの抽出を行い、そのデータを利用した映像の投影を演出に取り入れている[16]。デジタル化以降に多様化したスクリーンの物理的・空間的設計はそれらを制御し、映像を生成するためのソフトウェアの開発や設計と切り離せない形で進行している。

なお、この論文では主題とされていないが、ここで取り上げられた舞台上のオブジェクトとスクリーンの関係は、パフォーマーの身体についても同様に拡張可能なものと言える。たとえば、リアルタイムで二人のダンサー

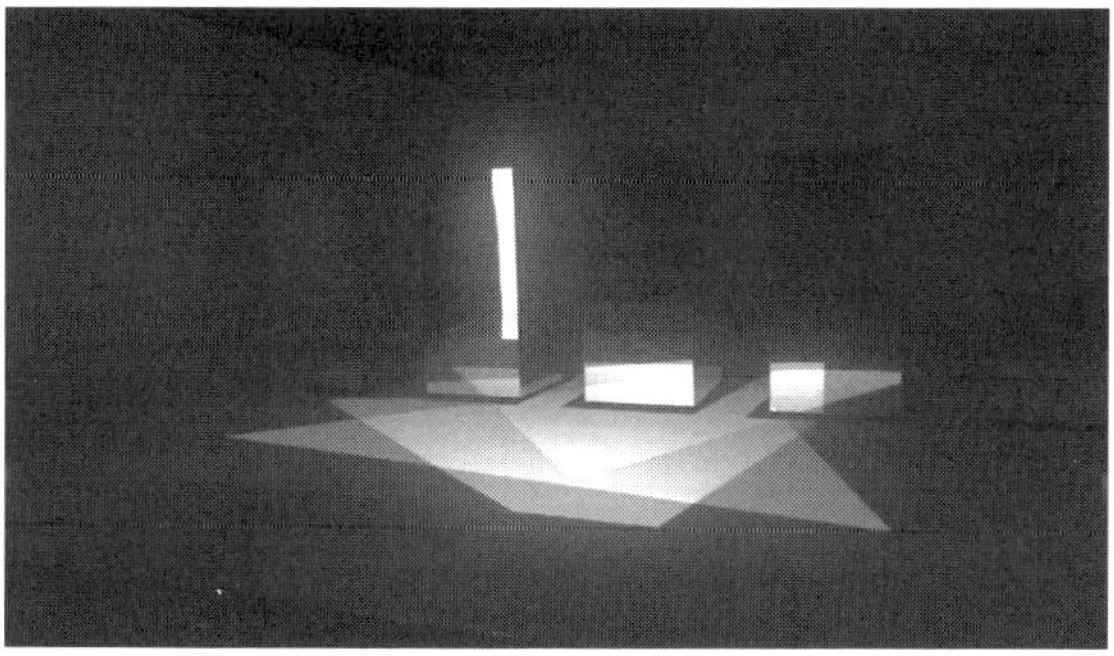

図 12　「distortion」の全面鏡のボックス
出典：著者撮影（NTT インターコミュニケーションセンター、2017 年 2 月 22 日）

図 13　「24 drones」のパフォーマンス
出典：daito manabe「ELEVENPLAY x RZM “24 drones”」（www.youtube.com/watch?v=cYWvKudIIJ8&t=29s）

に映像の投影が行われる「Eclipse/Blue」のミュージックビデオ（図14）や、再帰性反射材が使用された衣装に赤外線を当てることで、その動きをリアルタイムで解析し、映像の投影を行った「LEVEL3」でのパフォーマンス[17]（図15）においても、身体は演出のなかでオブジェクトでありスクリーンでもある位置を与えられ、いわば他の装置・映像と一体となったスクリーン・プラクティスを構成している。

先述の論文において、真鍋と石橋はライゾマティクスの目指すゴールを、「映像だけでなく、舞台上に実際に存在するオブジェクトとそれらの正確な制御と動作、それに呼応する緻密な振り付けおよび演出、それらによっ

図14　Nosaj Thing「Eclipse/Blue」
出典：Daito Manabe, takcom, Satoru Higa, and MIKIKO「Eclipse/Blue」ミュージックビデオ、2012年

図15　「LIVE TOUR LEVEL3」演出
出典：Perfume 4th Tour in DOME「LEVEL3」（DVD、ユニバーサルミュージック、2014年）

てのみ実現できる独自の舞台作品を制作することである」[18]と説明している。ここで試みられているのは、デジタル化以降顕著になった映像・身体・装置の流動化のなかで、演出に合わせたその最適な配置・統御の問題を技術的に解決する作業であり、スクリーンはそうした演出のなかの一つの要素となっている。[19]

5　映像とダンス

ライゾマティクスは二〇一三年のLIVE TOUR「JPN」においてインタラクションデザインを担当しており、その際に作成された「映像とダンス」サーベイ資料を真鍋が公開している。[20]写真や動画へのリンクと簡単な説明が付されたこの資料が興味深いのは、取り上げられている事例が決して新しい映像表現ばかりではないこと、そして過去の事例がいわゆる映画史や写真史には収まらない表現・装置ばかりである点である。ここで参考に挙げられているのは、一九世紀後半のエドワード・マイブリッジやエティエンヌ＝ジュール・マレーの連続写真（図16）、オットマール・アンシュッツが開発した電気式シュネルゼーアーなどの前映画史的な装置（図17）、バウハウスで活躍したオスカー・シュレンマーによる幾何学的な振付け（図18）、ノーマン・マクラレンの実験的な映像作品（図19）、あるいは映画史やダンス史の周縁に位置づけられてきたパフォーマンスの数々である。技術的な新しさにおいて評価されがちなライゾマティクスだが、真鍋自身がこれまでの仕事を「枯れた技術の水平思考」「技術の新旧ではなく使い方や組み合わせ」「ハイテクな技術を使うことのプライオリティは、いまも低い」[21]と度々述べているように、むしろ歴史的な位置づけを自覚的に行い、過去の技術のサーベイを発想源の一つとして、新しいメディア環境での組み替えや再構成を積極的に制作に取り入れていることがうかがえる。また先述の論文においても、ライゾマティクスのプロジェクトの歴史的背景にかんする記述は、写真と映画の時代を素通りして（「写真、映画の時代を経て、コンピュータテクノロジーが発達してくると」）、映画前史と周縁的なパフォーマンスの系譜、コンピュータ以降の展開が連結される形になっていることは興味深い。[22]

図16　エティエンヌ＝ジュール・マレーの連続写真
出典：Wikimedia Commons（commons.wikimedia.org/wiki/File:Szene_1885.jpg）

図17　オットマール・アンシュッツの映像装置
出典：Wikimedia Commons（commons.wikimedia.org/wiki/File:Electrotachyscope1.jpg）

必ずしも一般的とは言えない過去の装置や実践への注目は、一見すると意外に思えるかもしれない。しかしながら、これは近年、映像研究の領域において映画史からは外れてきた系譜や失われた映像文化への関心が高まっている状況とも呼応している。たとえば映画史家のチャールズ・マッサーは、映像と演奏やパフォーマンスが一体化していた初期映画や映画前史の映像文化を、映像のみならず音楽や照明効果、舞台装置やナレーション、パフォーマンスを含んだ「スクリーン・プラクティス」の視点から捉えることを提唱している。[23]またエルキ・フータモは、マッサーの歴史的な視点を拡張し、過去から現在に至る様々な映像・装置・実践の系譜をスクリーン学

(Screenology) の視座から捉え直す試みを進めている。(24) あるいは遠近法からコンピュータまでを貫く「窓の隠喩」に注目したアン・フリードバーグや、映画史とテレビ史を横断するジークフリード・ツィーリンスキの視聴覚史、パノラマからVRまでを扱うオリバー・グラウのヴァーチャル・アートの歴史など、個別の映像や文化的実践のジャンルを超えた歴史研究が進められている。(25)

こうした歴史から示唆されるのは、ライゾマティクスのようにテクノロジーと舞台演出、装置とパフォーマンスの視点からスクリーンの問題を考えるとき、映画史とは異なるパースペクティブが拓かれるという点だろう。

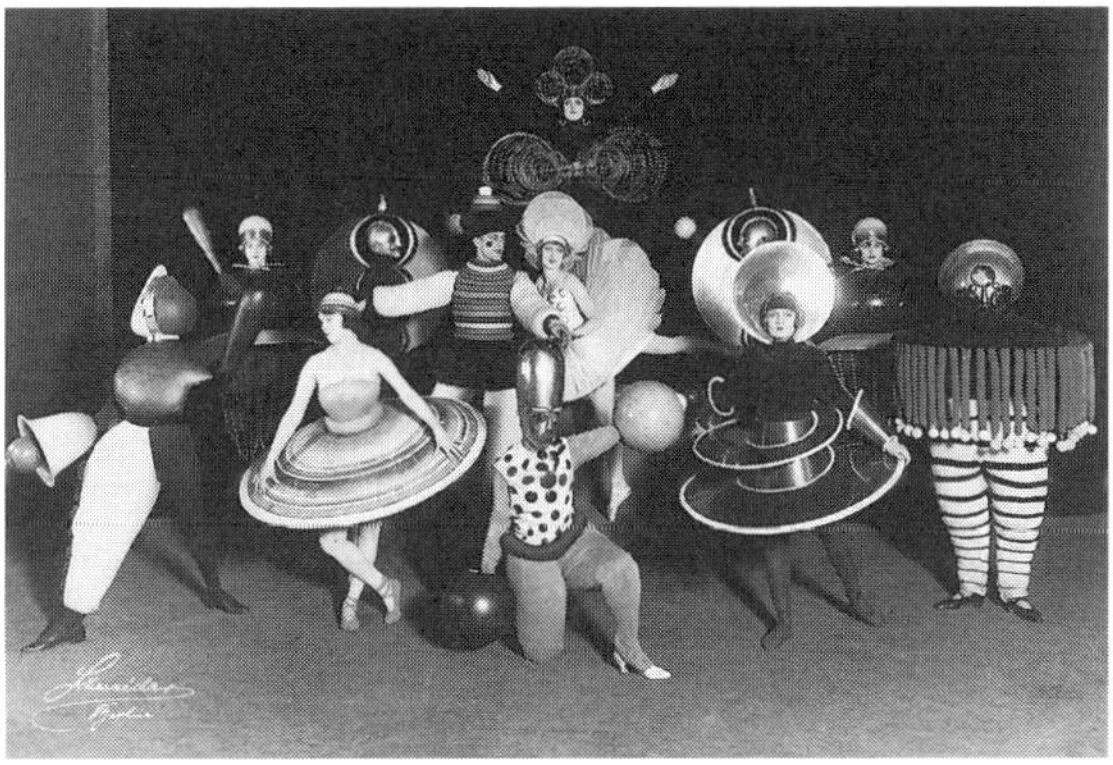

図 18　オスカー・シュレンマー「トリアディック・バレエ」
出典：Triadic Ballet by Oskar Schlemmer, Metropol-Theater, Berlin. Photo: Ernst Schneider, 1927. Bauhaus-Archiv Berlin.

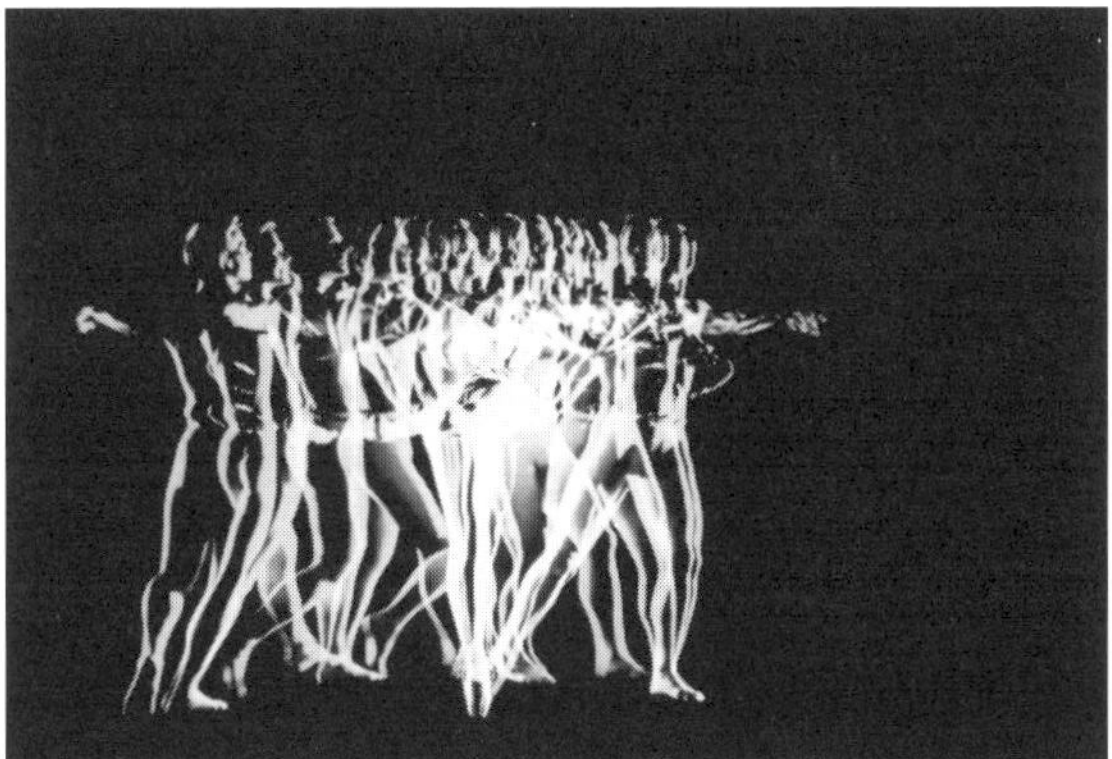

図 19　ノーマン・マクラレン「Pas du deux」
出典：Norman McLaren, *Pas de deux*, 1968

すなわち、ここでは映画を基準として、デジタル化以降を映画表現の拡張や非映画的な映像の増殖と捉える視点、あるいは映画からスマートフォンやAR・VRの時代への移行と捉える視点ともまた異なったパースペクティブが成立している。つまり、映画史と映画理論の延長あるいは差異においてデジタル化したスクリーンの問題を考えるという発想から一度離れるならば、ライゾマティクスが試みているように、たとえば演劇と映像の歴史の先に、舞台上のテクノロジーとパフォーマンスの問題系のなかで、身体と映像とオブジェクトを総合し、組織化するための視点を構想することができるだろう。

6　アトラクションのモンタージュ

こうした視点から理論構築を試みたケースが過去に全くなかったわけではない。たとえば映画におけるモンタージュ理論を構築したセルゲイ・エイゼンシュテインは、映画監督としてのキャリアを開始する以前は舞台演出家として知られており、一九二〇年代はじめに映画を含む装置と俳優、照明、音楽等の演出の方法を「アトラクションのモンタージュ」と名づけ、実際に自身の舞台演出のなかで映画と演劇、映像とパフォーマンスを組み合わせることを試みている。エイゼンシュテインは、映画やサーカス、ミュージックホールなどで用いられる演劇的装置の全ての構成要素を「アトラクション」と呼び、アトラクションの科学的な配置＝モンタージュによって「強力なミュージック・ホール的＝サーカス的プログラムを構築すること」を目指した[26]。たとえばエイゼンシュテインは一九二三年の舞台作品『賢人』（図20・21）で以下のような演出を試みている。

（1）　舞台（サーカス場）に、グルーモフが登場する。（中略）舞台上に「マネファア」（道化）を呼び、牧師をつとめるよう提案する。

（2）　照明が消えて、スクリーンには――黒マスクの男、ゴルトゥーヴィンによるグルーモフの日記盗難の

図 20　エイゼンシュタイン演出『賢人』の舞台写真と映画の一場面（アトラクション 1，2）
出典：Sergei Eisenstein and Daniel Gerould, "Montage of Attractions: For 'Enough Stupidity in Every Wiseman'," *The Drama Review* 18(1), 1974

図 21　『賢人』の劇中で上映された映画「グルーモフの日記」
出典：Sergei Eisenstein, *Glumov's Diary*, 1923

場面が映写される。アメリカ探偵映画のパロディ

（3）　観客席に照明

（中略）

（8）　舞台では——牧師（マネファ）が「婚礼」の指揮を始める。参列者が歌う——「牧師には犬がいた」。「マネファ」は犬をまねた曲芸（『ゴムまり』）を演じる。

（9）　拡声器から——新聞売りの叫び声。

（10）　日記泥棒の黒マスクの男（ゴルトゥーヴィン）が登場する。照明が消える。スクリーンに——グルーモフの日記＝映画はグルーモフが高貴なパトロンの前で見せる動作、いろんな条件によって変化するさま（ママーエワの前では白痴、ジョッフルの前ではタンク兵など）を示す。(27)

『賢人』のエピローグ部分は、「二五のアトラクション」で構成され、演劇と映画が交錯する連鎖劇的な形式で演出されていた。またサーカス場を模した舞台には映画だけでなく、音楽、歌、ダンス、照明効果、曲芸、道化芝居、拡声器の声、銃撃の音が散乱し、「演劇のすべての攻撃的要素」の組み合わせによって、観客の感覚を刺激するスペクタクルが構築された。エイゼンシュテインはその後映画監督としてフィルムのモンタージュ理論の構築へと向かい、演出理論としてのモンタージュ理論は未完に終わっている。当時の技術的・科学的な限界があることは否めないとはいえ、デジタル以降の環境において、メディア空間の構造化と総合的な演出理論の視点から、その構想を再検討する余地は残されているように思われる。またエイゼンシュテインに限らず、これまで見過ごされてきた過去の映像＝演劇的な試みや、バウハウスに見られるような技術＝パフォーマンスの系譜を新たな視点から再検討することが必要だろう。

7　スクリーン・プラクティスの再設計

あらためて確認するならば、先述の論文において、真鍋と石橋は自身が開発に携わった装置について、「単体で見るための技術ではなく、あくまでも舞台で人とともに動作することでその意味を持つもの」と説明しており、スクリーンもまた「人と物・技術の融合した演出の制作環境」の一部に位置づけられる。(28) ライゾマティクスを例に見てきたように、現在の拡張された映像制作とは、映像を映し出す装置自体の設計や開発を含み始めており、さらに映像・身体・装置の関係性もあらかじめ統御されているわけではなく、その都度再設計されるべき流動的なものとなっている。それはスクリーンの問題を技術的に考える際にも、映像内世界の構築だけではなく、スクリーン自体の技術的な設計や空間的配置、身体とのインタラクションを含む総合的な演出の視点が必要になることを意味する。あるいはハードウェアとソフトウェアの双方にまたがる物理的な要素の具体的な設計こそが、映像表現にとって規定的な条件になることを意味する。これはもちろんエンターテイメントやメディアアートにおける舞台演出に限られた話ではない。私たちのメディア環境自体が、様々な形態や空間的配置のスクリーンや装置との無数のインタラクションを含むものに組織化されつつあるからだ。このような状況のなかで映像を語ろうとするならば、私たちに必要なのは、見ることだけでなく、その技術的な構成を理解し、再設計するための視点ではないだろうか？　ライゾマティクスのプロジェクトから導出されるのは、現在のスクリーンの問題を別様に考えるために必要な、基本的な視点の転換であるように思われる。

本章はスクリーンの視点から主にハードウェアの設計とパフォーマンスとの関係を確認するにとどまったが、より複雑なソフトウェアのレイヤーとそれぞれの表現との関わりを分析する作業もまた、今後の重要な課題と言える。繰り返しになるが、こうした視点は「アートか否か」「エンターテイメントか否か」といったジャンルの問題に拘泥すると見えなくなる、より大きなメディア状況の構造的な変化と結びついている。ライゾマティクスにおけるスクリーンの問題は、私たちを多彩な表現の可能性において魅了するだけでなく、こうした変化やその背景となる技術的基盤に目を向け、あるいはそのように構成されつつある技術的環境の外部について思考するための手がかりを与えてくれるだろう。

謝辞

本書へのELEVENPLAY × Rhizomatiks Research × Kyle McDonald “discrete figures”（2018）の作品写真掲載を快諾いただいた株式会社ライゾマティクス、および真鍋大度氏に記して感謝いたします。

注

（1）齋藤精一「「インタラクティブプロジェクションマッピング」の可能性」『映像情報メディア学会誌』第六八巻第二号、二〇一四年、一三六—一四〇ページ

（2）フェリックス・ガタリ「ポストメディア時代に向けて」門林岳史訳、『表象』第八号、二〇一四年、七六ページ

（3）ロザリンド・クラウス「メディウムの再発明」星野太訳、『表象』第八号、二〇一四年、四六—六七ページ

（4）ポスト・メディア論の展開については以下も参照。毛利嘉孝「ポストメディア時代における文化政治学へ向けて」、石田英敬・吉見俊哉・マイク・フェザーストーン編『デジタル・スタディーズ3　メディア都市』東京大学出版会、二〇一五年、三三五—三五二ページ、門林岳史「メディアの消滅——一九八〇年代のメディア理論に見るマクルーハンの影」、石田英敬・吉見俊哉・マイク・フェザーストーン編『デジタル・スタディーズ2　メディア表象』東京大学出版会、二〇一五年、一三三—一五五ページ。また伊藤守・毛利嘉孝編『アフター・テレビジョン・スタディーズ』せりか書房、二〇一四年、表象文化論学会の機関誌『表象』第八号の特集「ポストメディウム映像のゆくえ」も参考になる。

（5）すでに個別の研究書だけではなく、ここ数年で関連するリーダーが多数刊行されており、この領域への関心の高さをうかがわせる。Dominique Chateau and José Moure eds., *Screens*, Amsterdam University Press, 2016, Stephen Monteiro ed., *The Screen Media Reader: Culture, Theory, Practice*, Bloomsbury, 2017.

（6）レフ・マノヴィッチ「カルチュラル・ソフトウェアの誕生――アラン・ケイのユニバーサル・メディア・マシン」大山真司訳、伊藤守・毛利嘉孝編『アフター・テレビジョン・スタディーズ』せりか書房、二〇一四年、一一〇―一五二ページ。またレフ・マノヴィッチ『ニューメディアの言語――デジタル時代のアート、デザイン、映画』堀潤之訳、みすず書房、二〇一三年も参照。

（7）レフ・マノヴィッチ『インスタグラムと現代視覚文化』久保田晃弘・きりとりめでる共編訳、ビー・エヌ・エヌ新社、二〇一八年。Alexander R. Galloway, *The Interface Effect*, Polity, 2012. アレクサンダー・R・ギャロウェイ「ゲーム的行為、四つのモメント」松永伸司訳、『ゲンロン08』二〇一八年。またアレクサンダー・R・ギャロウェイ『プロトコル――脱中心化以後のコントロールはいかに作動するか』北野圭介訳、人文書院、二〇一七年も参照。

（8）Sean Cubitt, "Current Screens," in Stephen Monteiro ed., *The Screen Media Reader: Culture, Theory, Practice*. Bloomsbury, 2017, pp. 39–54.

（9）Jussi Parikka, *A Geology of Media*, University of Minnesota Press, 2015.

（10）ライゾマティクス創立一〇周年ステイトメントより（rhizomatiks.com/）。

（11）「PerfumeのＳＸＳＷ――真鍋大度とＭＩＫＩＫＯが語る舞台裏」『SENSORS』二〇一五年四月二四日（www.sensors.jp/post/post_65.html）。なお、可動式のハーフスクリーンを使用するアイデアや演出プランの考案、映像制作のディレクション、ビデオコンテの作成までを全てＭＩＫＩＫＯが担当しており、ライゾマティクスはその指示をベースに技術開発と映像制作を行っている。

（12）真鍋大度・石橋素「Things on Stage――パフォーマンス作品における開発と実践」『デジタル・プラクティス』第八巻第四号、二〇一七年（www.ipsj.or.jp/dp/contents/publication/32/S0804-S01.html）。

（13）真鍋・石橋、前掲

（14）真鍋・石橋、前掲

（15）ＮＴＴインターコミュニケーションセンターで開催された「アート＋コム／ライゾマティクスリサーチ　光と動きの「ポエティクス／ストラクチャー」」展（二〇一七年一月二四日―三月二〇日）において公開。

（16）佐藤一憲「Perfumeとライゾマティクスの新たな試みを支えるGoogleの機械学習」『Google Cloud Platform Japan Blog』二〇一八年（https://cloudplatform-jp.googleblog.com/2018/06/NHK-Perfume-TECHNOLOGY-Reframe-Your-Photo-Google-Tensor

Flow.html）

（17）カンヌ国際広告祭の「Spending all my time」の演出と同様の技術的な機構と考えられる。「座談会：真鍋大度×MIKIKO×TAKCOM」『コマーシャル・フォト』二〇一三年一〇月号、六六―六九ページ

（18）真鍋・石橋、前掲

（19）しかしながら、急いで付け加えておくならば、ここで取り上げた舞台技術の多くはライゾマティクスだけで完結するものではなく、先述した通り、舞台演出を担当するMIKIKOによる提案やコレオグラフィ、ELEVENPLAYやPerfumeによるダンスなど多彩な身体表現が果たす主導的な役割は大きく、舞台上のテクノロジーの機械的な作動を緩和し、ライブ・パフォーマンスによって予期せぬ変化を与え、それまでのダンス表現やエンターテイメントとの連続性を生み出している。こうしたテクノロジーによって制御しきれない外部から与えられる条件もまた、ライゾマティクスの最終的なアウトプットに広がりを与えている。

（20）「真鍋大度編――Perfume JPNツアーのための『映像とダンス』サーベイ資料（をまとめ化しました）」二〇一三年（https://matome.naver.jp/odai/2137405410923702701）。より詳細なコメントの入った元資料もgoogle spread sheetsで公開されており、また主要な参考文献として、以下が挙げられている。Steven Dixon, *Digital Performance: A History of New Media in Theater, Dance, Performance Art, and Installation*, The MIT Press, 2007.

（21）「枯れた技術の水平思考」は任天堂で開発部長を務めた横井軍平の開発哲学。先端技術ではなく使い古された技術の使い道を変えることで、新しい商品開発を行う手法のこと。「真鍋大度と阿部一直が語る、ダン・フレイヴィンから連なる「メディア・アートへの系譜」」『美術手帖（オンライン版）』二〇一七年（bijutsutecho.com/special/6639/）。「真鍋大度インタビュー」『美術手帖』第一〇四八号、二〇一七年、二五ページ

（22）真鍋・石橋、前掲。また『デジタル・プラクティス』掲載のインタビューによると、論文以前に「Dance with Things」のタイトルでまとめられた舞台表現技術の歴史についてのサーベイ資料が存在し、それを論文用に短縮したものだという。「Rhizomatiks Research 真鍋大度氏、石橋素氏インタビュー「パフォーマンス作品における技術と演出、その先に」」『デジタル・プラクティス』第八巻第四号、二〇一七年（www.ipsj.or.jp/dp/contents/publication/32/S0804-IV.html）。また後に真鍋はDropbox Paperでサーベイ資料を公開しており「Human Pose and Motion」「Audio-Visual Interaction History」などの項目でまとめられたより詳細なリストを確認することができる。（https://paper.dropbox.com/doc/Art-inspires-entertainment-andadvertisement-nKoWpZnwLNcjkDqQqFbnK 最終閲覧：二〇一八年六月一五日）

（23） Charles Musser, *The Emergence of Cinema: The American Screen to 1907*, California University Press, 1994.

（24） Erkki Huhtamo, "Screenology: or, Media Archaeology of the Screen," in Stephen Monteiro ed., *The Screen Media Reader: Culture, Theory, Practice*, Bloomsbury, 2017, pp. 77–123.

（25） アン・フリードバーグ『ヴァーチャル・ウィンドウ——アルベルティからマイクロソフトまで』井原慶一郎・宗泉訳、産業図書、二〇一二年。Siegfried Zielinski, *Audiovisions: Cinema and Television as Entr'Actes in History*, Amsterdam University Press, 1999, Oliver Grau ed., *Virtual Art: From Illusion to Immersion*, The MIT Press, 2004. またテレビ、アニメ、ゲームを横断するThomas Lamarre, *The Anime Ecology: A Genealogy of Television, Animation, and Game Media*, Unversity of Minnesota Press, 2018. あるいは視覚のテクノロジーと実践に焦点を当てた以下の書籍も参照。Sean Cubitt, *The Practice of Light: A Genealogy of Visual Technologies from Prints to Pixels*, The MIT Press, 2006. Friedrich Kittler, *Optical Media*, Polity Press, 2009. Laurent Mannoni, *The Great Art of Light and Shadow: Archaeology of the Cinema*, University of Exeter Press, 2001.

（26） セルゲイ・M・エイゼンシュテイン「アトラクションのモンタージュ」『エイゼンシュテイン全集 第2部 映画——芸術と科学 第6巻 星のかなたに』キネマ旬報社、一九八〇年、一六ページ。また以下も参照。Sergei Tret'iakov, "The Theater of Attractions," *October*, 118, 2006, pp. 19–26.

（27） エイゼンシュテイン全集の編者の要請で、この演劇の参加者数名によって復元された当時の演出プランによる。セルゲイ・M・エイゼンシュテイン「アトラクションのモンタージュ」『エイゼンシュテイン全集 第2部 映画——芸術と科学 第6巻 星のかなたに』キネマ旬報社、一九八〇年、一九—二〇ページ

（28） 真鍋・石橋、前掲

第11章　触覚的写真
――モバイル・スクリーンの人類学

金暻和

1　はじめに――遍在するスクリーンと身体

そもそもスクリーンとは、特定の場所にしっかり固定されたものだった。スクリーンを見つめるためにはその場所に移動しなければならず、したがってスクリーンの周りには人々が集まっていた。街頭テレビの前に人の群れができあがり、リビング・ルームではテレビを囲んで家族団欒の風景があった。スクリーンは、集いの軸であり、場所を意味づけるものでもあった。

昨今のメディア環境は、そうしたスクリーンのあり方に揺さぶりをかけている。携帯電話をはじめ、音楽プレーヤーやタブレットPCなど、様々なモバイル・メディアが生活の隅々まで深く浸透し、それらと一体化された形で人々はスクリーンを持ち歩くようになった。カフェや待合室、電車の中で、自分専用のメディアを持ち、スクリーンの向こうに没入している人を見かけるのはたやすい。いまや世界のあらゆる場所で見られるこうした光景を、伊藤ら（Ito et al., 2009）は「コクーニング（cocooning）のテクニック」と名付ける。まるで蚕が繭（cocoon）を作るように個人メディアを中心に閉じた空間を作り上げる実践が、ユニバーサルな都市風景として浮かび上がったのである。そうした実践の中心には、いうまでもなくモバイル・スクリーンがある。

モバイル・メディアの登場によって、人は、スクリーンを見つめるために決まった場所に移動する必要がなくなった。しかしその一方、「コクーニングのテクニック」が典型であるように、個人メディアに没頭し、外部の社会環境から隔絶された私的な実践が広まる結果にもなった。個人主義のきわみとしてのモバイル・スクリーンのあり方は、かつてウィリアムズが「移動性の私有化 mobile privatization」(Williams, 1974) と呼んだ概念の延長線上に位置づけることができよう。ウィリアムズの時代の「移動性の私有化」は、テレビジョンやトランジスタラジオなど、家電化されたメディアによって、公的かつ社会的コミュニケーションの一端が私的な時空間に入り込み、日常のあり方を再構築していく流れとして立ち現れた。いまやそれは、多様なパーソナル機器の利用の拡大によってきわめて私的かつ個人的な文脈のメディア実践が、公的な場所を含みながら、様々な時空間にすべからく出現する現象として理解しなければならない。すなわち、昨今に起こっている「移動性の私有化」の中核にはモバイル・スクリーンがあり、様々な社会的変容を導いているといえる。

本章では、モバイル・スクリーンによる社会的変容のあり方を理解するために、ケータイ写真を取り上げる。とくに、ケータイ・カメラと写真を撮る行為の関係性に注目し、日常生活のなかでモバイル・スクリーンが召喚される実践的文脈を考察する。ケータイ写真は、写真の変容という観点から活発に議論が交わされている分野である。本章であえて注目したいポイントは、写真を撮る実践のあり方である。ケータイで写真を撮る行為は、視覚イメージ（写真）を作り上げる実践であるだけでなく、携帯電話を操作する実践であり、さらに、この本の枠組みに沿っていえば、モバイル・スクリーンを切り取る実践でもある。すなわち、本章は、モバイルにまつわる身体実践を主眼に、ケータイ写真のあり方について検討したい。

身体実践という視点は、本書がスクリーンという概念に照準していることにも関係している。モバイル・メディアは、現代人にとって最も身近なコミュニケーションの道具であり生活のツールだ。その役割と影響が多岐にわたるため、どの角度からとらえるのかによって、眼差しのあり方も変わる。本書は、すでにできあがった完成形を想定させるメディアという括りの代わりに、あえて平たくてなめらかな表面を連想させるスクリーンというキーワードを掲げ、身体との接点という見地からメディアに注目するという見方を打ち出している。メディアの物質性と身体性を主眼にモバイル・メディアについてフィールドワークを行ってきた筆者には有り難い展開でもある。スクリーンという問題意識に共鳴し、本章は、あえて身体実践という枠組みからケータイ写真のあり方に取り組みたい。

2　写真撮影という実践の変容

（1）日常的実践としての写真とカメラ

ケータイの数多い機能の中でも、カメラは、最も愛用されている機能のひとつである。食べ物をケータイで撮ってすぐソーシャル・メディアにアップロードする。友達との楽しい一時をケータイ写真で記録し、互いに送り合う。ケータイ・カメラはもはや日常生活の一部となった。松田・土橋・辻（二〇一四、八ページ）の報告によれば、二〇〇一年の調査では「ケータイのカメラ機能を使用する」という人が全体の二・四パーセントに過ぎなかったのに対して、二〇一一年にはそれが六七・五パーセントまで伸びている。通話やメールのような本来のコミュニケーション機能を除いた中では、時計（七八・三パーセント）に続き、二番目に使われる機能となっていた。当調査が行われた二〇一一年一一―一二月は、日本でスマートフォン利用が著しく伸びる前である。すなわち、スマートフォンよりカメラの仕様が劣る「ガラケー」[1]時代から、ケータイで写真を撮る実践は日常的だったのである。

もちろん、日常的に写真を撮る行為自体は、ケータイ写真の登場のずいぶん前に定着している。たとえば、写真史家のバッチェンは、ヴァナキュラー写真（Batchen, 2001: 56）という概念を提案し、普通の人々が撮った日常的な写真のあり方について述べている。プロの写真家や写真ジャーナリストの作品に注目しがちである従来の写真史のなかで、アマチュアの人々が撮った写真があまり注目されてこなかったとバッチェンは指摘する。生活感の溢れる家族写真や旅行先で撮った写真、街の小売店で売られている粗雑な風景写真など、普通の人々が撮った日常的な写真は、視覚表現としては優れていないかもしれないし、報道写真のような影響力を持っているわけでもない。しかし、これらの写真は個人にとって非常に大きな意味を持ち、日常の節目として重要な役割を果たしている。そうした個人的かつ日常的な写真の意味こそ、視覚文化の重要な部分なのだと、バッチェンは強調したのである。

一方、優れた写真論を残したソンタグ（Sontag, 1977＝一九七九、一五―一六ページ）は、人々にとって写真を撮るという実践がいかなる社会文化的意味を持つのかについて述べている。ソンタグは、写真を撮る行為とは視覚的イメージを物質化させることを通じて、過ぎ去る時間のなかで特定の瞬間のみを記憶する一種の「儀式」だと位置づけた。とくに家族や仲間と写真を撮ることは、断片化、希薄化する社会関係を視覚的に確かめるという文脈に置かれており、写真を撮るという儀式こそが一種の社会的なコミュニケーションとして意味を持つのだと主張した。ソンタグが写真のあり方を考察した一九七〇年代のアメリカ社会で、カメラはようやく大衆的な道具になりつつあった。金持ちやマニアではなくても手を出せるくらいに家庭用カメラの値段が下がり、フィルム産業も持続的に成長していた。一方、中産階級の増大とともに個人の美的嗜好や芸術への関心が強まるなか、写真とカメラは、大量消費社会を生きる大衆の「世俗的な芸術実践 middle-brow art」（Bourdieu, 1965＝一九九〇）の道具として定着した。要するに、アマチュアによって撮られ、私的にアーカイビングされていくヴァナキュラー写真は、日常生活にちょっとした非日常的感覚と儀礼的モメントを加味してくれる実践として以前から楽しまれてきた視覚文化だった。

（２）ケータイ写真の日常性

以前は家族アルバムに収められたり、可愛らしいフレームに入れられて部屋の片隅を飾っていたヴァナキュラー写真が、いまやケータイやパソコンの中に保存されるデジタル・メモリーにとってかわっている。デジタル化による写真の変容については、すでに様々な側面から考察がなされている。たとえば、ヴァン・ダイク（Van

Djick, 2007）は、インターネットにアップロードされる写真のあり方に注目し、個人ブログやＳＮＳなどでしばしば公開される写真が持ち主の視覚的アイデンティティーを構築するための要素であると述べる。すなわち、デジタル写真を撮影、公開する行為は、単に視覚的イメージを物質化することに意味があるのではなく、個人のアイデンティティーを構築、維持する実践として意味を持つということである。一方、ヴィーリ（Villi, 2012）は、デジタル写真がコミュニケーション手段として使われる文脈に着目した。写真の添付されたケータイ・メールのあり方を調べたうえで、デジタル・イメージが豊かな意味を持ち運ぶ記号として展開される様子について述べる。要するに、デジタル化したヴァナキュラー写真は、インターネットと出会うことによって、より多様で豊かな文脈を持った視覚的実践へと展開されているのである。

　モバイル・メディアと出会ったことで、日常的に写真を撮る行為は、以前とは比べものにならないほど、量的に増加している。青少年のイメージ専用のチャット・アプリ（スナップチャット）利用に関する、キニャースラティとシントーネン（Kynäslahti and Sintonen, 2015）の報告によれば、フィンランドの田舎に住むある一五歳の女子中学生は、六カ月間に五万三八五四点に至る写真や動画を、チャット・アプリを介して共有していた。食べ物や周りの出来事、自撮り写真などを親友と送り合ったりしたわけだが、一日平均二五七回もの写真撮影を行ったという計算になる。

　フィランドの若者のみならず、ケータイ・カメラを好んで使っていない人も、いざケータイの中を確認してみると、何百、ときには何千枚もの写真が入っているだろう。ケータイは、気軽に撮影できるだけでなく、撮った写真が自動保存されるため、わざわざ削除しない限り写真はそのまま残る。こうした気軽さと自動保存という特徴こそ、ケータイ写真の日常性に固有の文脈を与えているといえよう。

　すなわち、ケータイ写真の日常性は、撮影主体のアマチュア性というより、撮影文脈の拡張という点から説明しなければならない。日常的な出来事や日々の食卓、食べ物、友達との集まりのちょっとした盛り上がりなど、以前なら写真という社会的儀礼とは隔たっていた平凡で陳腐な瞬間が写真撮影の対象になり、むしろそうした対象こそがケータイ写真の美学の中心にあるともいえよう。撮影の文脈を無限に拡大しつつあるケータイ写真は、儀礼的というより、反復的かつ習慣的である。写真そのものを残す意味もより薄まってきている。こうしたケータイ写真の置かれたユニークな日常性に取り組むためには、ケータイの物質性という次元に目を向けなければならない。

3　モバイル・メディアと触覚

（1）「ハプティック・フォン」のデビュー

Nokia と Motorola が世界のモバイル端末機の市場をまだ二分にしていた二〇〇七年、マーケット・チェイサーだった Samsung は、ファッション・ブランドのジョルジオ・アルマーニと提携し、「アルマーニ・フォン（SAMSUNG SGH-520）」（図１）と呼ばれる、デザイン性に優れた新しい機種を発売した。この機種は、有名なファッション・ブランドと提携しただけにスタイリッシュな外見が評判で、高めの価格にもかかわらず売上は上々だった。さらに、この機種には他にも特徴があり、マニアの中で密かに話題になっていた。それは携帯電話にタッチスクリーン・インタフェースを採用しているという点である。

モバイル・メディアにタッチスクリーンを導入すること自体は新しくはない。たとえば、モバイル・メディアの第一世代というべき、一九九〇年代に一時期ブームになっていたＰＤＡ（電子手帳）製品群はほとんどのモデルがタッチスクリーン・パネルを採用していた。この製品群の人気が衰退するにつれて、タッチスクリーン・インタフェースも姿を消した。一九九〇年代後半から著しく普及した携帯電話は、固定電話の名残りとしてのボタン式インタフェースが好まれ、一時的にタッチパネルを採用した機種が出回ることもあったが、大衆的人気を集めることはなかった。

タッチスクリーン・インタフェースがＰＤＡ製品群で積極的に採用されたことはその製品コンセプトと関係が

あった。そもそもPDAは「手帳の電子版」としてイメージされていた。したがって、手帳を真似し、手のひらにのるコンパクトなサイズで専用ペンが付けられた読み書き専用メディアとして商品化された。それに対して携帯電話は、「電話の進化版」をイメージしていたため、受話器が付いている通話専用メディアとして、操作方式も電話のようにボタン式を採用していたのである。

さて、二〇〇〇年代後半に復活したタッチスクリーンは、携帯電話とノートパソコンが融合された、いわば「ハイブリッド・メディア」のインタフェースとして改めて導入された。とりわけ「アルマーニ・フォン」は、広めのスクリーンにグラフィカル・ユーザー・インタフェース（GUI）を大胆に採用し、よりなめらかな操作性を目指し、これまでの携帯電話より格段にスムーズな使用感を実現していた。その新しい使用感を強調するために「ハプティック the haptic、触覚、触覚的」というキャッチフレーズが掲げられた[2]。ここでいう「ハプティック」という表現は、宣伝文句に過ぎないかもしれないが、実は、触覚という、モバイル・メディアに関わる主体の感覚的経験を鋭く照射していたと考えられる。

図 1　Samsung の「アルマーニ・フォン」

たとえば、ヒョース（Hjorth, 2009）は、「アルマーニ・フォン」やiPhoneのようなタッチスクリーン・インタフェースの復活を、モバイル・メディアの触覚的次元への回帰として位置づけた。ヒョースは、触覚と携帯性によって特徴づけられる親密性こそモバイル・メディアの日常性を形づくる感覚だと主張した。たしかに、手、あるいは触覚は、普段モバイル・メディアを使う経験としてはあまり意識されないかもしれない。しかし、よく考えれば、手こそ、モバイル・メディアを使う身体の接点である。「ハプティック・フォン」の登場は、その当たり前の事実をモバイル・メディア業界に気づかせてくれた出来事でもあった。

（2）手とケータイ

携帯電話の最大の特徴は、場所に紐付けられていた電話を解放したという点、すなわち、移動性（mobility）であるということはいうまでもない。「携帯電話」や「モバイル・メディア」という呼称も、移動可能性、携帯可能性こそ、これらの「新しさ」を理解するうえでの顕著な特徴だったからだろう。各国における携帯電話の呼称のなかには、手を意味する単語が付されているのも少なくない。たとえば、中国では、「手で持つ機械」を意味する「ショーチー（手机 shǒu jī）」、韓国では「ハンド（手）」と「フォン（電話）」を組み合わせた「ヘンドゥポン（핸드폰 haendupon）」、さらに、フィンランドでは、「手で持つもの」という意味の「キャンヌッカ（kännykkä）」という呼び名が使われている（金、二〇一六）。手で持ち歩くモノとしての存在を端的にあらわしたこれらの呼び名は、主体の経験をより直感的に伝えているともいえよう。

筆者は、自己記述の方法論（auto-ethnography, Denzin, 2003）を援用し、ケータイについての人々の語りを集める調査を行ってきた。人々の語りのなかで登場するケータイへの眼差しは実に多様である。古いケータイへのこだわりやケータイ写真にまつわる思い出、面白い失敗談など、エピソード満載で、生活の隅々にいきわたっているケータイのあり方を生々しく物語る。ところで、そうした語りのなかで手とは、頻繁に登場するキーワードであった。いくつか事例を紹介したい[3]。

図2は、二〇代の男性利用者（二〇〇九年当時、会社員）のケータイを握っている片手である。長年使われていたこのケータイは、蓋と本体をつなぐ連結部が壊れ、フリップを開閉するたびにカチャと音がする。彼は、微細な振動も感じられるその瞬間にちょっとした快感を覚えたという。電車を待つ時間など手持ち無沙汰な時に、手をポケットの中につっこんで、密かにケータイを開いたり閉じたりする習慣を持つようになっていた。手の中でケータイを鳴らしていると、なんとなく落ち着くのだと言う。この時のケータイは、コミュニケーション手段というより、暇つぶしの小道具やストレスボールのような役割を果たすモノだといえよう。手とつながっているケータイのあり方は、非常に個人的な出来事であるため、滅多に言語化されることもなければ、あまりにも当たり

前でもあるため、意識されない。彼の語りは、そうしたケータイのあり方をあらためて浮き彫りにしてくれた。

図3は、二〇代のある女性利用者（二〇一二年当時、大学生）のケータイである。スクロール用のホイールが付いている機種を使っていたが、長年使ううちに、ホイールがゆるくなり、操作への反応がだいぶ鈍くなってしまったという。微妙にゆるいホイールの感覚は、使い慣れている彼女自身でなければうまくスクロールさせることができないという。彼女の語りは、ケータイを操作するインタフェースおよび使用感を成り立たせる要素として、手の役割とあり方について物語っていた。

一方、図4は、地球規模で3D地図を見せるアプリを立ち上げたスマートフォンが置かれた二〇代の男性利用者（二〇〇九年当時、会社員）の手である。彼は、自分がスマートフォンを持ち歩く気分を、「手のひらの上に地

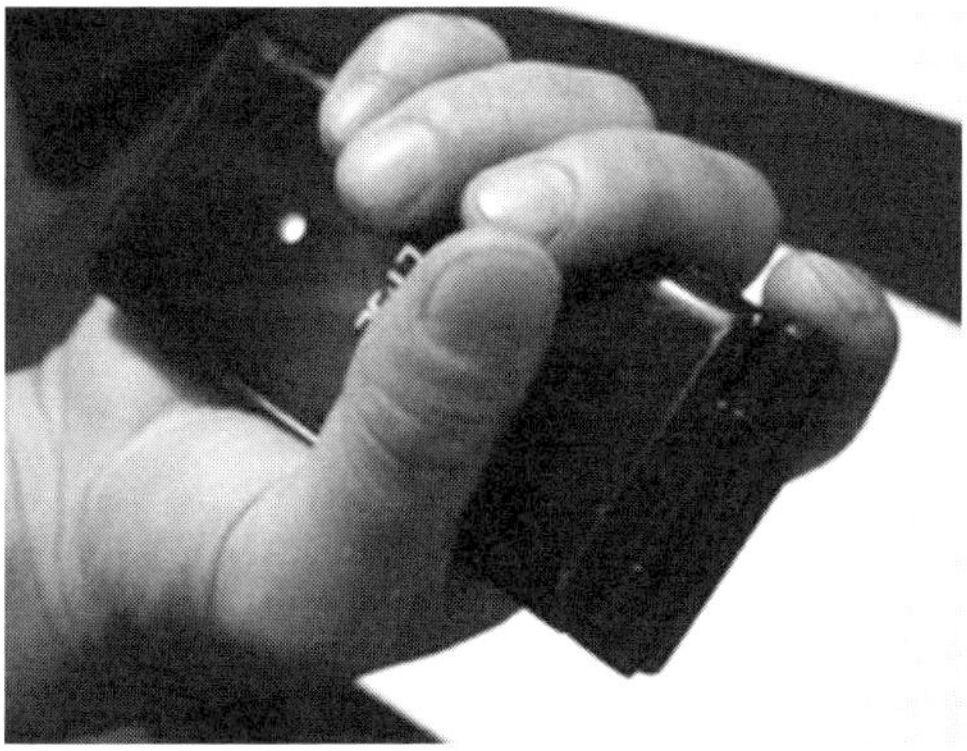

図 2　「快感のケータイ」

図 3　「ゆるゆるのケータイ」

図4　「手のひらの上の地球」

球を入れて歩く」ようだと語った。機能性や使用感とは直接関係ないものの、スマートフォンを所有しているという感覚を象徴的に語る受け皿として手を挙げたのだ。

以上の事例は、手という身体部位が実はケータイを使う行為と感覚に密接に関わっているという事実を再認識させてくれる。ケータイの使用行為は、目的が何であれ、まずは手を伸ばすことから始まる。ケータイを持ち上げ、ボタンを押したり、スクリーンに触れたりする手の実践を通じてこそ、ケータイの使用行為は成立する。すなわち、手は、ケータイの使用経験の軸であるのだ。触覚という次元は、「ハプティック」という表現を用いたタッチスクリーンの登場を待つまでもなく、そもそもモバイル・メディアの経験の入り口だった。

（3）方法論としての手

触覚は、モバイル・メディアを経験する感覚の軸であるにもかかわらず、これまでモバイル研究の中で注目を集める枠組みではなかった。モバイル・コミュニケーションのあり方やスマートフォンの優れた機能など、斬新さが目立つ他の特徴に比べて、手の存在は地味であり、当たり前すぎてとくに研究者の興味を引く対象ではなかった。触覚こそ、「自明な出来事」となったモバイル・メディアのあり方（金、二〇一〇、二〇一六）の典型的な事例でありながら、その日常性ゆえにあまり言語化されてこなかったのである。

クーリー（Cooley, 2004）は、視覚的次元に還元されがちであるモバイル・メディアの使用経験を触覚的次元で見つめ直す必要があると主張し、「視覚メディアでの触覚 visual tactile」[4] という新しい概念を提案した。彼女は、携帯電話、PDA、ハンドヘルドのカメラやキャムコーダーなどを総称したMSD（Mobile Screenic Devices）という独自の概念を用い、これらの使用行為が、握ったり、触ったり、ボタンを押したりする手の実践を通じて行われていることを想起させた。モバイル・メディアを触覚的経験とつなげて理解する方途を示したクーリーの試論は、手に焦点を置くことで、より使いやすいモバイル・インタフェースをデザインする方法論の開発を目的としていた。クーリーの考え方は、単にモバイル機器のデザインの方法論としてだけでなく、モバイル・メディアを探求するうえで手の存在を再認識させるきっかけとしても評価できる。

一方、そうした観点の延長線として、手と触覚を手がかりに、モバイル・メディアのあり方を探るアプローチも試されている。ピンクら（Pink et al., 2016）は「触覚のデジタル・エスノグラフィー」（tactile digital ethnography）という概念を提案し、手を観察の主眼にしたモバイル・メディアの記述論を試みている。利用者の口述にフォーカスする従来のエスノグラフィーの技法に加えて、手のポーズや細かい仕草、手を置いた場所など、手の些細なあり方に目を向け、モバイル・メディアに対する使用者の情緒的解釈や文化的文脈を丁寧に分析してゆく。手を通じて無意識的に表出する心理状態が、メディアに対する持ち主の経験の一面を物語るという仮説に基づき、手のあり方を大胆に解釈した試論として注目に値する。

触覚を入り口にモバイル・メディアを理解しようとすること。そのアプローチにおいて手とは、単にメディアを操作するインタフェースだけを意味しない。それは、メディアと共鳴する身体感覚の受け皿として、さらにメディア実践の感覚的土台として位置づけられる。次節では、触覚的な感受性がいかにして視覚的イメージに転換し、ヴァナキュラー写真の新たなあり方を形作っているのかについて述べたい。

4　触覚的写真の眼差し

ここに一枚のケータイ写真がある[5]（図5）。傾きやブレ、被写体のリラックスした様子から、ラフな雰囲気で

図5　自撮りのケータイ写真

撮られたものであると想像できる。日常のさりげない瞬間をキャッチしているという意味で普通のスナップ写真であろう。前面の女性は、顔が一部しか写っておらず、後ろを歩いている女性はカメラにすら向いていない。やや不自然な構図にあまり違和感を感じないのは、この写真がもはやジャンル化した自撮り写真の文法、すなわち、前面に一人の顔が大きく配置されたり、対象を斜め上から撮る典型的な構図を忠実に再現しているからだろう。容易に理解できるように、この写真は最前面の女性がケータイで撮った自撮り写真である。彼女（二〇代、大学生）は「友達と一緒に歩いていた空間をさりげなく切り取るような感覚で撮った写真」だと述べる。

　以前、写真を撮るという行為は、カメラの小さいビューファインダーを目で覗き込み、そこに写るイメージを確かめ、シャッターを押すという流れで成り立っていた。さらにフィルムに焼き付けられたイメージは一定のプロセス（現像）を経て印画紙に刷られ、「一枚の写真」になる。写真を撮る身体実践は視覚を中心に行われ、写真は一定の時間をかけて初めてできあがる。目と視覚こそ撮影実践の軸であり、そのなかでシャッターを押す手の存在は透明化しがちである。

　それに対してケータイ写真の場合、実践の軸になるのは手である。手でスクリーンを切り取って写真を撮り、デジタルファイルに転換されたイメージがスクリーンに表示される。撮影からイメージの確認まではほとんど時間がかからず、できあがったイメージはスクリーンと同じ空間に浮かび上がる。ズームインやズームアウトなど構図の調整、焦点の合わせ方、撮影の操作、その結果の表示までのすべてが手で行われる。身体実践という側面から、ケータイ写真を撮る行為は、手を軸にした空間的実践として位置づけることができる。上述した事例のなかで、ケータイで写真を撮る行為が「空間を切り取るよう」だと振り返られていることも、そうした身体的かつ感覚的なあり方を物語っている。ケータイ写真のこうした触覚的かつ空間的あり方は、モバイル・メディアの日常性と結合することによって、独特な持ち味と文脈を生み出している。筆者のフィールドノートからその眼差しをさらに取り出してゆきたい。

（1）見返されない写真

久しぶりに写真フォルダを見返したが、なぜこの写真を撮ったのか、どうも理由が思い出せない。眼が腫れていて撮ったのか、なんなのか。こういう写真を人に見せることはおそらくないだろう。（二〇代女性・図6）

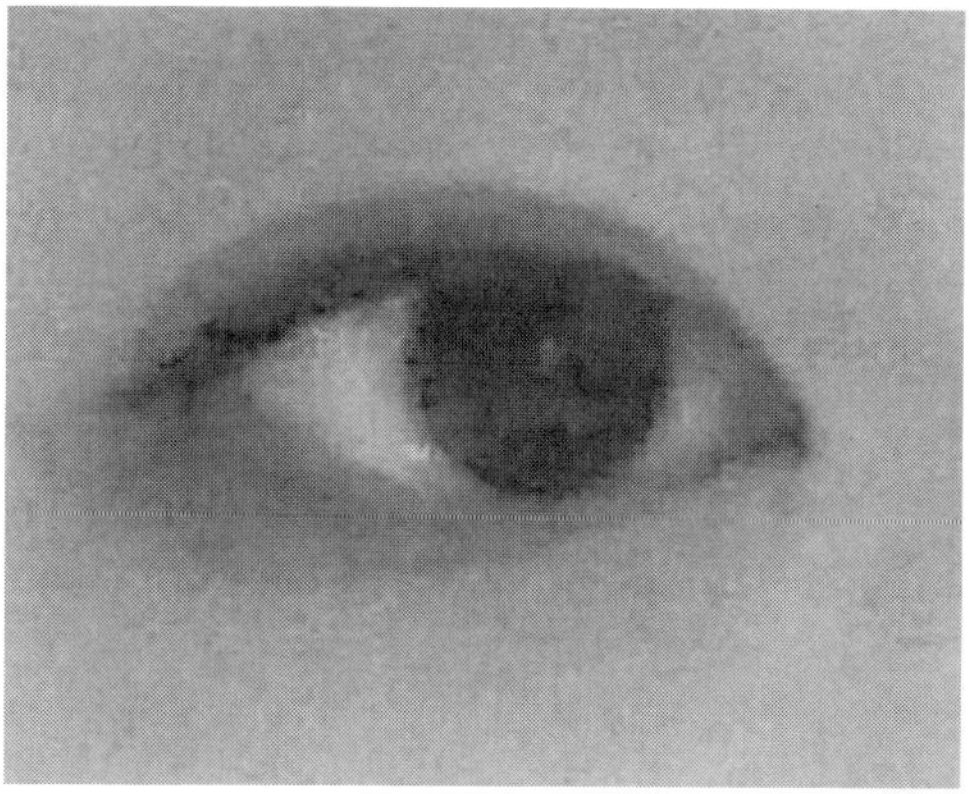

図 6　忘れられたケータイ写真

ケータイ写真のなかには、この女性の語りのように、なぜ撮ったのか思い出せなかったり、あるいは撮ったという事実さえ忘れたりする、不可解なものが混ざっていることが珍しくない。写真を撮った瞬間をかろうじて思い出せたとしても、撮影意図は思い出せなかったり、写真自体が陳腐に感じられたりする。そもそも写真の意味は、過ぎ去ってしまった過去の瞬間を視覚的に蘇らせることにあった。後に吟味できることこそが写真を意味づけるともいえた。それでは後で見返したときに撮影した理由も面白さも全く伝わらない写真の意味とはなんだろうか。

リスター（Lister, 2014）は、見つめられないという点こそ、デジタル写真のあり方の特徴だと主張する。デジタル・カメラとインターネットの普及は、誰でも気軽に写真を撮影し、共有できる環境を作り出した。しかし、そうした状況はデジタル・イメージを量的に膨張させてしまい、写真の希少性はなくなったという。

たしかに、ケータイ・カメラは、撮影から写真の仕上がり、さらに他人と共有する実践という流れを著しく簡略化、簡素化した。私たちはどこでもいつでも写真を気軽に撮ることができ、さらにインターネットを通じて簡単に誰かと共有できる。その結果、写真を制作、共有する実践へのハードルが低くなり、インターネット空間は膨大なイメージで溢れるようになった。検索すれば必要なイメージだけを簡単に手に入れることができるし、そうせずとも大量のイメージが常に流れている情報環境ができあがった。そうした環境のなかで一枚一枚の写真をじっくり見つめる必要性は薄くなった。

写真は、後に見つめられるためのものというより、その場のノリと勢いで撮られ、その場で即時に消費されるものとなった。写真は撮影が実践される時空間にしっかり意味付けられており、時間が経ち、空間の文脈が変わっていくのにつれて、意味も薄まっていく。次第にそれは主体の記憶からも遠ざかってゆき、後に見つめられても意味を感じられない陳腐なイメージに転じていくのである。

(2)　視覚記録としての写真

ケータイの中には一万枚を超える写真が入っている。そのなかには、スクショ（スクリーンショット）で撮った乗換案内とか、覚えておきたい文章を撮ったものなども入っている。いまは思い出を残すためだけではなく、大切な書類などを忘れないために保存の手段としても写真はあるのだと思う。（二〇代大学生・図7）

ポラロイド・カメラで撮ってあった写真をケータイで撮っておいた。イメージをケータイの中に残して保管

したかったから。常に誰かに送ることもできる状態にしたいし、一応持ち歩いたほうが落ち着く。（二〇代大学生・図8）

一般にケータイ写真といえば、友達と写真を送り合ったり、SNSに写真をアップロードしたりする、あるいは何らかのコミュニケーション行動と結びつけて語られることが多い。ところが、誰とも共有されない写真、より正確には、共有する必要性と必然性がない写真もたくさん存在する。

たとえば、バスの時刻表を撮り、いつでも閲覧できるように持ち歩かれる図7は、一応写真の形をしてはいるものの、メモの役割しか果たさない。いつでもどこでも確認できることがこの写真を撮影した理由であり、主体の美的意図は介入せず、視覚的記録物といったほうがふさわしい。一方、図8の場合は、ポラロイドからケータイに写真の保存先を変えることによって、誰かに送ったり、簡単に閲覧したりできる状態にしている。写真を撮るというより、写真イメージを移動させる行為の結果物だといえよう。

これらの写真は、主体の美的意図が反映された視覚表現としての意味はなく、儀礼的なニュアンスを含む「撮影」という言葉にふさわしくないと感じられる。しかし、少なくともケータイ・カメラのアプリを稼働させ、手を差し伸べ、シャッターを切るという、身体のあり方は、まぎれもなく写真を撮る行為だといえる。むしろ、こうした行為こそ、ケータイ・カメラの移動性と日常的な親密性に基づいた新しい「撮影」のあり

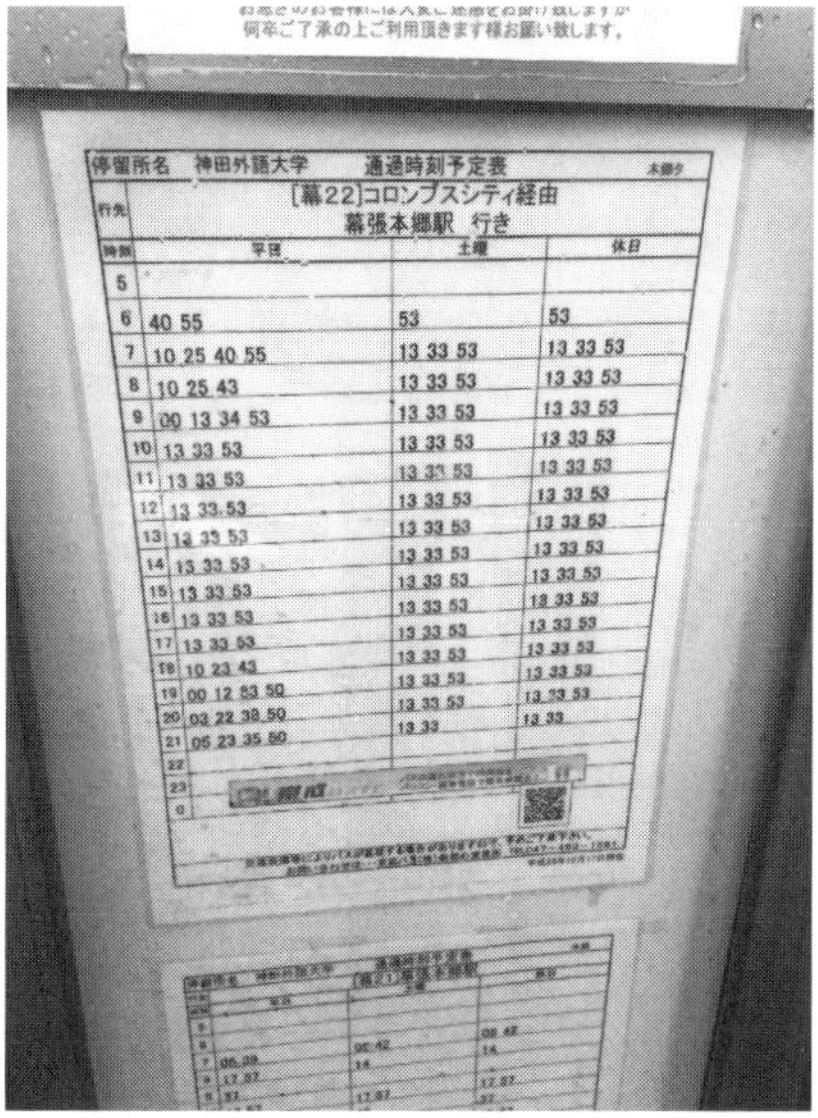

図7　メモの代わりのケータイ写真

図８　持ち歩かれるケータイ写真

方だといえるかもしれない。ケータイ・カメラの普及によって「写真を撮る」という実践の文脈が広がりつつあることが確認できる。

(3)「触覚的写真」

ケータイの登場によって写真のあり方は変わった。本章は、ケータイの物質性と身体感覚という側面からその変化を理解しようとした。ケータイ・カメラは、写真を撮る実践に、スクリーンを切り取る手の感覚と、イメージを持ち歩くという身体的親密感という次元を加えた。ケータイ写真は、触覚的感覚によって刺激、実践され、さらに常に携帯されるモノとして親密性に基づいて消費される。そうしたあり方は、目と視覚を中心にした既存の写真論で語るには限界があり、ここで試みたように、身体と触覚という契機を通じてかろうじて理解できる事象だった。

表現というのは、技術や環境など外部的条件と主体の置かれた文化的、心理的状況が複合的に作用して実現されるという意味では社会的なプロセスである。さらにそうした個別の表現が、大衆的にも理解と共感を得て、集合的に実践されるならば、それを一つの文化としてとらえ返すことができるだろう。

そうした仮説に基づくと、ケータイ写真とは、ケータイ・カメラと遍在する通信技術を外部条件にしながら、一方では視覚的判断と触覚的親密性という心理状態によって駆動され、実践される一つの表現である。自撮り写真や見返されない写真、メモの代わりに持ち歩かれる写真などの事例で明らかなように、ケータイ写真の様々な表現はもはやジャンルと化しつつある。そうした表現を行う主体の感覚は、すでに集合的かつ大衆的に理解と共感を得ており、万人に共通する経験となりつつある。すなわち、ケータイ写真は、既存の写真論では透明化されていた手の存在を可視化し、ケータイと主体の親密な関係性による新しい表現文化を生み出したのだ。ここでは、そうした触覚と親密性に基づいた新しい写真表現を「触覚的写真」と呼びたい。

ケータイ写真は、非常に多様な場面で多彩に展開される実践である。したがって「触覚的写真」という概念もその一面しか語ることができない。しかし、メディア実践の中核としての触覚という意味では、モバイル・スクリーンの遍在化による変化を理解するうえで重要な側面であるのは間違いないだろう。

5　おわりに――モバイル・スクリーンと「情緒的公共圏」の可能性

ここまで記述した、手と触覚が日常実践の中核として浮かび上がることは、モバイル・スクリーンの普及による変化の一つとして理解することができる。触覚は、これまでのメディア研究ではそれほど取り上げられてこなかった。というのもやはり、触覚的経験はきわめて個人的な領域での出来事だからだろう。いままでのメディア研究は、どちらかというと、視覚情報のあり方に主眼を置いてきた。視覚情報は、他人と容易に共有できるため、集合的かつ集団的経験の軸にもなる。いいかえればメディアは、視覚情報を媒介するという意味で公的な営みとして理解されやすい。

ところが、本章で記述した「触覚的写真」は、視覚的かつ公的なあり方とは全く異なる形で成り立った新しい表現文化として位置づけられる。視覚よりは、触覚、コミュニケーションよりは身体的親密性に基づいた新しい表現実践が、集合的に形作られている様子が浮かび上がったのである。

モバイル・メディアの普及は、公共空間にいながら私的な実践ばかりに没頭する人々に対する懸念を生み出している。その背景には、公共空間のなかに私的な営みが介入することによって、公的な営みの秩序が揺らいでしまった状況への違和感があるだろう。社会は、人々の共有できる感覚と経験によって理解され、集合的・協調的実践に基づいて営まれてきた。モバイル・メディアが、社会秩序の心理的条件となる共通性、協調性を弱め、広義の公共圏の基盤を解体してしまうかもしれない。そうした見方が出るのも無理もない。

しかし、「触覚的写真」という新しい表現文化で浮き彫りになったように、モバイル・スクリーンは、視覚的経験を分節化するわけではなく、触覚的経験に基づいた新しい実践を生み出している。モバイル・スクリーンの普及は、いままでの感覚と経験を切断、解体する方向のみに作用するのではなく、いままでは可視化されてこなかった感覚を実践的に稼働させ、それに基づいた新しい集合性の地平を創りつつある。そうした意味では、モバイル・スクリーンの遍在化を、閉鎖的で個人主義的な行為の拡大としてとらえる必要はない。むしろ新たに浮かび上がった触覚的地平が持つ実践的かつ創造的可能性に目を向けなければならない。たしかに公共圏のあり方を支える従来の秩序は危うい変化に直面しているかもしれない。しかしその一方で、そこには新しい感覚と情緒に基づいた集合的感性、あえていえば、「情緒的公共圏」となるものへのヒントがあるかもしれない。

注

（1）「ガラケー」とは、「ガラパゴス・ケータイ」の略語であり、一九九〇年代後半から二〇一〇年代前半、日本で発売、流通した国内向け携帯電話の機種を総称する。これらの機種は、日本国内市場のみに対応する特徴が多く、海外ではほとんど使われなかったため、孤立しているがゆえに独特の生態系を築くガラパゴス諸島にたとえられた。そもそもは日本の通信業界の閉鎖性と孤立性を指摘する皮肉な表現だったが、普通の人々の呼び名としては、スマートフォン以前に出た機種を示す愛称としても定着している。

（2）モバイル・メディアに関する専門情報を発信するウェブサイト「ノウ・ユア・モバイル」（Know Your Mobile）では、「ハプティック」という言葉の定義を、「振動など、機械による反応を使用者に感じさせる技術」としている。http://www.knowyourmobile.com/glossary/haptic

（3）この節で紹介する自己記述は「ケータイのストーリーテリング」と位置づけられた一連のワークショップ活動で収集された。ワークショップで参加者は、①自らのケータイ経験を表しているストーリーを一つ思い出す、②それを象徴的に表せる写真を一枚制作する、③題目をつける、④それについて自ら語る、という活動を行った。ここでは自己記述と利用者によって制作された写真を一緒に載せる。ワークショップの詳細については、金（二〇一六）を参照してほしい。

（4）類似する概念が映画論でも呈されたことがある。マークス（Marks, 2000）は、映画鑑賞と連動して喚起される触覚や嗅覚など視覚以外の身体感覚に着目し、「触覚的視覚」（haptic visuality）という概念を提案した。通常、映画とはスクリーンに映し出される光とイメージ、音、すなわち視覚と聴覚情報を主な表現手段にする。しかし、彼女が分析対象にした、文化的マイノリティーによって制作された映画（Intercultural Cinema）は、作り手と受け手が文化的記憶を共有しない、あるいは、そうであろうと想定しながら作られるため、視覚以外の感覚を刺激する表現方法がしばしば用いられる。彼女は、そのように視覚表現でありながら、視覚以外の身体感覚を喚起する感覚を「触覚的視覚」として位置づけた。

（5）この節で紹介する事例は、筆者の大学の授業の一環として行った「これぞ、ケータイ写真」という活動で報告された。受講生は自分のケータイの中から、ケータイならではの写真を一枚選び、その選択の理由を述べた。

引用・参照文献

Batchen, G.（2001）*Each Wild Idea: Writing Photography History*. The MIT Press.

Bourdier, P.（1965）*Un art moyen- essai sur les usages sociaux de la photographie, Les editions de minuit*.（ブルデュー、ピエール、山縣熙・山縣直子訳（一九九〇）『写真論――その社会的効用』法政大学出版局）

Cooley, H.R.（2004）It's All About the *Fit*: The Hand, the Mobile Screenic Device and Tactile Vision, *Journal of Visual Culture*, 3(2), 133–155.

Denzin, N.K.（2003）*Performance Ethnography: Critical Pedagogy and the Politics of Culture*. Sage.

Ito, M., Okabe, D. and Anderson, K.（2009）Portable Objects in Three Global Cities: The Personalization of Urban Places, in Ling, R., and Campbell, S.W.（eds.）, *The Reconstruction of Space and Time: Mobile Communication Practices*. Transaction publishers.

Marks, L.（2000）*The Skin of the Film: Intercultural Cinema, Embodiment, and the Senses*. Duke University Press.

Hjorth, L.（2009）*Mobile Media in the Asia-Pacific: Gender and the Art of Being Mobile*. Routledge.

Hjorth, L., Pink, S., Sharp, K., and Williams, L.（2016）*Screen Ecologies: Art, Media and the Environment in the Asia-Pacific Region*. The MIT Press.

金暻和（二〇一〇）「パフォーマンス・エスノグラフィー手法を用いたケータイ研究の可能性――文化人類学の視座の示唆」

情報通信学会誌九五号、七五―八五ページ
金暻和（二〇一六）『ケータイの文化人類学――かくれた次元と日常性』ＣＵＯＮ
Kynäslahti, H., and Sintonen, S.（2015, December）The Elements of Mobility in Everyday Life, Paper presented at bi-lateral seminar at University of Helsinki, Helsinki, Finland. Retrieved from https://prezi.com/5hbjjbzpzywt/elements-of-mobile-learning-and-communication/?utm_campaign=share&utm_medium=copy
Lister, M.（2014）Overlooking, Rarely Looking and not Looking. in Larsen, J., and Snadbye, M.（eds.）, *Digital Snaps: The New Face of Photography*. I. B. Tauris, 1–23.
松田美佐・土橋臣吾・辻泉（二〇一四）『ケータイの2000年代――成熟するモバイル社会』東京大学出版会
Pink, S., Sinanan, J., Hjorth, L., and Horst, H.（2016）Tactile Digital Ethnography: Researchng Mobile Media through the Hand, *Mobile Media & Communication*, 4(2), 237–251.
Sontag, S.（1977）*On Photography*.（ソンタグ、スーザン、近藤耕人訳（一九七九）『写真論』晶文社）
富田英典編（二〇一六）『ポスト・モバイル社会――セカンドオフラインの時代へ』世界思想社
Van Djick, J.（2007）*Mediated Memories in the Digital Age*. Stanford University Press.
Verhoeff, N.（2012）*Mobile Screens: The Visual Regime of Navigation*. Amsterdam University Press.
Villi, M.（2012）Visual Chitchat: The Use of Camera Phones in Visual Interpersonal Communication, *Interactions: Studies in Communication & Culture*, 3(1), 39–54.
Williams, R.（1974）*Television: Technology and Cultural Form*. Routledge.

第12章　パブリック・ビューイング
――スクリーンに向き合わない若者たち

立石祥子

1　にわかサッカーファン、あるいは不真面目なオーディエンス

二〇〇二年の夏、日本中がサッカーワールドカップ日韓大会で盛り上がっていた。試合会場となったのは、札幌市、宮城県宮城郡利府町、茨城県鹿嶋市、さいたま市、横浜市、静岡県袋井市、新潟市、大阪市、神戸市、大分市の一〇都市である。二〇〇二年大会は日本と韓国との共催であったため、日韓それぞれ一〇都市ずつが会場となっていた。そのことから、東京や愛知、福岡など、大型競技場を有する多くの都市が会場に選ばれなかったが、チケットを持たない人びとはただ自宅でテレビを観て過ごしただけではない。この時、日本中で、サッカーのテレビ中継を見知らぬ人びとと共有する視聴形態として、「パブリック・ビューイング」が爆発的に広がっていった。大規模なものはしばしばスタジアムや競技場で開催されたが、パブリック・ビューイングの盛り上がりは会場の外にまで広がった。東京では、六本木や渋谷駅前広場、センター街に若者の大群が集まり、こぶしを突き上げて飛び跳ねながら応援歌やニッポンコールを叫んだ。東京だけではない。青いユニフォームを着た人びとが集まってニッポンコールを繰り返す様子は全国で見られた。大阪では数百人が道頓堀川に飛び込んだ。人びとは日の丸の小旗を振り、叫びながら跳ね、夜遅くまで狂乱が続いた。街中に熱気があふれる中、警察が出動し、逮捕者も出た。埼玉県の駒場スタジアムでは、パブリック・ビューイングの整理券を配布する特設テントが大混

乱になり、倒れた人が踏みつけられ、摑み合いがおきた。また、ピッチに乱入した若者が花火を飛ばすなどしたことが問題視され、次回の試合中継が中止された。

日本代表チームの青いレプリカユニフォームに身を包み、配られた国旗を無邪気に振って「ニッポン、ニッポン」と叫ぶ若者たちの姿は、大人たちを落ち着かない気持ちにさせたようだった。当時、若者批判の先陣を切ることになった香山（二〇〇二、三八―三九ページ）は、「「日本代表チームが好き」と「日本という国が好き」の境界もあいまいなまま、ぷちナショナリズムになだれ込んでいく日本の若者」たちの言動について、「「気づいたらそうなっていた」という現代ニッポン的な屈託も重みもない愛国主義」だと述べた。こうした若者への批判的な語りは、日本における二〇〇二年のパブリック・ビューイングに関する典型的な反応の一つだ。香山は愛国主義であるという自覚を伴わない愛国的な行動として、当時の若者たちの熱狂を批判する。上野（二〇〇三、一二―一三ページ）は、若者の「屈託のない」街頭での応援を香山が提唱した「ぷちナショ」現象の中に位置づけたうえで、集団視聴にやってくる若者を、「現実からの切断と、現実への同調（差異への不安）」という矛盾した立場を抱えながら「苦し紛れ」に「「分裂」（化）」すると指摘する。黒田（二〇〇二、三八ページ）もまた、街中の代表ユニフォーム姿の若者がサッカーファンではなく、また彼らの叫ぶ「ニッポン」に「われわれ」の感覚もないことに触れ、「一時的な仲間との共同性の渦に身を浸す快楽を味わい、それがたまたまW杯であったのかもしれない」と述べている。これらの言及は、若者たちが日本国旗を掲げニッポンコールを繰り返す姿を「仲間との共同性」に集約することで異質な存在として切り離し、サッカーというスポーツや日本代表チームへの興味といった明確な目的意識のないイベントへの便乗を、一時的な快楽への投身と見なしていると言えるだろう。このように、二〇〇二年の日本において、パブリック・ビューイングに集まり街中で騒ぐ若者に対しては、サッカーや国旗に対する不誠実な態度から否定的な評価がなされてきた。

不真面目な若者たちへの批判的ムードを受けてか、当時、大学の食堂で開催されたパブリック・ビューイングに参加したある日本の若者は、聞き取りの過程で、サッカーファンでないことや試合の展開をまったく覚えていないことについて、申し訳ない気持ちを吐露している。

楽しかったと思う。その楽しかったと思う、ということをね、こう、もうスパッと言い切るだけの当時の状況が思い出せないのは、その部分にちょっと申し訳なさを感じるわけ。いや、なんかもうすごくサッカー〔ファン：引用者注〕の鑑みたいな人がいるとして、「もう、めちゃくちゃ楽しかったですよ、めちゃくちゃ盛り上がりましたよ、後半何分に誰々が点入れて試合に勝ったんですよ、でまた、誰々のアシストが最高だったんですよ」みたいな、そういうのが理想的なサッカーファンなんだろうけど、そんなに具体的に語れるほど物事を覚えてない。けどなんとなく楽しかったんだと思う(1)。

二〇〇二年、若者たちがスクリーンを囲んで何気なくユニフォームを身に着け、何気なく国旗を振るイベントは、その何気なさゆえに批判された。当時、レプリカユニフォームに身を包み、日の丸の国旗を振った人びとは、サッカーファンの過激さや、日本の若者たちが右傾化しているといったことから批判されたのではない。むしろ、彼らがしっかりとスクリーンを注視する真面目なサッカーファンではないこと、こだわりを持って日本国旗を手にする自覚的な愛国主義者でないことが問題視された。彼らはその時、「理想的なサッカーファン」、そして「理想的な愛国主義者」たる真面目さをもってスクリーンに向かい合うことを求められていたのだ。

2　見えないスクリーン

二〇〇二年六月九日は、FIFAワールドカップ日韓大会のグループリーグ、日本対ロシアの試合がおこなわれる日であった。試合の様子は世界中にテレビ中継され、サッカーに普段馴染みのない人びとも、パブリック・ビューイングに集まってくる。豊田スタジアムも中継会場のひとつであった。臨時便が出た電車の車内はユニフォームを身に着けた人で混み合っていて、まるで本物の試合を観に行くような高揚感であふれていた。会場の席はいっぱいに埋まっていた。普段は二色に分かれる客席のカラーも、今回はすべて真っ青だ。青一色に埋まった客席と、空っぽの芝生を前にして、テレビ中継が始まった。ここでは、二〇〇二年のパブリック・ビューイング体験について語ってくれた日本の若者たちへの聞き取りを中心にして、当時の現場の様子を見ていきたい(2)。

サッカーに特別思い入れがあるわけではないある高校生の少女も、日本代表チームのマフラーとレプリカユニフォームを購入し、友人とともに会場に到着した。ところが、すぐに明らかになったのは、彼女にはスクリーンがほとんど見えないということだった。彼女は背が低いうえに、目の前には大勢の人がいる。そこで、彼女は周囲の歓声に合わせて声を上げることにした。スクリーンの中でなにが起こっているのかは分からなかったが、手を叩き、飛び跳ねた。彼女に当時の思い出を聞くと、結局最後までよく観えなかったスクリーンのイベントを楽しんだと話してくれた。

同じ会場に、男子高校生の四人組もいた。彼らは、企業のキャンペーンに応募して手に入れたレプリカユニフォームをそろって身に着けていた。早くから会場に着いた彼らは、スクリーン前の一番良い席に座ることができた。試合開始前からすでに、選手の情報や試合会場のコンディションについてテレビの実況中継が流れており、スクリーンに向かってのニッポンコールが始まっていった。スクリーン前付近では応援団も陣取っており、ドンドンと鳴り物が響く最も盛り上がる席であった。男子高校生のうち一人は野球ファンを自認しており、日本のサッカーの試合にそれほど興味があるわけではなかった。しかしその時には、周囲の盛り上がりに交じって大声をあげた。盛り上がりが最高潮に達した時、事件が起きた。日本側のゴールが決まった直後と、日本側の勝利で試合が終了した直後、興奮した観客がピッチに乱入したのだ。高校生の少年にとって深く印象に残ったのは、日本側のゴールが決まった直後であった。観客たちがガッツポーズをとり、ハイタッチをして喜ぶ中、数人の観客が誰もいないピッチに飛び出して走り回り始めた。警備員はピッチにおりて、走り回る観客を追い掛け回す。日本チームに二点目が追加された時にも同様に数人の観客が芝生の上を走り回った。試合が再開されてもまだ芝生の上ではしゃぎまわる人びとに業を煮やした主催者側は、ついにはテレビ中継の映像を切った。観客席に留まっていた人びとは、暗くなったスクリーンを観て、芝生の上を走り回る男たちに向かってブーイングをした。野球ファンの少年にとってのこの視聴イベントの思い出は、スイッチを切られて真っ黒になったスクリーンであった。日本チームの勝利が決まった試合終了後には、映像を消される心配がなくなった観客たちが大量にピッチへと流れ込み、芝生の上は大騒ぎになった。観客たちは無人の芝生の上を走り回り、花火をあげ、サッカーを始めた。ピッチは荒れて、警備員の注意も追いつかないほどの騒ぎであった。少年が一緒に観戦した友人二人も芝生に入り、最終電車に帰りを急ぐ彼とは別々に帰宅することになった。

当時、豊田スタジアムでのパブリック・ビューイングを企画・運営したのは、名古屋テレビ放送であった。テレビ局が興行を主催するための独立した部門を持ちながら放送番組の制作部局と連携していくスタイルは、日本のテレビ局に特有の構造である。イベント実施には社内でも反対の声もあり、その理由は「テレビで放送する試合にわざわざ金を払って見に来るわけがない」というものであった。二〇一〇年のワールドカップ南アフリカ大会の際にパブリック・ビューイング開催にかかわった同局イベント事業部の上野和宏氏によると、二〇〇二年当時、第一戦である二〇〇二年六月四日の日本対ベルギーの試合では、入場無料であったこともあり、三〇〇〇人程度の入場者を予想していたという。ところが、予想に反して、日本対ベルギー戦では一万二〇〇〇人ほどの来場があった。驚いた運営側は警備員の数を六〇人以上に増やして六月九日の日本対ロシア戦を迎えたところ、ロシア戦にはベルギー戦の倍以上の二万三〇〇〇人を超える来場者があり、ピッチに観客があふれ、スクリーンの映像が消される「事件」が起きた。

この芝生乱入事件が起こった後、予定されていた六月一四日の日本対チュニジア戦のパブリック・ビューイングが中止になったことが発表され、以降、二〇〇二年には日本代表チームが決勝トーナメントに出場を決めた後も、豊田スタジアムでパブリック・ビューイングがおこなわれることはなかった。(3)

さて、豊田スタジアムでのパブリック・ビューイングを体験した翌日、登校した高校生の少年を待っていたのは、周囲の冷めた視線だった。彼自身、興奮して走り回りたくなる気持ちは分かるとしながらも、良くないことだったと述べる。同じ会場で、芝生乱入事件を体験した高校生の少女もまた、乱入者によって芝生が荒らされたことから、盛り上がっていた乱入者たちは本当にサッカーが好きな人ではなかったのではないかと振り返っている。いずれにせよ、彼らが参加したパブリック・ビューイングについて思い出すのは、観えなかったスクリーンであり、映像の切れた真っ黒なスクリーンであった。スクリーンのもとに集まった彼らは、いわばスクリーンに映されるもの抜きで、スクリーンの祭りを楽しんだ。

こうしたパブリック・ビューイングの体験談は、それほど珍しいものではない。それはサッカーファンを公言する参加者であっても同様だ。当時、大学生だった青年は、サッカーファンとして試合を観るためにパブリック・ビューイングに参加した。最初はじっと試合を観ていたものの、日本代表チームが得点したのをきっかけに会場が盛り上がり、会場の一体感を認識して以降、試合の内容をさっぱり思い出せないという。彼は当時のことを次のように振り返っている。

会場の空気を楽しんでるときって、試合をあんまり見てなかったりする。試合のインパクトがあったのは、一人で見てる試合の方が強いと思う。（中略）だから一点目は覚えてるけど、その後は覚えてない。一点目まではけっこう試合をじっくり見てて、で、入らないな負けそうだなって、ずっと試合の心配をしてて、一点入った瞬間に、たぶん会場がわあーって盛り上がって、一体感っていうものを感じて、で、そっから割と会場っていうものに意識がいってる気がする。みんなで見てるってことに楽しんでる感じ。それまではたぶん、試合を見てるって感じ。だから二点目はいまいち覚えていない。(4)

参加者はしばしば、ワールドカップのお祭り気分を味わいに会場へ出向くものの、後になって振り返ってみると本人も驚くほどスクリーンに映っていたものを思い出せない。しかし、いつでもどこでも視聴可能なテレビ番組を観るために、見知らぬ人びととスクリーンを共有した非日常的な経験は、何年経っても記憶に残っている。

3 「無断放映」の蔓延と小規模化

二〇〇二年当時の日本におけるパブリック・ビューイングをめぐっては、熱狂した若者たちの多くの逸脱行為がクローズアップされる中、その本物らしからぬサッカーファン、あるいは本物らしからぬ愛国主義者としての態度に対する若者批判へとつながっていった。当時、パブリック・ビューイングは無数の団体や個人によって、様々な規模で草の根的に企画・実行されており、開催状況そのものも混乱の中にあった。これらすべてのパブリック・ビューイングを把握することは困難であり、全体像は依然として不明のままである。

というのも、当時、パブリック・ビューイングは、開会二カ月前の時点で国内開催一〇自治体でのみ開催されることになっていた。試合の放映権はまず代理店に売却された後、世界のテレビ局に売られたが、その際に各テレビ局が得る放映権の中には二次利用権利が含まれていない可能性があった。NHKと民放各局、およびスカイパーフェクTV!は、放映権を獲得したもののFIFAや代理店を通さなければパブリック・ビューイングを開けない状況であった。自治体は映像の無償提供を求めていたが、開催まで七カ月に迫った時点でFIFAからは返答がなかった。この背景には、FIFAが放映権を売却した代理店ISL社が倒産したことで、ワールドカップ関連の契約日程が大幅に遅れている事情もあった。ようやく二〇〇二年三月以降、パブリック・ビューイングについては試合開催自治体に限ること、地元での開催試合と日本戦に加えて一試合をオプションで開催できること、一開催地七試合まで、試合中継会場は二カ所まで、一カ所につき収容人数は一〇〇〇人までといった条件がまとまることになった。結論に至るまで、こうした条件は二転三転を繰り返したため、テレビ番組を放送するイベントを企画していた企業や学校現場などは混乱を重ねることになった。結局、こうした混乱の中で、多くの「違法」パブリック・ビューイングが様々な形で開催されるに至った。

当時、多くの中学校、高校で、独自の「観戦会」が開かれたが、こうした私設のパブリック・ビューイングが乱立する事態について、次のような記事も登場した。

W杯組織委員会などによると、不特定多数の人を集めてW杯映像を流す「パブリック・ビューイング」には許可が必要。ただ、版権を管理する広告代理店は「個人が街頭で上映するプライベートのケースはおそらく全国各地である。すべての把握は不可能。日韓共催のお祭りであり、ビジネスの話をしても仕方ない」と苦笑いしている。(5)

実際には、パブリック・ビューイング開催を申請した結果、イベント自体がとん挫した市町村・団体もあった。ある中学校は、公共施設に大画面を設置して公開イベントのパブリック・ビューイングを企画したが、日本組織委員会に問い合わせた結果、放映権の関係で開催を断念することになった。直前になってパブリック・ビューイング会場増設をワールドカップ日本組織委員会に交渉したが、認められなかったケースもあった。大手広告代理店の電通が、スカイパーフェクTV!の映像を使うことを条件にパブリック・ビューイングの開催権を五〇万円で売ろうとしたところ、自治体が自主的に断念するといった事態も起こった。一方で、許可を取らずにおこなわれるケースについて、日本組織委員会は黙認を通していた。つまり、わざわざ開催許可申請をすれば許可されないかもしれないが、無認可で開催してしまえば黙認されるという状況があった。

電通は当初、無断放映をおこなった飲食店などに対して賠償を請求するとしていたが、手に負えないほどの違反の数に、賠償を断念したという。(6)こうした状況は二〇〇六年のドイツ大会以降も続いている。事前に宣伝した上でテレビ番組の集団視聴をおこなう場合、入場料をとらない非商業目的であってもライセンス料を支払わなければならない。しかし、結局のところ、パブリック・ビューイングは、番組内容それ自体というよりはむしろ、視聴空間への参加そのものに価値がある。だからこそ、非商業的イベントであってもライセンス料を支払うべきだという考えがある一方で、放送されるコンテンツそのものは無料で視聴できるという考えもある。すでに見てきたように、日本において最初で最後の巨大なお祭り騒ぎとなった二〇〇二年のパブリック・ビューイングに際してすら、あのイベントを「楽しかった」と振り返る参加者に、番組内容の記憶よりも、スクリーンを前につかの間の共同性を楽しむという空間そのものが意味を持っていることが見て取れる。

二〇一〇年代、日本においてパブリック・ビューイングという視聴形態は、その言葉自体の広がりとともに、様々なコンテンツの放映で利用されるようになった。一方で、二〇〇二年当時の爆発的な盛り上がりはすでに見られず、小規模でローカルなイベントとして根付き始めている。これは、次の二〇〇六年大会でホスト国となり、数十万人規模のパブリック・ビューイングが定着したドイツとは対照的な状況に思われる。(7) 従来の家庭に常設されたテレビ受像機でのテレビ放送の視聴とは異なり、パブリック・ビューイングは、一時的にスクリーンを設置した仮設の空間において視聴するという意味で、エフェメラリティ（ephemerality＝短命であること、儚いこと）を帯びた出来事である。この視聴空間で見知らぬ人びとが集まることは、日常でのつながりや、日常生活と関連づいたコミュニティとの関係が一時的に棚上げされ、匿名性の中に溶け込みながら、スクリーン越しに自分自身と向き合うことも意味する。(8) 二〇〇二年当初、日本におけるパブリック・ビューイングは、ドイツにおけるそれと同様に、スクリーンを観ない参加者によるエフェメラルな集団視聴であった。にもかかわらず、それ以降、日本においてパブリック・ビューイングは、地域コミュニティに埋め込まれた小規模なイベントと化していく。その背景には二つの事情がある。一つは、これまで見てきた二〇〇二年当時おこった「にわか」批判である。そしてもう一つは、パブリック・ビューイングをめぐる権利問題の混乱であった。以降、日本におけるパブリック・ビューイングは、サッカーの試合中継番組を観に来たのだから参加者はサッカーファンに違いなく、であるからして真面目にスクリーンを観るであろう、といった期待のもとで、再び「真面目さ」を取り戻していく。

4　真面目な集団視聴と不真面目な集団視聴

ここで、これまで見てきた二〇〇二年の日韓ワールドカップ時の事例をもとに、集団視聴をめぐる仮説を立ててみたい。すなわち、集団視聴には、真面目で目的的なつながりの集団視聴と、不真面目でエフェメラルな集団視聴とが常に同時並行的に存在しており、日本においてはスクリーンに対して真剣に向き合う目的的なつながりの集団視聴の方が重視されてきたのではないかという仮説だ。

日本では、一九六〇年代に各世帯にテレビ受像機が普及して以降も、テレビを地域やコミュニティの人びとと共同で視聴する現象はあった。その中には、組織されたイベントとまでは言えないものも多く含まれている。たとえば、高校野球といった地域と結びついたスポーツ中継を、地元のデパートや商店街、家電店などが顧客サービスとして放映する様子や、ショッピングセンターに観戦用のテレビが設置され、買い物客が足を止めてテレビを観るといった光景である。他方、教育現場でおこなわれてきた集団視聴もある。典型的には、学校の視聴覚室で、テレビに映った母校の活躍を応援する観戦会がある。テレビに向かって応援歌を歌い、鳴り物を鳴らして声を張り上げる習慣は、一九八〇年代から現在に至るまで続いている。たとえば一九八九年の『中日新聞』では、甲子園に出場する高校の視聴覚室で、ＯＢと留守番の教職員がお揃いのうちわを手にし、テレビに映し出される自校の応援団と一緒になって校歌や応援歌を熱唱する様子が、「臨場感は〝満点〟」と伝えられている[9]。そのほかにも、市民ボランティアによるパフォーマンスを市と協力してパブリック・ビューイング会場で披露する例や、駅伝などの学生スポーツに際して、パブリック・ビューイングの応援のために大学職員や市職員が駆り出されて画面に向かって応援するといった例がある。これらは、いわば地域に根差したスポーツのテレビ中継に際して、地域の「地元意識」や「学校愛」といった集団の統一性を確認する規範的行動の一つとしてパブリック・ビューイングが利用されてきた例とも言える。こうした集団視聴の会場となるのは、自治体のホールや公民館、学校の体育館などであり、テレビ画面を通して地元選手など地域ゆかりの人物を応援するスタイルが定番である。これらは日本において続いている、つながりの集団視聴であるといえるだろう。

こうしたつながりの集団視聴は、現在、スポーツだけでなく、様々なコンテンツに際しておこなわれている。たとえば人工衛星の打ち上げを見守る会、世界遺産決定のテレビ速報テロップのための「待ち会」、NHKの大河ドラマや朝の連続テレビ小説のロケ地となった役所の職員が町民とともに放送を視聴する会、ノーベル平和賞授賞式の様子を長崎で見守る会、地域の選挙の開票速報を観ながら政治議論を交わす会などが開催されている。パブリック・ビューイングという言葉そのものが広まるきっかけはスポーツ番組の集団視聴であったかもしれないが、パブリック・ビューイングはスポーツの視聴に縛られるものではない。ただし、これらのつながりの集団視聴は、その多くが特定の地域に根差し、特定の目的に資する会となっている。パブリック・ビューイングという世界共通の名前を掲げつつも、つながりの集団視聴はあくまでコミュニティに埋め込まれており、それゆえに地域の社会目標を背負わされやすい。こうした事情から、二〇〇二年に世間に認識され盛り上がりを見せたパブリック・ビューイングは、現在、人と人とのつながりを生み出す役割を期待されている。近年では、サッカーワールドカップに際して、ワールドカップ観戦を名目にしたパブリック・ビューイングの婚活パーティーが各地で開かれた。「コミュニケーションが苦手な人でも同じサッカーの話題で会話も弾み、いい出会いの場になるはず」[10]（栃木県）、「会話が苦手な人同士も、一緒に観戦すればハイタッチしたり抱き合ったりして喜べるはず」[11]（大阪府）、といった声が企画運営側からあがっている。こうした声からは、パブリック・ビューイングに参加した人びとが一定の目的を持って交流し、人生にかかわるようなネットワークが生まれることへの期待が垣間見える。人びとがテレビを集団視聴する際には真面目にスクリーンに向かい合うはずであるし、そうした真面目な取り組みの中で人とのつながりが生まれるのだという素朴な理解がそこにはある。

さらに、こうした理解がさらに先へ進んだ結果として、二〇一〇年代、公共空間における目的のあいまいな人びとの集まりは、真面目な集団視聴の重視に回帰しながら、地域振興へと収斂されつつある。パブリック・ビューイングは、現在、まちづくりや地域活性化へ結びつく企画として、市役所や町役場だけでなく、商工会議所、青年会議所、商店街、まちおこしグループといった地域の公共的な団体によって企画されている。市のホールや公民館、自治体のアンテナショップ、寺院といった公共的な施設に仮設スクリーンが設置され利用されるだけでなく、はじめからパブリック・ビューイング開催を見込んで常設スクリーンの備え付けられたコミュニティスペースが作られていく。たとえば、東京都豊島区が二〇一九年にオープンを予定する野外劇場を備えた公園では、大型スクリーンを設けてパブリック・ビューイングにも対応することになっている。[12] AR（拡張現実）機能を備えた映像設備を映画館に導入し、二〇二〇年の東京オリンピック・パラリンピックを契機に、地域の映画館におけるAR型パブリック・ビューイングが普及することを狙う動きもある。[13]

強固な中間集団の崩壊が社会問題となる現在、一時的な集合行為は、社会的に害悪と捉えられてきた。特に日本においては、継続的人間関係に基づく集合性が、社会目標として地方行政により主導されてきた歴史がある。[14] たとえば共同体主義では、「個人主義が蔓延した結果、日常的つながりに基づく理想的な集合行為が衰退した」とされ、集まりが一時的であることは社会的課題とすらみなされる。こうした思想は「持続可能社会」といった志向性とも結びつき、継続的人間関係作りこそが社会的課題を解決するとした共同体主義に基づく実践を各地で生み出し始めている。したがって、共同体主義に依拠した人間関係づくりのイベントは、ボランタリズムといった慈善的性格を持つ人のつながりの回復によって地域を再生しようという志向性を持つ。地方行政からの委託や地元商店街との連携等によって、地域活性化を最終目標に据えた、こうした「人とのつながりづくり」を目指すイベントは近年ますます盛り上がりを見せている。二〇〇二年にはその一過性と偶然性、さらには無目的性によって特徴づけられていたパブリック・ビューイングもまた、こうしたまちづくりイベントの一つとして期待され、利用されはじめている。

他方、バウマン（Bauman, 2000＝二〇〇一）が指摘するように、都市化・産業化・情報化の進展した現代においては、人びとの集合行為は流動性の上に成立しており、もはや集合行為が一時的であることは現代における共同体の前提である。また、社会学者のデランティ（Delanty, 2002＝二〇〇六）は、通勤中に毎朝一緒になる名前も知らない地下鉄の乗客のように、都市の中心部に出現する境界的で遊牧的な集合行為を「ポストモダン・コミュニティ」と捉え、何の道徳的目的も持たない一時的な集合行為を、現代を代表する集合行為の形とみなしている。実際に、地域振興のためには継続的人間関係を前提とした集合を用意する必要があるという、一九六〇年代の住民運動モデルを現代に当てはめることは、「続かないものには意味がない」といった論調で一時的な集合行為の社会的意味の発見やその実践を困難にしてしまう。

5　エフェメラルな集団視聴の行方

結果として、パブリック・ビューイングをめぐっては、相反する二つの捉え方が存在することが分かる。一方には、「ただバカ騒ぎをする、人に影響されやすいだけの、意味のない集まりだ」という見方がある。他方には、「地域振興にも結び付くような趣味の集まりだ」という見方がある。この二つの評価は表裏一体だ。なぜなら、仮設的な視聴を、具体的な目的も利益もなく価値が低いと判断することと、参加者の繋がりを強化し地域の共通利益に結び付く集まりであれば価値があると判断することは、結局のところ、あいまいで一時的な集合を否定的に捉えているからだ。

二〇〇二年当時、日本中に生まれたパブリック・ビューイングの現場は、かならずしもスクリーンに真剣に向かい合わなくてもよい、雑多な空間であった。会場には、スクリーンが見えずとも楽しんで帰る者もいれば、真っ暗なスクリーンしか思い出せない者もいる。そこで視聴されているのがサッカーの試合の生中継であっても、「サッカー文化」や「ファン文化」の枠組みの中にのみ捉えられるものではない。むしろ、二〇〇六年のドイツ大会に際して開催されたドイツ各地のパブリック・ビューイングでは、普段サッカーの試合で客席を占めているフーリガンが見当たらなかったことが喜ばれた（Schulke, 2007）。熱心なサッカーファンであるドイツ人参加者の中には、一度パブリック・ビューイングに行ったものの集中して試合を観戦できないために、自宅での視聴に切り替えたと話してくれた者もいる。もしテレビでサッカーの試合を観たいだけなら、リビングのソファでビールを飲みながらテレビ画面を独り占めすればいい。

今では、パブリック・ビューイングは、ほとんどライブ・ビューイングと同じような意味で使われている。ライブ・ビューイングでは、映画館など、日常的にスクリーンの置かれた場所に人びとが集まり、コンサートなどの中継映像を視聴する。二〇〇六年のワールドカップドイツ大会に際して、映画館としては初めてTOHOシネマズが全国でパブリック・ビューイングを開催して注目を集めたが、現在では多くの映画館がパブリック・ビューイングを開催している。映画館は、真剣にスクリーンを注視する人びとのためにつくられた視聴空間だ。通常、映画館では、映画の上映中に、来場者は、大声で話したり、うろついたり、お弁当を広げたり、スマートフォンやタブレットをいじったりしてはいけないことになっている。「上映作品の前情報はほとんど知らないけれど、映画館があるしふらっと入ってみよう。飽きたらスクリーンのまわりを歩き回って観客の様子でも見て楽しめばいいや」というような思いで映画館にやってくる人は、現在の日本にはあまりいないだろう。そこは、コンテンツへの敬意や、愛着や、興味を前提としてスクリーンに向き合う、特定の人びとのための空間である。

目的性のあるスクリーンの共有は、次第に地域振興や人とのつながりづくりへと回収されていく。商店街の活性化やお寺での地縁づくり、さらにはイベント会社による婚活パーティーなど、日本のパブリック・ビューイングはマス・コミュニケーションの場というよりむしろコミュニティのために役に立つツールとして広がっている。特定の目的に紐づけされた社交空間として開催されるパブリック・ビューイングは、大規模で匿名的なイベントにはなりえない。

恒常的な人間関係に比べ、社会的意味において劣ると思われがちであったパブリック・ビューイングは、スクリーンのもとに集まることそのものに価値があるからこそ、エフェメラルな集団視聴が可能なイベントであった。イベントの仮設性は、視聴空間が仮設であることだけを意味しない。参加する人びともまた、偶然に一つの集団となり、ただ一時スクリーンを共有して、再びすれちがい、日常生活に戻っていく。なんの新しいつながりも生まれず、つながりが生まれないと分かっているからこそ、見知らぬ人とハグができるのだ。日本におけるパブリック・ビューイングは、匿名的な公共空間におけるエフェメラルな集団視聴として爆発的に広まり、次第にその集客力がクローズアップされるにつれ、常設的なコミュニティに収斂されていった。日本におけるエフェメラルな集団視聴の水脈は地下にもぐってしまったかのように見える。しかし、まだそれは必要とされているはずだ。

謝辞
本章は財団法人電気通信普及財団「パブリック・ビューイングの日独比較研究——複合メディア環境における「メディア・イベント」に関する理論構築に向けて」（研究代表者：立石祥子）および放送文化基金「二〇一八年サッカーW杯におけるパブリック・ビューイングの研究」（研究代表者：立石祥子）の助成を受けた研究成果の一部である。

注
（1）聞き取り日：二〇一二年一〇月二四日
（2）本章で紹介した聞き取りの事例は、筆者がこれまで、二〇〇二年日本と二〇〇六年ドイツにおいてパブリック・ビューイングに参加した、日本国籍とドイツ国籍を持つ者に対して個別面接をおこなった際得られたものである。参加者は母集団の特定が容易でないことから、標本抽出は妥当性を重視したサンプリングを採用している。聞き取りは、日独においてそれぞれ現地語（日本語／ドイツ語）でおこない、インタビューガイドを用いながらも個人の語りの自由度を重視し、想定範囲外の回答を採り込むことができる半構造化面接として実施した。その上で、データの個別性を重視しつつ一般的理論化を試みる「グラウンデッド・セオリー・アプローチ」を分析に用いている。筆者の分析の特徴は、分析プロセスを図に落とし込み、可視化しながら理論構築を目指すデザイン工学やユーザビリティ研究で用いられている手法をオーディエンス分析に活用する点である。詳細については、西尾（二〇一四）を参照のこと。
（3）二〇一〇年に再び名古屋テレビ放送が豊田スタジアムでパブリック・ビューイングを開催することになった時、当時の「教訓」を活かして、入場料を有料にし（当日二〇〇〇円、前一八〇〇円）、収容人数は最大五〇〇〇人に設定したという。

（4）聞き取り日：二〇一二年三月一七日
（5）『中日新聞』二〇〇二年六月五日付朝刊、二三ページ
（6）『朝日新聞』二〇〇六年六月九日付、三八ページ
（7）ドイツでは、二〇〇六年当時、「今年の言葉」の一位に選ばれたベルリンの「ファンマイレ（Fanmeile、ファンのための数マイルの道を意味する）」をはじめとして、フランクフルトの「スカイ・アリーナ」と「マイン・アリーナ」プロジェクト、ミュンスターの仮設で作られた「港アリーナ」など、地域に合わせたコンセプトを持つ大規模パブリック・ビューイングが公式ファンフェストの一環として開催された。同時に、屋外にスクリーンを設置するなどした非公式のパブリック・ビューイングも各地でおこなわれた。以降、現在に至るまで、ワールドカップやユーロカップといった国家的イベントに際して、大規模のパブリック・ビューイングが開催されるのが恒例となっている。
（8）イベントをめぐるエフェメラリティと参加者による自己アイデンティティの確認については西尾（二〇一四）を参照。
（9）『中日新聞』一九八九年八月一九日付朝刊、一五ページ
（10）『朝日新聞』二〇一四年五月一六日付朝刊、二九ページ
（11）『朝日新聞』二〇一四年六月一一日付夕刊、九ページ
（12）『日経産業新聞』二〇一七年九月一三日付、一四ページ
（13）『日本経済新聞』地方経済面静岡二〇一七年五月一六日付、六ページ
（14）国民生活審議会調査部会『コミュニティ』一九六九年等を参照。

引用・参照文献

Bauman, Z. (2000) *Liquid Modernity*. Polity Press.（バウマン、ジグムント、森田典正訳（二〇〇一）『リキッド・モダニティ――液状化する社会』大月書店）

Delanty, G. (2002) *Community*. Routledge.（デランティ、ジェラード、山之内靖・伊藤茂訳（二〇〇六）『コミュニティ――グローバル化と社会理論の変容』NTT出版）

香山リカ（二〇〇二）『ぷちナショナリズム症候群――若者たちのニッポン主義』中公新書

黒田勇（二〇〇二）『日本人が経験した「われわれ」と「彼ら」』、フジテレビ編成制作局調査部『ＡＵＲＡ』第一五四号、三四―三八ページ

西尾祥子（二〇一四）『パブリック・ビューイング体験の日独比較分析――メディア・イベント論の再構築を目指して』名古屋大学博士論文第一五〇号

Schulke, H. J. (2007) *Fan und Flaneur: Public Viewing bei der FIFA-Welmeisterschaft 2006 – Organisatorische Erfahrungen, soziologische Begründungen und politische Steuerung bei einem neuen Kulturgut*, Jütting, D. H. (Hrsg.), Die Welt ist wieder heimgejehrt, Studien zur Evaluation der FIFA-WM 2006, 25–71.

上野俊哉（二〇〇三）「ワールドカップと都市の文化／政治」、黄順姫編『W杯サッカーの熱狂と遺産――２００２年日韓ワールドカップを巡って』世界思想社、二一―二二ページ

黄順姫（二〇〇三）「国旗ファッションを巡る集合的記憶の再構築」、黄順姫編『W杯サッカーの熱狂と遺産――２００２年日韓ワールドカップを巡って』世界思想社、一四二―一六四ページ

第13章　「映像ならざるもの」の映像表現

——災害を表現すること

関谷直也

二〇一一年三月一一日、被災地以外の人々は家庭や職場のテレビで、繁華街や駅前のビッグビジョンで、家電量販店のテレビ売り場で、被害を延々と見つめ続けた。通常、CMや天気予報などしか流れることのない、広告媒体にすぎないビッグビジョンでさえ、平時とは異なり、NHKの放送や震災の啓発メッセージが流れつづけていた（関谷、二〇一二a）。またテレビでは、その後、数カ月にわたってかつてないほど大量に地震・津波・原子力発電所事故といった災害の映像が流れ続けた。

東日本大震災は、映像で捉えることが可能であって、また大量の映像が残った初めての巨大災害である。技術的な観点でいえば、業務用テレビカメラや家庭用ビデオカメラの廉価化、携帯電話の映像録画機能の充実化とそれらの普及を背景に、広範囲かつ多様な角度から、流体としての津波の動き、自然現象〈Hazard〉としての「津波」が記録された。また、記録のみならず、その頒布・流通という面でも特徴的であった。テレビ局の放送、新聞・雑誌による写真の流通のみならず、SNSなどをプラットフォームとして、相当量の災害映像の頒布・流通も技術的には可能であった。この記録、頒布・流通という意味では、一九九五年の阪神・淡路大震災、二〇〇四年のスマトラ沖津波などと比べても状況は大きく異なっていた。

だが、地震や津波など激しい自然現象〈Hazard〉の結果、人間社会が受ける被害や混乱としての災害〈Disaster〉に関してはかならずしも、映像で表現されているわけではない。東日本大震災では、流体としての津波の動きに留まらず、人々の避難、被害、混乱の様子も映像として大量のテープやデジタル媒体に記録された。だがしかし、それらは、そのまま人が見ることができる形で頒布・流通しているわけではない。多くの映像がテレビ局や個々のところで眠っている。技術的に可能であっても、物理的にその記録が残っても、経験を次につなぐことは簡単ではない。

すなわち、東日本大震災は、「災害の可視化」が行われ続けた一方で、「災害の可視化」の〈不可能性〉が露呈した災害ともいえるのである。映像の個人情報やプライバシーなどの問題は別稿に譲るとして、本章では震災の映像が教訓として活かされない理由をメディア、社会心理の観点から考えてみたい。

1　表現の困難

一般的に震災を描く際のパターニズムについては、関谷（二〇一一）で論じているので、ここでは、映像で「描けないもの」に注目して論じてみたい。

（1）　地震・津波の描写

まず、東日本大震災を題材としたフィクションについて考えてみよう。これらフィクションで共通するのは、地震・津波がモチーフであるにもかかわらず、地震・津波そのものがほとんど描かれないことである。『遺体　明日への十日間』（フジテレビジョン、二〇一三年）では、最初、舞台となる釜石市の、物語の登場人物の日常の風景が映し出される。そして、黒い背景に白い文字で次のような画面が映し出される（図1）。その後、地震・津波後の状況、救助や搬送などのシーンとなり、地震・津波そのものの場景は、映し出されない。

『希望の国』（ビターズ・エンド、二〇一二年）は東日本大震災から数年後、架空の県である「長島県」を襲う津波・原発被災を扱ったものである。地震のシーンで揺れが描かれるのは数秒程度、また、登場人物が肉親を探す風景として津波被災地が描かれる。だが地震・津波が、直接、描かれることはない。また『家路』(『家路』製作委員会、二〇一四年)も、原発事故後の避難生活の場景から物語が始まり、地震・津波は描かれない。

　地震・津波が描かれないのは映画のみならず、テレビドラマでも同様である。東日本大震災前後の三陸地方を舞台としたNHK連続テレビ小説『あまちゃん』(NHK、二〇一三年)では、津波そのものは描写されていない。足立ユイ(橋本愛)が電車の中で地震に遭遇し、トンネルを出たところでホワイトアウトする。その後は、北三陸観光協会のジオラマ模型の上に青いガラス片が散乱している様子、主人公が東京からテレビで被害の様相を伝えるニュースを見ている様子などから、その津波被災の状況を想像させるという形で津波被害を間接的に表現している。

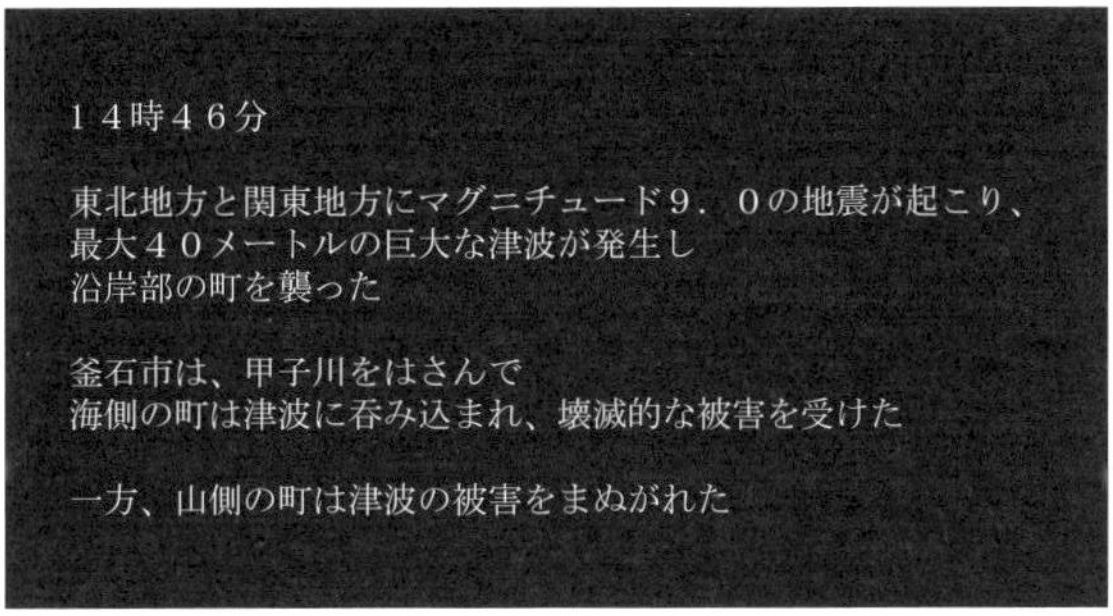
１４時４６分
東北地方と関東地方にマグニチュード９．０の地震が起こり、
最大４０メートルの巨大な津波が発生し
沿岸部の町を襲った
釜石市は、甲子川をはさんで
海側の町は津波に呑み込まれ、壊滅的な被害を受けた
一方、山側の町は津波の被害をまぬがれた

図1　『遺体 明日への十日間』での文字による津波表現

　『空飛ぶ広報室』(TBS、二〇一三年)では、最終回の前の回の終盤で地震の揺れはじめが映し出され、ブラックアウトで終わる。最終回の舞台は、三月一一日以降の東京での報道現場と、空井大祐(綾野剛)が勤務する二年後の宮城県の航空自衛隊松島基地である。これも被災した基地の様子や写真などから、その当時の被害を想像させるように描かれている。

　地震や津波を直接的に描写せずに、ある程度、時間が経過した後の被災地の状況を場景としたり、写真を映し出したりすることで、回想シーンとして被災を想像させるという技法は共通している。

　なお、これらは、自然災害に限らず原爆や東京大空襲をテーマとした映画でも共通している。永井隆の伝記を映画にした『長崎の鐘』(松竹、一九五〇年)では、原爆そのものは「疎開している子どもたちが遠い山あいの彼方にキノコ雲を見るという象徴的描写に留まっており、惨禍は描かれていない」(佐藤、一九七〇)。『原爆の子』(近代映画協会、一九五二年)は長田新が編纂した作文集『原爆の子――広島の少年少女のうったえ』（岩波書店、一九五一年）を基に、戦後初めて原爆を直接取り上げた映画である。だが、これも「被爆の前後は回想の中での象徴的な表現」に留まっているとされる（佐藤、一九七〇）。現在でも被災の詳細を描かない作品が多い。原爆や空襲、およびそれらの悲惨さは、特撮やＶＦＸによって原爆や東京大空襲の映像化ができないわけではない。可能であってもあまり試みられていない。

直後の報道やノンフィクションは、ある程度まで地震や津波など激しい自然現象〈Hazard〉を見せることを志向する一方、フィクションは地震や津波など激しい自然現象〈Hazard〉を見せないことを志向するのである。

（２）「死」の描写

もう一つ、災害の映像で通常描かれないものがある。「死」である。日本国内では、マスコミの申し合わせで放送コードとして遺体の映像を映すことは自主規制されている。それだけではなく、人が津波にのみ込まれるといった映像――死を直接・間接に表現する映像――なども、放映されない。

「ＮＨＫ放送ガイドライン２０１５」（ＮＨＫ、二〇一五）では、主に海外の戦場やテロ現場の遺体に関しては「遺体の映像は、人間の尊厳や遺族などの感情も尊重し極めて慎重に扱う」一方で、国内については「遺体の映像」については、「事件や事故、災害などでは死者の尊厳や遺族の心情を傷つける遺体の映像は、原則として使用しない」となっている。基本的には民間放送局も同様である。このため放送局に提供・蓄積されているこの種の映像も、多くが放送局の中に眠ったままであり、放映・公開されていないのである。同様の理由で、公的なアーカイブとしても残りにくい。

これは、東日本大震災に限ったことではない。一九九三年七月一二日、北海道南西沖地震が発生した夜、住民の三分の一にあたる七〇名が死者・行方不明者となり、犠牲率が最も高かった奥尻島の青苗五区の民宿に、たまたま自然番組を取材していたＮＨＫ函館放送局のスタッフが宿泊していた。地震の直後、民宿経営者に避難するように促され、カメラを持って車で避難したが、その時にＮＨＫの記者は途中歩いて避難する住民を撮影しながら、高台に移動した。そのときに撮影された住民の多くは津波にのまれて亡くなった（小田、一九九六）。この映像は地震翌日に一度放送されただけで非公開となっている。亡くなった方々の避難の様子をそのまま撮影してしまったことについて、遺族感情を鑑みたのである。

人の遺体や死を連想させる場景を描写しないのはシミュレーション映像、再現映像などでも同様である。内閣府は二〇一六年に首都直下地震、南海トラフ巨大地震のシミュレーション映像、二〇一七年に火山災害のシミュレーション災害の映像を作成した（内閣府、二〇一六年、二〇一七年）。首都直下地震、南海トラフ巨大地震などが発生した場合に、どのような被害がもたらされるかをイメージしてもらうために映像を作成したものである。これらの映像は、内閣府の被害想定に基本的に合致してつくられているものの、それらの災害における人の死、また死を連想させる「人」そのものが描かれていない点に特徴がある。「死者数は最大32万3千人」と文字が表示され、CGで道路が崩れ、津波・大規模火災が発生し、自動車や電車は潰れ、押し流されている。だが、基本、人は描かれない（唯一、死とは関係がない帰宅困難者が例外である）。

フィクションとして、三・一一をモチーフに描かれている『シン・ゴジラ』（東宝、二〇一六年）でも津波やビル倒壊のシーンや逃げようとする人が出てくるが、死者は一切描かれていない。

ただし三月一一日前後の「周年報道」は例外である。「死」「避難」それを描くハードルが低くなる時期である。それ以外の時期は、時間を経る中で復興やその復興期の課題として仮設住宅、かさ上げ、防潮堤、再開発、人口減少、遺構などの問題が中心となる。時間の経過に伴い、犠牲の状況や避難など、人の死を強調するようなドキュメンタリー、ニュースはあまり描かれなくなっていくのである。

(3) リアリティの欠如

このように地震・津波そのものや遺体は描かれない。製作者側の自主規制というのみならず、この理由はいくつかある。

一つの理由は「トラウマ」になるから、つまり心情的拒絶という理由である。

二〇一二年に日本医師会は「被災者住民は震災の耐えがたい記憶が心に刻まれているうえ、将来に対する不安や、放射能被ばくへの不安など多くの問題を抱えているため精神的なダメージが癒やされていない状況が見受けられる」、「津波の映像等は、当時の場面を想起するなど、精神衛生的に好ましくない影響がある」として津波映像自粛の申し入れが行われた（日本医師会、二〇一二）。東北地方太平洋沖地震によって発生した津波は数時間で人々の生活を破壊し、その一瞬で人々の命を奪ったものである。その津波自体が何度も放映され、映像自体にトラウマになった人も多いとされる。震災後、ある程度の時間が経過してからは、津波の映像に関しては「これからは津波の映像が流れます。ご承知ください」と断り書きが表示されてから映像が流されるようになった。

だが、これでは、選択的視聴を前提とするフィクションにおいて津波や遺体が描かれない理由とはならない。すなわちそれらが描かれない本質的な理由は単なる心情的拒絶、それだけではない。

大きなポイントは「中庸のリアリティ」と「リアリティの欠如」である。

視聴者の存在を前提とするコンテンツとして成立させるためには、視聴者の興味を惹きつける映像が必要である。災害には「被害」「死」が必然的に内包されるが、ニュースやノンフィクションでも、フィクションでも、放送コードや自主規制、レイティングがあるので過激な映像は使えない。凄惨すぎても受容されがたいし、全く描かれなくともインパクトがなく視聴者を惹きつけない。映像描写は現実に対して過激すぎても、過激すぎなくても、受け入れられない。つまりは「中庸のリアリティ」が要諦となる。

しかしながら、フィクションは、最終的にはフィクションであること〈遺体やそのシーンが、リアリティがあったとしても、最終的にはリアリティがないもの〉を前提に視聴されている。先述の『遺体』をはじめ多くの映画やノンフィクション作品が制作され、その状況を忠実に表したとしても、そこに現実との若干の距離である「リアリティの欠如」も視聴の前提になる。

この論理は逆を考えてみればよい。映画はリアリティのないものであるからこそ、逆説的に目の前に起こった現実にリアリティがないときに「映画のようだ」という形容がなされる。東日本大震災の後は被災地では次のような表現がよく聞かれた。

あまりの光景に「まるで映画のようだ」と同僚と話しました。(『河北新報』二〇一一年五月一五日付)

現実感がなかった。「映画みたいだ」と思った瞬間、近くの窓ガラスが次々に割れ、泥水が一気に流れ込んできた。(『河北新報』二〇一一年五月二一日付)

こどもたち越しに津波が家々をのみこんでいくのが見える。しんじられなかった。まるで映画でもみているようだった。現実感がまったくなかった。(学研教育出版、二〇一三)

津波そのものを見た被災者が、津波が自分の住んでいる地域を襲う状況に〈現実感がない〉ことをもって、「映画のようだった」と語るのである。映画はどこかで「現実のものではない」からこそ、鑑賞者はフィクションであることを了解し、エンターテイメントとして成立する。東日本大震災の前は現実の津波を見た人はほとんどいなかった(二〇〇四年スマトラ沖地震でも映像に残っているものは多くはないし、規模も異なる)ため、まさに巨大津波は『ディープ・インパクト』(ドリームワークス、一九九八年)など映画でしか表現されてこなかったのである。

なお、自然災害以外で、大量の死がモチーフとなるものに戦争映画があるが、それらも「死」というもののフィクション性を考えてみる参考になろう。日本では終戦六〇年を機に、『ローレライ』(フジテレビジョン・東宝、二〇〇五年)、『男たちの大和/YAMATO』(東映、二〇〇五年)、『硫黄島からの手紙』(ワーナー・ブラザース、二〇〇六年)など戦争を素材にした多くの映画やドラマなどフィクションが製作・放映された。そこでも戦闘シーン、銃撃など様々な場面で多くの「死」が描かれた。視聴する側、観客は、史実に基づく戦争映画というフィクションを、一種のエンターテイメントとして理解し、鑑賞する。軍人役などでタイプキャストとして、見知った俳優がその演技をすることで、そのフィクション性はさらに強化されることとなる。そして、史実の再現だとしても、銃撃されるシーン、爆発のシーン、亡くなるシーン、そこでの演出としての遺体、血・ケガなどの特殊効果、ＶＦＸや特殊メイクなどにより死を連想させるリアリティのある描写がされていても、フィクションであるという自明性が存在するがゆえに、それらは「つくられた死」であることが了解されている。死のフィクション性――誰も本当にそこでは死んでいない――として、それら総体的な「リアリティの欠如」が存在するからこそ鑑賞できるのである。

そのリアリティの欠如は心理的な距離も大きく作用する。実際の災害や戦争などからある程度、時間が経過し、時間的な「心理的距離」が存在すること（相当な時間が経過していること）、また国内・海外を問わず空間的な「心理的距離」が存在すること（視聴する人が関与しない程度の離れた地域の出来事であること）などである。フィクションの場合も、映像表現が成立するには、「それらが演技である」というフィクションとしての担保に加え、身近な人が亡くなっていないという心理的距離の存在が重要である。ノンフィクションや通常の報道においても、海外のテロ、災害、戦場の風景は遺体、犠牲者が映っても許される。それらが、視聴する人の近親者や関係者であることが稀であるからである。

まとめると、災害においてリアリティのある映像表現は難しいのである。視聴者を前提とするコンテンツとして成立するには、視聴者の興味を惹きつける映像が必要である。だが、凄惨すぎても受容されがたいし、全く描かれなくともインパクトがなく視聴者を惹きつけない。すなわち「中庸のリアリティ」を必要とする。そして、フィクションとして描かれる人々やシーンそのものは、ある程度のリアリティがあったとしても、最終的に映画やドラマなどのフィクションはフィクションであるという了解、総体的な「リアリティの欠如」が存在するからこそ鑑賞できるのである。

2 災害の社会と心理の描写の困難

前節では、激しい自然現象〈Hazard〉としての「地震・津波」や「死」の描写がなされないことに絞って論じてきた。では、人間社会が受ける被害や混乱としての災害〈Disaster〉の描写の試みはなされているのだろうか。もちろん、災害を捉えようと様々な報道、ドキュメンタリー、フィクションがつくられているが、それでも災害の描写については困難が存在する。社会現象の描写と心理現象の描写に絞って論じてみたい。

(1) 社会現象の描写の困難 「データ」——全体像の描写不可能性

東日本大震災後に、多用されるようになった災害の映像表現がある。人の動きを匿名化し、点と線によって、災害の全体像を把握しようというものである。

震災から一年半後の二〇一二年九月から一〇月にかけて、Google、Twitter Japan、NHKなどの呼びかけによって「東日本大震災ビッグデータワークショップ」が開催された。震災発生から一週間の間に生成された様々なデータを、研究者などを中心に提供し、分析してもらうことで、今後の災害にどのようなことができるかを議論し、サービスを開発することを目的に行われたものである(東日本大震災ビッグデータワークショップ、二〇一二年)。その後、ほぼ同時期、総務省でも「緊急時等における位置情報の取扱いに関する検討会」が開催されるなど(総務省、二〇一二)、政府や多くの事業者はこの震災をビッグデータ利用・開発の足掛かりにしようとした。そして、これらビッグデータ活用の実践の基本的なコンセプトは可視化である。

災害時の情報提供は人命を救い、困難に直面している人々の助けになるという使命がある。また防災対応に携わる人々が、災害の全体像を把握したいというのも隠れた目的の一つである。災害被害の全体像を表現することは、実務的には極めて意味があり、東日本大震災は、その試みが始まった最初の災害でもあるともいえる。

図2　NHK『巨大津波』（2011年9月11日）

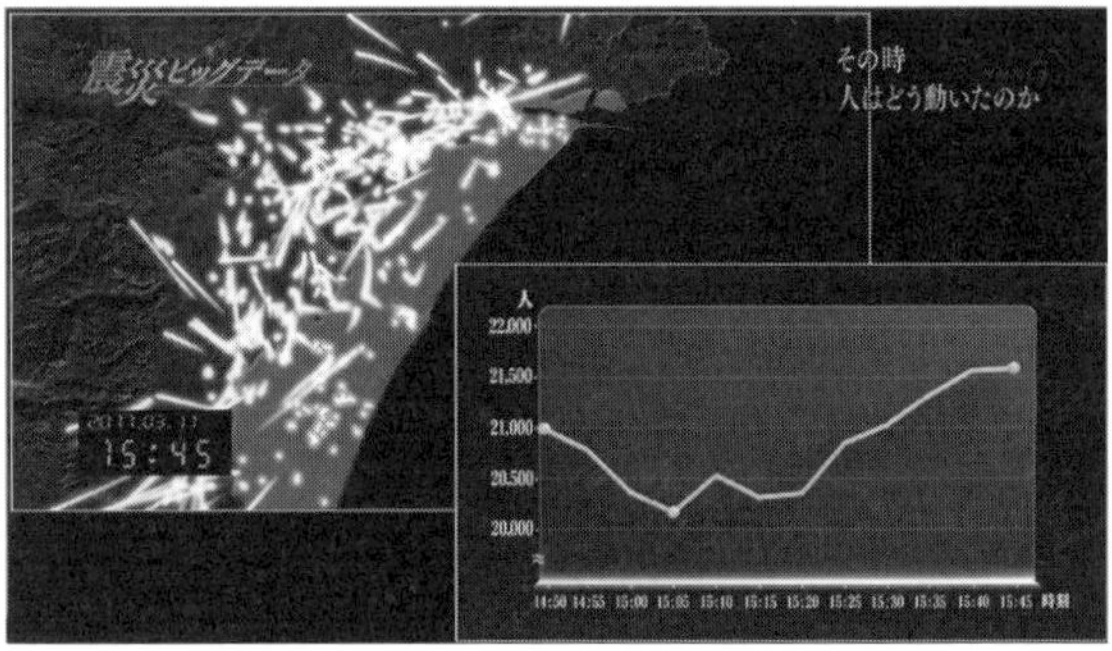

図3　NHK『“いのちの記録”を未来へ――震災ビッグデータ』（2013年3月11日）

図2は、NHKの『巨大津波』（二〇一一年九月一一日）による避難行動の可視化である。図3は、同じくNHKの『〃いのちの記録〃を未来へ――震災ビッグデータ』（二〇一三年三月一一日）で用いられた携帯電話の基地局測位に基づく震災の行動記録の可視化である。前者は、アンケート、ヒアリングという調査から得られたデータであり、後者は携帯電話の位置情報データを基にしており、方法論的には大きく異なるが、主眼は避難行動の可視化にあるという点で共通している。

だが、報道やドキュメンタリーにおいては、ビッグデータ的な可視化は映像を構成する表現形式の一つにすぎない。社会現象の俯瞰的、網羅的な描写ではあるが、それだけでは、報道やドキュメンタリーとはならない。その可視化から見出された社会現象のある一部に視座を限定して、そこにいる人々のエピソードなどを加えたり、専門家に解説させたり、その特徴的な部分を先鋭化して何かを読み解くことで、はじめて映像表現として成立する。ビッグデータだけで災害が伝わるわけではないのである。

（2）「心理」の描写──多様性の描写不可能性

また、災害に関しては「心」の描写も難しい。

上述してきたような災害による犠牲を映像で表現することのみならず、災害を目の前にした人々の多様な悲惨さ、苦しみという心理を映像で描写することは容易ではない。災害とは、社会心理的な、集合的な出来事である。人によって被災の程度も違えば、被害経験も大きく異なる。東日本大震災では、地震の被災、津波の被災、原子力発電所事故による広域避難、放射線災害という健康への不安、物資不足、経済苦としての風評などの被害、ふるさとや日常の喪失など多種多様な苦しみが存在した。

これら被害の様相が最も多様だったのが福島である。福島を描いた作品はいくつかあるが、そのいくつかのドキュメンタリー映画の特徴が震災後の「日常」の多様性そのものを切り取るというものであった。『1／10 Fukushimaをきいてみる』という映画がある。福島県出身の女優の佐藤みゆきが、福島県の様々な人々に話を聞いていくというドキュメンタリーで、二〇一三年から一〇年間、毎年製作し、その生活や価値観の変化を追おうという映画である。『いわきノート』（アップリンク制作・筑波大学創造的復興プロジェクト製作、二〇一四年）は、いわき市に住む人々に焦点をあてて、福島原発事故後の日常を描くという映画である。いずれも農家、漁師、除染作業員、僧侶、子育て中の母親、老夫婦、写真家、旅館経営者、高校生、支援員、測定する人、サーファー、ラジオのDJなど、様々な人々に焦点をあてる。多くの人が登場し、それぞれが、福島原発事故後の放射線災害について思いを語る。放射線について安全だ、危険だ、不安だ、様々に感じる人がいる。気にする人も気にしない人もいる。その多様な考え方があることを理解している人と理解していない人がいる。それらを語りの中から映し出そうという意図において共通している。

通常、災害のドキュメンタリーは、その災害での悲惨さを伝えるために、その災害による影響がもっとも大きかった人──おおむね家族を亡くした被災者、家を失った被害者を中心に描く。だが、東京電力福島第一原子力発電所事故がもたらしたものは、放射線災害であるがゆえに、多様な被害を受けた人々が、多く、広域に存在し、自宅の状況／避難場所／家族構成／放射線への考え方がすべて異なり、それぞれに異なる悩みを抱えている。ここに放射線災害を伝えることの難しさがある。それらを伝えようとすることは容易ではない。

先に紹介した原子力発電所事故後の放射線災害について扱ったフィクションも、このパターンが多い。

結局のところ、様々な映像表現が技術的に可能になっても、自然現象や物理現象は描けても、災害という社会的現象、心理的現象を描写すること、その意味を伝達することは難しく、特にその多様な被害が広域に存在する災害では映像化が本質的に困難なのである。

3　映像のエンターテイメント性の困難

次に、災害の映像表現が持つ難しさの一つである、映像が内包するエンターテイメント性とそれに由来する課題について考えてみたい。

震災時、映像は活字とは異なる扱いをされる。たとえば東日本大震災時、『朝日新聞』では、通常通りとはいかないまでも三月一二日から雑誌、書籍、コンサートの広告の他、スポーツ欄、四コマ漫画が掲載され、一三日には予備校などの広告も出稿されている。『読売新聞』では三月一三日以降は書籍、薬、予備校などの広告も出稿され、小説、碁、スポーツ欄、四コマ漫画なども掲載されている。活字メディアであれば、災害と関係ない記事、娯楽的要素のあるコンテンツも許されたこと、そしてそれらも特に問題なかったことを意味する。

それらと比べて映像メディアは抑制的であった。

まず、テレビのCMについて考えてみたい。東日本大震災直後、テレビ・ラジオについては全局が緊急的な対応として数日間、災害を扱う報道特別番組となり、バラエティ番組やドラマなどの通常編成のプログラムは多くが中止となった。CMも震災直後は放映中止となり、その後、ACジャパンの公共広告への差し替えという通常とは異なる対応がとられた。これは昭和天皇崩御、阪神・淡路大震災以来のことであった（関谷、二〇一二b）。

広告は、いうまでもなく芸能、スポーツ、音楽などのエンターテイメント産業と強い関係性を持っている（関谷、二〇〇九）。そしてCMは、単に商品や企業の商業的なメッセージだけでは視聴者を引き付けることができないので、視聴者に対して映像や音声でインパクトを与え、エンターテイメント的な要素を必要とする。ゆえに単に商品や企業の商業的なメッセージを伝えるものだったとしても、緊急時に平時のCMは視聴者の心情にはなじまない。だからこそ東日本大震災の直後、震災の被害について伝えている報道が継続する中で平時のCMを放映するのはためらわれたし、通常通りの広告出稿に戻るためには相当程度の時間の経過が必要だったのである。

震災後、徐々にテレビ、ラジオのCMは出稿されていったが、三月いっぱい、広告出稿は、ほぼ「自粛」され、CMの出稿量は激減した。平時の啓発に用いられていたACジャパンの公共広告に加え、買いだめをやめよう、デマに気を付けようといった注意を呼びかける『今、私にできること』、スポーツ選手や芸能人が被災者へのメッセージを語る『日本の力を、信じてる』という広告が急きょ作られて、「AC差し替え」が行われ続けた。だが、あまりにも繰り返しが多すぎたため、視聴者からの批判があり、「大変ご不快な思いをおかけしました」とお詫び文が出されたり、ジングルを消したりといった対応がとられた。

また、それぞれの企業が特別なCMを放映するという対応も行われた。NTTドコモやau（KDDI）、ソフトバンク、Yahoo!Japan、mixiなどは、災害用伝言版や非常時の利用方法について新たにCMを制作し、放映した。これらCMは文字を中心に構成する静止画（もしくは動きが抑制された動画）とナレーションを基調とし、音楽を付さないか歌詞のないものという点で類似していた。

他にも、『見上げてごらん夜の星を』『上を向いて歩こう』（サントリー）、『この国には底力がある』（日清食品）などのほかに、テンポの遅い音楽と単純なメッセージだけで構成されるソフトバンクやエステーなどのエモーショナルな広告も多くみられた。いずれも具体的、積極的なメッセージはない。商業的なコピーやメッセージを排除し、音楽のテンポを落とし、ジングルをカットし、派手ではない、落ち着いた雰囲気の広告である。見ている視聴者の不安な気持ち、心配する気持ちそのものに響くことだけを目的としたCMとして、このような対応がとられている（関谷、二〇一二b）。

そもそも映像とは「観客」の感情的反応から逃れることができないものである。平時の映像はそれ自体が注目を集めようとしているために、テンポの良い音楽が流されたり、笑いをとることを意図するようなエンターテイメント的要素が必然的に含まれている。ゆえに、平時のものを震災時に流すことはできなかったのである。ただしこのような震災後の特殊な広告も、長くは続かない。「復興支援」「チャリティ」が当たり前となり、被災地以外の多くの人々の心情が日常に戻っていくに従って心に響かなくなり、これらの震災時ならではの広告もインパクトは弱くなっていった。これらの広告は通常の広告に戻るためのつなぎ、バッファとしての役割を担うこととなったのである。

ではサイネージはどうか。

二〇一一年三月一一日、東日本大震災が発生した日は、日本の約半数のサイネージで普段とは異なる対応が行われた。最も多かったのは、NHKの放送を流すという対応であった（関谷、二〇一二a）。

そして三月一二日以降は、自粛という雰囲気や計画停電という電力削減に対応し、放映を止めるという対応も多かった。東日本大震災においては計画停電の影響もあり、電気を使ってデジタルサイネージで映像を放映すること自体もためらわれた。ネット上で『新世紀エヴァンゲリオン』になぞらえて呼びかけられた「ヤシマ作戦（テレビアニメ『新世紀エヴァンゲリオン』テレビ版第伍話、第六話に登場する、日本中を停電にして攻撃兵器の電力を集める作戦にちなんだ呼称）」など、節電を促す呼びかけなどの圧力もこの動きに拍車をかけた。この影響で、長期間、放映が中止されたサイネージも少なくなかった。

平時においてデジタルサイネージは、地域の情報の中でもパチンコなどアミューズメント関係、食品や飲料、またそのサイネージに注目を引き付けるためのミュージックビデオなど派手なCM、派手な映像が多いという特徴がある。震災直後、簡単に差し替えの映像は準備できずに自粛したサイネージも少なくなかった。また、運用が継続されたサイネージでは、節電、義捐金・募金、災害時の一般的な注意・啓発のメッセージ、災害支援（募金、支援物資、ボランティア）、また震災以外のコンテンツとしても「赤い羽根」「献血」などの映像が放映された（関谷、二〇一二a）。これらは、テレビやラジオのCMが地震の直後、ACジャパンの広告に切り替えられ、徐々に通常のCMに戻っていったことと同様の対応である。やはり、サイネージでの映像配信も難しかったのである。

4 受容の不可能性

最後に、災害ならではの映像表現の難しさを受け手の側の理由から考えてみたい。

震災時に「映像」に関係する、有名になった炎上ツイートがある。二〇一一年三月一一日に、TSUTAYA阿佐ヶ谷ゴールド街店の店長が、TSUTAYA調布国領店、調布店、阿佐ヶ谷ゴールド街店、京王稲田堤店の近隣四店舗で共同運用しているTSUTAYA公式ツイッター・アカウントにおいて、「テレビは地震ばっかりでつまらない、そんなあなた、ご来店お待ちしています！」と発信した（田中・山口、二〇一六）。その後、これらが不謹慎だとして炎上した。「この度は大変申し訳ございませんでした。被災地の皆さんや、心配される方々のことを考えない不謹慎な発言でありました。深く深く反省をしております。まずは、本日の営業を自粛いたしたくご報告です」というツイートで事態は落ち着きを見せた。

たしかに一時的、短期的には、震災時に映像を見るという行為そのものも不謹慎とされた。とはいえ、政治や経済に関心のない人がいるように、社会的に大きな出来事に関心のない人も一定数いることは当然である。震災からの時間が経過すればするほど、精神的に苦しい時期の記憶は薄れ、そのあとの復興期における回復期、平時の感情が卓越し、一時的に不謹慎とみなされていた行為も不謹慎ではなくなっていった。震災直後に過剰に、様々なことを指摘していた人々は逆に「不謹慎厨」として揶揄されるようになっていった。

むしろ、現実問題としては、時間が経過すれば結果的に多くの人の関心は災害から離れていき、震災関係の放送や出版物などのコンテンツが飽きられていくことになる——視聴率をとれなくなり、出版物などが売れなくなっていく。TSUTAYAツイートの例は震災直後でなければ問題とはならないことであった[1]。

すなわち、問題とされたのは、震災直後に「映像をみる」という行為である。宣伝の要素の強い、派手なインパクトの強い広告が自粛されたのも、ドラマやバラエティなどのエンターテイメント性が強いコンテンツが自粛されたのも、内容的に真面目なものであっても、映像というものが香具師的（見せ物的）な媒体であることから逃れられないという側面を持ち、また共通する次の特徴を有していることによる。

第一に、大規模な災害は、面的に異なる被害が存在することである。事件や事故では、エピソードをつなぎ合わせて映像を構成する、いわば「点」「線」の報道である。しかしながら、災害は、同時点で、地域によって、人によって被害の程度や様相が異なる「面」の報道を志向する。だが被害が大きいところではその状況をつかむことが難しく、被害が小さいところではインパクトが少なく報道されにくい。また、被害が大きいところでは被害状況と、電気・電話・ガス・食料・物資配給などの地域の生活情報が必要とされる。かつそれぞれの地域によって様相は異なる。また支援等のための被害の全体像に関する情報も別に必要とされる。いずれにしろ、様々な地域で必要とされる情報は異なるのである。

それはフィクションでも同様である。地震の被害、津波の被害、放射能の不安、物資、ライフラインなど様々な災害被害の位相が存在し、被災者ごとにそれぞれ体験した／見聞きした「事実」が存在する。そして災害が大規模であるほど被災者、視聴者が多い。映像を製作するにあたっては、被害のどの部分を切り取るかが難しいだけではなく、災害被害が多様であり、その多様な現象について体験した／見聞きした視聴者の個々のリアリティが存在するがゆえに、「多くの人にとってリアリティある映像表現」は簡単に定位しえないという難しさがある。

第二に、「飽き」である。災害に限らず、特定の映像ばかりを見ていると受け入れがたくなってくる。放送や映像の性質として、常に新しい、アップデートされた映像が求められる傾向があるからである。ニュースであっても、同じテーマのニュースは「飽きられる」。ゆえに、同じことが繰り返しニュースとして扱われることはない。CMも同様である。常に新陳代謝され、新しい映像、新しい切り口が求められるのである。とはいえ、扱うテーマが震災である以上は、既視感をもたらすことは避けられない。三月一一日前後の周年報道も、復興の遅れを指摘し、当時の犠牲や災禍を忘れないようにと呼びかけるという決まったパターンに回収されることが多く、それを乗り超えられないでいる。

第三に、災害の映像は二重の意味で「日常」に拘束を受けている点である。

一つは産業的な意味での「日常への回帰」である。テレビも、サイネージも平時の情報伝達手段であり、あらゆるメディアは基本的に広告収入で成り立っている。先に述べてきたように震災直後は報道特別番組やスペシャル番組などで構成され、広告を中止したり、ACの広告や震災後の特殊な広告が放映されたりするが、徐々に通常の放送に戻っていく。広告が出稿され、広告収入がはいらなければ通常のメディア産業は成り立たないのである（事実として、震災の影響の少ない九州から広告は再開され、最も通常通りになるのが遅かったのが福島県であった）。

今一つは、心理的な意味での「日常への回帰」である。災害であれ、何であれ、映像は日常に存立する視聴者が〈非日常〉性を求める――平時の状況で日常とは異なる、インパクトのある映像を求める――という状況で成立するということである。災害という日常とは異なるフィクション性を前提としつつ、映像というものが持つ香具師的（見せ物的）な媒体という宿命から逃れられないのである。ゆえに、当初は震災時の人々の混乱した心情に寄り添った映像をつくり込むが、それが当たり前のものとなって人々にインパクトを与えなくなり、また心情的に人々に受け入れられないようになり、やがて、報道／製作されなくなり、メディアは日常に回帰していく。

ノンフィクションであれ、フィクションであれ、映像そのものがメディアである以上、それが人に見られなければならないものであるという宿命を持つ。報道は人を惹きつけるニュースや番組をつくり、視聴者とのコミュニケーションの回路を担保することで初めてメディアとして機能しうる。また映画や広告もエンターテイメント化させることで、コミュニケーションの回路として存立しうる[2]。

そもそも「災害」というテーマ自体が、映像としてリアリティを持った表現としがたいし、人を惹きつけ続けることのできる興味深いコンテンツではない。数年たつとそれらのコンテンツは見られなくなり、コミュニケーションの回路が断たれていく。それは、ニュースやドキュメンタリーなどのノンフィクションでも映画などのフィクションでも、共通する困難なのである。

５　おわりに

これまで災害ならではの映像表現の難しさを論じてきた。映像だからといって伝わりやすいわけではないのである。

ＶＦＸ、ドローン、高感度のライブカメラなど新しい技術の進展に従って様々な自然現象やインパクトのある災害を映像化することは可能となってきつつある。震災後、数多くの映像アーカイブも作られてきた。ビッグデータなど、可視化の技法も進んできている。また、アーカイブとインターネットの技術的展開によって映像の蓄積、頒布は技術的には可能となった。我々は、地震や津波など〈Hazard〉としての自然現象は多く記録できるようになったが、つまるところ、人間社会が受ける被害や混乱としての災害〈Disaster〉の総体を映像化して表現したり、伝達したりする技法をまだ獲得していないのである。総じて、映像で表現する／流通させる技術基盤ができたとしても、この東日本大震災の風化をふせぎ、災害の教訓を基に次の災害を防ぐためのコンテンツを制作することに成功しえていないのである。

とはいえ、それでよしとするわけにはいかない。従来のメディアの論理から脱却し、映像を用いて「災害」を伝える技法を構築していく必要がある。

そのためには第一に、地震・津波の映像、死に関連する映像を視聴することの意味を再考し、人々の感情への理解をすすめることである。東日本大震災直後の混乱した状況で多くの地震・津波の映像、被災地の衝撃的な映像が流され続け、その時の一部の意見――心理的な悪影響がある、など――によって、地震・津波に関する映像が「自粛」されるようになった。その結果、ある程度時間が経過し、多くの人々の心情が日常に戻った後、東日本大震災の地震・津波、また原子力発電所事故などの教訓を多くの人々が忘れてしまった現在でも、地震・津波の映像や直後の被災状況は放映されにくくなってしまった。また平時においては、周年報道や他の地震が起きたときなど何か特別なときでない限り東日本大震災の津波や災害のことは取り立て扱われなくなってしまった。ほとんどの人が地震・津波を意識しなくなってしまった現在、本当にこの地震・津波の映像、被災地の直後の衝撃的な映像の放映を抑制したままでいいのか、また、どのように心理的悪影響をもたらすのかどうかは再検証、再考する必要があるだろう。この教訓を次の災害に活かすために、改めて、災害をどう伝えていくかという議論が必要である。

第二に、再生産の停止である。メディアの論理として、過去に分かったことを同じようには映さずに、新たな映像、新たな切り口を提示しようとする。とはいえ周年を区切りとした報道は、「被災地の変化」自体にニュースとしての価値を見続けるものの、「被災地を忘れない」「復興がすすんでいない」と繰り返すこととなり、新しい映像が加わっても、結局のところ既視感あるステレオタイプ的なパターニズムに陥るということを繰り返している。従来の「点」「線」の報道から抜け出せていない。過去の積み重ねを前提に、きちんと東日本大震災の総括をする「面」の報道が必要なのである。

また、震災をテーマにしたフィクションについても、個々のリアリティに迫るというよりは東日本大震災の全体像を誠実に提示する試みがなされ続ける必要があろう。被災地の凄惨さ、絶望、苦しみ、無力感を十分に描くことは容易ではないし、成功してもいない。

そもそも、死者・行方不明者二万人弱、浸水エリア人口六〇万人という津波は日本が経験する初めての規模の大規模災害であるし、この長期化する原子力災害は日本で初めてのものなのである。周年報道以外の報道のあり方、また、再生産の循環を断ち切る論理を用意し、大規模災害の報道のあり方、フィクションの作り方などを根本から考え直すべきなのである。

映像と災害の関わりは、まだ始まったばかりなのである。

注

（1） たとえば下記などを参照のこと。「震災特番『視聴率全滅』が意味するもの――日本人は冷たいのか？ それとも、見られない理由があるのか？」『週刊現代』二〇一六年四月九日号

（2） これは東日本大震災に始まったことではない。終戦後、連合国軍最高司令官総司令部（SCAP）によるプレスコードが緩くなり、またサンフランシスコ講和条約締結やビキニ被ばく事件を契機として、原爆をテーマとする映画が配給されるようになった。だが、これもやはり視聴者とのコミュニケーションの回路を確保するのが困難であった。一九五八年『第五福竜丸』という映画の製作に携わった近代映画協会の絲屋・能登は「いわゆる「原爆もの」は暗くて悲惨で、娯楽的要素が皆無で見る気がしない。ことに亀井さんの「世界は恐怖する」などでお客の方が恐怖してしまった。（中略）「原爆」の映画だというので、試写に招待しても来ない人がずいぶんあった。どんなにまじめな作品でも、悲惨なものやくらい作品はごめんだという人がやはり相当多いのである。〔映画『第五福竜丸』について：引用者注〕上映されることを知らなかった人はごく少数であり、ほとんどの人は上映されることを知っていて見なかったのだ」と指摘する（絲屋・能登、一九七七）。フィクションとしての「映画」である以上、観客動員にはある程度の興味を惹きつけることが求められるが、それを乗り越えることは現実の災害、災禍を題材とした場合には難しいのである。

引用・参照文献

阿部博史・NHKスペシャル「震災ビッグデータ」制作班（二〇一四）『震災ビッグデータ〈3・11の真実〉〈復興の鍵〉〈次世代防災〉』NHK出版

学研教育出版（二〇一三）「地震と津波と吹雪の中で。仙台市立荒浜小学校の救出劇」『その日（東日本大震災 伝えなければならない100の物語）』学研教育出版

絲屋寿雄・能登節雄（一九七七）「わたしの独立プロ体験［I］」、山田和夫監修『映画論講座4　映画の運動』合同出版、五―三五ページ

内閣府（二〇一六）「南海トラフ巨大地震、首都直下地震の被害と対策に係る映像資料」［online］http://www.bousai.go.jp/jishin/nankai/nankai_syuto.html

内閣府（二〇一七）「火山防災に関する普及啓発映像資料」［online］http://www.bousai.go.jp/kazan/eizoshiryo/tozansha_shisetsu.

html
NHK（二〇一五）「NHK放送ガイドライン2015」［online］ https://www.nhk.or.jp/pr/keiei/bc-guideline/pdf/guideline2015.pdf
NHKスペシャル取材班（二〇一三）『巨大津波――その時ひとはどう動いたか』岩波書店
日本医師会（二〇一二）申入書［online］ http://dl.med.or.jp/dl-med/teireikaiken/20120229_3.pdf
東日本大震災ビッグデータワークショップ――Project 311（二〇一二）［online］ https://sites.google.com/site/prj311/
小田貞夫（一九九六）「4．地震災害（1）北海道南西沖地震津波災害（1993）」『土木学会誌』［online］ http://www.jsce.or.jp/library/eq10/proc/00034/81-8-101279.pdf
佐藤忠雄（一九七〇）『日本映画思想史』三一書房
関谷直也（二〇〇九）「広告媒体・宣伝媒体としての「放送」」、島崎哲彦・池田正之・米倉律編『放送論』学文社、一二九―一七二ページ
関谷直也（二〇一一）『風評被害――そのメカニズムを考える』光文社
関谷直也（二〇一二a）「災害とデジタルサイネージ、災後社会のソーシャル・マーケティング・コミュニケーション（第3回）」『日経広告研究所報』第二六五号、六四―七一ページ
関谷直也（二〇一二b）「東日本大震災時の広告・広報の対応、災後社会のソーシャル・マーケティング・コミュニケーション（第1回）」『日経広告研究所報』第二六三号、四八―五五ページ
関谷直也・安本真也・上田彰・後藤あずみ（二〇一四）「デジタルサイネージを活用したXバンドMPレーダ降雨情報の伝達手法の開発とその課題」『自然災害科学』第三三特別号、二七―四二ページ
総務省（二〇一二）「緊急時等における位置情報の取扱いに関する検討会報告書「位置情報プライバシーレポート――位置情報に関するプライバシーの適切な保護と社会的利活用の両立に向けて」緊急時等における位置情報の取扱いに関する検討会［online］ http://www.soumu.go.jp/menu_news/s-news/01kiban08_02000144.html
田中辰雄・山口真一（二〇一六）『炎上の研究』勁草書房

第14章　光と音を放つ展示空間

――現代美術と映像メディア

馬定延

美術館やギャラリーにおいて映像の支持体となるのは、モニターやタブレットなど、自ら発光するディスプレイの画面だけではない。宙吊りの板や幕、壁、床、天井、展示室そのもの、小さなオブジェから美術館建築の外壁までが、映写機やプロジェクターで投影されたイメージを映し出す。それらの総称としてスクリーンは、単なる上映装置を超えて、展示環境の物理的条件を構成する作品の一部であり、それゆえ二次元の平面よりは三次元の空間概念として捉える必要がある。[1] 拡張されたスクリーンの概念は、ホワイト・キューブとブラック・ボックスという展示空間とそれにまつわる美術の制度、フィルム、ビデオ、インターネットなど、イメージの生産、複製、共有、記録、保存に関わるテクノロジーと芸術表現の歴史、そしてそれらによって変容する観客性について考察するための「窓」となる。

1　拡張された意識

美術家によって制作された映像作品がひとつのカテゴリーとして台頭したのは、約半世紀前の一九六〇年代頃である。[2] 近年、再評価されている拡張映画（expanded cinema）、実験映画（experimental film and video）の文脈と重なり合うこれらの表現は、映画と美術の間の越境にとどまらず、インターメディア、アートとテクノロジーなど、

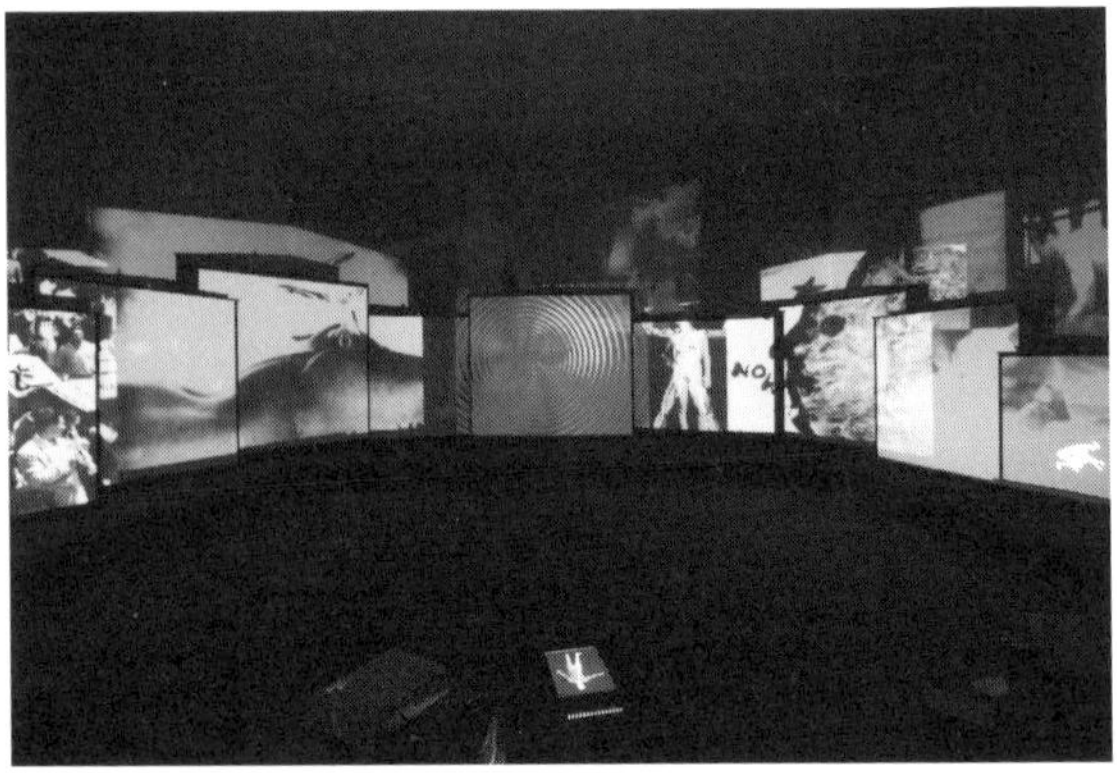

図１　Stan VanDerBeek, Movie Mural, 1965–1968, 16mm film and 70mm slides transferred to digital video, 35mm slides, and overhead projection for 9 portable tripod projection screens
Photo: Justin Meekel. Photo courtesy of the Estate of Stan VanDerBeek and The Box, LA.

同時代の前衛芸術運動と接続しながら展開した(3)。現在の文脈において拡張映画は、フィルムとビデオを用いたすべての芸術表現、光線や電球のようなメディウムの最小型における映画の存在論、フィルムとは何かを問うパラシネマ、演劇やパフォーマンスと接続されたライブアートの形式までを包括する概念として理解される一方(4)、伝統的な商業映画が拡張されていないだけで、技術的な面においてはすべての映画が拡張映画になったと見る立場もある(5)。それに対して、当時出版されたジーン・ヤングブラッドによる同名の書籍は、拡張映画とは映画（a movie）ではなく、マルチメディア、コンピュータ、ホログラフィー、テレビなどを用いた芸術表現から読み取れる「拡張された意識」として論じた(6)。ヤングブラッドの著書が美術批評よりは世界観（Weltanschauung）に近いと批判したアンドリュー・ユロスキーは、作家たちが美術の展覧会を構築する制度的条件について自覚し、その制度の再発明と前衛芸術の再活性化という二つの課題に取り組むなかで拡張映画という概念が登場したと分析している。その点においては、ヤングブラッドと同様、ユロスキーも素材や技法などの表現上の問題よりは作家側の意識を重視しているといえよう(7)。現代美術におけるスクリーン導入の背景をなしたのは、芸術の枠組みを問い直し、その制度と規範を解体、再構築しようとする時代の精神だったのである(8)。

二〇世紀の終わり頃まで映像作品に関する美術の言説は、支配的なモダニズム批評の影響のもと、フィルムとビデオ、アナログとデジタルの比較と対照など、メディウム固有の特質（medium specificity）に基づいた分析が主流をなしていた。[9] その反面、メディウムの固有性や単一性という概念が崩壊し、互いに越境しあうポスト・メディウム（post-medium）の状況に対する認識が共有されはじめた二〇〇〇年以降には、[10] メディウムの多様性を内包するプロジェクションという形式とイメージの空間性に注目する傾向が顕著である。リズ・コッツは「ビデオ・プロジェクション――スクリーン間の空間」という論考で、ビデオ・プロジェクションが内容や形式の面から映画に接近した一九九〇年代後半には、多くのアーティストにとってビデオは映像を制作する効率のよい道具であり、もはやメディウムそのものではなくなったと解説した。[11] このような認識は、かつて写真、フィルム、ビデオ、テレビジョンと呼んでいたものが不変のアイデンティティを持たず、いまやより大きな技術的変容の一部として頻繁な変化にさらされており、従って「メディウム」の概念に依存する美学的論争はこのような同時代のアクチュアリティとかけ離れたものになったと指摘した、ジョナサン・クレーリーとも共有されている。[12]

2　展覧会小史

映像関連展覧会の数が急増したのは一九八〇年代末から九〇年代であり、[13] その意味でウォーカー・アート・センターで行われた「プロジェクティッド・イメージズ（Projected Images）」展（1974）は時代を先取った展覧会として取り上げることができる。ピーター・キャンパス、ポール・シャリッツ、マイケル・スノー、ロバート・ウィットマンら六人の作品を紹介したこの展覧会は、そのタイトルの意味を「特定の光源に依存する環境的作品」と定義していた。[14] スクリーンの導入が会場に「光を持ち込む」性質をもっていることや、インスタレーションにつながっていく「環境」という概念が示唆的だといえよう。投影や映写と訳されるプロジェクションとは、前方に投げることという語源に由来し、基本的に光線の属性に基づいて二次元平面と二次元平面の間、あるいは二次元平面と三次元空間の間で対応点を見つけることを可能にする概念である。なお、時間との関係でこの言葉を考える場合には、企画《プロジェクト》だけでなく、変化、変質、歪曲、幻想などの含意があり、内面の精神と外部世界のリアリテ

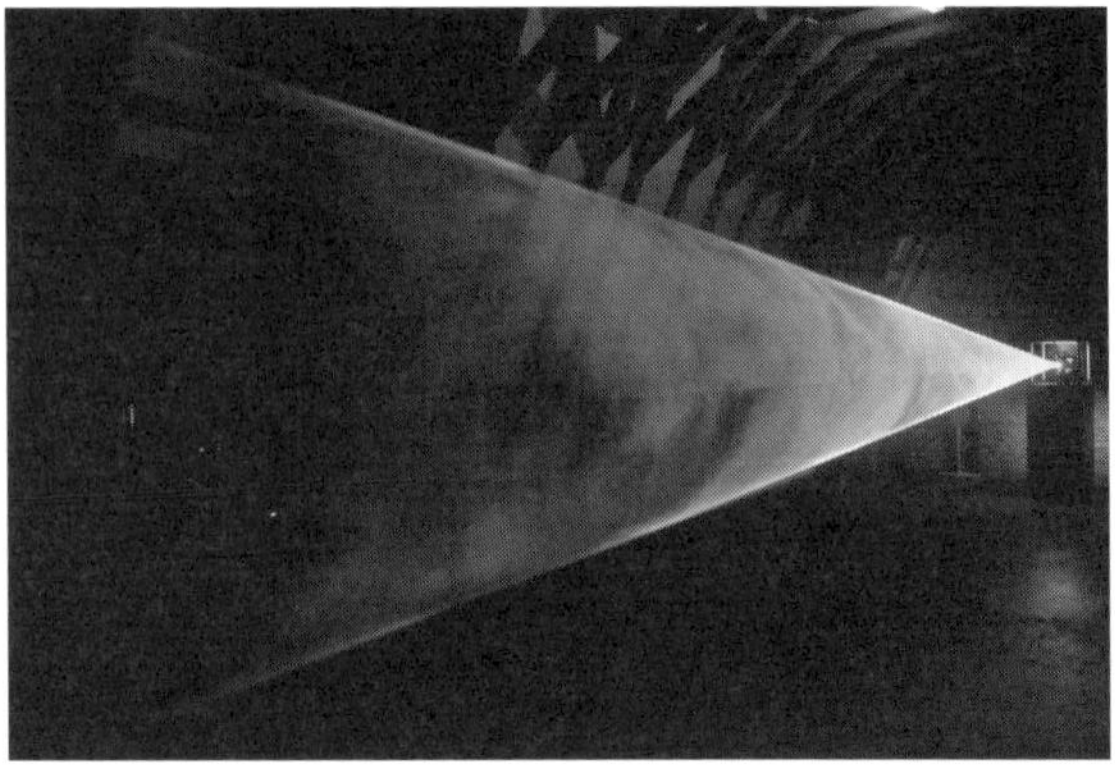

図 2a Anthony McCall. “Line Describing a Cone” (1973), during the twenty-fourth minute. Installation view, Musee de Rochechouart, 2007.
出典：Photograph by Freddy Le Saux. Courtesy of the Artist

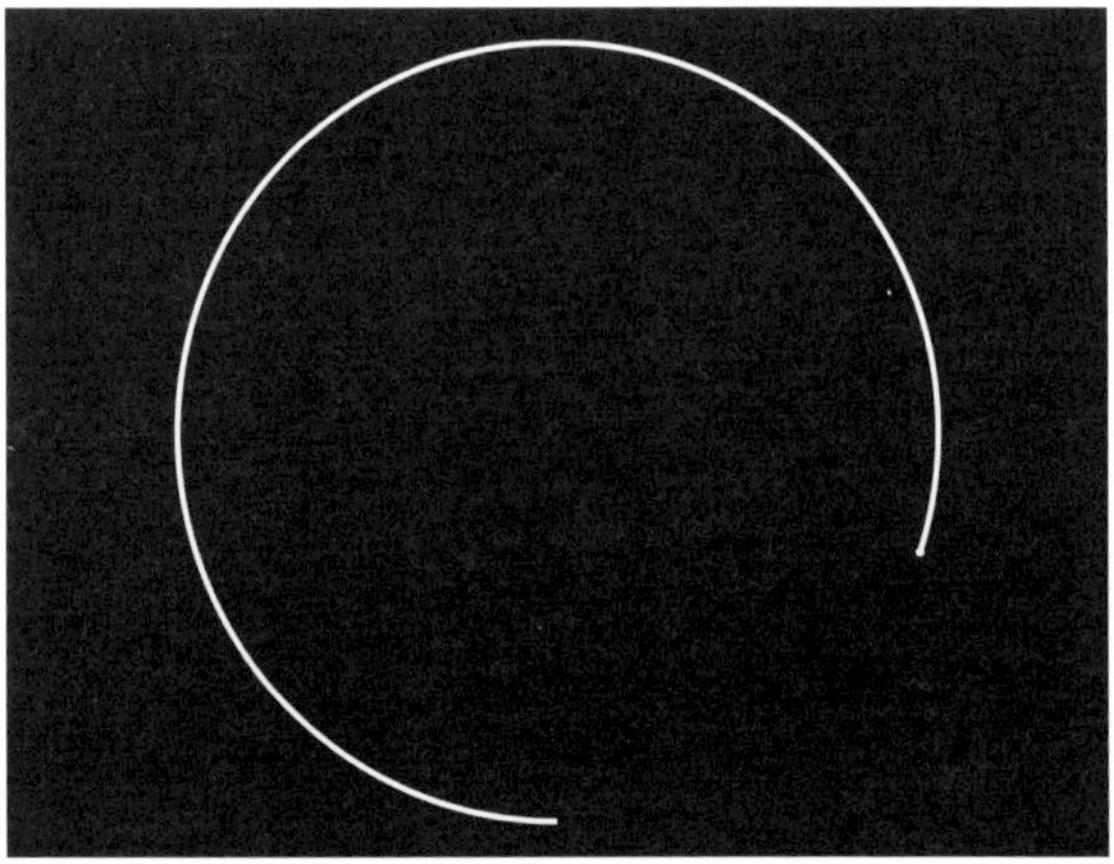

図 2b Anthony McCall. “Line Describing a Cone” (1973). Frame from the twenty-fourth minute.
出典：Courtesy of the Artist

ィの間の混乱を暗示する精神分析学の投射という概念としても使われる。[15]「プロジェクティッド・イメージズ」展は、イメージの特性に対する作家の関心が観客とイメージの間でいかなる空間的、心理的な関係性で結ばれたのかを見せた展覧会だった。

それから約三〇年後、クリッシ・アイルズの企画した「光のなかへ（Into the Light: the Projected Image in the American Art, 1964-1977）」（2001）展は、フィルム、スライド、ビデオ、ホログラフィー、写真などの映像プロジェクションを用いた作品の系譜をホワイト・キューブとブラック・ボックスのハイブリッド空間[16]に位置づけた重要な展

図 3　Paul Sharits, Shutter Interface, 1975, 4-screen 16mm loop projection with 4 separate soundtracks, color, Indefinite duration.
出典：Courtesy the Paul Sharits Estate and Greene Naftali, New York

覧会である。ブライアン・オドハティが指摘したように、ホワイト・キューブとはすべてのものが完璧な可視性の状態に置かれ、鑑賞に適合する目という器官だけが浮遊するように想定されたイデオロギー的空間である[17]。それに対して映画館のブラック・ボックスは、観客を繭のように包み込み、前面のスクリーンに投影されたリアルなシミュレーションで魅了する空間である。ルネサンス遠近法に基づいた絵画空間を解体し、展示空間の建築的次元における観客の現象学的体験を追求したミニマリズムの影響でホワイト・キューブが変貌しはじめたのが一九六〇年代頃である。その頃にこれら異質な空間性の融合によって、観客の注意を単一のスクリーンだけではなく、周辺の空間と映像プロジェクションの物理的なメカニズムにまで広げる、新たな表現の言語が創出されたというのが、この展覧会の主題である[18]。映像を実際の空間のなかにインスタレーションとして成立させる条件とは投影された映像と床の間の空間であり、投影された映像が床まで届く場合には劇映画とは異なる見方が求められるというアイルズの説明は若干図式的な印象を与えるが、前衛映画が映画館の規範通りに作品の冒頭から終わりまで見ることを観客に要求したとすれば、美術館はむしろその「正反対」であるというその主張は一理ある[19]。上映時間の総計が開館時間より長かったり、マルチスクリーンによってすべてのフレームを見ることが原理的に不可能であったりする美術館の環境は、上映途中で席を離れてはいけないという映画館の禁忌を共有できない[20]。自由意志で美術館のなかを移動する観客は、物語の起承転結を追っていくのではなく、反復再生される映像の途中から前後の文脈を推測しつつ、周辺を動き回りながら作品を解読する[21]。

図4　Peter Moore, Photo of Nam June Paik performing his "Zen for Film" at the New Cinema Festival I, Filmmakers' Cinematheque New York, 1965.
出典：© 2018 Barbara Moore / Licensed by VAGA at Artists Rights Society (ARS), NY, Courtesy Paula Cooper Gallery, New York.

他方、ドイツ初の前衛実験映画の上映会（1968）からタイトルを借りてきた「X-スクリーン（X-Screen: Film Installation and actions in the 1960s and 1970s）」展（2003）は、ハプニングとフルクサスのパフォーマンス、構造映画やコンセプチュアル・アートという反幻影主義と制度批判の文脈、ポスト・ミニマリズムにおける視覚的・身体的・社会的知覚の問題、という三つのカテゴリーに分けて、一九六〇年代から七〇年代のフィルム・プロジェクションをめぐる文脈を提示した。その文脈から、支配的視覚性とメディア装置の連関を具体化すること、メディア・イメージのなかの権力の社会的要素を直接的に参照すること、文化領域のなかで美術と映画の変化する関係性を探ること、複雑で相反する主体の脱中心化の本質を見せることが可能だとし、拡張されたスクリーン（expanded screen）を論じている点が注目に値する。(23)

上記の展覧会が特定の時代を対象としていたのに対して、「映画を超えて――プロジェクションの芸術（Beyond Cinema: The Art of Projection）」（2005）は二一世紀まで脈々と受け継がれた歴史的連続性を探った展覧会である。当展のキュレーションに関わった映像作家のスタン・ダグラスは、プロジェクションを用いた映像作品や展覧会の歴史にはある種の空白が存在すると指摘する。この空白の時期とは、初期映像作家たちが配給のネットワーク構築とオルタナティヴなテレビ局の立ち上げに力を入れており、それまで彼らの実験によって開拓されてきた視覚的効果が技術の力で簡単に再現され、MTVなどの大衆視覚文化のなかで消費されていた一九八〇年代のことである。プロジェクションという形式をもつ映像作品の数は、C

RTプロジェクターが廉価に供給されはじめた一九八〇年代末から再び増えるが、内容の面でかつての拡張映画の思想性は希薄になり、過去の技法が歴史に対する自覚なしに再発見される場合が少なくなかった[24]。技術は進歩しつづけ、一九九〇年代のなかばになると、比較的に軽量で小型の液晶（LCD）プロジェクターが空間的構成の可能性を広げ、さらに二〇〇〇年前後からはDLPプロジェクターが映画に劣らないデジタルの画質を提供することになった。無論、技術的環境の推移[25]だけが映像作品の増加をもたらしたわけではない。一部では、若い世代が映像を作品の要素として比較的手軽に取り入れるようになった現象の背後に、同時期に教育制度のなかで拡がっていった学際的視覚文化研究の影響があるという見解もある[26]。

現代美術のなかの映像作品の拡散の兆候を示す大規模な国際美術展として、一九九九年と二〇〇一年のヴェネチア・ビエンナーレならびに二〇〇二年のドクメンタXIを取り上げることができる。それまで美術館は映像作品に完全に適した場所ではない暫定的な映画館（provisional cinema）として捉えられていたが、ドクメンタXI以後、美術の映画化と映画の美術化は急速に進行したとされる[27]。ディレクターのオクウィ・エンヴェゾーとともに映像作品のキュレーションに携わったマーク・ナッシュは、カッセル市内の映画館を用いた上映も可能だったが、作家側が「本当の」展示空間で映像作品を見せることを望んでいたと回顧した[28]。カタログの寄稿文「美術と映画」のなかでナッシュは、新しい種類の映画と主体性の生産に関わる新たな視聴覚的条件が発明されつつあると主張しながら、映画館での着席と美術館での移動を根拠にそれぞれの観客性を受動的、能動的だと規定する安易な思考を警戒し[29]、映像作品の複雑な有様について強調した。考察すべき点は、映像全編を集団で同時に共有するか、個別的に見ることで偶然性を介入させるかという鑑賞様式と作品体験の意味との関係性である。「距離をとった観客であると同時に、提示されたスペクタクルの能動的な解釈者[30]」というジャック・ランシエールの言葉は（演劇のみならず）映画と美術を見る観客にも当てはまるのだ。

振り返ってみると、日本において二〇〇九年は映像と展示に関する記憶すべき年だったように思える。二月には東京都写真美術館による「恵比寿映像祭（Yebisu International Festival for Art and Alternative Visions）」がはじまり、三月からは東京国立近代美術館で、一九七〇年前後に制作された造形作家による映像作品に焦点を当てた「ヴィデオを待ちながら——映像、60年代から今日へ」(企画：三輪健仁、蔵屋美香)、一〇月には同時代の作品を中心に集めたヨコハマ国際映像祭「CREAM［Creativity for Arts and Media］」(ディレクター：住友文彦)が開催された。それから以降の特筆すべき映像関連展覧会としては、「映像をめぐる美術——マルセル・ブロータースから始める」(企画：牧口千夏、京都国立近代美術館、二〇一三年)、「Re:play 1972/2015『映像表現'72』、再演」(企画：三輪健仁、東京国立近代美術館、二〇一五年)、「エクスパンディド・シネマ再考」展(企画：田坂博子、東京都写真美術館、二〇一七年)などがある。

3　スクリーンの現在

現代美術批評のプラットフォームで活動している映画メディア研究者のエリカ・バルサムは、現代美術の文脈で展示される映像作品(cinema)を議論するための前提が文化全領域における映画の分散だとした。[31] しかしそれをいまだ「映画」と名指すことができるかはいささか疑問である。まずは映画についての既存の概念を更新する必要がある。二〇〇九年、映画とテレビジョン研究分野の学術雑誌『スクリーン』は、その五〇周年を記念する特集でいままで蓄積されてきた映画研究の知見の上に変化するスクリーン映像の諸条件(screenscape)を反映した新たな理論構築の必要性を説いた。[32] 前述した二〇〇四年のコッツの論文「ビデオ・プロジェクション——スクリーン間の空間」がいい例であるが、このような認識は美術研究にも共有されている。

可動性が高く、技術的にも柔軟性に富むヴィデオ(傍点は引用者)は、こうした関係性［空間・映像・主体の関係性：引用者注］の基軸を再考し、再構成するための多様で豊かな可能性を提供するように思える。物を見る主体、動画あるいは静止画、建築空間、そして時間の織り成すそうした関係性が、現代視覚文化の根底を成すことは言うまでもない。（中略）ヴィデオは走査が行われるスクリーン――これが電子信号を動く映像に置換する――と、映像が投射されるスクリーン――これが光学映像を建築空間に伝送する――の相互作用から生起する。(33)

コッツ論文の二〇一三年の改訂版では、空間、映像、主体の相互関係性を再考し、再構成する可能性を提供するのは「ビデオ」ではなく、「新しいビデオ基盤のスクリーン実践（emerging video-based “screen practices”）」だと有意義な加筆修正が施されていることが確認できる。

ケイト・モンドロックは、著書『スクリーンズ』を美術史、映画研究、メディア論の交差する領域に位置付け(34)、「スクリーン・スタディーズ」という新しい学際的研究領域が、映画、テレビ、コンピュータなど商業的メディア文化の関係性には積極的に取り組みながらも、視覚芸術の制度的な文脈における具体的な応用については看過したと問題を提起した(35)。モンドロックの主張の特徴は、映像（moving image）のインスタレーションに焦点を合わせながら、スクリーン基盤（screen-based）インスタレーションという既存の用語に対して、スクリーン依存（screen-reliant）インスタレーションというカテゴリーを設けている点である。このような区分は、スクリーンの概念が従来の四角い平面に限定されないことを強調するためであり、空間と空間、または実空間と仮想空間の間で見る主体と対象を連結するインターフェイスとして機能するすべてをスクリーンとして捉えることを可能にする(36)。

イメージと情報の境界となる物質または非物質まで拡大されたスクリーンの定義は、その意図的な曖昧さゆえに、その射程を無限に拡張させている。前述した「光のなかへ」展の延長線上でアイルズが企画した展覧会（2016）は、一九〇五年から現在まで対象を広げ、没入的な映画と美術（immersive cinema and art）における触覚的な空間経験（haptic spatial experience）を軸に、バウハウスの舞台と映画、ディズニーのアニメーション、そして映画的技術を応用した美術作品を網羅し、抽象化された体験と知覚の次元の映像体験を提示した(37)。美術、映画、建築、ファッション、デザインなど異なる文化領域を横断しながら、様々な境界（threshold）をなす、キャンバス、布から半

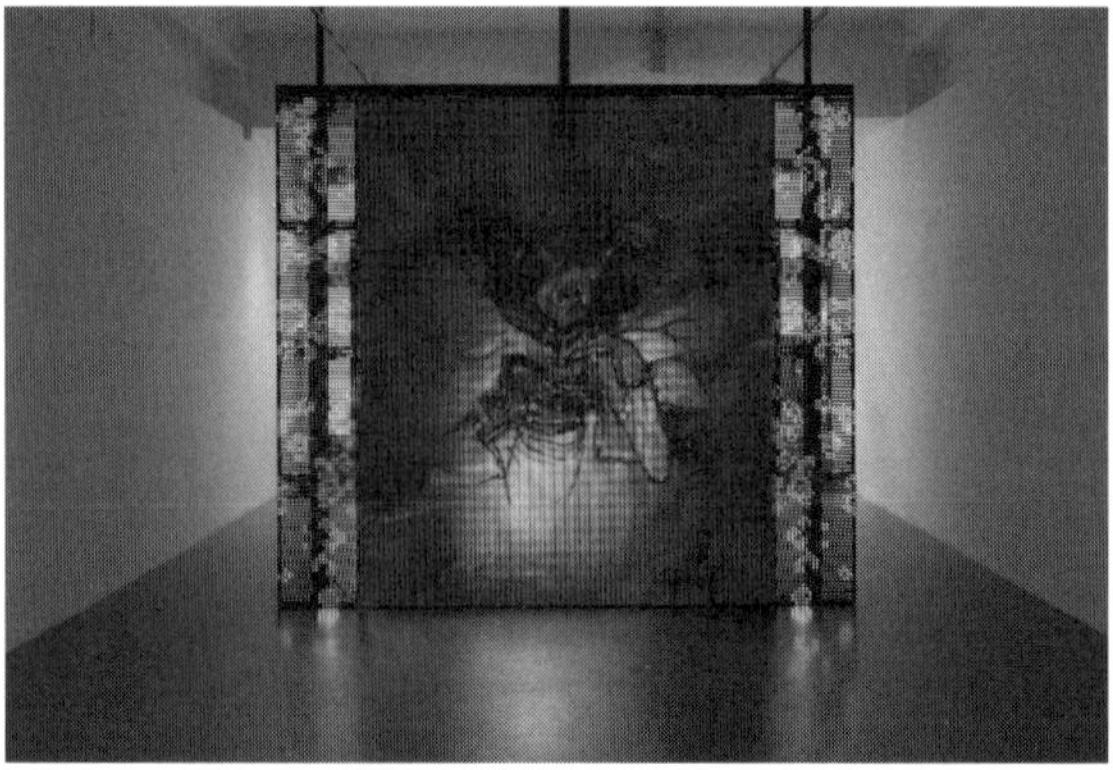

図5 Philipe Parreno, With a Rhythmic Instinction to be Able to Travel Beyond Existing Forces of Life (Green, Rule #1), 2014, Eight Martin Professional EC-20 LED panels, ten Martin Professional EC-10 LED panels, Mac mini, speakers and amplifiers, dimensions variable
出典：Courtesy Pilar Corrias, London. Photo credit: Andrea Rossetti

透明素材へ進化していったスクリーン、建物の外内装、人間の肌を覆う服などを通じて同時代社会の物質性を描いた『表面[38]』の著者グィリアナ・ブルノは、この展覧会のカタログに「物としてのスクリーン（the screen as object）」の軌跡を振り返る文章を寄せている。アンドレ・バザンに因んで「映像の在り処への問い（Where is cinema?）」からはじまるこのエッセイは、フィルム・メディアの考古学ならびに建築とデザインに由来するスクリーンの歴史が、フィリップ・パレーノ、ヒト・シュタイエル、アーティ・ヴィアカントなど現代のアーティストの作品のなかでいかに再発明され、変化しているかについて考察している。ガラス繊維の電線のなかを流れながら電気信号を創出するイメージは、単にスクリーン上に表象されるのではなく、スクリーンとして物化し、私たちの文化と世界に対する理解を投影《プロジェクション》する[39]。このような時代においては、デイビット・ジョゼリットが主張したように、既存の美術史や批評の基本となったメディウムの概念を破棄し、複製、再媒介化、散布の可能性を通して莫大な権力を有するイメージに注目した方が有効かもしれない[40]。

最後に、物化されたイメージとしてのスクリーンが美術の制度に与える影響についての事例を挙げておきたい。二〇一八年五月まで水戸芸術館現代美術センターで開催された「ハロー・ワールド　ポスト・ヒューマン時代に向けて」展では、シュタイエルの《見られない方法――ひどく説教じみて教育的・MOVファイル[41]》（2013）が映像インスタレーションとして展示されていた。監視社会における可視性と不可視性の政治学をとらえたこの作

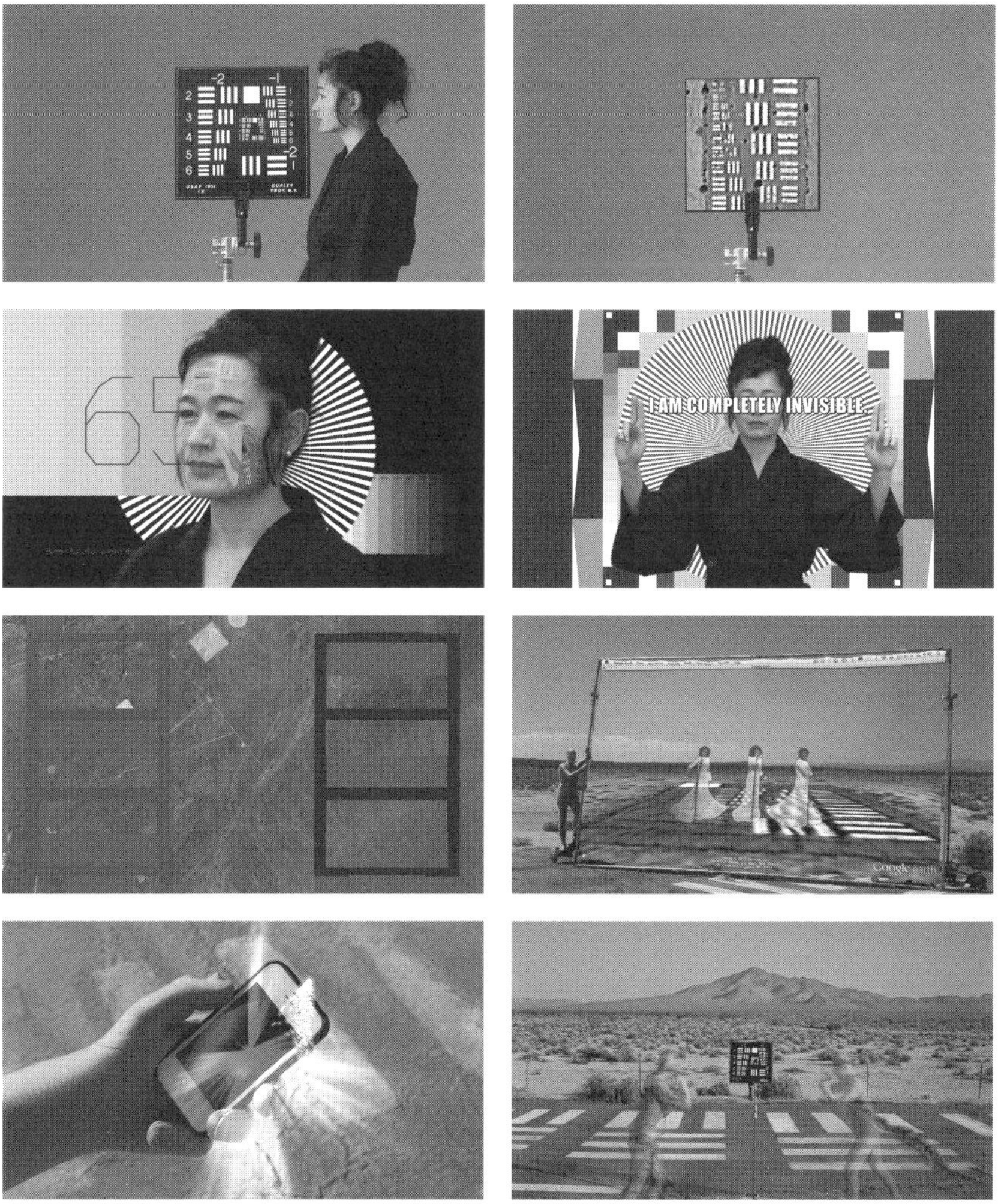

図 6　Hito Steyerl, How Not to Be Seen: A Fucking Didactic Educational. MOV File, 2013, HD video, single screen in architectural environment, 15 minutes, 52 seconds

出典：Image CC 4.0 Hito Steyerl

Image courtesy of the Artist and Andrew Kreps Gallery, New York

品はテート・モダン[42]に収蔵されており、ニューヨーク近代美術館のオンライン・コレクション[43]にも含まれている。この事実は、当作品の美術史的価値が高く評価され、次世代に受け継がれるように保存されていることを意味するが、二つの機関を介した鑑賞の機会は実空間あるいはネット上で作品が「展示中」または「上映中」の時に限る。しかし、この作品を鑑賞するためのもうひとつの方法がある。それは美術雑誌『アート・フォーラム』のウェブサイト[44]に公開されている当該作品を見ることだ。ウェブページが削除されない間は、いつでもどこからでも作品全編を繰り返して見ることができる。さらにこの状況は、作品がタイトル通り動画ファイルとして扱われ、複製、転載される可能性や、裏技でパソコンのなかにダウンロードする「闇の個人コレクター」の存在可能性までを暗示している。同じ内容の不特定多数のファイルの存在が、美術館のコレクションに入っている「作品」に対して提起するのは、もちろん画質の優劣[45]ではなく、オリジナルの神話に囚われた美術の価値付けシステム、保存における映像の支持体のもつ物性と脆弱さ、統制不可能なイメージの流通などの問題である。[46]インターネット経由で、自分のパソコンやスマートフォンのスクリーンでシュタイエルの作品を見る体験というのは、前述した映画館と美術館における映像鑑賞様式のどちらにも当てはまらない。それは、作品が流れる時間を自分でコントロールすることができる個別的な鑑賞でありながら、全地球単位で共有される可能性に開かれている。アーティストのセス・プライスの言葉を借りていうと、今日のスクリーン経験は、メディア文化全般に分散されている共同体経験（collective experience）であると同時に、持続的な論争、広報、広告、議論によって編み直された同時的な私的経験（simultaneous private experience）となっている。[47]

注

（1）スクリーン概念の空間性とその表象は、ディスプレイとインターフェイス開発における最先端技術の動向に影響されると同時に、エルキ・フータモが指摘したように一四、五世紀頃にはじめて登場し、一六世紀頃には室内デザインの一部をなす家具を指し示した「スクリーン」のメディア考古学的起源に接続されている。Erkki Huhtamo, “Elements of Screenology: Toward an Archaeology of the Screen," *ICONICS*, 7, 2004, pp.31–82,Erkki Huhtamo, "Screenology; or, Media Archaeology of the Screen," in Stephen Monteiro ed., *The Screen Media Reader: Culture, Theory, Practice*. Bloomsbury, 2017, pp. 77–123. また、スクリーンが、一三世紀、防火壁など保護するためのものという名詞として登場して以来、無限に広がる意味論の場をもつ進行中の概念であることを示したのはDominique Chateau and José Moure eds., *Screens*, Amsterdam University Press, 2016, pp. 13–22.

(2) Tanya Leighton, "Introduction," in Tanya Leighton ed., *Art and the Moving Image: Actitical Reader*. Tate Pub. in association with Afterall, 2008, p. 13–14.

(3) 例えば、二〇一七年のアート・バーゼルの「Unlimited」展では拡張映画を開拓したパイオニア、スタン・ヴァンダービークの《Movie Mural》(1965–1968)が展示された。図1はその展示風景。ヴェネチア・ビエンナーレ(2013, 同作品)と光州ビエンナーレ(2010,《Found Forms》(1969/2010))で注目された影響もあるだろう。またヴァンダービークとコラボレーションしたパフォーマンス・アーティストであり、同時期に拡張映画を開拓した重要な作家であるキャロリー・シュネーマン(Carolee Schneemann)は、二〇一七年のヴェネチア・ビエンナーレで生涯の功労を讃えられ金獅子賞を受賞した。

(4) A.L. Rees, "Expanded Cinema and Narrative: A Troubled History," in A.L. Rees, Duncan White, Steven Ball and David Curtis eds., *Expanded Cinema: Art, Performance, Film*, Tate, 2011, p. 12.

(5) Malcolm Le Grice, "Expanded Cinema –Where Now?" in Francois Bovier and Adeena Mey eds., *Exhibited Cinema*, ECAL/ Ecole Cantonale d'art de Lausanne, 2014, pp. 164–165. ル・グライスは、一九七〇年代当時、自身を含め、イギリスとヨーロッパの作家たちは、ヤングブラッドの議論が技術官僚主義に偏っており、思想的に単純すぎる上、事実に関する十分な分析が行われていないと考えて抵抗していたが、「拡張映画」という用語に含まれているメディア横断性(the concepts of transmedia, hybridity or hypermedia)が有用であるためカテゴリーとして生き残ったとした。

(6) Gene Youngblood, *Expanded Cinema*, P. Dutton & Co., Inc., 1970, p. 41.

(7) Andrew V. Uroskie, *Between the Black Box and the White Cube*: Expanded Cinema and Postwar Art, University of Chicago Press, 2014, pp. 9–11.

(8) 他方、新しい映画技術と表現様式を具体化し、予期させる、ビデオ、フィルム、コンピュータ基盤のインスタレーション作品を通じて「デジタル的に拡張された映画」を提示した「Future Cinema: The Cinematic Imagery after Film」(Jeffrey

Shaw and Peter Weibel, ZKM Center for Art and Media, Karlsruhe, 2002）展は、当時のメディアアートという分野が共有していた時代精神を提示した記念すべき展覧会である。その一部は東京のNTT ICC InterCommunication Center（2003）に巡回した。

（9）Andrew V. Uroskie, "Sitting Cinema," in Tanya Leighton ed., *Art and the Moving Image: A critical Reader*. Tate Pub. in association with Afterall, 2008, pp. 398–399. ユロスキーは、現代美術史と理論がビデオとパフォーマンスアートを美学的に、またコンセプトの面でも独立したものとしてみなし、アバンギャルド映画やインターメディアアートとの関係性などの複雑な文脈を看過したし、メディウム固有の性質にまつわる支配的な議論が、ニューメディアアートの作品を周辺化させたと指摘した。

（10）Rosalind E. Krauss, "Reinventing the Medium," *Critical Inquiry*, 25(2), 1999, pp. 289–305, Rosalind E. Krauss, *A Voyage on the North Sea: Art in the Age of the Post-Medium Condition*, Thames & Hudson, 2000 参照。クラウスがメディウムの複数系を「mediums」と表記してまでコミュニケーションの文脈における「メディア」と美術のメディウムを区別しようとしたことに対して、電子メディア、とりわけコンピュータを意識した論考は「ポスト・メディア」という用語を採用している。その例として取り上げられるのは、コンピュータの新しい概念と隠喩を取り入れたポスト・メディアの美学を論じたレフ・マノヴィッチの論考（http://manovich.net/content/04-projects/032-post-media-aesthetics/29_article_2001.pdf, 二〇一八年三月三〇日アクセス）や既存の芸術を含むすべてのメディアのパラダイムがコンピュータの影響力のもとに置かれるというピーター・ヴァイベルの見解（http://www.metamute.org/editorial/lab/post-media-condition、二〇一八年三月三〇日アクセス）などがある。クレア・ビショップは、主流の現代美術がデジタル革命に依存すると同時にそれを否認していると指摘した論考の発表後、ビショップの論考は猛烈な批判を招いた。しかし、原題は隔たりを意味する「Divide」ではなく、不認を意味する「Digital Disavowals」だった。Claire Bishop, "Digital Divide," *Artforum*, 51(1), 2012, Claire Bishop, "Sweeping, Dumb, and Aggressively Ignorant! Revisiting 'Digital Divide'," in Lauren Cornell and Ed Halter eds., *Mass Effect: Art and the Internet in the Twenty-first Century*, MIT Press, 2015, pp. 353–355. その他の関連言説は、表象文化論学会編『表象』第八号、二〇一四年、ならびに https://monoskop.org/Postmedia を参照（二〇一八年三月三〇日アクセス）。

（11）Liz Kotz の "Video Projection: The Space Between Screens" は、Zoya Kocur and Simon Leung eds., *Theory in Contemporary Art Since 1985*（Basil Blackwell, 2004）に発表されて以来、Tanya Leighton ed., *Art and the Moving Image: A critical Reader*（Tate, Afterall, 2008）にも収録され、*Theory in Contemporary Art Since 1985* (second edition, Wiley-Blackwell, 2013）に再校が掲載された。木下哲夫による日本語訳は「ヴィデオを待ちながら――映像、60年代から今日へ」展のカタログ（二〇〇九年）二二六―二四七ページに掲載。引用は p. 376 (2008), p. 136 (2013), 日本語版の二三三ページ。

（12）Jonathan Crary, "foreward," in Nicolas De Oliveira, Nicola Oxley and Michael Petry, *Installation Art in the New Millenium: The Empire of the Senses.* Thames & Hudson, 2003, p. 9.

（13）関連する展覧会と出版物の例として、Projected Art (Finch college museum of art,1966), The Festival of Expanded Cinema (ICA, London, 1976), Video Art: Expanded Forms (Whitney Museum of American Art, 1988), Passages de l'image (Centre Georges Pompidou, 1990), Art and Film Since 1945: Hall of Mirrors (Museum of Contemporary Art Los Angeles, 1996), Spellbound: Art and Film (Hayward Gallery, 1996), Cinéma, Cinéma: Contemporary Art and the Cinematic Experience (Stedelijk van Abbe Museum, 1999), Video Cult/ures: Multimediale Installationen der 90er Jahre (ZKM, 1999), Into the Light: The Projected Image in American Art, 1964–1977 (Whitney Museum of American Art, 2001), Devices of Wonder: From the World in a Box to Images on a Screen (Paul Getty Museum, 2001), No Ghost Just a Shell (Kunsthalle Zurich et al., 2002), Future Cinema: The Cinematic Imaginary After Film (ZKM Center for Art and Media, Karlsruhe, 2002), X-Screen: Film installations and Actions in the 1960s and 1970s (Museum Moderner Kunst Stiftung Ludwig Wien, 2003), Time Zones: Recent Film and Video (Tate Modern, 2004), 40YEARSVIDEOART.DE – Part 1 Digital Heritage: Video Art in Germany from 1963 to the Present (Kunsthalle Bremen et al., 2006), E-Flux Video Rental Catalog (2006), Beyond Cinema: The Art of Projection: Films, Videos and Installations from 1963 to 2005 (Hamburger Bahnhof, 2006), Dreamlands: Immersive Cinema and Art (Whitney Museum of American Art, 2016), Before Projection: Video Sculpture 1974–1995 (MIT List Visual Art Center, 2018）など。

（14）Martin Friedman, "The Floating Picture Plane," in Martin Friedman et al., *Projected Images: Peter Campus, Rockne Krebs, Paul Sharits, Michael Snow, Ted Victoria, Robert Whitman* (exh.cat), Walker Art Center, 1974, p. 6.

（15）引用は pp. 371–372 (2008), p. 132 (2013), 日本語版の二二七ページ。

（16）本章ではふれないが、エル・リシツキー――観客が作品の前で左から右に移動すると白から灰色へ、そして黒へと変化する背景色をもっている作品『Proun 1C』（1919）を制作し、また、展示ケースが上下に移動し観客の位置と動きによって変化する白―灰色―黒のグレースケールの壁を含む展示室「抽象の部屋」をデザインした――は、展覧会空間設計と移動する観客の問題に取り組んだ先駆的な作家である。

(17) Brian O'Doherty, *Inside the White Cube: The Ideology of the Gallery Space*, The Lapis Press, 1986.

(18) Chrissie Iles, "Between the Still and Moving Image," in Into the Light: the Projected Image in the American Art, 1964–1977 (exh.cat.), Whitney Museum of American Art, 2001, p. 33. 図2a、2b、図3はこの展覧会で展示された作品。

(19) Round Table, "The Projected Image in Contemporary Art," *October*, 104, 2003, p. 80, 94.

(20) 後述するドクメンタXIの場合、一人の観客が一〇〇日間の開館時間に見られる映像より多かったと指摘したシュタイエルは、いかなる観客も作品の意味どころか、全作品を見たと主張することすら不可能だとし、それゆえ「多数の観客（multiplicity of spectators, multiplicity of gazes）」が必要だとした。それぞれの方法で作品を理解したうえで、集まって議論しながら一緒に意味を見出さなければならない。Hito Steyerl, "Is a Museum a Factory?" in *The Wretched of the Screen*, Sternberg Press, 2012, p. 73.

(21) 光岡寿郎『変貌するミュージアムコミュニケーション――来館者と展示空間をめぐるメディア論的想像力』せりか書房、二〇一七年を参照。

(22) タマラ・トロッドは、構造映画（structural film）が実験映画の伝統とギャラリー基盤の映像プロジェクションの共通の母体（matrix）だとした。Tamara Trodd, "Introduction" in Tamara Trodd（ed.）, *Screen/Space : The Projected Image in Contemporary Art*, Manchester University Press, 2011, pp. 7–8.

(23) Matthias Michalka, "Introduction," in *X-Screen: Film Installations and Actions in the 1960s and 1970s* (exh.cat.), Museum Moderner Kunst Stiftung Ludwig Wien, 2004, p. 7, 9. 図4と、図2a、2bはこの展覧会で展示された作品、図4はカタログの表紙イメージとなった。

(24) Stan Douglas and Christopher Eamon in Conversation, "Regarding Shadows," in Joachim Jäger, Gabriele Knapstein and Anette Hüsch eds., *Beyond Cinema: The Art of Projection Films, Videos and Installations from 1963 to 2005* (exh.cat.). Hatje Cantz Verlag, 2006, p. 19. 二人の Art of Projection（Harje Cantz Verlag, 2009, p. 18）に再収録。

(25) スクリーンの技術的側面と経済政治的含意を論じた Sean Cubitt, "Current Screens," in Stephen Monteiro ed., *The Screen Media Reader*, Bloomsbury, 2017, pp. 39–54 を参照。

(26) Alexander Alberro, "The Gap Between Film and Installation Art," in Tanya Leighton ed., *Art and the Moving Image*, Tate Pub. in

association with Afterall, 2008, p. 423. 一九九〇年代後半から二〇〇〇年代頭にはイギリスの一部大学が「映画研究（Film Studies)」から「スクリーン研究（Screen Studies)」へと学科名を変更し、二〇〇一年にはロンドン大学で「Screen Studies Group」が発足した。光岡寿郎「メディア研究における空間論の系譜――移動する視聴者をめぐって」『コミュニケーション科学』第四一号、二〇一五年、七七―七八ページ

（27）Gregor Stemmrich, "White Cube, Black Box and Grey Areas: Venues and Values," in Tanya Leighton ed., *Art and the Moving Image*, Tate Pub. in association with Afterall, 2008, pp. 434-435.

（28）Mark Nash, "Between Cinema and a Hard Place: Dilemmas of the Moving Image as a Post-Medium," in Stan Douglas and Christopher Eamon eds., *Art of Projection*, Hatje Cantz Verlag, 2009, p. 145. ナッシュとは対照的な立場だが、二〇〇七年のドクメンタ12のフィルム部門を担当したアレクサンダー・ホーワスは「メディウムの物理的かつ技術的特性に基礎した様式と空間」として、「歴史的な成功を収めた特殊な強度をもって上映することができる」がゆえに、カッセル市内の映画館上映を選択した。ホーワスは、このような判断を、美術の文脈で映像作品（moving image）をいかに見せるかという論争に対するシンプルな応答だとした。ただ、プログラムに含まれた作品のなかでは明らかに長編劇映画の比重が大きかった。http://www.documenta12.de/fileadmin/Filmprogramm/d12_kino_english_screen.pdf（二〇一八年三月三〇日アクセス）

（29）Mark Nash, "Art and Cinema: Some Critical Refletions," in Documenta 11_Catalogue, Hatje Cantz, 2002, p. 131, Mark Nash, "Art and Cinema," in *Screen Theory Culture*, Palgrave Macmillan, 2008, pp. 208-209.

（30）ジャック・ランシエール『解放された観客』梶田裕訳、法政大学出版局、二〇一三年、一八ページ

（31）Erika Balsom, *Exhibiting Cinema in Contemporary Art*, Amsterdam University Press, 2013, p. 63. バルサムの近著は「experimental film, avant-garde cinema, video art, artists' film and video, artists' cinema, artists' moving image, moving image art, even time-based media」などと呼ばれる、それぞれ異なる名前で知られるプラクティスが、それぞれの名称ごとに特定の含蓄と特定の制度的、歴史的文脈をもっているとした。Erika Balsom, *After Uniqueness: A History of Film and Video Art*, Columbia University Press, 2017, p. 15.

（32）Annette Kuhn, "Screen and screen theorizing today," *Screen*, 50(1), 2009, pp. 1-12. ここで美術の映像作品は「ギャラリー映画（gallery film）」と呼ばれている。

（33）Kotz, op.cit., 2008, p. 372, 385, コッツ、前掲、二二八、二四四ページ、Kotz, op.cit., 2013, p. 132, 142. 引用は日本語版。

（34）Kate Mondloch, *Screens: Viewing Media Installation Art*, University of Minnesota Press, 2010, p. xv. 引用の際、「film and media studies」を「映画研究とメディア論」と訳した。二〇〇五年に設立された東京藝術大学大学院映像研究科は、映画専攻、メディア映像専攻、アニメーション専攻という修士課程を束ねる博士後期課程（二〇〇八年設置）の研究領域を「映像メディア学（film and new media studies）」とする。

（35）Mondloch, op. cit., p. xvii.

（36）Ibid., pp. 2, 98.

（37）Dreamlands: Immersive Cinema and Art, 1905–2016（exh.cat）, Whitney Museum of American Art, 2016参照。図5はその展示作品。

（38）Giuliana Bruno, *Surface: Matters of Aesthetics, Materiality, and Media*, The University of Chicago Press, 2014.

（39）Giuliana Bruno, "The Screen as Object: Art and the Atmosphere of Projection," in Dreamlands: Immersive Cinema and Art, 1905–2016（exh.cat）, Whitney Museum of American Art, 2016, pp. 156–167.

（40）David Joselit, *After Art*, Princeton University Press, 2013, p. XIV, pp. 2–3.

（41）当作品［図6］のタイトル《HOW NOT TO BE SEEN: Fucking Didactic Educational. MOV File》の和訳には、《見えなくするために：ひどく説教じみた教育的MOVファイル》（『美術手帖』二〇一五年六月号）、《他人から身を隠す方法——ひどく説教じみた．MOVファイル》（水戸芸術館現代美術センター）など、いくつか異なるバージョンがある。ただ、作品のなかで見る行為の主体は「他人」よりは、人間を含む「全地球単位の監視システム」に近い。

（42）http://www.tate.org.uk/art/artworks/steyerl-how-not-to-be-seen-a-fucking-didactic-educational-mov-file-t14506（二〇一八年三月三〇日アクセス）

（43）https://www.moma.org/collection/works/181784（二〇一八年三月三〇日アクセス）

（44）https://www.artforum.com/video/hito-steyerl-how-not-to-be-seen-a-fucking-didactic-educational-mov-file-2013-51651（二〇一八年三月三〇日アクセス）

（45）Hito Steyerl, "In Defense of the Poor Image," in *The Wretched of the Screen*, Sternberg Press, 2012, pp. 31–45.

（46）Erika Balsom, *After Uniqueness: A History of Film and Video Art*, Columbia University Press, 2017. ブルノ（2016）と同様、映像の在り処の問いからはじめ、複製を含む、映像の消費、配給、循環のシステムを分析したこの本は次の言葉で結ばれる。「映

画の到来は美術が唯一性の範疇を超えることに寄与した。しかし、複製（可能性）というのは、芸術形式としての映像（moving image）に物質的、経済的、美学的、概念的な特質（specificities）を与えながら、美術におけるイメージに対して未来への約束であると同時に脅威として残った」（p. 236）。

（47） http://sethpriceimages.com/post/42277603863/dispersion-2002-seth-price-download-pdf（二〇一八年三月三〇日アクセス）

第15章　電子のメディウムの時代、デジタル画像の美学

gnck

二〇世紀の後半、パーソナルコンピュータとネットワークの発展によって、人々はデジタル画像を作り、それを流通させるようになった。

ファインアートにおいては、二〇世紀初頭のダダを端緒とする、概念操作こそを芸術の核心とする傾向とともに、表現の形式はやがて絵画や彫刻にとどまらなくなっていった。二〇世紀後半には映像技術の発展もあいまって、ビデオアートやインスタレーションが興隆し、一方では一回性を重視するパフォーミングアーツや、記録としてのアートドキュメンテーションなどが登場し、その表現形式は拡散していった。科学技術の発展は芸術の問題系に主題として登場することは少ないものの常に並行する要素としてあり、なかでもメディアアートは、ニューメディアを駆使するだけでなく、ニューメディアそのもの――そのハードウェアやソフトウェア、科学技術そのものを対象化するアートとして登場した。しかし本章においては、メディアアートと目される諸作品群を議論の対象とするよりも、主にパーソナルコンピュータによって作られた「デジタル画像」を中心に議論を進める。そしてそれには、近代絵画――その絵具というメディウムの物質性や、筆というインターフェイスの痕跡といった道具立て――が有効な補助線になると考える。

何を芸術と見做すのか

「前衛芸術」とは、その作品が芸術作品であるか否かを直ちに客観的に立証する手立てが確立されていない「新しい芸術」であるという意味だ。つまり、近代芸術の活動においては、その作品が芸術であるか否かという問いが、常に核心的なものとしてあったということになる。本章では、筆者はさしあたって、作品の芸術性について、そこに「批評性」を見出しうるかという立場を取る。これはすなわち、既に認められている伝統的な画題や画材を用いて描いているとか、逆に新しい素材を用いているということの一点のみをもって、それを直ちに芸術と承認するわけではないということである。一方では、作者がそれを芸術であると意識して制作をしているということを条件にもしない。ファインアートとは違う領域であると通常考えられる、デザインやサブカルチャーなどの領域においても、制作において常々突き当たる課題に対する批評的な営為は常に試みられており、その中にも芸術性に対する本質的な問いかけが存在しているからである。本章は、デジタル画像のメディウムを浮き彫りにする作品を取り上げ、検討することによって、新たなる芸術の批評性のあり方を問うものである。(1)

メディウムについて

本章では、デジタル画像のメディウムについて問うことを主な論旨とする。アメリカの批評家クレメント・グリーンバーグ（Clement Greenberg 1909-1994）は、近代絵画が抽象芸術へと歴史的に発展してきたことの根拠について、近代芸術が純粋性を求める過程で、「イリュージョン」によって技巧を用いてメディウムを隠蔽するという方法を捨て去り、絵画の平面性を見せつけることが必要であったからだと説く。(2) 絵画が単純な三次元的な空間の再現にとどまるならば、それは彫刻との差異を失ってしまう。絵画が絵画であることを示すのは、そこに奥行きが見えたとしても、実際には平面であるということを示すときなのだ。たとえば、キュビスムが陰影によって前後感を演出しながらも三次元的には矛盾した空間を描くのは、鑑賞者をイリュージョンに誘い込むのではなく、絵画が平面でしかないことをありありと示すためであり、絵画の四角いキャンバスを示すために、抽象絵画は幾何学形態に近づいていくのだとグリーンバーグは説明するのだ。

たとえば、エドゥアール・マネ（Édouard Manet 1832–1883）の《すみれの花束をつけたベルト・モリゾ》（1872）（図1）を検討してみたい。この作品において、黒々とした絵具は、まさにたった一筋で描かれた筆触の線であると同時に、布として見える。いや、筆触として見えているときには、布に見えず、布に見えているときには筆触性は薄らいでしまう。布と筆触のどちらにも見えるという微妙な形態が、鑑賞者の中で認識の揺れ動きをもたらすのだ。この絵画でマネは筆触が形態に見えてしまうという、イリュージョンの中でも最上の技巧を、隠蔽することなしに堂々と示してしまっているのだ。

近代芸術の発展の中で、優れた芸術は、技巧を隠すことによってまるで本物であるかのように像を再現する作品ではなく、技巧を顕示する作品へと移り変わっていったのだとグリーンバーグは説明する。この技巧——筆触は、作者と画面とを繋ぐ「インターフェイス」の痕跡でもある。絵画は筆触によって構成されるが、作品の表面には、それが生み出される過程が生々しく刻まれ、その痕跡が隠蔽されることなく、眼前に示される。マネの絵画には、メディウムを露にする態度がありありと現れている。

図1　エドゥアール・マネ《すみれの花束をつけたベルト・モリゾ》（1872）
出典：オルセー美術館

デジタル画像の最小単位ドット絵

では、本章の主題であるデジタル画像を見ていきたい。デジタル画像には大きく二つの形式があり、その一つがビットマップ画像で

図2　マリオのコースター（発売元：三英貿易株式会社　販売代理：株式会社カフェレオ）

ある。ビットマップ画像は、画面を縦横のマス目状に区切り、そのマスの集合として表現するという方法だ。その一つ一つのマスをピクセル、あるいは単にドットと呼ぶ。ドットが確認できるような低解像度のデジタル画像を、ドット絵と呼ぶ。[3]『インベーダーゲーム』のインベーダーが白黒であったり、『スーパーマリオブラザーズ』のマリオが三色で構成されているのは、当時の技術的制約のためだが、それらが現在でもポップアイコンとして受け入れられているのは、特定世代のノスタルジーのためというより、単純化された図像が持つ親しみやすさが大きな要因だろう。しかし、たとえばグッズ化されたそれらのドット絵の一部には何ともいえない違和感を感じさせるものがある。

図2は、ドット絵をシリコン製のコースターとしてグッズ化したものである。二〇一〇年代中頃よりこのようなドット絵を「ラバスト（ラバーストラップ）」としてグッズ化したものに共通する傾向であるが、マリオのオーバーオールと袖の間などの色の変わり目の部分に、ドット絵には本来存在しない、ピクセルとピクセルの間の黒い線が見える。これは、シリコンによってドット絵を立体の形として成立させるため、またグッズとしてわかりやすくするための処理であるが、ドット絵では、本来このようなことはあり得ない。先に確認したように、ドット絵はマス目状に区切られた空間を前提にしている。これは、ビットマップ画像がそうして成立している以上、逃れ得ない根源的な物理法則のようなルールである。扱える色数や解像度に制限があるだけでなく、矩形のピクセルから逃れ得ないという厳密なルールが存在すること

が、デジタル画像というメディウムの性質なのだ。そのことに気づくと、図2のコースターの「SUPER MARIO BROS.」のタイトルロゴとマリオの解像度が揃っていないだとか、手前のマリオのグリッドと背景のドットのグリッドとが不揃いであるなど、不自然な点があることがわかってくるだろう。ソフトウェアの制約下にあるドット絵の制作者たちは、それゆえに一ピクセルをいかに像として見立てるかに注力してきた。ドット絵のような解像度の低い画像では、一ピクセルのズレが大きな意味の違いを生み出してしまう。そして鑑賞者にも、その感覚が作品を通じて伝わるのだ。ドット絵の制作過程においては、ピクセル単位の感覚が制作者に身体化されることになる。

豊井祐太——ループする風景のリズム

GIF画像のループアニメーション機能[4]を用いてドット絵のアニメーション作品を制作する豊井祐太（1990–）は、日常の風景の中に潜む、孤独に共鳴するような都市的な感覚を描き出す。二〇一六年制作の図3の作品[5]で、ホースからの水をうける植物の動きや、水槽の水面を流れる気泡はたった一ピクセルで描かれる。この作品の美しさのゆえんは、一ピクセル単位の感覚を豊井が身体化しているからである。止まっていれば単なる点や四角いピクセルの集合でしかないものが、アニメーションとなることで泡や金魚に見えてくる。作品からは、葉がパラパラと水を浴びる音や、水槽のポンプが駆動する音までもが聞こえてくるかのようだ。ピクセルという矩形のマス目に支配され、たった一つずれてしまえば破綻してしまうバランスの中で、豊井は像を成立させているのだ。

豊井の作品はループアニメというジャンルを切り開いている先駆的なものである[6]。ループ動画を飽きずに見続けるのは、通常困難なことである。ループのサイクルが判明し、アニメーションの始点と終点が分かってしまうと、人間は飽きてしまうのだ。一方で、人間は風景をただ眺め続けることもある。豊井の動画を飽きずに眺め続けることができるのは何故なのか。それは、豊井の作品には現実の風景と同様に、水や風が揺らす葉、光の明滅や換気扇など、それぞれ固有のリズムを持つ事物のポリリズム的な同期が存在しているからである。事物の固有

図 3　豊井祐太の GIF 作品
出典：http://1041uuu.tumblr.com/

のリズムを予測できるが、それぞれが絶妙にずれているからこそ、人は飽きずに風景を眺めていられるのではないか。豊井の作品は風景画の鑑賞態度をＧＩＦアニメーションという領域において更新してしまったと評するべきであろう。

ドット、ブロックを見立てる

一ドットを何かに見立てるという点では、ドット絵はレゴブロックのようなブロック玩具にも似ている。百貨店の玩具売り場にディスプレイされる、膨大なパーツで歴史的建造物を再現したレゴがどこか興ざめするのは、もはやブロックという単位があることの必然性がそこにないからだ。それにひきかえ、黄色い四つのパーツと赤い二つのパーツからなるレゴの「アヒルセット」は、たった六つのパーツから膨大なパターンのアヒルを作り出すことができる。ブロック玩具の根本的な魅力は、ここに詰まっているのではないか。「アヒルセット」に顕著なように、四角いブロックを組み合わせることで、四角いブロックをアヒルの嘴や体として見ることができるのは、そこに見立てが発生しているからにほかならない。このメディウムによって像が成立するという現象は、この

「見立て」からはじまるのであり、とくにブロックが少なかったり、解像度が低い場合には見立てがより強く生じる。ドット絵の魅力の一端は、基底となる単位が整然と並んでいる一方で、強い見立てが生じるほど単純化されていることにあるだろう。

バイキュービック法とニアレストネイバー法

ドット絵の魅力がファンにも共有されている事例がある。[7] 二〇一八年に移植版の配信が開始されたスーパーファミコン用ソフトの『クロノ・トリガー』のグラフィックでは、モニタ環境の高解像度化に対応するために、ドット絵を拡大して表示している。しかし、その拡大方法として、写真のような複雑な画像を違和感なく拡大をする際に用いられる、バイリニア法やバイキュービック法が使用されている。[8] これらの方法は、画像を拡大するときに、隣接したピクセルの色を参照して中間の色を補完する方式だ。ドット絵にその拡大方法を適用すると、厳密なグリッドに適応して配置された色彩の間を、隣り合う色が混ざった色で補完するためにぼかされた状態になってしまい、ドット絵の魅力を損ねる結果となる（図4左）。また、画面全体に同じように拡大処理がなされていれば、まだ画面の統一感が出るのだが、パーツごとに拡大処理の適用のされ方がまちまちのため解像度の不一致が起こってしまい、ドットの内部が滲んだような、かなり違和感の残るものとなっている。それに対し作品のファンが自主的に制作したmod（ゲームの改造データ）では、ドットのジャギー（ギザギザ）をそのままに拡大するニアレストネイバー法を使用することで、ドット絵をそのままに見せることができている（図4右）。

身体化されたルールと、その破れ

ドット絵が厳密な法則に支配されており、そのルールが崩れることで魅力が減じる例を取り上げたが、その厳密な法則が身体化されていることへの批評的な作品もある。次の図は「せいまんぬ」（1989-）というハンドルネームの作家が描いた《自負まんぬ》（2010）という作品だ（図5）。実際にはGIF動画になっており、図5はに

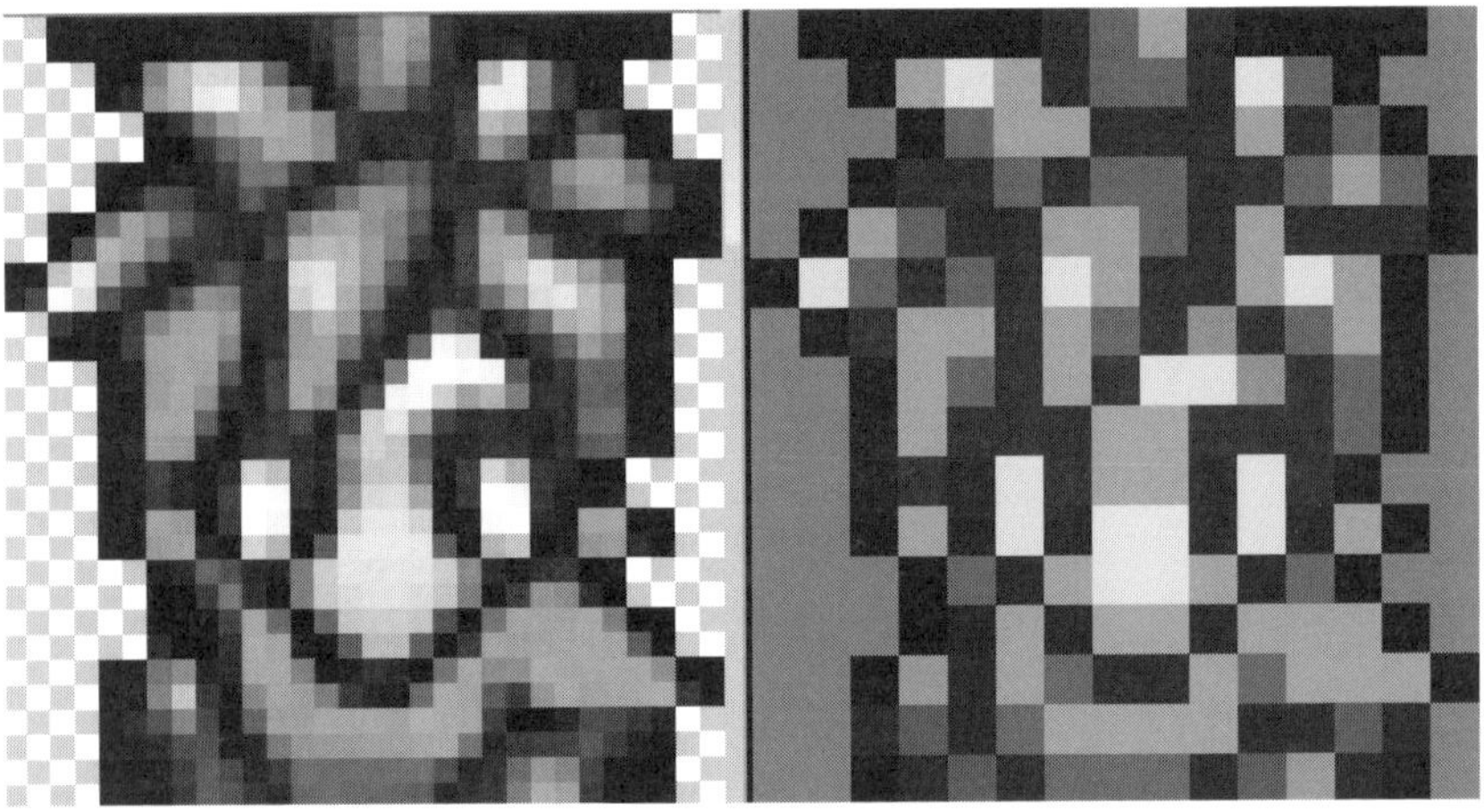

図4　『クロノ・トリガー』のグラフィック　右がニアレストネイバー法で拡大された状態
出典：https://twitter.com/rivernyxx/status/970051415514099712

こっと笑った瞬間の画像である。この作品は一見してドット絵であるが、口の部分に注目して見ると、牙のようなものが通常の一ドットの半分、〇・五ピクセルで表現されていることがわかる。しかし前述の通り、ビットマップ画像における最小単位は一ピクセルのはずだ。この作品では、実際には二×二ピクセルをひとつのピクセルのように見せることで、牙を〇・五ピクセルであるかのように見せかけているのだ。笑う直前までは、鑑賞者は、このドット絵における実際には二×二ピクセルを一ピクセルだと信じて鑑賞している。ドット絵はピクセルから逃れられないという法則を見る者が身体化しているからこそ、基準が厳密でないグッズや、解像度が不一致な画面が気持ち悪さを生じさせる。見る者がその法則を身体化しているからこそ、この作品は驚きを生むのである。言うなれば「ドット絵としてルール違反をしているから気持ち悪い」のか、「ドット絵のルールの裏をかいている」のかという違いこそが、批評的な態度の有無である。

ドット絵よりも解像度が高いが、しかしジャギーが見えなくなるほど高解像度化もしていない状態、いわば中解像度の画像においては、メディウム性はどのように見いだせるのだろうか。アラン・ケイが構想した初期のコンピュータである、Smalltalk-76に搭載されており、後のマッキントッシュに大

図5　せいまんぬ《自負まんぬ》（2010）
出典：https://www.pixiv.net/member_illust.php?mode=medium&illust_id=9308538

きな影響を与えた画像編集ソフト「ビットレクトエディタ」では、扱える色数は白黒二色であるものの、一ピクセルがずれるだけで絵の意味内容が変わるほど解像度は小さくはない。そのため、白と黒の中間色調を表現するために、白黒を市松模様状に交互に並べるタイルパターンで表現するツールがはじめから実装されていた。このタイルパターンの技法は、パーソナルコンピュータが扱える色数が八色、一六色と徐々に増えていく中でも用いられ続けた。これは、限られた色数で表現しなければならない環境で、グラデーションや中間色調を表現するための技法であるが、肌の質感など、人間が特に敏感に反応する質感についてはどうしても違和感が残るものであった。しかし一九九六年発売のPC98用の成人向けゲームソフト『スタープラチナ』（図6）でグラフィックを担当した撫荒武吉は、環境光を設定したり背景を大胆に省略したりすることによって、通常であれば不自然さがどうしても残ってしまう一六色表示にはとても見えない全く違和感のないグラフィックを実現した。まさに職人

図6　撫荒武吉による『スタープラチナ』のグラフィック（発売元：カスタム、1996）

的なタイルパターンの使用法といえる仕事だ。

また、一九九九年に登場した、ウェブブラウザ上で起動するアプレットである「お絵かき掲示板」では、既に色数の制限はないＪＰＥＧ画像が扱えたり、プログラムが自動的に二五六色まで減色してくれる機能が搭載されていた。そのため、技術的な面では描き手が色数の制限について気にする必要がなくなっているにもかかわらず、「トーンツール」という名称でタイルパターンを描画する機能が生き延びていた。お絵かき掲示板は、その名の通りお絵かき機能に電子掲示板機能が加えられたものであり、個人のイラストサイトに付随したものだけでなく、特定のテーマ別の板が設けられたり、集団的に同じテーマを取り上げる突発的な「祭り」や、技術的なtipsの共有が盛んに行われた。イラストレーターの島田フミカネ（1974-）は、このお絵かき掲示板のトーンツールを用いて、独特の透明感やハイライトの滲み、金属光沢を表現した（図7）。タイルパターンによって色が二重になった状態は、両眼視が感じる、固有色と反射光がないまぜになった金属の色味のようでもあり、同時にそれがピクセルによって構成された、発光する画像であることもありありと示している。混色しても彩度の下がらない加法混色の原理で表示されるモニタにおいては、タイルパターンは印刷のハーフトーンとは異なる美しさを持つ。島田は既に技術的には必然性のなくなったツールが持つ独特の質感を、作品に用いたのである（図8）。

同じくお絵かき掲示板を用いた作品制作を行う二艘木洋行（1983-）の作品にはより明確にお絵かき掲示板らしさが現れる。画集『UNKNOWN POP』で二艘木は、お絵かき掲示板を用いて、ジャギーが明確に現れる一ピク

図8　トミー（現タカラトミー）の玩具「ZOIDS」に登場するディロフォース。タイルパターンだけでなく「ぼかし」「覆い焼き」も併用されていることがわかる。
出典：http://www.ne.jp/asahi/humikane/e-wacs/

図7　島田フミカネのウェブサイトに掲載されていた作品。ゲーム『バーチャロン・オラトリオタングラム』に登場するバーチャロイド「フェイ・イェン・ザ・ナイト」を擬人化した少女。ヘルメット下部の赤い発光部やバイザーのハイライトのほか、腕やバイザーの紫部分のグラデーションや、腹部のラインにトーンツールが使用される一方で、スカート部の照り返しはあくまで色彩によって表現されており、必要に応じて島田がトーンツールを使い分けていることが良くわかる。
出典：http://www.ne.jp/asahi/humikane/e-wacs/

セルの直線によって構成された画面作りを見せる。お絵かき掲示板の解像度は四〇〇ピクセルほどだ。当時のPC環境は現在の高解像度化したモニタと違い、ピクセルが目視できる解像度のものが一般的であった。そのため、ジャギーが目立たないように処理するアンチエイリアスを施すことは一般的で、自動的にぼかしがかかる水彩ツールも、やや癖のある仕様であったが、お絵かき掲示板には搭載されていた。島田がタイルパターンと水彩ツールを併用しているように、水彩ツールを使用したり、アンチエイリアス処理をすることはごく一般的であったが、一方でアンチエイリアス処理をしてもそれがピクセルによって構成されていることが見えてしまう、そのような環境であった。二艘木はそのようなアンチエイリアスに対して「アンチ・アンチエイリアス」というべき、ジャギーの強調を行ったのである。ジャギーはエイリアシングノイズとも呼ばれ、「理想的なイメージ」に対する不純な汚れと捉えられていた。それに対してジャギーを強調することは、デジタル画像がピクセ

図9　二艘木洋行《梨》
出典：http://unknownpop.com

ルに縛られているという事実をこそ前景化させる態度であり、そこではアンチエイリアスこそが、ピクセルに対して不純な態度となるのである。

　ところが、二艘木の次の画集『ポイフル的少女』では、水彩ツールで引いた太い線の内側を塗りつぶしツールによって塗りつぶすという工程が現れてくる。当然、水彩ツールは自動的にアンチエイリアスがかかる。塗りつぶしツールは隣り合った、まったく同じ色だけを塗りつぶすツールだ。たとえばグレーの背景の上に赤く太い線を水彩ツールで引くと、その筆跡の一番きわの部分は、グレーと赤の中間色になる。人間の素朴な感覚では、たとえば青色でこの筆触を塗りつぶすと、グレーの背景の上に青色の筆触が載っている状態になるはずである。しかしお絵かき掲示板の塗りつぶしツールは、隣り合ったまったく同じ色にしか適用されないため、グレーと赤の中間色となっている、筆触のきわだけが画面に残されることになる。紙の上にこぼれたコーヒーのしみの、きわだけに色が濃く残るような感じだ。これはいわばアンチエイリアス「だけ」を使っている状態といえるだろう。アンチエイリアスを拒否した作風からすれば、これは一見反転した態度に見える。しかし作家曰く[9]「アンチ・アンチ・アンチエイリアス」とでもいうべきこの手法は、塗りつぶしツールが人間の直感に反して「隣接した同一色を塗りつぶす」という愚直なルールに従っていることを見せつける。絵画における筆触は、「手－筆－絵具－画布」というインターフェイスの運動性や粘性といった物質性の痕跡であるとすれば、ここで露にされているのは、絵具の物質性ならぬ、デジタル画像の演算性の痕跡なのだ。

流通＝複製されるデジタル画像

デジタル画像は電子的な情報に過ぎない。情報が流通するということは、それが複製されることと同義である。デジタル画像が猛然と流通するようになると、流通する画像を用いる作家も現われた。次に、デジタル画像における流通性の問題を取り上げたい。

トーマス・ルフ（Thomas Ruff 1958-）の《jpeg》（2004）はJPEG形式の画像データを圧縮する際に発生するブロックノイズを強調する写真作品である（図10）。JPEG形式は、画像を八×八ピクセルのブロックに区切り、そのブロックの色情報を周波数に変換する。周波数は高周波から低周波までの重ね合わせとして表現されるが、このうち高周波成分を削除しても、データの大勢にはあまり影響がない。ただし細かなエッジ部分には影響が出るため、圧縮率を高めるために高周波成分を削除しすぎると、ブロックの内部で滲んだような像になる。また、その滲みはブロック単位で発生するために、モザイク状に滲んだようなブロックノイズが発生するのである。ルフの作品は、水爆実験やアメリカ同時多発テロなど、メディアに

図10　トーマス・ルフ《jpeg msho1》（2004）
出典：ニューヨーク近代美術館

図11　JNTHED《デフォーム》（2004）
出典：http://retypefullmecha.com/

流通する「歴史的場面」のJPEG画像を拡大してプリントしたものである。「ディティールを削除することでデータ量を圧縮し流通する」という、イメージの流通への批評性を、ルフは画像形式に見出しているのである。

JNTHED（ジェイエヌティーヘッド、1980–）の《デフォーム》シリーズ（2004–06）はインターネット上の写真を、Photoshopを用いて文字通りデフォルメしてしまう作品（図11）である。当時イラストレーターとして作品を発表していたJNTHEDがもともと下描きの線を補正するために行っていた作業を、現実の人間の写真に適用してみせることで人間が「キャラ」として成立する瞬間を暴き出しているようだ。プリクラや、写真アプリの「snow」など、古くから現在まで、「目を大きくする」ことをはじめ、デジタル写真は加工されることと不可分の関係にあり、それは化粧というさらに古くからある人間の技から連綿と続いている欲望である。その欲望に対して、JNTHEDは加工の痕跡をまざまざと見せつける。切り抜かれた画像の境界線のジャギーは肌の上に荒々しく残り、ニアレストネイバーで拡大された瞳はブロックノイズで滲んでいる。JNTHEDはグラフィッカーとしてゲーム会社で仕事をする中での制約――画像は美しく仕上げなければならない、色はハレーションさせてはならない、といった――がなくとも、「良い」作品は成立するはずだと、インターネットで作品を発表していた。であればこそ、デフォームされた少女の顔は、彼のイラストに登場する彼女たち同様、自信満々に不敵な笑みを浮かべてもいるのだ。加工されているということが、いったい何を毀損するのかとでもいいたげに。

カオス*ラウンジのメンバーでもある梅沢和木（1985-）は、デジタル画像をコラージュすることで知られる作家である。画像共有サービスのtumblrや、画像掲示板のふたば☆ちゃんねる、イラストSNSのpixivなど、二〇〇〇年代にキャラの画像はインターネットを猛然と流通するようになっていった。また、YouTubeや、ニコニコ動画の登場によって、静止画だけでなく動画もまた、個人の作り手によって複製され、編集されるようになっていった。梅沢和木は、そのようなインターネットに猛然と流通するキャラの画像をモチーフにデジタルコラージュを行う作家である。コラージュという技法には、たとえば寄せ集められた画像によって、異化効果のある画面を作り出すというやり方があるが、梅沢の作品の場合、画像が全体の像に奉仕するために選ばれるというよりむしろ、切り取られてもキャラの「固有名」がまるで失われないパーツが選ばれる。梅沢自身はキャラ表現に親しみ、愛好する「オタク」であり、その梅沢が選び取るのはそのキャラのもっとも特徴的な「記号性＝固有名性」が込められた部位なのだ。それらのパーツに埋め尽くされた画面は、それぞれのパーツの記号性を次々にジャンプしていくような鑑賞体験をもたらす。そのパーツの「記号性」はすなわち類型性でもあり、たとえその具体的な元ネタを知らない者にとっても「固有名性」が伝わってくる。《少女千万魑魅魍魎》（2010）（図12）の構図は、彼が耽溺する「音ゲー」やシューティングゲームのような反射神経を刺激する記号――落下してくるバーや、敵が撃ってくる弾幕[10]――が用いられ、それによってほかの記号的なパーツもまた、そのような「有意味なオブジェクト」と化している作品である。インタラクションを誘発し、その経験そのものが快楽となるような仕組みは、たとえばtumblrやＪＮＴＨＥＤのウェブサイトRakGadjetにも共通するウェブブラウジングの高揚感――「ブラウジング・ハイ」とでも呼ぶような感覚とも共通する。作品の色彩が極彩色であることも相まって、音ゲーやシューティングゲーム、あるいはパチンコやパチスロのような極端な刺激が快楽を生み出すような「多刺激性＝多幸性」の強い画面となっている。梅沢は「見る」という絵画的・視覚的な感覚よりも、ビデオゲームやパーソナルコンピュータといったインタラクティブなメディアの原理によって画像を作り出したのである。

図12　梅沢和木《少女千万魑魅魍魎》（2010）
出典：http://www.umelabo.info/

フォトグラメトリー——凍った死体のような画像

3DCGは、三次元空間の座標中に三点を設定して結んだポリゴンを単位として構成されたモデルに、ビットマップ画像のテクスチャを貼りつけ、ライティングを施して像を得る方法だ。ポリゴン数を増やしたり、テクスチャの解像度を高くしたり、レイトレーシングによる光の反射をすべて計算するという膨大な演算を行うことによって、より現実に近いシミュレーションを行うことで、フォトリアリスティックな像を得ることができる。レンダリングには膨大な計算量が必要であり、コンピュータの計算力の増大の恩恵を大きく受ける表現方法である。そのような見解だけを採用するならば3DCGの表現力の向上とは、現実のシミュレーションとしての精度の向上と同義であるが、それはメディウムの透明化を意味する。そのメディウムを露にしようとするならば、別の視点が必要となる。

フォトグラメトリーはひとつの被写体を複数の視点から撮影し、その色情報から三次元情報を推測、計算する手法である。もともとは航空写真から立体的な地形の情報を得るために利用されていたが、近年では被写体に人物モデルを用いてゲームキャラクターの造形などに生かされている。人間は物を立体的に見るために左右の目の視差を利用している。フォトグラメトリーは、視点を増やすことによって、より精度の高い三次元情報を被写体から得ることができるが、視点が少ない場合や、死角となっている部分は、プログラムにより補完処理がなされる。

Google のサービスである Google Earth や Google Street View は、世界中の道路などで撮影した写真をもとにした3Dモデルを用いている。通信速度を低速環境におくことにより、Google Earth にわざと補完処理をさせることで、「この世界を模しているが、この世界でない異世界」のような景色を出現させたのが、小濱史雄（1991-）の映像作品《長い休日》（2013）だ。テクスチャは撮影された写真の迫真性をもっているがポリゴンはごく単純な矩形となっている。その平べったいポリゴンのペラペラ感や、動いているもののまったくない光景には、まるで書き割りのように、この世「らしさ」だけが存在している。

谷口暁彦（1984-）《日々の記録》（2012）は、そんなフォトグラメトリーによる3Dモデルがハイエンドな技法としてではなく、いつしか陳腐化してしまう未来を先回りするかのように、様々な日用品がおかれたテーブルや、洗濯物が積み重なった自身の生活空間の様子を3D化する。《日々の記録》はレバーを使ってモデルを回転させることができるインタラクティブな作品であるが、フォトグラメトリーで3D化されたモデルには、ボーンやリグといった「動かすための構造」は設定されていない。単純にモデルが表示されているときには、驚異的な迫真性――写真から生成されたモデルであるがゆえに、現実の光学条件をそのままモデルに持ち込むことができるため、テクスチャが「雰囲気」までもまとっており、洗濯物のやわらかな質感が伝わってくる。しかし、レバーを使ってモデルを「回転させる」という運動性をともなうインタラクションが発生することで、モデルに「凍り付いたようなかたさ」が付与されてしまう。フォトグラメトリーが持つ迫真性は、ポリゴンの複雑化、レイトレーシングの計算量の増大というボトムアップ的な方法論からすると、まったく逆方向からのアプローチである。たとえるならば、デッサン力をひたすらに鍛えていたら、突然写真が発明されてしまったような状況に近いともいえる。そしてフォトグラメトリーによって生成された、運動性を持たないモデルが持つ不気味さは、初期の写真に人々が抱いた、時間の凍り付いたような――魂が抜き取られてしまうような――感覚にも似る。

《私のようなもの／見ることについて》（2016）（図13）は、その日常の断片が転がる世界を、谷口の二体のアバ

図13　谷口暁彦《私のようなもの／見ることについて》（2016）
出典：http://okikata.org/a/sstm/

ターが動き回る作品だ。フォトグラメトリーによるモデルという「既視感の断片」が組み合わされた、夢の中のような世界を、まったく同じ形のアバター／複数の視点が歩き回ることで、鑑賞者／プレイヤーが胡蝶の夢を見るような作品である。作品の最後に照明が点るとき、鑑賞者の目に映る自身の手が一体誰のものなのか一瞬分からなくなる感覚にさせる作品である。谷口は、破れたフォトグラメトリーによるモデルと、複数化された視点、インタラクションを用いて、ただのゲームプレイにとどまらない作品体験を作りあげたのだ。

カオス＊ラウンジの参加作家として地方芸術祭に度々出品する山内祥太（1992-）もまた、粗いフォトグラメトリーを用いる。「地域の持つ記憶を読み替える」という東日本大震災以降のカオス＊ラウンジの方法論を、作品によってもっとも効果的に実現するのが、山内の映像作品だろう。たとえば瀬戸内国際芸術祭に出品した《大海嘯》では、桃太郎伝説を観光資源とする女木島に行くために鑑賞者が必ず乗り込むことになるフェリー「めおん号」や、島にあるＦＲＰ製の鬼の彫刻を３Ｄ化し、映像作品に登場させる。このことによって、前衛芸術の基本的な異化作用——現実の前提を問うことによって、目の前に当たり前に見ていたものを、当たり前でなくしてしまう——を実現させているといえるだろう。ここで重要なのは、あくまでも精密な像を得るためのフォトグラメトリーを敢えて粗く使用することによって、そこに現実との落差が生み出されることなのだ。フォトグラメトリーのポリゴンが「破れ」ており、テクスチャは迫真的でありながら解像度が粗いことによって、それが飽くまでも現実そのものではなく似姿でしかないことを鑑賞者に伝えるのである。

グリッチ——破損した画像

デジタル画像が演算された情報でしかないという事実が端的に露になってしまうのが、グリッチだ。画像データをバイナリエディタなどで破損させ、それを無理矢理計算することによって現れる画像には、機械が愚直に処理を続けた結果、色ズレや水平性が現れる。グリッチ画像に現れる水平は、画像が処理される順序が水平に進んでいることを示すものであり、ピクセルがそれ以上分解できない単位であるのと同様に、それは理念的な絶対の水平である。

動画に起こるグリッチであるデータモッシュを利用したミュージックビデオとして、レイ・ティントリ（Ray Tintori）が監督する chairlift のミュージックビデオ、《evident utensil》（2009）がある。データモッシュでは、通常数フレームごとに読み込まれるはずの色情報が読み込まれず、直前のコマからコマへの同じ色の「移動」のみが処理されることとなる。そのため、前の画面が表面に張り付いたまま次の場面に切り替わるような奇妙な映像が生み出される。しかしミュージックビデオを見ていると、そのような奇妙な像の中にも動きや立体感が見出せることの方に段々と驚きを覚えるようになる。

データの演算は、なるべく情報処理の負荷がかからないよう設計されている。それは「人間の感覚に合わせて」、たとえば、人間が感知し得ない情報を削り、一方で敏感に認知する情報は温存するように設計される。たとえばモニタはどんなに色鮮やかな表現がなされているように見えても、RGBの三色の混ぜ合わせである。人間には色を見分ける錐体細胞が三種類しかないからだ。JPEGが高周波成分を優先的に削除するのも同様である。グリッチは、そのような人間の認知にあわせたメディアが破損することによって、その背後にある電子的な演算をあからさまにしてしまう「事故」なのだ(11)。

そしてデジタル画像の美学へ

本章で取り上げた作品群、そして、ピクセル、ジャギーや、ブロックノイズ、グリッチといったデジタル画像が抱える要素は、高度化し、透明になろうとするメディアを再び不透明にするものとしてある。それらは像の成立を支えるものであると同時に像の破れとして現れてくるものである。すべての油絵は絵具で描かれているにもかかわらず、その絵具性への注目を必要とする作品とそうでない作品とに分けることができるように、すべてのビットマップ画像にジャギーは存在するが、それをノイズとするのか、作品の要件とするのかで態度は大きく異

図14　JNTHED《ナガレ・カイ》(2007)　人物に比べ陰影が単純化されているのは、画面の中心部と周辺部でディティールの密度を変化させることによる絵作りの結果であり、同時にアニメやマンガからインスパイアされていることの証でもある。拡大縮小によるボケの効果と、主線によって画定させられる輪郭による遠近感の揺らぎは、近代絵画における揺らぎの感覚そのものである。
出典：http://kakgadjet.fullmecha.com

なってくる。メディアは高度化し、ノイズのまったくない、イデアルな像へと透明化していこうとする。かつてドット絵がそうであったようにジャギーが見えることは技術的な制約であったが、現在はモニタの高解像度化によってジャギーの目視は不可能になりつつある。そうなれば、デジタル画像を制作する際のインターフェイス的な身体感覚から、ジャギーに対する感性が失われていく可能性も否定できない[12]。たとえば、JNTHEDの《ナガレ・カイ》（図14）には、印刷では混色のため色が鈍ってしまう鮮やかな黄緑色のハーフトーンパターンや、Photoshopのカスタムブラシによって一ピクセルのジャギーが強調される主線、陰影部分に現れるジャギーなど、画面全体の中で複数の解像度による密度のコントロールが行われている。これまでの議論を踏まえれば、これが単なる「雑な画面」でないことがはっきりとわかるが、画像解像度がストレートに表示されるとは限らない現行のモニタ環境で、その画面作りが有効に伝達できるかといえば、微妙になってきているだろう。その意味ではデジタル画像という単位を自律的な単位として見做す環境がいつまで続くのかさえ明らかではない。しかし、短くはないデジタル環境の変遷に合わせて、作り手側も敏感に反応してきた。そしてその中では芸術性も常に問われ続けてきたのだ。

注

（1）メディア理論家のレフ・マノヴィッチ（Lev Manovich 1960–）はデジタルメディアの性質について活発に議論を行っている。一方で「収蔵するか否か」という判断によって、それが芸術であるか否かに対する強力な審級として存在する美術館においては、デジタル画像を作品の単位とする立場はいまのところほとんど受け入れられていない。

（2）クレメント・グリーンバーグ『グリーンバーグ批評選集』藤枝晃雄編訳、勁草書房、二〇〇五年

（3）メニューやスコアを含めたビデオゲームの画面全体を「ドット絵」と呼ぶことはあまりない。ドット絵の厳密な定義についてコンセンサスが言語化されているわけではないものの、wikipedia の「ドット絵」（二〇一三年一二月一六日午前〇時二一分版）では、写真ではないので、単に低解像度の写真をドット絵と称することはなく、一つ一つが手で打たれたドットであるという作成のプロセスに言及がある。また、英語版 pixel art（二〇一八年三月一〇日午前一時五六分版）では、

「ピクセルレベルで編集されたデジタル画像」であるとしている。

（4）ＧＩＦ（Graphics Interchange Format）は最大二五六色を扱うことができるビットマップ画像のフォーマットである。「透明色」を設定でき、アニメーション機能をサポートしている点が特徴で、ウェブブラウザでは標準的にサポートされてきたファイルフォーマットである。二五六色という数字は二進数で八桁の数字で表現できる数であり、これを8bitという。

（5）tmblr上にアップロードされる作品に作品名がつけられることはない。作家は通称「なかむら観魚店」と呼んでいる。

（6）ＧＩＦループドットアニメというべきジャンルは、好事家が集う性質が強い掲示板よりも、誰もがカジュアルにシェアできるようになったtwitterなどのＳＮＳ以降により支持を広げている。豊井祐太のtumblrの作品は多いもので一〇万notes（likeやリブログの合計）を超しており、作風のフォロワーも登場しているが、ループへの意識や、日常風景への感度の高さはほかの作家を牽引するものである。

（7）http://jp.automaton.am/articles/newsjp/20180307-64088/「Steam版『クロノ・トリガー』の「ドット絵」が抱える問題点とは何か。ユーザーによる分析と修正が進む」（Minoru Umise 二〇一八年三月七日午後五時四八分版。二〇一八年三月二七日閲覧）より。モバイル版をベースにしたこの移植は、海外のファンからも低評価をうけていたが、後に公式に「オリジナル・グラフィック」モードが実装された。また、もともとのスーパーファミコン版において既にタイルの継ぎ目が見えてしまう問題があった点も指摘されている。

（8）実際には拡大した後に階調を際だたせる処理などが施されている。

（9）TALION GALLERYにおける個展「君は河合卓」でのトークイベント（二〇一三年二月八日）における発言。

（10）ニコニコ動画のコメントが画面上を覆い尽くすように流れる様子もまた「弾幕」と通称されており、梅沢の作品にはどちらの「弾幕」もコラージュされている。

（11）データモッシュやグリッチの作品を発表するucnvは、ＩＣＣでのトーク（二〇一四年二月一六日）において「グリッチは、機械にとってはエラーではない」と発言している。計算機からすれば、愚直に入力されたデータに従って、画素を光らせているだけなのだ。それをエラーと認識するのは人間の側であって、その差異こそが人間の認識を揺さぶり、メディウムの不透明性を露にするのである。

（12）豊井祐太が現在でもドット絵を描くように、完全に失われる可能性は低いとしても、変質していく可能性は大いにあるだろう。実際に豊井が影響を公言する、ＳＮＫの『KING OF FIGHTERS』シリーズのような当時のブラウン管で表示されることを前提に描かれていた「技術的制約のもとにあったドット絵」と、現在のモニタで表示されることを前提とした、「敢えて選択されたドット絵」においては、表現の質が変質していることは確かである。

第16章　スクリーンの消滅
――バイオアート／テクノロジーの歴史を事例に

増田展大

1　スクリーンのありか

スクリーンが増殖している。街を歩けば、驚くほどの数のデジタルサイネージが広告や情報を映し出し、人々の視線はそれらを目の片隅に置きつつも、手元にある携帯やタブレットの画面へと向けられる。そうした散漫な視線を捉えるべく、液晶技術は解像度や輝度を競うように増幅させており、スクリーンはその一段と強くなった光を受け止めている。

従来の映像論では、これらスクリーンの機能が「窓」や「鏡」といったメタファーをもちいて説明されることが少なくなかった。ごく簡単に振り返ると、光を遮断する幕としてのスクリーンは、映画以前のマジックランタンやパノラマといった視覚文化を源流として、現実世界とは異なるスペクタクルや物語世界を見るための「窓」のように機能していた。また、物語映画が支配的になってからというもの、それらは観客がみずからの欲望を無意識のうちに投影し、登場人物と同一化を果たすための「鏡」として理解されるようにもなった。

しかしながら、物語映画とは無関係なところでスクリーンが増殖しつつある現在、こうした理解に限界が生じていることもまちがいない。この点に関連する議論を詳細に検討する余裕はないものの、これも乱暴にまとめるなら、デジタル技術の急速な進展とともに増殖するスクリーンと、もっぱら受動的な存在ではなくなったユーザ

ーとのあいだの、いわゆるインタラクティヴな関係を明らかにしようとする態度が、その共通点のひとつとなっている。(1)

ただし、こうして増加の一途をたどると同時に、スクリーンそのものはみずからの存在感をますます希薄なものに変えようとしているかのようである。たとえば「有機EL」と呼ばれる技術は、スクリーンを紙片のように薄くすることが期待されており、そうでなくともモニタを物理的に縁取るベゼルは狭小になる一方である。より身近な経験であれば、タッチスクリーンの機能を備えていない画面に思わず触れてしまったという経験も少なくはないだろう。もちろん、従来の映画(館)であっても、スクリーンはみずからを透明化することで機能していたのではあるが、それでも現在のスクリーンやモニタが誰かに直接向けられるわけでもなく、それでいて私たちを取り囲む日常的な環境の一部に溶け込んでいる点において大きく異なる。これら物質と意識の双方のレベルで、ユーザーの身体とスクリーンとの境界線が曖昧になっている様子は、こう言ってよければ「スクリーンの消滅」とでも称するような事態を引き起こしているのではないだろうか。

本章では以下において、このような「スクリーンの消滅」という仮設的な論点を立て、それを最近になって具現する事例のひとつとして「バイオアート」と呼ばれる動向を検討してみたい。さらに後半部分では、生命科学と映像技術の歴史的な関係のうちに、それとよく似た事態が早くから実現していたことを明らかにする。

というのも、以下にとりあげるアーティストや生命科学に従事する科学者たちの実践は、歴史的な次元において互いに交錯しつつ、従来の映画論やメディア論とは異なるスクリーンとの関係を体現していたと考えられるからである。それはあらかじめ述べておけば、スクリーンを含めた映像技術に対して操作者が受動的な存在であることをやめて、双方がパフォーマティヴに協働するようなあり方であると言える。

このことを明らかにするために以下ではまず、バイオアートと呼ばれる一群の実践と並んで、それらをめぐるメディア論の言説を批判的に検討していく。続いて二〇世紀初頭の生命科学の実践において、スクリーンを含めた映像メディアがいかなる位置を占めるようになったのか――または、いかにして消滅することになったのか

――を検証していく。このように自然科学の実践を射程に入れたメディア論の視座から、私たちとスクリーンの関係について新しい理解を提示することが本章の目的である。

2　バイオアートとスクリーンの消滅

前世紀後半以降、分子生物学や遺伝子工学の進展によってゲノムやDNAといった言葉が日常生活に浸透し、またはクローン技術や遺伝子組み換えへの社会的関心がいや増すにつれて、これら生命科学の動向に批判的な意識を持つアートの作品が現れることになった。以下にみる「バイオアート」とはさしあたり、進展著しい生命科学のテクノロジーを実際に利用するか、その動向に多かれ少なかれ関与する一連の作品や動向として理解しておくことができる。

歴史的にみれば、身体改変で知られるオルランやステラークがその先駆とされることもあるが、今世紀に入る頃から、生命科学の進展とさらに密接に連動する作品や実践が登場している。なかでも代表格となるのが、遺伝子組み換えのプロセスを制作に取り込んだエドワルド・カッツによる作品である。一九九九年にカッツが発表した《創世記 Genesis》は、旧約聖書の一節をモールス信号に変換して、バクテリアのDNAへと組み込んだ作品である。展示会場にはバクテリアを培養するペトリ皿と、創世記の一節をA・C・G・Tの塩基配列に変換して映し出した巨大なスクリーンが設置されている。鑑賞者が会場ないしはオンライン上でスイッチを入れると、紫外線が照射されることでバクテリアの変異が促され、と同時に、創世記の一節もおのずと改変されることになる。こうして生物（学）とコンピュータのあいだにフィードバックループを構築し、その一部に鑑賞体験を組み込むというのが、この作品の仕掛けである。

みずからの作品を「トランスジェネティック・アート」と呼ぶカッツが、翌年に発表した《GFPバニー》は、バイオアートをさらに人口に膾炙することにつながった（図1）。これは蛍光タンパク質を組み込むことで、特

図1　エドワルド・カッツ《GFPバニー》（2000）
出典：Kac, Eduardo, ed. *Signs of Life*, MIT Press, 2007, p. 168.

殊な光のもとで緑色に光る（とされる）ウサギそのものである。「GFP」とは、オワンクラゲなどの限られた生物から採取され、みずから発光する特性をもつタンパク質であり、生体内のマーキングによる追跡を可能にしたことで、生物学や医学の分野で一挙に重要性を帯びることになった。その技術を応用したウサギの全身は鮮やかな緑の蛍光色に光るとされるが、実際にはその作業を請け負ったフランス国立農業研究所から一度しか公開されなかったという。ただし、カッツはこの事件を逆手に取るかのように、ラテン語で「白」を意味する「アルバ」という名前をウサギにつけると、その写真やフィギュアをある種のイコンとして流通させていく。こうして彼は、遺伝子や生命の操作可能性をめぐる倫理的な問いを社会に投げかけたのである。

　このような試みはたしかにセンセーショナルであるが、あくまで生命科学や遺伝子工学で扱われるテクノロジーの一端を示しているに過ぎない。あらためて考えてみても、緑色のウサギ以上にショッキングな動植物の操作や改変は、歴史上に幾度となく繰り返されている。また、本章の立場から考察をくわえるなら、アルバの存在を支えていたのが、デジタル技術によって操作可能な「写真」というメディアであることにも注意が必要である。緑色のウサギが少なからずショッキングであるのは、あまりに華美な動物の画像が個別の背景から抜き出すように切り出され、その都度スクリーンやモニタとほとんど同化するように提示されたからである。結果として、生物学の実験室で実現したはずのアルバの写真は、このウサギの存在を証明するよりも拡散を指向したものとなっている。この点については作者も意識的であるとしても、私たちとしては新しい生命のあり方を提示する手段が、単にスクリーン上に投影されていた前作と比較して、生命体やその変容と限りなく重ね合わされている点には注目しておくべきであるだろう。

このようにスクリーンが消滅し、操作可能なものとなった生命と同化しつつあるとするなら、そうした傾向を検討するにあたって現在における生命科学の動向が重要な参照点となる。なかでも「アルバ」の発表以前から注目を集めていたのが、「合成生物学 synthetic biology」と呼ばれる分野である。

この分野の代表格となったクレイグ・ヴェンターは、ゲノムプロジェクトに参加した研究者としても知られるが、二〇一〇年になって化学的に作り出したDNAを別種のバクテリアに移植し、その細胞を増殖させることに成功したと発表する。つまり、人工的に作り出したDNAをもちいて、既存の細胞を「乗っとる」ことに成功したというのである。「人工細胞の創造」とも言うべきこの試みが、従来の生命観を揺るがしかねない事態として一斉に報じられると、ヴェンターはその成果をバイオ燃料などに応用するベンチャー企業を立ち上げることになる。

生物学者であると同時に、みずからバイオアートを発表する岩崎秀雄は、ヴェンターの仕事がたしかに画期的ではあるものの、既存の生命体を利用している点において細胞を完全に「創造した」とは言いきれないとも指摘する。[2] その一方で彼が紹介するように、合成生物学の分野では「作ることができなければ理解したことにならない」という、物理学者のリチャード・ファインマンによる言葉を標語として、生体高分子などをもちいて人工細胞をゼロから創り出そうとする試みが登場している。こうして生命や細胞を「作りながら考える」アプローチは、以下にみるように、バイオアートの動向とも密接に連動するものである。

実際にアーティストのマルタ・ド・メネゼスも、バイオアートがDNAやそれを構成するたんぱく質などの素材を、これまでの写真やヴィデオと同じく、「アートのメディウムとして利用するためにうまく応用することができる」[3] と述べる。さらに注目すべきは、こうした傾向がアートの枠組みを超え出て、「キッチンバイオ」と呼

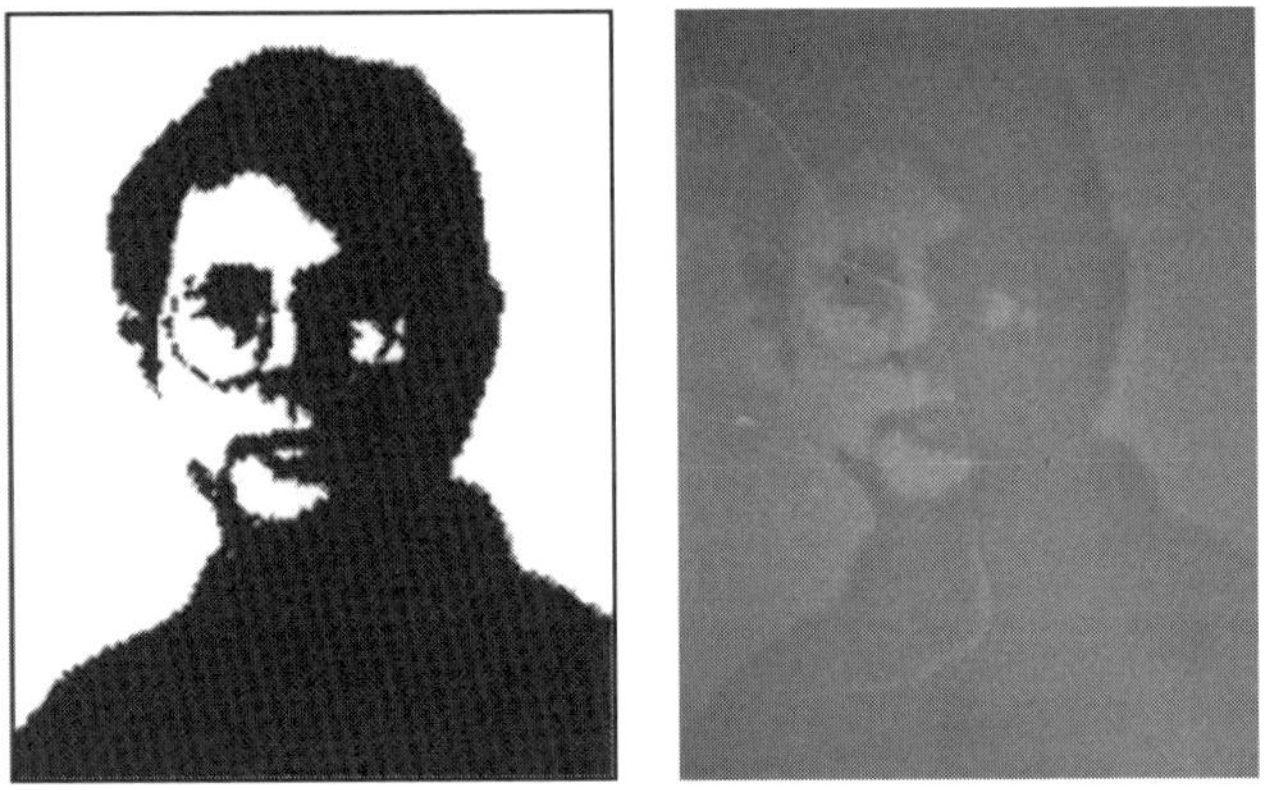

図2　バクテリア・ポートレイト（2005）
出典：*Nature*, 438(7067), 2005, p 418.

ばれるＤＩＹ活動や市民型バイオラボなどにおける工学的実践へと拡張していることである。その興味深い産物のひとつとして映像メディアを直接、生命体と重ね合わせるような「バクテリア写真」なる試みがある。その一例は、研究者や学生がアイデアと実験を競い合う合成生物学のコンペティション「ｉＧＥＭ」で発表されたものであり、二〇〇五年には科学誌『ネイチャー』に掲載されている[4]。これは感光性をもつタンパク質を大腸菌に移植し、生命体そのものが写真のフィルムとして機能するように作り変え、研究室のアドバイザーである男性の肖像を再現することに成功したというものである（図2）。同様の試みとして、バイオアートの先駆者とされるジョー・デイヴィスも、一九九八年からＭＩＴの実験室でＤＮＡを写真の感光乳剤に見立てた「ＤＮＡグラフィ」なる試みを展開し、クールベによる著名な絵画作品《世界の起源》の複製／培養を試みていた。このように科学と芸術を横断する実験的な試みのうちで、従来のスクリーンは安定した支持体でも透明な媒体でもなく、自発的な変容を起こす基盤として機能するようになっている。

　これらに共通するのは、生命の仕組みを解明しようとするばかりか、そのためのプロセスや素材となるものを改変し、デザインしていくような態度であるだろう。エイドリアン・マッケンジーが指摘するように、このことは、生命科学の現場での技術的な操作が、生命体そのものからデジタル環境へと移行していること——または、その危機感の裏返し——と共振している。実際に遺伝子の塩基配列の情報は、米国生物工学情報センターによるGenBankなどウェブ上のアーカイヴに蓄積されるようになり、または民間企業であるGene Designをはじめとして生命の具体的な操作がオンライン化され、スクリーン上のインターフェイスへと移行している。マッケンジーによると、合成生物学の展開はこうしたデジタル環境と緊密に結びついたものであると同時に、バイオテクノロジーを工学的なデザインのプロセスへと変えることで、遺伝子情報へと変換された生物学的な対象を物質化しているのである(5)。

この点に関連して、先に触れた岩崎秀雄の作品のひとつが興味深いものとなる。生物学者としての彼の研究対象はシアノバクテリアであり、これは太古の地球上ではじめて光合成をおこない酸素を吐き出し、他の動植物が生息可能な環境を作り出した微生物とされる。この原始的な生物がもつ概日リズム、いわゆる体内時計の仕組みを細胞内の生化学反応のうちに探求する岩崎は、並行して「生命美学プラットフォーム metaPhorest」を主催し、バイオアートの実践や紹介を国内外で推し進めている。

図3　岩崎秀雄、オロン・カッツ《バイオジェニック・タイムスタンプ》(2012)
出典：Ginsberg. A. et als., *Synthetic Aesthetics*, MIT Press, 2014, p. 202.

なかでも、オロン・カッツとの共同作品として岩崎が発表した《バイオジェニック・タイムスタンプ》(二〇一〇年―)は、コンピュータから取り出したマザーボードを滅菌したところでシアノバクテリアを培養し、その継起的な変化を提示する作品である(図3)。昨今の技術的進展が課す加速度的な時間に、生命の原始的かつ長期的なリズムを掛け合わせるこの作品が、人類の営為によって生じた地質学的な変動を指摘する「人新世」を多分に意識したものであることは、作者たち自身が明言している。シアノバクテリアがミネラル分を吸収しつつ石灰化していく様子は、演算処理や記憶装置を駆動する電子部品も実際には、ケイ素やシリカなどの物質でしかないことを明らかにするだろう。[6] こうして普段はコンピュータの背後に隠された基盤が朽ち果てるプロセスは、概念的かつ物質的な双方のレベルで、昨今の科学技術や情報社会の基体となる「メディア」が根底から変容していることを示唆している。そればかりか本論の関心に引きつけて言えば、微生物と情報技術の共生関係を物質化することによって、環境の一部と化したスクリーンの消滅がアレゴリカルに示されているかのようでもある。

ここまでにみてきた一連の作品は、バイオアートと呼ばれる動向のうちでも本章の関心に沿う一部の事例でしかない。また、そこに確認された「スクリーンの消滅」の歴史的な源流を、以下では生命科学と映像技術の歴史的な交錯のうちに探り、それが現代の映像環境にとって示唆的なものとなることを明らかにする。ただし、この点について検討する前に、次節ではバイオアートの実践からいかなる考察を導き出すことができるのか、いくつかの先行研究を参照しておく。

3　培地としてのメディア

バイオアートについては、当初から批評家のみならず、アーティスト自身も積極的な発言を寄せており、それらは多くの場合、進展著しいバイオテクノロジーが引き起こす社会的ないし倫理的な問題提起としての側面を色濃く反映していた。生命の創造や操作といった「神の領域」に立ち入るバイオテクノロジーは、食品や医療や余暇活動など、すでに私たちの身近なレベルに浸透しており、上述のように遺伝子のサンプルや解析が、インターネットやデジタル技術に媒介されることで加速度的に進行している。この分野を精力的に紹介するキュレーターのイエンス・ハウザーの指摘によれば、バイオアートはこうして「美学的な領野を超え出ると、進行中の公共の議論に寄与しようとする言説形式、そのためにしばしば道具化された形式」となっている。[7] 事実、生命と物質、生物と無生物、人間と自然といった伝統的な二元論の解体を可視化するバイオアートは、いわゆる「生政治」時代に特有の芸術活動として紹介されることも少なくない。

たしかにグローバル化やコントロール社会のうちで、生命は次々と情報へと還元され、貨幣や商品のように流通するなど、前例のない事態が引き起こされている。そのことが医療産業のみならず、テロや軍事産業にまで結びつくなどの脅威を引き起こしていることは、現在のアート一般とも無関係ではありえない。と同時に、ネオリベラリズムの進展とともに、そうした批判意識さえも丸ごと飲み込んでしまう「生政治」の強《したた》かさについても、すでに頻繁に指摘されるところではある。[8] 批判的であれ肯定的であれ、バイオアートや合成生物学が注目を浴びるのも、こうした文脈においてのことであるにちがいない。

そのうえで先に見た作品群はそれぞれ、デジタル技術による操作の対象となった生命をあらためて物質化し、限りなくスクリーンと重ね合わせるようなかたちで提示する。ここに浮かび上がるのは、すでに人為的なものであった生命が人工的なテクノロジーやデザインを介してあらためて「自然化」されるという、バイオテクノロジーの逆説的な作用でもある。こうして生命が工学的に改変されるプロセスに注目するとき、それを下支えする物質的な基盤としてのメディアが根底から変容しつつある傾向が明らかとなるのではないか。この点について補助線となるのが、バイオアートをめぐって交わされた以下二人の議論のやり取りである。

まず一方にあるのが、「バイオサイバネティクス生殖技術時代の芸術作品」と題された、批評家のW・J・T・ミッチェルによる論考である。タイトルが示すとおり、著者はヴァルター・ベンヤミンの著名な論考を「複製」から「生殖」と読み換えて更新し、デジタルや情報といった用語で括られる時代状況が、生体組織を対象として取り込むことによってさらに複雑な事態となっていることを指摘する。バイオサイバネティクスによる複製＝生殖とは、二重螺旋とチューリングマシン、遺伝子科学とコンピュータの組み合わせによって実現されたものであり、それが政治経済に関わる新しいメディア環境としてあらゆる生物の諸条件を変容させつつあるというのである。そのことを示す具体例として、映画『ジュラシック・パーク』（スティーヴン・スピルバーグ監督、一九九三年）など、ＤＮＡや生命科学を主題化する映画作品の分析とならび、カッツのものをはじめとするバイオアートの作品が紹介されてもいる。しかしながら、後者について導き出されるのはある種の否定的な評価でしかない。というのも、ミッチェルによれば、バイオアートは観客の想像力に強く依存したコンセプチュアルアートの焼き直しに過ぎないというのである。[9]

なるほど、生命現象を分子や遺伝子レベルから操作可能にしようとする実践は、専門的であることから特有の分かりにくさを抱え込み、少なからず概念や着想が先行した「コンセプチュアルな」印象を与えるのかもしれない。しかしながら、こうした理解は、自然科学と横断して展開する実験的な試みを、一方的に従来の美術批評やアートワールドにおける既存の基準に閉じ込めた結果でしかないようにも感じられる。それよりも再考すべきは、メディウム＝支持体の固有性を前提とするあまりに、芸術作品を早急に観念的なコンセプトやメッセージへと還元してきた近代的なメディア理解のほうではないだろうか。

このような観点から、彼の論考を実際に「物質的なメディアと、非物質的なコンセプトとの非生産的な二元論」として鋭く批判し、それを乗り越えようとしたのが、ロバート・ミッチェルによる著作『バイオアートとメディアのヴァイタリティ』である。[10]

同書ではまず、バイオアートの作品群が二つの傾向に大別されている。一方には「予防的」ともいうべき作品があり、これは先に触れたように、バイオテクノロジーの不健全な乱用や危機的な状況に意識を向けることを主眼とする。その一方で、同書で強調されるのは「ヴァイタリズム的」と称される作品群であり、これは観客を作品のうちに取り込むことによって、身体と制度と観念のあいだに新たな結びつきを創り出そうとする試みを指す。後者の傾向を従来の芸術論やメディア論、情動論とすり合わせることで新たなメディア理解を提案すること、これが同書の議論の大まかな流れである。

私たちに関係する最後の点について、具体的にみておこう。芸術や文化にかかわる従来の研究は、絵画や彫刻、印刷物や写真、映画やテレビなど、メディアのことをもっぱら内容の表現や情報の保存や伝達のための「支持体」として理解してきた。しかしながら、ミッチェルはそれが生物学者にとっては、まったく異なる意味で利用されてきたことに注意を促している。後者の場合に「メディア」とは、細胞や有機体を生きたままに分離、保存、培養する液体や固体など、「培地」や「媒質」のことを指す。つまり、ミッチェルが「ヴァイタリズム的」と呼ぶ一連の作品は、生物学的なメディア理解を物質化することによって、観客の眼の前で生成や変質のプロセスを引き起こし、なおかつそれを展示空間や周囲の環境へと拡張するような試みとして理解されるべきものである[11]。

もちろん「メディア」が複数の意味を持つとしても、両者はまったく独立した領域における言葉遣いでしかないのかもしれない。ただしミッチェルによると、「媒体」と「培地」という意味が分離したのは、一九世紀に入ってからのことであった。一八世紀末まで、メディアとは人間の身体や利害関心に結びついた現象にかかわり、たとえば水路などの輸送手段から、知恵や精神を生み出すコミュニケーション活動までを広く指していた。これが「培地」としての意味を獲得するのは一九世紀初頭、ちょうど「生物学」と名付けられた分野が登場した頃であった。たとえば、その名付け親であるジャン＝バプティスト・ラマルクは、あらゆる生物が地球上を覆う気体や流体、固体といった「メディア」内部で生じると主張していたのである――ただし、その原語となるフランス語は「環境」と訳されることの多い“milieu”であり、この点についてはさらなる検討が必要だろう[12]。

それでもミッチェルがこの点に注目するのは、科学と芸術を横断して機能するメディア概念に、外部へと開かれた「環境」としての含意を取り戻すためであると言える。実際に二〇世紀前半には、情報や表現の伝達のための媒体や支持体といった馴染みの意味とは別に、微生物や生体組織を分離し、バクテリアのコロニーを育てるためのメディアという理解が、生物学者たちのあいだに定着するようになる。ミッチェルによると、これら近代におけるメディア概念の歴史的変遷を抜きにすれば、現在のバイオアートの射程を十分に汲み取ることはできず、それらは社会的な問題提起としての意義のみに還元されてしまう。それとは逆に、近代にかけて分離した二つの意味をメディアの物質性のうちにあらためて統合し、ダイナミックな変容や発生を現実化する力を環境へと開いていくことが提案されるのである。

こうして旧来のメディア理解を刷新しようとする狙いは、生物学史やバイオアートに限らず、デジタル技術以降の現在の状況を検討するにあたっても十分に示唆的なものではある。ただし、先の留保にくわえて、ミッチェルの主張がその狙いとは裏腹に、もっぱら理論的な言説やアートの実践など、いわゆる上部構造に依拠しているだけでは心許ないというのも事実である。あわせて、彼の批判していたW・J・T・ミッチェルの論考が、もとは二〇〇〇年代初頭に発表されたものであることにも触れておくべきであるだろう。そもそも両者の議論は、メディアの物質性のうちにある種の自発的な力を認めようとする点において軌を一にしており、そのことはデジタル技術以降のイメージやメディウムを「ヴァイタリティ」や「アニメーション」など、生命を含意した言葉で説明しようとする最近のメディア論の言説に顕著な傾向でもある。[13]

以上のことを踏まえて、「培地」としてのメディア理解は、本章の前半で確認したバイオアートや「スクリーンの消滅」とどのように関連づけられるのであろうか。最後に、この点に対する答えを二〇世紀初頭の生命科学と映像技術の歴史的な交差のうちに探ることにしたい。

4　シネマトグラフとスクリーンの消滅

生命科学と映像メディアの歴史的な関係を検討するうえで示唆的であるのが、はやくも二〇世紀初頭に映像技術を応用していた生物学者たちの実践である。フランスに限ってみても、映画の源流として知られる連続写真を開発したエティエンヌ＝ジュール・マレーの生理学研究所では、細胞分裂の様子が被写体に選ばれていたのであり、生物学者であり映写技師でもあったジャン・コマンドンが、梅毒の病原菌の撮影に成功して人々を驚かせたのが一九一〇年のことであった。[14] こうして「メディア」の意味が分化した後になって、科学者たちが映像技術を介して微視的な生命現象へと接近していたとするなら、このことはいったい何を意味しているのであろうか。

科学史家のジメナ・カナレスは、これとも関連する数多くの実例にもとづき、一九三〇年頃までの生物学と物理学における微視的な映像メディアの応用を検討している。なかでも本章にとって重要な指摘は、以下の二点にまとめられる。

まず、第一に指摘されるのは、顕微鏡とシネマトグラフを組み合わせた技術が、当時の生物学と物理学を横断するようにして機能していたという事実である。カナレスがシネマトグラフを「形而上学的な機械」とさえ呼んでいるのは、この映像技術を応用した当時の研究のおおくが、「生きた細胞」と「死んだ物質」を区別すること、つまりは「生命とは何か」という根源的な問いに答えを求めようとしていたからである。[15] この問いは、バイオアートや合成生物学にも確認したように、もちろん現在も十分な回答を得られてはいない。それでもカナレスによると、二〇世紀初頭には生命現象と物理現象との境界を決定する機能が、シネマトグラフという映像技術に仮託されていたのである。

このことを示すのが、「ブラウン運動」をめぐる諸々の研究である。一九世紀初頭に植物学者のロバート・ブラウンが発見したこの現象は、液体などの溶媒上に浮遊した微粒子が不断に引き起こすランダムな運動を指す。当初こそ生命力の発散として理解されたこともあったが、ブラウン運動は一九〇五年にアルベルト・アインシュタインが数式化し、純粋な物理現象として解明したことでも知られている。ところで、この成果に着想を得た同時代の科学者のひとり、ステファヌ・ルデュックは、「生物のそれに類似した形態や構造を作り出すことのできる、物理＝化学的な力と条件」を探求する反生気論的な立場を標榜した生物学者であった。そして、この立場を打ち出す彼が一九〇六年にはじめて提出したのが、ほかならぬ「合成生物学」という言葉である。

ルデュックは、物理学や化学、医学や生物学などの領域を横断する論文を数多く発表しつつ、唯物論的な立場を徹底していく。また、彼は研究室での実験の様子を膨大な数の写真に記録していたのだが、そのほとんどは残念ながら戦禍により消失してしまったとされる。[16] それでも一九一一年の彼の著作『生命の機構』には、幾何学的なパターンを織り成す図形が数多く掲載されている。そのなかには驚くべきことに、インクの拡散現象をもちいて引き起こした細胞内の核分裂のシミュレーションを撮影した連続写真があり、これは核分裂を再現した現在の画像とも見紛うほどのものとなっている[17]（図4）。

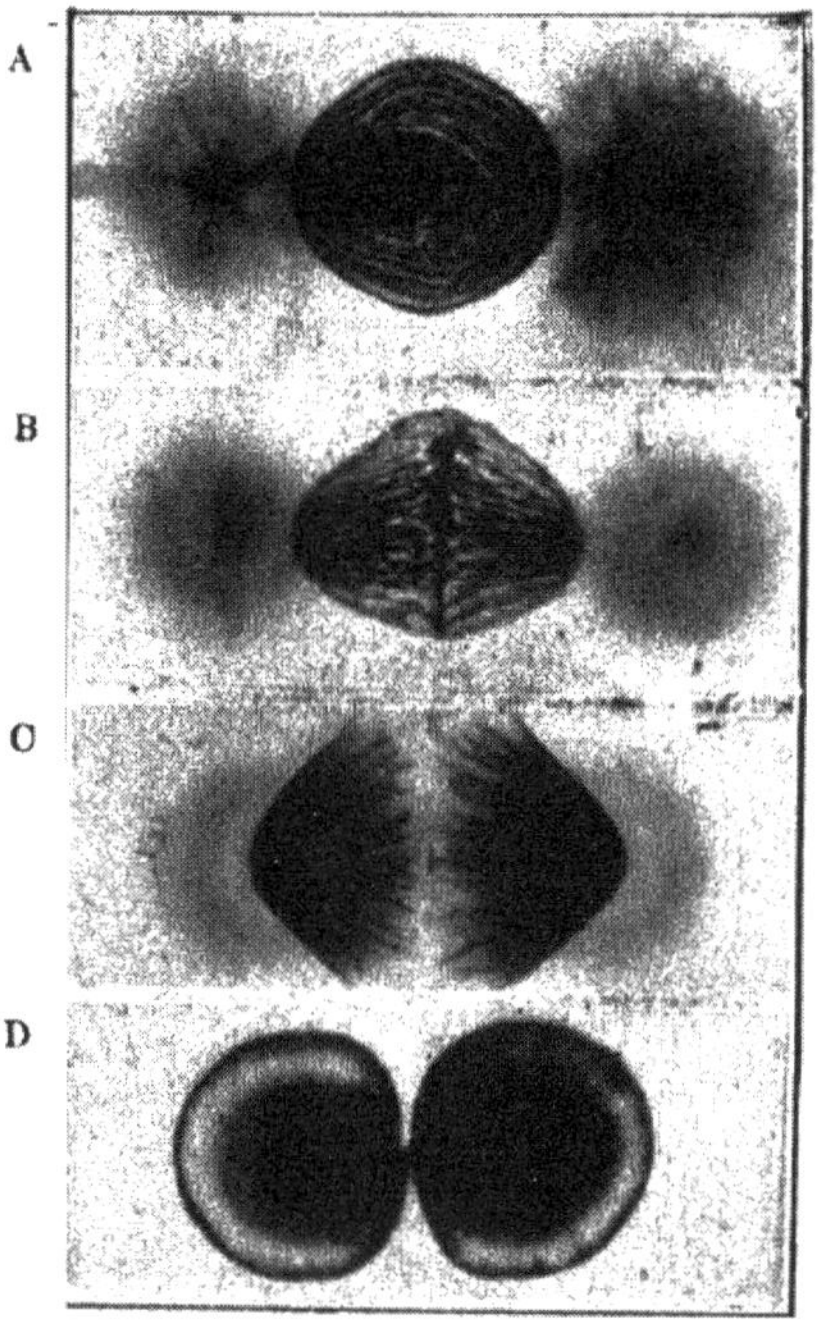

図 4「拡散によって人工的に有糸核分裂を製作したうち、連続する四段階」
出典：ステファヌ・ルデュック『生命の機構』、1911 年

こうして生物学の領域ではやくから視覚的なデザインを展開していたルデュックは、次のような一節を書き記してもいる。

> 人工細胞を示すプレパラートでは、ゼラチンが乾くまで、細胞の構造が直接的に目に見えるものにはならない。生物組織が有する原形質に似たゼラチン状の塊が見えるだけである。しかしながら、そのイメージがスクリーンに上映されるときに私たちが屈折作用によって見るように、この塊は組織化されているか、少なくとも組織化のプロセスのうちにあるのだ。(18)

もちろん、ルデュックの言う人工細胞とは、浸透圧にもとづく化学反応の結果でしかなく、彼の学説には現代の観点からすれば誤りも少なくない(19)。しかしながら、画像処理やその上映といった彼の手続きに注目するなら、合成生物学の歴史的な可能性は、スクリーン上で蠢く微視的なイメージを基盤として成立していたのかもしれない。

カナレスの論文へと戻れば、その第二の論点とは、シネマトグラフが物理学と生物学を架橋することのできた、そもそもの理由である。それは端的に言えば、この映像技術が時間の可逆性や可変性を備えていたからであった。いわゆるトーキー映画が登場する一九二〇年代まで、シネマトグラフの速度はいまだ規格化されておらず、わざ

わざ静止した状態から動かしたり逆回転をしたりすること自体が見世物となっていたことが知られている。それでも大衆娯楽として登場したシネマトグラフが、すぐさま自然科学の現場へと流用されたのは、日常生活とは異なるリズムを備えた微視的な対象や運動を測定するために必須の機能として、時間の操作性を備えていたからである。

この点とも関連して映像論の文脈であれば、登場したばかりの初期映画に指摘される「自生性」という言葉が想起されるかもしれない。「自生性」とは、後の物語映画による意味解釈とは異なり、スクリーン上でおのずと動き出す自然現象やその細部が、身体感覚のレベルで人々を魅了していたことを指す[20]。本章の文脈に即して言えば、そうした特徴は映画史の最初期に限られた事態ではありえず、科学映像の系譜へと分岐することになったと考えることもできるだろう。少なくともルデュックをはじめとして、細胞の分化など、生命の原初的な運動を目の当たりにした科学者たちの興奮を想像することも難しくはない。

では、当時の自然科学者たちは、シネマトグラフを具体的にはどのように応用していたのであろうか。もちろん、彼らはスクリーンの前で、ただ素朴に熱狂していたわけではなかった。この時期のシネマトグラフは、微視的な現象を単に再現するためではなく、その運動を解析するための手段として利用されていたからである。

たとえば、一九〇八年にフランスの生物学者であるヴィクトール・アンリとリュシエンヌ・シュブロトンは、先に挙げたアインシュタインによるブラウン運動の公式を、顕微鏡映画によって実証しようと試みていた。彼らの論文においても、「環境 milieu」がブラウン運動に及ぼす影響を明らかにすることが狙いとされているばかりか、そのためにはフレームごとに計測された粒子の軌道がグラフへと変換されている（図5）。その成果は結局、アインシュタインの理論との正確な一致をみせることはなかったのであるが、まもなくして分子の存在を決定づけた物理学者ジャン・ペランの著書『原子』にまで影響を与えるだろう[21]。

このようにブラウン運動を実証しようとする実験は、シネマトグラフを単なる視覚的な再現としてではなく、観察結果を測定可能にする装置として応用していたのである。言い換えると、スクリーンを含めた映像技術が、

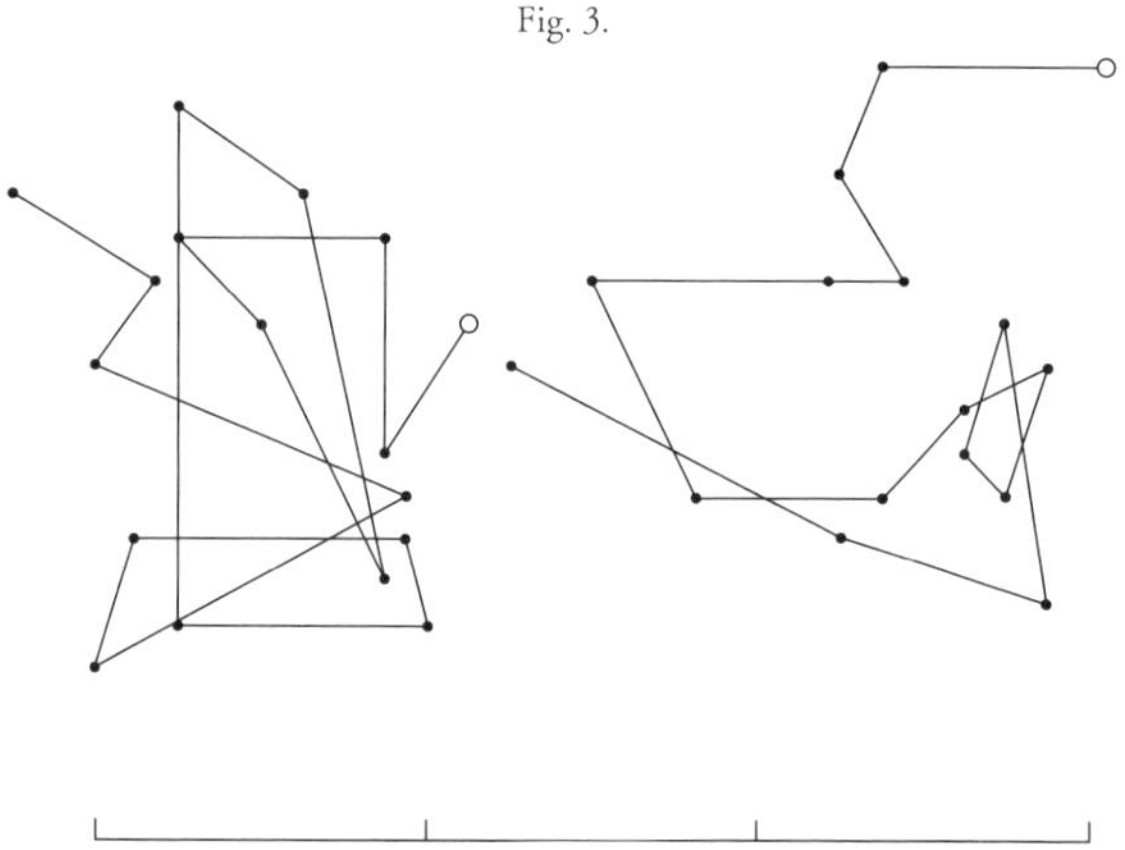

図5　「環境がブラウン運動に及ぼす影響」
出典：ヴィクトール・アンリ「シネマトグラフによるブラウン運動の研究」1908年

科学者たちが運動の速度や距離を計算可能にするための操作や介入をおこなう物理的な基盤として機能していたということでもある。

　この時期にはすでに、顕微鏡と接続された撮影装置が、生きたままの細胞や微生物、病原菌を頻繁に被写体としていた（図6）。それを推し進めたひとりであるアレクシス・カレルは、のちに血管縫合や臓器移植の技術によって、ノーベル生理・医学賞を受賞する外科医である。医学や生物学史において画期的な彼の業績は「組織培養」の技術、つまりは細胞をはじめとする生命現象の生きた活動を、人工的な培地上で長期的に検証可能にした技術を確立したことによる。さらに言えば、フランスのヴィシー政権下で「優生学」を推し進めようとするなど、いわば負の側面を持つカレルの科学者像は、あたかも先に確認した「予防的な」バイオアートの実践を裏返しにしたようなものであったのかもしれない。

　カレルもまた一九三一年の論文「新しい細胞学」において、細胞に生じる変化が周囲の環境とのあいだにいかなる関係をもつのかを検証しようとしている。ここでの「環境」とは、細胞と一緒になって全体を形成する en-vironment のことであり、ただしその直後に細胞は、細胞核にとっての細胞質がそうであるように、メディウム medium に厳密に依存しているとも指摘されている。この点に続いて記された次の一節は、ここまでの議論をまとめるうえでさらに示唆的なものとなる。

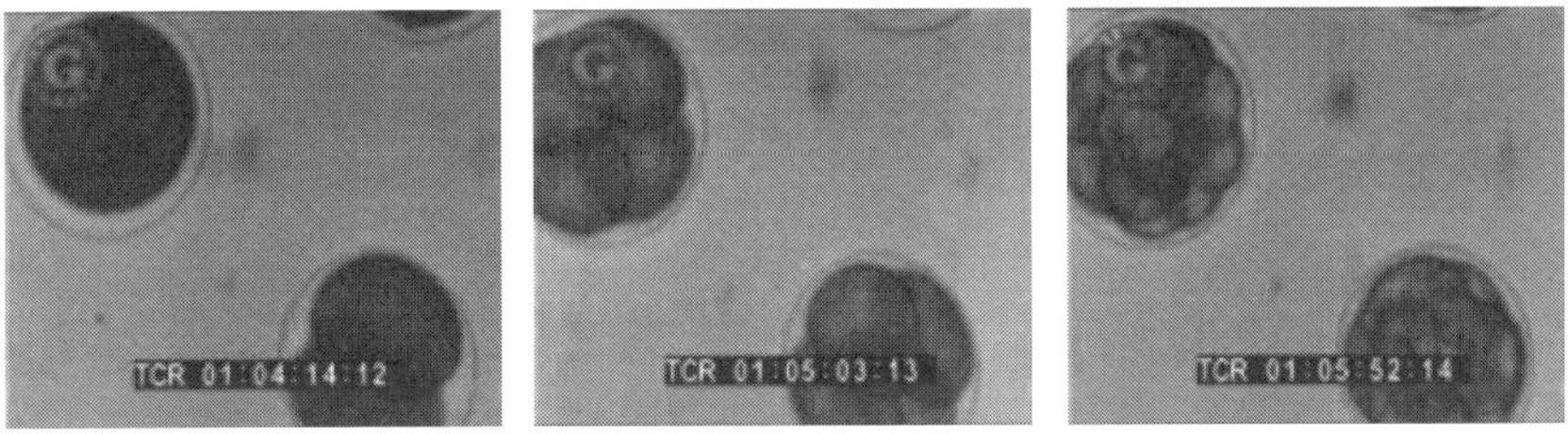

図6　L・シェヴロトン、F・ヴレ「受精後のウニの卵細胞の発生」（1912年、ゴーモン・パテ社アーカイヴ）

> 組織や血液細胞はつねに生成し、変化するプロセスのうちにある。それらが紛うことなき相貌をみせるのは、顕微鏡のもとで検証されるときでしかない。シネマトグラフが唯一、それらの第四の次元を記録することができる。固定された細胞は、フィルムのフレームのひとつと同じく動的なものとしてフィルム上に現れるのである。(22)

ここでの「第四の次元」が時間を指すことは言うまでもなく、カレルは微視的な細胞を可視化し、その動きを継起的に検証可能にするのが、シネマトグラフを措いてほかにはないと宣言する。また、先のルデュックのものと比較すれば、ここでのカレルの指摘は、細胞をフレームと完全に重ね合わせようとする態度を端的に示している。それは言い換えると、映像／培地としてのメディアの機能を同一視すること、つまりは前節までに確認した二重の意味でのメディア理解が融合する地点にほかならない。

カレルの仕事を検討した生物学史家のハンナ・ランデッカーは、二〇世紀初頭の生物学者の実践に生じた変化を「無傷のままの身体の外側で生体解剖をおこなう可能性」として説明する。すなわち、彼らの手続きは「明確な目的のもとにメディウムに変更を加えることによって細胞の活動を変更すること、または、そのなかで生きている細胞が引き起こした変化を求めてメディウムを分析すること」へと移行していたのである。(23) ここまでに確認したように、当時の科学者たちが探求した生命現象は、もとの生体から外部へと取り出され、そのダイナミックな変容が、環境としての「メディア」に条件付けられるようになっていた。こうして細胞をはじめとする生体組織は、それだけで独立した観察対象ではなくなり、フィルムやスクリーンを含めたメディア上での操作対象へと変容することになったのである。

このように理解するなら、前節でロバート・ミッチェルが指摘していたメディアの分化は、次のように書き換えることもできる。すなわち、二〇世紀初頭にメディアが意味するところは「媒体」と「培地」に分離したままであったというよりも、生体内部（in vivo）から無菌化された培地やガラス容器（in vitro）、さらには顕微鏡の撮影台やフィルム、そして投影のためのスクリーンなど、技術的な環境へと拡張されるようになった[24]。だからこそルデュックやカレルをはじめとして、二〇世紀前半に映像技術に熱狂した科学者たちの眼前では、観察対象であるはずの生体組織が、実験機器の一部を成すフィルムやスクリーンと限りなく重なり合うことになったのである。こうしてメディアが観察の結果を伝える媒体であるばかりか、変容を引き起こす培地として機能したとき、そこに介在していたスクリーンは消滅することになるのである。

5　スクリーンの行方

ここまでの議論をまとめよう。本章はまず、生命現象を表現のための「媒体」へと作り変えたバイオアートの実践のうちに、「スクリーンの消滅」ともいうべき事態を認めることから始められた。この点をめぐるメディア論のやりとりを検討したうえで、私たちはその歴史的かつ技術的な条件として、映像メディアを「培地」とみなす生命科学の実践を検討してきたことになる。一世紀を隔てた両者の実践は、「人工細胞」や「合成生物学」といった言葉に如実に示される「生命の工学化」とあわせて、ありうべき生命の可視化や変容のための舞台として機能する環境＝メディアの物質性をめぐって同調するようなものであったと言える。

その実践的なレベルであらためて確認すべきは、生命科学の実践が、肉眼には不可視のものを生きたままに対象とすることを望む以上、そのほとんどはメディアを介してはじめて可能となるという事実である。色鮮やかに光ることはあれ、顕微鏡による拡大画像は、現在も専門外の人間にとっては粗雑な画像でしかないことも少なくない。そうであってもカッツの作品に限らず、粗く断片的な画像が、生命科学の進展をめぐる決定的証拠や再現可能性をめぐる試金石として話題を呼んだことは記憶に新しい。

ここまでにくりかえし参照してきた岩崎秀雄も、生物学や医学の論文に挿入される図が、一般に想定される以上に「本質的で重要な」ものであることを指摘する。「図（視覚表現）こそが科学論文のいちばん中核にあり、本文は言ってみればその図解や脚注」に位置付けられるとする彼の指摘は、人文科学にとっては真逆の事態であるように思われるかもしれない。(25) しかしながら、このことを単に映像メディアの客観性や実証性に信頼を寄せるような態度として理解すべきではないだろう。生命科学の実験対象は、ある種の環境としてのメディア技術とパフォーマティヴに重なり合い、そのなかに操作者の認識も絡めとられていく。そのようなプロセスは、私たちが生命科学とシネマトグラフとの歴史的な交錯のうちに確認した事態であり、さらに最近では、バイオアートや合成生物学がデジタル技術と足並みを揃えて、工学的なデザインの実践を重視する理由でもある。

歴史的な観点からは、視覚メディアに媒介された生物学の実践について、科学史家のエヴリン・フォックス・ケラーが示唆的な指摘をしている。彼女によると、顕微鏡が生物学の実践に正式に採用されるようになった一八三〇年代から一九世紀末にかけて、この技術は科学者の眼を単に補強するのではなく、それを観察の対象と直接的に結びつけるようにして機能していた。というのも、生物学の眼差しは、対象との距離を温存することなく、「実際に対象に触れることやそれを手に取ること、さらには私たちが見ているまさにそのものへと侵入し、それを変容させること」(26) を必要とするためである。

ここまでに私たちが確認してきたのも、このような映像技術とその操作者がパフォーマティヴに協働するような関係であったと言える。(27) 顕微鏡をはじめとするメディア技術は「単に視線を拡張したり、今まさに眼差しているものの触知可能性を証明したりするだけでなく、作用を予測しつつ、まなざしそのものを探針《プローブ》として利用している」[28]。こうして一九世紀に用意された生命科学の眼差しは、カレルやルデュックらの実践を経て、ポストゲノムと呼ばれる現在、スクリーン上で情報単位へと還元した生命を操作する作業にまで引き継がれている。

本章が「スクリーンの消滅」という極端な指摘から出発したのは、バイオアートから単にコンセプチュアルな意味内容を抽出するのではなく、ユーザーを一部に組み込んだ情報技術と生命現象との協働関係を可能にするメディアの物質的な機能を明らかにするためであった。こうして映像メディアを「培地」として捉え直す理解は、生命科学の実践や先に触れた最近のメディア論の言説のみならず、さらには私たちを取り囲むスクリーンにまで展開することもできるのではないだろうか。

あらためて身の回りに目を向けてみよう。街頭に増殖するスクリーンは、押し寄せる情報の処理速度を上げて、目に見えるかたちへと変換している。私たちは実際、そうした映像に釘付けとなると同時に、それが次々と変容していく様子を心待ちにもしている。そのために精度を上げた映像メディアは、人間の肉眼にはそもそも不可視の対象を映し出し、静止画であれ動画であれ、その内容が変容するプロセスを中心化している。そこに生起するイメージの多くは、本章に見てきた科学映像と同様、従来の意味での「再現」という言葉に収まるものではないだろう。フィルムに記録されたものを忠実に映し出すのでも、距離をとってスクリーンを観察するのでもなく、押し寄せる情報は、まるで生命現象のようにメディウムと一体化し、変容しているからである。ここまでの議論やバイオアートの実践は、そのことを可能にするデジタル技術やインターネットもまた、それぞれの物質的な基盤に条件づけられていることを明らかにする。

以上のようなメディア理解のもとに、手元に収められたスクリーンに没頭している私たち自身のことを考えることもできる。煌びやかに発光し、目まぐるしく変化する画像や動画に惹きつけられ、画面を押したりなぞってみたりするとき、そうした私たちの態度は、シネマトグラフのスクリーンを培地と重ね合わせていた科学者たちの認識や実践とそう遠くは離れていない。両者に共通しているのは、対象との距離を喪失し、協働するような関係であり、そのことがスクリーンを消滅させることにつながる。さらに言えば、現在のスクリーンは、それを見ている身体から生体情報を抽出して選別すると、私たちの行動や身振りを誘導して制御することへと向けられている。とするなら、知らぬ間に画面のなかへと没入しているとき、環境の一部を構成するスクリーンのうちで変容しつつあるのは、私たち自身の生であるのかもしれないのである。

注

（1）　たとえば以下を参照のこと。北野圭介『映像論序説――〈デジタル／アナログ〉を越えて』人文書院、二〇〇九年、東浩紀『サイバースペースはなぜそう呼ばれるか＋』河出書房新社、二〇一一年、Francesco Casetti, *The Lumière Galaxy: 7 Key Words for the Cinema to Come*, Columbia University Press, 2015.

（2）　バイオアートと合成生物学については、以下の著作に大きく依拠している。岩崎秀雄『〈生命〉とは何だろうか――表現する生物学、思考する芸術』講談社現代新書、二〇一四年。また、以下の拙論も参照のこと。「バイオアート――メディアの拡張と自然観の変容」、『メディア・アート原論』久保田晃弘・畠中実編、フィルムアート、二〇一八年、一四四―一五三ページ

（3）　Marta de Menezes, "Art: in vivo and in vitro," in Eduardo Kac ed., *Signs of Life : Bio art and Beyond*, MIT Press, p. 217. 彼女の作品としては、蝶の羽の模様を改変してみせた作品《自然?》（1999）がある。おなじく自然の動植物を改変する実践として、自然界には存在しない「青色の」カーネーションが日本企業によって商用化されたことに端を発して、福原志保とゲオルグ・トレメルから成るグループ「ＢＣＬ」が発表した《コモンフラワーズ》シリーズ（2009-）や、もっぱら観賞用の生物として改良されることで自然界では自生する能力を失った「金魚」を元来のフナへと戻そうとする石橋友也の作品《金魚解放運動》（2010）などもある。これらの実践は後述するように、生命の「所有」や「交換」といった問題を提起しつつ、科学と芸術、自然と人工物を同等の地平に起き、両者の境界線を曖昧なものに変えている。

（4）　Anselm Levskaya et als., "Synthetic Biology: Engineering Escherichia Coli to See Light," *Nature*, 438（7067）, 2005, pp. 441-442, 岩崎、前掲、二四一―二四四ページ

（5）　Adrian MacKenzie, "What is design in synthetic biology? From Techniques to Reflexive Meta-Materials," *Biosocieties*, Vol. 5-2, 2010, pp. 180-198. デザイン論の立場から、これらの実践を包括的に紹介した以下の著作のうち、第四章も参照のこと。

アンソニー・ダン・フィオナ・レイビー『スペキュラティヴ・デザイン』久保田晃弘監修、千葉敏生訳、ＢＮＮ新社、二〇一六年。さらに生命科学と情報工学の接近については、以下を参照のこと。Eugene Thacker, *Biomedia*, University of Minnesota Press, 2004, *Global Genome: Biotechnology, Politics, and Culture*, MIT Press, 2005.

（6）岩崎、前掲、二五七―二六四ページ、Oron Catts and Hideo Iwasaki, "The Biogenic Timestamp: Exploring the Rearrangement of Matter through Synthetic Biology and Art," Alexandra Daisy Ginsberg et als.,eds., *Synthetic Aesthetics: Investigating Synthetic Biology's Designs on Nature*, MIT Presss, 2014, pp. 195–205.

（7）Jens Hauser, "Observations on an Art of Growing Interest: Toward a Phenomenological Approach to Art Involving Biotechnology," Beatriz da Costa and Kavita Philip eds., *Tactical Biopolitics: Art, Activism, and Technoscience*, MIT Press, 2010, p. 83. また、以下も参照のこと。Louise Poissant et Ernestine Daubner (dirs.), *Art et Biotechnologies*, Presses de l'Université du Québec, 2002.

（8）バイオテクノロジーとネオリベラリズムの関係については、たとえば以下を参照のこと。Melinda Cooper, *Life as Surplus: Biotechnology & Capitalism in the Neoliberal Era*, University of Washington Press, 2008.

（9）W. J. T. Mitchell, *What do Pictures Want?: The Lives and Loves of Images*, The University of Chicago Press, 2005, p. 312, 328.

（10）Robert Mitchell, *Bioart and the Vitality of Media*, University of Washington Press, 2010, p. 12.

（11）Ibid., p. 93.

（12）Ibid., pp. 96–97. ミッチェルは"milieu"を「メディア」とする根拠として、ディドロとダランベールによる『百科全書』を参照し、また一九世紀中頃の生理学者クロード・ベルナールによる「内部環境」概念とも関連づけている。

（13）たとえば、以下の二冊を参照のこと。ハンス・ベルティング『イメージ人類学』仲間裕子訳、平凡社、二〇一四年、Sarah Kember and Joanna Jylinska, *Life after New Media: Mediation as a Vital Process*, MIT Press, 2012.

（14）本節の議論は、コマンドンの試みを中心に検討した以下の拙論の延長線に位置付けられる。増田展大「微生物のメディア考古学――生物（学）とアニメーション」、日本記号学会編『叢書セミオトポス』第一〇号、二〇一五年、一六八―一八三ページ

（15）Jimena Canales, "Dead and Alive: Micro-Cinematography between Physics and Biology," *Configurations*, 23(2), 2015, p. 237.

（16）Pascal Jézéquel, Emmanuel Drouin, François-Régis Bataille, *Stéphane Leduc: Précurseur controversé de la biologie synthétique*, Editions Glyphe, 2015, p. 35.

（17）Stéphane Leduc, *The Mechanism of Life*, trans. W. Deane Butcher, William Heinemann, 1911, p. 5, 92.

（18）Ibid., p. 63.

（19）岩崎、前掲、一三一―一三九ページ

（20）ダイ・ヴォーン「光あれ！　リュミエール映画と自生性」長谷正人訳、『アンチ・スペクタクル――沸騰する映像文化の考古学』長谷正人・中村秀之編訳、東京大学出版会、二〇〇三年、三三―四四ページ

（21）Victor Henri, "Etude cinématographique des mouvements browniens," *Comptes rendus hebdomadaires des séances de l'Académie des sciences*, tome 146, 1908, pp. 1024–1026, Canales, op.cit., pp. 241–244. 従来の形而上学や熱力学の法則から脱して、実験による測定可能なものとして分子理論を定式化したペランの仕事のうち、写真や映画への言及としては以下を参照のこと。ジャン・ペラン『原子』玉蟲文一訳、岩波文庫、一九七八年、一七八、一八五、一九六ページ。また、当時の物理学における可視化の問題や、ドイツでの展開についてはそれぞれ以下を参照のこと。Charlotte Bigg, "A Visual History of Jean Perrin's Brownian Motion Curves," in Lorraine Daston and Elizabeth Lunbeck eds., *Histories of Scientific Observation*, The University of Chicago Press, 2011, pp. 156–179, Scott Curtis, *The Shape of Spectatorship: Art, Science, and Early Cinema in Germany*, Columbia University Press, 2015.

（22）Alexis Carrel, "The New Cytology," *Science*, 73(1890), 1931, p. 300.

（23）Hannah Landecker, *Culturing Life: How Cells Became Technologies*, Harvard University Press, 2006, p. 79.

（24）Ibid., pp. 11–12.

（25）岩崎、前掲、二一〇ページ

（26）Evelyn Fox Keller, "Biological Gaze," in George Robertson ed., *Future Natural: Nature, Science, Culture*, Routledge, 1996, p. 108.

（27）このような論点は、フェミニズムから展開した科学メディア論のおおくによって展開されている。なかでも重要な著作として、物理学史の事例を検討した以下を参照のこと。Karen Barad, *Meeting the Universe Halfway*, Duke University Press, 2007.

（28）Keller, Ibid., p. 114. また、このことを早くから指摘した科学哲学の古典として、以下も参照のこと。イアン・ハッキング『表現と介入――科学哲学入門』渡辺博訳、ちくま学芸文庫、二〇一五年

Remind the screens, and reframe the screens

——あとがきに代えて

1 It's all screen——すべてがスクリーン

二〇〇七年九月、iPhoneを発表したスティーブ・ジョブズは、その新しいデバイスが音楽再生装置と携帯電話、インターネットの機能が一体となった「電話の再発明 Reinvention of the Phone」であると宣言した。それから一〇年。二〇一七年には、「次の一〇年」「スマートフォンの未来」を託されたiPhone Xの詳細が発表されている。キャッチコピーは、「未来をその手に。(Say hello to the future.)」そして、「すべてがスクリーン。(It's all screen.)」。スマートフォン本体とスクリーンの間にはほとんど継ぎ目がなく、全体が一つの滑らかな表面を構成している。スクリーンの光源には有機EL(OLED)が用いられており、ARゲームやアプリケーションとの連動を強化、4Kビデオ撮影と顔認証が可能なカメラが埋め込まれている。

> 私たちはずっと変わらないビジョンを持ち続けてきました。すべてがスクリーンのiPhoneを作ること。デバイスそのものが体験の中に消えてしまうほど夢中になれるiPhoneを作ること。あなたの指や声、さらには視線にも反応できるインテリジェントなiPhoneを作ることです。iPhone Xが、そのビジョンをすべて現実のものにします。iPhone Xへようこそ。ここから未来が始まります。[1]

すべてがスクリーンのiPhone（an iPhone that is entirely screen）を作ること、すなわちデバイスとスクリーンの物理的な境界を最小化し、デバイスそのものをスクリーンに近づけるとともに、すべての機能をスクリーンに集約すること。極めて薄く柔軟なOLEDの採用やホームボタンの廃止、充電のワイヤレス化、顔認証への移行も、「デバイスそのものが体験の中に消えてしまう」ように、できる限り操作をスクリーン上で完結させ、それ以外の物理的な要素を取り除くための技術的な解決として理解することができる。振り返ってみれば、電話の再発明として出発したiPhoneの開発は一〇年の時を経て、様々な機能を集約するメタ・メディアとしてのスクリーンの技術的洗練へと収斂していったと言えるだろう(2)。

本書は、スマートフォンをはじめとする近年の技術開発によって、映像の形態が様変わりし、デジタル化したスクリーンの遍在が日常の風景を変えつつある中で刊行された。したがって本書においてまず焦点が当てられたのは、現在進行形で変化していくスクリーンの姿であり、それに対するメディア研究や文化研究からのリアクションである。スクリーンとそれを媒介にしたコミュニケーションの変化は、従来のテレビや映画を基調としたメディア研究の限界を示すことで、映像やその社会性を捉えるための方法や視座の再設計が必要であることを、広く認識させるようになった。それはメディア研究のみならず、とりわけ二〇世紀後半に精緻な理論化が進められた映画研究や美術批評の基本的な概念にも、再考を促しつつある。本書において、「スクリーン」という理論的枠組みの可能性が検討されたのは、こうした状況下でのことである。

2 Reframe the screen——スクリーンを再設計する

二〇〇〇年代以降、スクリーンは日常に遍在し、様々な形態で増殖しながらその存在感を増していくと同時に、生活の中に浸透していくことで透明化し、そしてより薄く軽く、モノとしての存在感を希薄化することで消滅しつつあるように見える。ジョナサン・クレーリーがいうように、現在生じている事態は、ある安定した時代から別の均衡への転換というよりは、むしろ加速度的に変化し続ける状態が計画的に維持されている点に、その顕著な特徴があると言えるかもしれない(3)。映像の機械化のプロセスは、スマートフォンのように、装置自体の存在をほとんどスクリーンと一体化させる段階に入った。そして、そのあとには、スクリーンの内外を隔てるフレームすら、消えていく段階が待っているだろう。実際、プロジェクション・マッピングや網膜への投影、環境に埋め込まれたインターフェイスのように、物理的なスクリーンや明確なフレームを必要としない技術が様々に開発、実用化されている。アン・フリードバーグがいうように、映像や視覚データは、近い将来、目や視覚を経由せずに脳や身体に直接アップロードできるようになるのかもしれない(4)。

ただし、二〇一〇年代の映像文化が、一方でスクリーンの増殖、もう一方でスクリーンの消滅という両極に収斂するかというと、必ずしもそれだけではない。スクリーンが希薄化し、透明化しようとする中で、逆にスクリーンの物質性や身体性、過去の映像文化の痕跡が、新たな形で発見されつつあるからだ。フィルム写真の質感が再発見され、初期映画を思わせる動的な観客性が浮上し、様々な形態の屋外上映会、ライブパフォーマンスや演奏と一体になった上映が人気を集める。それもまた二〇一〇年代の光景である。ただし、本書において多角的に検討がなされているように、こうした過去の映像文化は、単にレトロでノスタルジックなものとして私たちの関心を惹くだけではない。

過去の映像文化は、現在の映像経験から失われているものの存在を示すと同時に、デジタル化による断絶として語られがちな過去と現在との間の、単線的ではないつながりの所在を示すことによって、目の前の光景を別の視点から見ることを可能にしてくれるだろう。こうした過去の映像文化の再発見と新しい歴史の語り直しのプロセスは、デジタル化されネットワーク化されたアーカイブが可能にする膨大な映像資料の蓄積やその再検討とも連動している。それは映像のデータベース化による歴史記述の変容の一側面であるという意味で、徹底的にデジタル化された現在の状況に組み込まれている。

こうした状況下で私たちは、エルキ・フータモが言うように、スクリーンが日常生活に溶け込み、透明化しようとしているからこそ、スクリーンに歴史性と物質性、時間と空間の位相を回復する必要がある[5]。安定しているように見えた映像の形態や、スクリーンを切り取るフレームが、本格的に消え去ろうとしているからこそ、過去と現在を往還し、理論的枠組みに再検討を加え、それが透明化し不可視化しようとしているものを顕在化させる必要があるのだ。新しい映像研究、スクリーン・スタディーズを構想することは、したがって、透明化しつつあるスクリーンを再び問題化し、別様に見ることを可能にする条件を再設計することでもあるだろう。

*

本書は、編者の光岡と大久保が二〇一二年の社会情報学会において企画したワークショップ「複合メディア環境におけるスクリーンの遍在――「メディアコンプレックス」と「メディア考古学」の視点から」に端を発する。翌年には発表者に近藤和都、コメンテーターに飯田豊を迎えた「遍在するスクリーンを理解する――その方法と可能性」を、二〇一六年にはこの二つのワークショップにおける議論を発展させ、シドニー大学で開催されたCrossroads in Cultural Studies Conferenceにおいてパネル報告を行った。この時のメンバーの間で折に触れて話題に上がっていたテーマや、会場を含めたディスカッションから得たアイデアが、本書には散りばめられている。

近年、メディア研究やカルチュラル・スタディーズの関連領域では、手軽に読める質の高い教科書や入門的なテキストが数多く出版されるようになった。その一方で教科書的な記述と学術論文を架橋するような位置づけの本が少ない、という声もまたよく聞く。学生時代に自分が視覚文化や映像史の研究を始めた頃を振り返ってみると、新しい研究動向を追いかける際に役に立ったのは、その分野の研究動向や重要論文が一望できるように編まれた英語圏のリーダーであった。一線の研究者によって書かれた学術論文、入門としてまず読むべき基本文献、そして挑戦的な新しい議論の紹介までバランスよく集められ、さらにはその領域の見取り図が示される。そうした英語圏の多彩なリーダー文化の充実が、初学者には羨ましく映っていた。

序章でも述べられている通り、日本では翻訳論集として定評ある長谷正人・中村秀之編訳『アンチ・スペクタクル』（二〇〇三年）が、また内外の研究動向の紹介として先駆的な吉見俊哉編『メディア・スタディーズ』（二〇〇〇年）および伊藤守・毛利嘉孝編『アフター・テレビジョン・スタディーズ』（二〇一四年）といった重要な成果がこれまでに刊行されている。これに対し本書は、すでに新しい潮流を踏まえた映像研究が、若手研究者を中心にある程度蓄積されており、その成果をまとめて紹介したいというのが初発の着想であったと思う。その意味では、同様の視点から編集された英語圏の論集とほとんど変わらないタイミングで刊行を実現できたことは大変喜ばしいことである。ただし、本書は決して後追いの企画ではなく、これからの方向性を示すアイデアを至るところに宿すものとなった。

本書の編集は、各原稿の構想の段階から、あるいは初稿提出の後で、編者と編集者から執筆者へ数度に渡ってコメントを送り、それに応じて加筆・修正を加えるというプロセスを踏んだ。この過程で執筆者には負担をかける結果となり、編者としては心苦しいところもあったが、その分、論集としての一貫性やテーマ性は確保されたと考えている。巻末のブックガイドに掲載した文献などとともに、最近の映像文化・スクリーン研究の動向に関心を持つ幅広い読者の参考にしていただければ幸いである。また学部や大学院のゼミ、研究会や読書会での講読に、あるいは「映像文化論」「メディア論」「表象文化論」「現代社会論」などの講義のプログラムを組み立てる際にも、参考書として利用しやすいような体裁を心がけた。

東京大学出版会の木村素明さんには、企画の方向性から各原稿へのコメントまで、編者二人を強力にサポートしていただいた。メディア論、映像研究の新しい潮流を紹介したいという話を最初にしてから五年ほど経つが、それをこのような形で実現できたのは、ひとえに問題意識を共有する編集者の存在があったからこそである。増え続ける原稿の量、ゲラの直前に追加されるアイデアなど、野放図に拡張しがちな企画を、要所要所で的確に舵取りしていただいた。記して感謝したい。また一人一人のお名前を挙げることはできないが、若手中心の企画の推薦と本書の実現に尽力いただいた皆様にもお礼を申し上げる。

最後になるが、これだけ多彩な執筆者の皆さんに寄稿をお願いすることができたことは、編者にとって望外の喜びである。企画書を作成している時から、原稿の下読みをしている段階に至るまで、これらの原稿を一冊の書籍として総覧できることを、読者の一人として待ち望んでいた。ここに示されているアイデアや可能性が、今後読者によって様々な形で引き継がれ、展開され、新しい探索が始まることを期待している。

二〇一八年一二月

大久保遼

注

（1）Apple社のウェブサイトより（https://www.apple.com/jp/iphone-x/）

（2）同じ二〇一七年には、日本でもとりわけ二〇代三〇代のスマートフォン普及率が九割に達したことを受け、総務省『平成二九年度版情報通信白書』が「スマートフォン社会の到来」を謳うと同時に、ポスト・スマートフォンを担う生活密着型のデバイスや技術的な動向を紹介している。

（3）ジョナサン・クレーリー『24／7——眠らない社会』岡田温司監修／監訳・石谷治寛訳、NTT出版、四七—四九ページ

（4）アン・フリードバーグ『ヴァーチャル・ウィンドウ——アルベルティからマイクロソフトまで』井原慶一郎・宗洋訳、産業図書、四九ページ

（5）Erkki Huhtamo, "Screen Tests: Why Do We Need an Archaeology of the Screen?" *Cinema Journal*, Vol. 51, No. 2 (Winter 2012), pp. 144–148.

初出一覧

第1章「メディア研究におけるスクリーンの位相――空間、物質性、移動」光岡寿郎
初出：「メディア研究における空間論の系譜――移動する視聴者をめぐって」『コミュニケーション科学』第四一号、二〇一五年

第2章「スクリーンが媒介する出来事《イベント》――メディア・イベント研究を補助線に」飯田豊
初出：「複合メディア環境における「メディア・イベント」概念の射程――〈仮設文化〉の人類学に向けて」『立命館産業社会論集』第五一巻第一号、二〇一五年

第6章「オフ・スクリーンの映像文化史――大正・昭和期の複合施設型映画館」近藤和都
初出：「複合施設」としての映画館――関東大震災以降の浅草を中心として」『東京大学大学院情報学環紀要 情報学研究』第八八号、二〇一五年

第7章「パテ・ベビーというシステム――映像文化史の視座から」松谷容作
初出：「九・五mm映像システム論序説――テクノロジー、アーカイヴ、コミュニケーション」『映画学』第二七号、二〇一三年

第8章「マンガ・プロジェクション――戦後日本大衆文化におけるマンガ・劇画のスクリーン映写」鷲谷花
初出：「マンガ・プロジェクション――『忍者武芸帳』と昭和期日本の静止画映写文化」『ユリイカ』第四七巻第一五号、二〇一五年

第9章「1970年代のビデオ技術受容とセクシュアリティ」溝尻真也

初出：「ビデオテクノロジーの歴史的展開にみる技術／空間／セクシュアリティ――1970年代日本におけるビデオ受容空間とそのイメージの変遷」『愛知淑徳大学論集メディアプロデュース学部篇』第二号、二〇一二年

第10章「スクリーン・プラクティスの再設計――舞台表現におけるスクリーンの問題」大久保遼
初出：「スクリーン・プラクティスの再設計」『ヱクリヲ』第八号、二〇一八年

第12章「パブリック・ビューイング――スクリーンに向き合わない若者たち」立石祥子
初出：「日本型パブリック・ビューイング文化の成立――2002年サッカーW杯におけるオーディエンス経験から」『情報文化学会誌』第二一巻第二号、二〇一四年

第15章「電子のメディウムの時代」gnck
初出：「画像の問題系 演算性の美学」『美術手帖』二〇一四年一〇月号

編者・執筆者紹介（編者以外は執筆順）

光岡寿郎（みつおか　としろう）［編者］

東京経済大学コミュニケーション学部准教授

主要著書に『変貌するミュージアムコミュニケーション』（せりか書房），『現代文化への社会学』（分担執筆，北樹出版），『レジャー・スタディーズ』（分担執筆，世界思想社），『よくわかる社会情報学』（分担執筆，ミネルヴァ書房）など

大久保遼（おおくぼ　りょう）［編者］

愛知大学文学部特任助教

主要著書に『映像のアルケオロジー』（青弓社），『メディア技術史 改訂版』（分担執筆，北樹出版），『映像文化の社会学』（分担執筆，有斐閣），『デジタル・スタディーズ 3 メディア都市』（分担執筆，東京大学出版会），『幻燈スライドの博物誌』（共編著，青弓社）など

飯田　豊（いいだ　ゆたか）

立命館大学産業社会学部准教授

主要著書に『テレビが見世物だったころ』（青弓社），『メディア論』（共著，放送大学教育振興会），『現代メディア・イベント論』（共編著，勁草書房），『現代文化への社会学』（共編著，北樹出版），『メディア技術史 改訂版』（編著，北樹出版）など

渡邉大輔（わたなべ　だいすけ）

跡見学園女子大学文学部専任講師

主要著書に『イメージの進行形』（人文書院），『川島雄三は二度生まれる』（分担執筆，水声社），『日本探偵小説を知る』（分担執筆，北海道大学出版会），『映画監督，北野武』（分担執筆，フィルムアート社），『1990 年代論』（分担執筆，河出書房新社）など

林田　新（はやしだ　あらた）

京都造形芸術大学アートプロデュース学科専任講師

主要著書・論文に『現代文化への社会学』（分担執筆，北樹出版），『写真空間 4』（分担執筆，青弓社），「私的・写真・集積」（『大正イマジュリィ学会』第 8 号），「いまだ揚がらない星条旗」（『文化学年俸』第 62 輯），「写真の「危機」」（『美学』第 238 号），「星座と星雲」（『映像学』第 84 号）など

上田　学（うえだ　まなぶ）

神戸学院大学人文学部准教授

主要著書に『日本映画草創期の興行と観客』（早稲田大学出版部），『浅草文芸ハンドブック』（共著，勉誠出版），『〈異郷〉としての上海・大連・台北』（分担執筆，勉誠出版），『日活向島と新派映画の時代展』（編著，早稲田大学演劇博物館）など

近藤和都（こんどう　かずと）

日本学術振興会特別研究員（PD）

主要著書・論文に『動員のメディアミックス』（分担執筆，思文閣出版），『よくわかる社会情報学』（分担執筆，ミネルヴァ書房），『幻燈スライドの博物誌』（分担執筆，青弓社），「遍在する映像経験を理解するために」（『マス・コミュニケーション研究』第 90 号）など

編者・執筆者紹介

松谷容作（まつたに　ようさく）

國學院大學文学部准教授

主要著書・論文に『手と足と眼と耳』（分担執筆，学文社），『映像文化の社会学』（分担執筆，有斐閣），「環境内存在としてのコンピュータ」（『総合文化研究所紀要』第34号），「アートとコンピュテーション」（『総合文化研究所紀要』第33号）など

鷲谷　花（わしたに　はな）

大阪国際児童文学振興財団特別専門員

主要著書に『戦後日本を読みかえる2 運動の時代』（分担執筆，臨川書店），『リメイク映画の想像力』（分担執筆，水声社），『1980年代』（分担執筆，河出書房新社），『幻燈スライドの博物誌』（分担執筆，青弓社），『淡島千景 女優というプリズム』（共編著，青弓社）など

溝尻真也（みぞじり　しんや）

目白大学メディア学部専任講師

主要著書・論文に『メディア社会論』（分担執筆，有斐閣），『メディア技術史 改訂版』（分担執筆，北樹出版），『メディアと表現』（分担執筆，学文社），『「男らしさ」の快楽』（分担執筆，勁草書房），「オーディオマニアの生活史」（『現代風俗学研究』第16号）など

金暻和（キム　キョンファ）

神田外語大学国際コミュニケーション学科准教授

主要著書・論文に『ケータイの文化人類学』（クオン），Handbook of Japanese media（分担執筆，Routledge）『ポスト・モバイル社会』（分担執筆，世界思想社），『ケータイ社会論』（分担執筆，有斐閣），「ケータイ・カメラと写真」（『韓国言論情報研究』第45巻第1号）など

立石祥子（たていし　しょうこ）

立命館大学衣笠総合研究機構専門研究員

主要著書・論文に『現代メディア・イベント論』（共編著，勁草書房），「質的データ分析のビジュアル・デザイン」（『情報文化学会誌』第22巻第1号），「日本型パブリック・ビューイング文化の成立」（『情報文化学会誌』第21巻第2号），「ドイツにおけるパブリック・ビューイングに体験に関する考察」（『情報文化学会誌』第20巻第1号）など

関谷直也（せきや　なおや）

東京大学大学院情報学環総合防災情報研究センター准教授

主要著書に『風評被害』（光文社新書），『「災害」の社会心理』（KKベストセラーズ），『環境広告の心理と戦略』（同友館），『コミュニケーション論をつかむ』（共著，有斐閣），『大震災後の社会学』（分担執筆，講談社現代新書），『災害情報論入門』（分担執筆，弘文堂）など

馬定延（マ　ジョンヨン）

明治大学国際日本学部特任講師

主要著書・論文に『日本メディアアート史』（アルテスパブリッシング），『Seiko Mikami:A Critical Reader』（共編著，NTT出版，近刊），「三上晴子試論」（『NACT Review 国立新美術館研究紀要』第5号），「メディアアートのための生成するアーカイブ試論」（共著，『多摩美術大学研究紀要』第31，32，33号）など

gnck（ジーエヌシーケイ）
評論家
主要著書・論文に「画像の問題系　演算性の美学」（『美術手帖』第15回芸術評論募集第一席受賞），「芸術の公共圏」（『絵画検討会2016』，共著，アートダイバー），「梅沢和木　キャラと画像とインターネット：画像の演算性の美学 I」（『Re: エターナルフォース画像コア』，分担執筆，CASHI），『ネット絵学』（分担執筆，project 百化）など

増田展大（ますだ　のぶひろ）
立命館大学映像学部講師
主要著書に『科学者の網膜』（青弓社），『インスタグラムと現代視覚文化論』（分担執筆，ビー・エヌ・エヌ新社），『メディア・アート原論』（分担執筆，フィルムアート社），『ポケモンGOからの問い』（分担執筆，新曜社），『映像文化の社会学』（分担執筆，有斐閣）など

人名索引

さ行

た行

な行

や行

ら行

わ行

書名・作品名索引

た行

な行

は行

スクリーン・スタディーズを知るためのブックガイド

※［　］内は翻訳書刊行年

刊行年	書誌／解説
1964年 [1987]	**マーシャル・マクルーハン『メディア論：人間の拡張の諸相』栗原裕・河本仲聖訳、みすず書房** 従来、メディアの提供するメッセージの社会的影響を対象としてきたメディア研究にとって、「The medium is the message.」という素朴なフレーズでその容器としてのメディアの重要性を喚起したのがマクルーハンだろう。本書にはそのエッセンスが詰まっており、後半部の具体的なメディアの検討を参照することでその理解を深めてくれる。スクリーンの物質性という観点からすれば本書だが、一方でその感覚的受容を含めたインターフェイスとしての視点からすれば、息子エリックがまとめ2002年に邦訳が出版された『メディアの法則』（1992＝2002、NTT出版）も手に取って欲しい。（光岡寿郎）
1985年 [2003]	**ジョシュア・メイロウィッツ『場所感の喪失：電子メディアが社会的行動に及ぼす影響（上）』安川一・高山啓子・上谷香陽訳、新曜社** 「スクリーン」が前景化したのは、モノとしてのメディアとそれが設置された空間、およびその空間を共有するヒトの関係性である。インターネット時代前夜、メイロウィッツは、一方ではマクルーハン流のメディアによる空間概念の拡張、他方ではゴッフマンに依拠したそこでの相互行為という複眼的な観点を採用して、三者の関係性の理解を試みている。メディアと場所という問題設定については、1990年代以降のメディア環境を射程に収めたものとして、マルク・オジェの『非-場所：スーパーモダニティの人類学に向けて』（1992＝2017、水声社）も参考となる。（光岡寿郎）
1986年 [2006]	**フリードリヒ・キットラー『グラモフォン・フィルム・タイプライター（上・下）』石光泰夫・石光輝子訳、筑摩書房** 視覚、聴覚、書字を記録するメディア技術であるグラモフォン、フィルム、タイプライターの登場が、19世紀末に人間の感覚データを記録、伝送、再生可能なものにしていく。これにより、デジタル化以前に人間は機械装置によってデータ化され、生理学と情報工学の対象となった。キットラーは、文字による記録と文書館の分析にとどまるフーコーの言説分析の限界を喝破し、言説を記録する技術メディアの規定性、文化分析におけるメディアの物質性を重視する。前期の主著『書き込みのシステム1800／1900』（1985）や、イメージの記録・伝送・再生の技術の変遷に注目して、遠近法からコンピュータまでを論じた *Optical Media*（2009）も参照されたい。（大久保遼）
1988年 [2007]	**ハル・フォスター編『視覚論』榑沼範久訳、平凡社** 1990年代の視覚文化論、ヴィジュアル・スタディーズ流行の一つの震源となった論集。序文においてハル・フォスターは、身体のメカニズムとしての視覚Visionと、歴史的社会的に形成される「見る技法」としての視覚性Visualityの差異を指摘した上で、ポスト構造主義的なイメージ分析と、近代的な視覚モデルへの批判的な検討、そしてそれに代わる複数の視覚性の模索を共通の課題として提示する。『アンチ・スペクタクル』（2003、東京大学出版会）と合わせて当時の議論の水準を再確認することができる。（大久保遼）

刊行年	書誌／解説
1988 年 [2003]	**キャロリン・マーヴィン『古いメディアが新しかった時：19 世紀末社会と電気テクノロジー』吉見俊哉・水越伸・伊藤昌亮訳、新曜社** 当時主流だった、民生用のマスメディアの受信端末の普及を起点としたメディアの歴史に対して、それに先行する電信を中心とした技術、インフラストラクチャーやその社会的普及の過程を描くことで、メディア史、およびメディアという概念の外延を拡げることに成功している。現在と過去をぶつけることで見えてくる「何か」の可能性を提起したメディア考古学以降の地平に立つ私たちが、「メディアの歴史の書き方」を構想していくうえで常に立ち戻るべき著作の一つ。（光岡寿郎）
1990 年 [2005]	**ジョナサン・クレーリー『観察者の系譜：視覚空間の変容とモダニティ』遠藤知巳訳、以文社** 1820-30 年代に生じた光学的視覚モデルから、外界の指示対象から切り離されて自律する生理学的視覚モデルへという転換が、一方ではモダニズムにおける視覚の解放、また他方では感覚を合理化し知覚を管理する諸技術を生み出したことを論じる。クレーリーはこうした視覚の抽象化の帰結を、20 世紀末以降の CG や VR など仮想的に構成される視覚空間の遍在に見出しており、近著『24/7：眠らない社会』（2013＝2015、NTT 出版）では新しい映像技術と後期資本主義の関係が分析の俎上にあげられている。現在のデジタル化したスクリーンや視覚文化と、19 世紀以来の視覚の近代化との関係を考える上でも、著者の『知覚の宙吊り：注意、スペクタクル、近代文化』（1999＝2005、平凡社）や『視覚論』所収の論考と合わせて必読の書。（大久保遼）
1992 年	**吉見俊哉・若林幹夫・水越伸『メディアとしての電話』弘文堂** 第 1 章のなかでも指摘されていたように、映像メディア、特にテレビの物質性やその空間的配置への注目は、デヴィッド・モーリーらによる実証的オーディエンス研究が蓄積されていく過程で生じた。一方、日本ではその理論枠組みであるホールの「エンコーディング／ディコーディング」は導入されながらも、実証研究への援用については限定的な状態に留まった。本書は、「電話」を対象としたものではあるが、日本では数少ないメディアの物質性とその利用にフォーカスした著作であり、モーリーやリン・スピーゲルらの英語圏の研究と併読することで、その理解が深まるはずだ。（光岡寿郎）
1992 年 [1996]	**ダニエル・ダヤーン／エリユ・カッツ『メディア・イベント：歴史をつくるメディア・セレモニー』浅見克彦訳、青弓社** 本書が「メディア・イベント」と呼ぶのは、テレビの特別番組によって大規模に中継され、無数の視聴者を巻き込むことで成立するマス・コミュニケーション現象のこと。たとえば、王室の婚礼や大統領の葬儀（＝戴冠型）、選挙候補者による討論会、オリンピックやワールドカップのようなスポーツ大会（＝競争型）、要人の外交的派遣、アポロ 11 号の月面着陸（＝制覇型）などが挙げられる。いずれも「歴史的」な出来事として演出され、視聴者の日常性が中断されることで、特別な連帯感情が媒介される。「疑似イベント」（ブーアスティン）や「スペクタクル」（ドゥボール）といった概念に近いが、本書では人類学的な儀礼理論が援用され、その社会統合としての作用に強い関心が向けられている。もっとも、情報環境が大きく変化し、スクリーンが遍在している現代

刊行年	書誌／解説
	では、メディア・イベントがもたらす経験の同一性よりも、差異や分裂が生じる機制にこそ焦点を移行する必要がある。（飯田　豊）
1993年	**水越伸『メディアの生成：アメリカ・ラジオの動態史』同文舘出版** 1980年代から90年代の初頭、英語圏のメディア研究において最も活発な研究領域は、一つはカルチュラル・スタディーズの影響下にあったオーディエンス研究、もう一つが、社会構成主義的なメディア史研究だったのではないか。水越は両者に対して鋭敏な感性を持っていたが、本書では後者に沿ったアプローチを採用しており、ラジオが生まれた当初いかなる潜在的可能性を持ち、その後いかに歴史社会的に「今あるもの」へと成形されていくのかを丹念に描いている。メディア考古学の位置づけを検討していくうえでも有効な補助線となる著作。（光岡寿郎）
1994年 ［1997］	**バーバラ・マリア・スタフォード『アートフル・サイエンス：啓蒙時代の娯楽と凋落する視覚教育』高山宏訳、産業図書** 18世紀に興隆した科学的知識のデモンストレーション、大げさな実験の演出、錯覚を利用した光学的イリュージョンなど、「娯楽と情報、快楽と学習の間のどこかに位置を占めている」アートフル・サイエンスの系譜を辿ることで、創造的で遊戯的な情報交換としての視覚教育の可能性を探る。こうした18世紀の視覚＝口承的な文化やアートとサイエンスの相互交流を跡づけることで、スタフォードは、デジタル時代のコミュニケーションの再魔術化、視覚教育やイメージの持つ可能性を探索する。（大久保遼）
1995年 ［2015］	**チャールズ・マッサー『エジソンと映画の時代』岩本憲児編・監訳、仁井田千絵・藤田純一訳、森話社** マッサーによる1995年のエジソン論に、同時期に書かれたアメリカ初期映画についての論考を加えて翻訳した日本オリジナルの論集。マッサーは、エジソンのラボにおける技術開発やハリウッドのスタジオ、初期の制作プロセスといった映画産業の構造的な変化や、初期映画における劇場文化や大衆的な視覚文化とのメディア横断的な関係に焦点を当てることで、既存の映画史を更新していく。特に制作プロセスやインターメディアリティへの注目は、デジタル化以降のスクリーン研究にとっても示唆に富む。（大久保遼）
1997年 ［2010］	**ジェフリー・バッチェン『写真のアルケオロジー』前川修・佐藤守弘・岩城覚久訳、青弓社** 本書においてバッチェンは、写真の発明以前の原写真家たちの言葉に注目することで、18世紀末から19世紀初頭に胚胎した「写真」への欲望をあぶり出し、写真というメディアがその始原から文化と自然の間で揺れ続ける複数性を抱えてきたことを明らかにする。バッチェンが試みるメタ写真史としての写真のアルケオロジー／グラマトロジーは、デジタル化によって「写真」というメディアの同一性が揺らいでいる状況のなかでこそ重要な含意をもつ。著者はその後のデジタル写真論（*Each Wild Ideas*〔2001〕）やヴァナキュラー写真論（*Forget Me Not*〔2004〕）においても、常に「写真とは何か？」その複数性を問い続けている。（大久保遼）

刊行年	書誌／解説
1998 年	**港千尋『映像論：〈光の世紀〉から〈記憶の世紀〉へ』日本放送出版協会** 光によって現実を変える魔術として誕生した映像が、非光学系のデジタル・イメージの登場によって被った変化を、「光」の時代から「記憶」の時代へのシフトと捉える映像論。映像の起源を光学や影絵ではなく、天文学や記憶術に求めることで、映像・身体・技術・社会の別なる系譜を辿り、コンピュータ・スクリーンによって失われていく影、記憶、闇の所在を探索していく。（大久保遼）
1999 年 [2003]	**ロジャー・シルバーストーン『なぜメディア研究か：経験・テクスト・他者』吉見俊哉・伊藤守・土橋臣吾訳、せりか書房** メディア研究においては、メディアの空間性から「スクリーン」概念へと関心が拡大したわけだが、その空間性への注目自体 1990 年代のイギリスのメディア研究を通じて醸成されてきた。これらの議論は日本ではあまり紹介されず、現状ほぼ唯一手に取れるのが本書である。ロンドン・スクール・オブ・エコノミクス（通称 LSE）の大学院生向けに書かれた教科書の位置づけを持つため、当時のメディア研究の輪郭を把握することができるほか、ここでもメディアの「空間性」と視聴者の「身体性（物質性）」への注目を確認することができる。（光岡寿郎）
2000 年	**吉見俊哉編『メディア・スタディーズ』せりか書房** 「ニュー・レフト」の社会思想としてだけではなく、実証研究を射程に収めた研究領域としてのカルチュラル・スタディーズの可能性を提示した論文集。イェン・アンやデヴィッド・モーリーらによる英語圏のオーディエンス研究の紹介に留まらず、世紀の変わり目の日本のメディア研究をリードした研究者の論考も数多く所収されている。社会学系の映像／メディア研究の領域に足を踏み入れようとする際には、まず手に取って欲しい一冊。（光岡寿郎）
2001 年	Anna McCarthy, *Ambient Television: Visual Culture and Public Space*, Duke University Press ブックガイド的な表現ではないが、私が院生時代に最も刺激を受けた英語圏の研究の一つ。本書の詳細な位置づけは第 1 章で紹介されているが、視聴者のありのままの姿の記述を目指したカルチュラル・スタディーズ以降のイギリスのメディア研究の到達点だと言って良い。テレビを視聴する場としての家庭の中心性を解除し、「場所固有性」という概念を導入することで、メディアと視聴者ではなく、メディアと視聴者、および両者が配置された空間の関係性のもとで分析を行う道筋を提示した。（光岡寿郎）
2001 年 [2013]	**レフ・マノヴィッチ『ニューメディアの言語：デジタル時代のアート、デザイン、映画』堀潤之訳、みすず書房** 現在、文化の制作、流通、記録・保存、コミュニケーションはことごとくコンピュータによって媒介されており、ソフトウェアに駆動された視覚文化は、イメージをインターフェイスや道具としての画像に変化させている。本書が提示するのは、こうした時代に求められる「ニューメディア研究」の見取り図であり、マノヴィッチはそのための言語を、新しいメディアだけでなく、初期映画や映画前史の視覚文化、アヴァンギャルドの映像表現との対話を通じて導き出していく。なお『インスタグラムと現代視覚文化論：

刊行年	書誌／解説
	レフ・マノヴィッチのカルチュラル・アナリティクスをめぐって』(2017＝2018、ビー・エヌ・エヌ新社）では、著者が提唱するカルチュラル・アナリティクスの具体的な事例としてインスタグラムが分析されており、巻末に付された多様な分野の専門家による考察も議論を補強してくれる。(大久保遼)
2001年	**松浦寿輝『表象と倒錯：エティエンヌ＝ジュール・マレー』筑摩書房** 生理学者であり、映画前史の連続写真の開発者でもあるマレーに焦点を当てた19世紀西欧のイメージ分析。フーコーの知の考古学に依拠しながら、著者は18世紀的な「表象」から近代的な「イメージ」への転換を、1880年代の西欧に見出している。『平面論：1880年代西欧』(1994、岩波書店)、『エッフェル塔試論』(1995、筑摩書房）そして『知の庭園：19世紀パリの空間装置』(1998、筑摩書房）と合わせて、言説・空間・イメージの横断的な表象分析の一つの方向性が示される。(大久保遼)
2003年	**長谷正人・中村秀之編訳『アンチ・スペクタクル：沸騰する映像文化の考古学』東京大学出版会** 1980〜1990年代の英語圏における映像文化研究の重要文献に解説を付した翻訳論集。トム・ガニング、ジョナサン・クレーリー、メアリー・アン・ドーンなど、それまでのイデオロギー批判的な映像理論に代わり、映像の物理的な痕跡性、流動的な循環性、観客に与えるショック作用に注目し、視覚的なモダニティを批判的に問い直す論考を紹介している。こうした潮流を踏まえた研究の展開として、同編者による『映画の政治学』(2003、青弓社)、多様な映像文化を社会学的に捉える長谷正人編『映像文化の社会学』(2016、有斐閣）も参照されたい。(大久保遼)
2003年	Nick Couldry and Anna McCarthy, *Mediaspace: Place, Scale and Culture in a Media Age*, Routledge アンナ・マッカーシーの *Ambient Television* が1980年代以降のメディア研究における空間論の到達点だとすれば、その理論的含意、およびその枠組みが適用可能なフィールドの拡がりまでを描いたアンソロジーが本書である。特に重要なのは、マッカーシーの議論のなかで強調されたメディアの場所固有性を、マクロなメディア環境の変容と結び付けるために導入された「スケール（scale)」概念である。共編者のニック・クドゥリーもカルチュラル・スタディーズの第三世代の代表的な研究者であり、*Media, Society, World* (2012）も良著。(光岡寿郎)
2004年	Jan Olsson and Lynn Spigel (eds.) *Television after TV: Essays on a Medium in Transition*, Duke University Press 長期的な観点からメディア研究における「スクリーン」の問題を考えるとき、その中心は現代社会を特徴づけるスマートフォンではなく、戦後一貫して私たちの日常生活の側にあった「テレビ」のはずだ。日本では『メディア・スタディーズ』において、1990年代までの英語圏のテレビ研究は更新されたが、一方でそれ以降のテレビ研究の地図が共有される機会はきわめて稀だった。その隙間を埋める研究の一つが本書である。編者のリン・スピーゲルが優れたメディア史家だということもあり、衛星放送、インターネ

刊行年	書誌／解説
	ット以後のテレビの変容を、歴史的な文脈に位置づけながら堅実に論じた論考が数多く所収されている。（光岡寿郎）
2004年	**北田暁大『〈意味〉への抗い：メディエーションの文化政治学』せりか書房** ベンヤミン、ルーマン、キットラー、中井正一らのメディア論や媒介性についての議論を再読することで、メディアの物質性や観客性、身体性といった基本的なコンセプトの再考を促し、解釈学的なメディア理解からの転換を図る。またそのような理論的視点と、リアリティ・テレビの日米比較や日本の初期映画、活弁文化についての経験的・実証的な研究との架橋が試みられる。著者によるキットラーのメディア理論の読み直しについては、『メディア技術の技術学』（近刊）も参照。（大久保遼）
2004年 [2017]	**アレクサンダー・ギャロウェイ『プロトコル：脱中心化以後のコントロールはいかに作動するか』北野圭介訳、人文書院** 批判理論とポスト構造主義をバックグラウンドとする著者は、フーコーによる規律＝訓練型の社会からドゥルーズが論じた管理＝制御型社会への移行に注目し、後者の特徴を、分散型のコンピュータ・ネットワークにおけるプロトコルの論理に基づく管理＝制御のシステムに見出している。デジタル化以降の批判理論の方向性を示す書であり、著者によるインターフェイス論やゲーム研究も参考になる。（大久保遼）
2005年 [2006]	**松田美佐・岡部大介・伊藤瑞子編『ケータイのある風景：テクノロジーの日常化を考える』北大路書房** 2005年にThe MIT Pressから出版された*Personal, Portable, Pedestrian: Mobile Phones in Japanese Life*の日本版。英語圏においては、メディアの物質性、特にその携帯性の議論は、映像メディアに先行してウォークマン、携帯電話といった聴覚メディアを中心に進んできた。本書は「ケータイ」を素材に、この領域の2000年代初頭における日本の研究動向を把握できる。特に現在でもアメリカで活躍する伊藤瑞子の論考や、ケータイ研究の鍵概念の一つである「インティメイト・ストレンジャー」（富田英典）の議論などには目を通しておくと良いだろう。（光岡寿郎）
2006年	**加藤幹郎『映画館と観客の文化史』中央公論新社** 作品論でも監督論でもなく、映画館という空間とそこに集う観客に注目することで、作品の解釈を超えた新しい人文社会科学としての映画・映像史を構想する。屋外上映からドライヴインシアター、シネマコンプレックスからヴォードヴィル劇場、テーマパークの映画館から機内上映までの多様な空間と観客を論じながら、著者は1990年代以降の映画の中に、CGやインタラクティヴなヴィデオ・ゲームとの相互交渉によって回復された、初期映画の動的な観客性を見出している。（大久保遼）
2006年 [2012]	**アン・フリードバーグ『ヴァーチャル・ウィンドウ：アルベルティからマイクロソフトまで』井原慶一郎・宗洋訳、産業図書** ルネサンスの絵画からコンピュータのソフトウェアまでを貫く「窓の隠喩」に注目し、遠近法のパラダイムから、複数のウィンドウ、複数のフレームが同一のスクリーン上で

刊行年	書誌／解説
	重なり合う時代への転換を画期づける。デジタル画像と新しいディスプレイ技術の出現に伴い、視覚の構成法が変化し、マルチ・スクリーンが日常的な視覚システムとなった時代の新しい記述言語を、フリードバーグは豊富な歴史的事例を交えながら探っていく。従来の映画研究や視覚文化論との接続という視点からは、同著者の『ウィンドウ・ショッピング：映画とポストモダン』(1993＝2008、松柏社) も参考にされたい。(大久保遼)
2007 年	Michael Bull, *Sound Moves: iPod Culture and Urban Experience*, Routledge 『ケータイのある風景』の項でも指摘した通り、携帯するモノとしての電子メディアの研究は、視覚メディアに対して聴覚メディアが先行してきた。その対象の一つが携帯電話だったわけだが、ブルが対象としたのはもう一つの系譜である携帯型音楽メディアの研究である。音楽視聴メディアは、都市空間に私的で快適な空間を生み出すメディアとして発達してきたのであり、それは車のカーラジオから iPod まで一貫して「メディアと移動」という問題系を形成してきた。スマートフォンを携帯しながら都市を経験する私たちに対しても、豊かな示唆を与えてくれる。(光岡寿郎)
2009 年	**中村伊知哉・石戸奈々子『デジタルサイネージ革命』朝日新聞出版** 私たちの生活の隅々までスクリーンが浸透した理由は二点ある。一つは、私たちが常にスクリーンを携帯するようになったこと。そして、もう一つの理由は、都市空間の表面がスクリーンに覆われたからである。現在、後者の大半は「デジタルサイネージ」と呼ばれる広告メディアであり、その市場規模は 2000 億円をうかがうようになった。本書は、デジタルサイネージの概要を把握できるほか、近過去において新しい技術へいかなる期待が投影されていたのかも振り返ることができる。(光岡寿郎)
2009 年	**北野圭介『映像論序説：〈デジタル／アナログ〉を越えて』人文書院** 2000 年代における映像の氾濫、およびニューメディア研究やイメージの科学といった新しい映像をめぐる知の領域の出現を前にして、著者は既存の分野を横断しながら新しい状況に対応した理論化を試みる。アナログ／デジタル、映画／コンピュータといった対立図式を超えて、「間ミディウム性」「身体イメージ生成論」「現象論的時間形式」の三つの視座から映像論的転回以降の研究動向を腑分けしていく。その後の議論の展開については、『制御と社会：欲望と権力のテクノロジー』(2014、人文書院)、『マテリアル・セオリーズ：新たなる唯物論にむけて』(2018、人文書院) も参照。(大久保遼)
2009 年	Graeme Turner and Jinna Tay, *Television Studies after TV: Understanding Television in the Post-Broadcast Era*, Routledge *Television after TV* と紛らわしい本書であるが、問題意識の根は共有されているのかもしれない。つまり、「テレビ＝ブロードキャスト」ではなくなったメディア環境をいかに理解するのかという点だ。*Television after TV* からはさらに 5 年経過したことで、本論集では「スクリーン」として扱った、屋外の大型モニターや携帯電話の液晶も本書は射程に収めている。前者と異なるのは、その重心が歴史ではなく現代のメディア環境に置かれ、同時に非西欧圏のフィールドを対象とした点にある。編者はオーストラリアの代表

刊行年	書誌／解説
	的な文化研究者のグレアム・ターナーであり、その地政学的な影響も見え隠れする。（光岡寿郎）
2012 年	Nanna Verhoeff, *Mobile Screens: The Visual Regime of Navigation*, Amsterdam University Press オーソドックスな視覚文化論からバフチン、ドゥルーズといった思想家までを咀嚼したうえで、「ナビゲーション」「パフォーマティビティ」という二つの鍵概念を抽出しながら、「スクリーン」の特性、およびその都市空間における役割を描いている。2017 年に出版された *The Screen Media Reader* を除けば、「スクリーン」という概念の位置づけを把握するうえでの最も包括的な地図。同時に、本書の出版元 Amsterdam University Press は、ヨーロッパにおける英語での視覚文化論の出版拠点であり、トマス・エルセサーの *Film History as Media Archaeology*（2016）も出版されている。（光岡寿郎）
2012 年	Jason Farman, *Mobile Interface Theory: Embodied Space and Locative Media*, Routledge デ・スーザ・エ・シルバの *Mobile Interfaces in Public Spaces* が、位置情報サービスを日常的に使いこなす若年層を対象とした実証研究とすれば、こちらはより理論枠組みの強い著作。ファーマンの特徴は、スマートフォンを使いこなす私たちを前提としながらも「身体」との接点で空間を議論する視点を手放さないこと、および「インターフェイス」をプロセスとして理解しようとしている点にある。2012 年には、さらに理論指向が強いアレクサンダー・ギャロウェイの *The Interface Effect* も出版されており、結果的には「インターフェイス」概念を議論するための著作が一通り揃う一年となった。（光岡寿郎）
2012 年	Adriana de Souza e Silva and Jordan Frith, *Mobile Interfaces in Public Spaces: Locational Privacy, Control, and Urban Sociability*, Routledge デ・スーザ・エ・シルバは、2010 年代の北米を代表するモバイル・メディア研究者であるが、彼女は二つの観点から本論集にとって重要な示唆を与えてくれる。まず、位置情報サービス（通称 LBS）との関連でスマートフォンを論じていた点である。現在の映像と SNS の組み合わせに対して、空間と LBS による関係性のコントロールこそが普及期のスマートフォンを特徴づけていたのである。また、2010 年代の英語圏のメディア研究における重要なテーマである、スクリーンとその裏で稼働するインフラストラクチャーという論点の萌芽が同書には見られる。（光岡寿郎）
2014 年	**伊藤守・毛利嘉孝編『アフター・テレビジョン・スタディーズ』せりか書房** 序文で述べられるように、本書は『メディア・スタディーズ』を「ヴァージョンアップ」するために構想された。たとえば、『メディア・スタディーズ』において焦点化されたのが 19 世紀以降に社会に組み込まれていったメディア――映画、テレビ、マンガ等――だとすれば、本書では 2000 年代以降に存在感が増していった「デジタルメディア」に焦点を当てることで、対象設定の水準でヴァージョンアップを図っている。加えて本書では、映画観賞やテレビ視聴のように特定の時間－空間に埋め込まれていたメディア接触が、モバイル端末が一般化することで「いつでも／どこでも」生じるものになった点が強調される。このような前提のもと、メディアを人びとの生活を条件付けるインフラとして位置づけ、メディアと人びととの関わりをより根源的な仕方で理解すること

刊行年	書誌／解説
	が試みられている。（近藤和都）
2014年	Pasi Väliaho, *Biopolitical Screens: Image, Power, and the Neoliberal Brain*, The MIT Press パシ・ヴァリアホは本書において、アニメーションやゲーム、VRなど近年のスクリーンを媒介したイメージの生産と流通が、脳神経科学の知見と一体となることで、ネオリベラルな金融経済と軍産複合体が要請する主体の形成に寄与していることを指摘する。本書では、とりわけ巨大な産業と化した主人公視点のシューティング・ゲーム（First Person Shooter）に注目し、それらと軍事的な映像開発やシミュレーション技術との関係が論じられる。（大久保遼）
2014年	Sean Cubitt, *The Practice of Light: A Genealogy of Visual Technologies from Prints to Pixels*, The MIT Press ショーン・キュビットは、視覚文化、映像メディアを成立させる基礎としての光に注目し、光をコントロールする技術と実践の系譜を描き出す。インクや顔料、ブラウン管とフィルム、レンズとスクリーン、あるいはLEDやCMOS、ファイルフォーマットなど視覚化のための物理的な素材と技術に着目することで、意味論的な価値に拘束された視覚文化のヒエラルキーを超えて、マテリアルな側面から新しい文化の政治的、美学的な分析の可能性を示す。（大久保遼）
2015年	**エルキ・フータモ『メディア考古学：過去・現在・未来の対話のために』太田純貴編訳、NTT出版** 失われた過去のメディアと文化的実践の痕跡を発掘することで、現在のメディア文化を読み直し、未来の青写真を描き出す。影絵の伝統から、19世紀の視覚装置、現代のメディアアートまでを縦横に論じながら、フータモは「メディア」「映像」「スクリーン」といったメディア研究の基本的な概念／装置に再検討を加えていく。よりソフトウェア・スタディーズやデジタル・マテリアリズムと近い立場から書かれたユッシ・パリッカの *What is Media Archaeology?*（2012）やジークフリード・ツィーリンスキの *Deep Time of the Media*（2006）も参照されたい。なお著者は独自の「スクリーン学 Screenology」についての書籍を準備中だという。（大久保遼）
2017年	Stephen Monteiro (ed.) *The Screen Media Reader: Culture, Theory, Practice*, Bloomsbury 2000年代以降、英語圏で「スクリーン」を主題とするリーダーや論集の刊行が相次いでいる。本書は関連する近年の重要論文だけでなく、歴史的資料やタルボットの残した詩、プルーストの小説の抜粋までを含むリーダーである。「Screens and Their Histories」「Images and Frames」「Environments and Interactions」の三つのセクションに分かれており、研究動向についての簡潔な解説も有益である。英語圏のスクリーン研究の状況を知るには、まず本書を手に取るのが良いだろう。その他、関連する英語圏の論集・リーダーとして、*Screens*（2016）、*Art of Projection*（2009）、*Fluid Screens, Expanded Cinema*（2008）、*The Cinema of Attractions Reloaded*（2006）を挙げておく。（大久保遼）

刊行年	書誌／解説
2017 年	Kathleen M. Cumiskey and Larissa Hjorth, *Haunting Hands: Mobile Media Practices and Loss*, Oxford University Press イギリス以上に日本では紹介されることの少ないオーストラリアのメディア研究から一冊。共著者の一人ラリッサ・ヒョースは、英語圏のモバイル・メディア研究を代表する研究者である。とりわけ 1990 年代以降環太平洋地域のケータイ文化を、「デコケータイ」のようなその物質性に注目して議論を続けてきた。なかでも本書は、「モノ」として日々携帯するからこそ生まれる情動の問題を、人生における喪失の瞬間を切り口としたことで鮮やかに描きだしている。関連する著作として、ヒョースが共編者を務めた *Screen Ecologies*（2016）も参考となる。（光岡寿郎）
2017 年	David Morley, *Communications and Mobility: The Migrant, the Mobile Phone, and the Container box*, Wiley Blackwell デヴィッド・モーリーの業績についてはどの著作を紹介するか悩んだが、最終的には本書を選択した。振り返れば *Television, Audiences and Cultural Studies*（1992）までが、モーリーの前期の仕事なのだと思う。ここまではテクストを理解する読者としての視聴者像であったのに対して、ここから実際に身体を持つ視聴者とその環境へと関心が転換していく。具体的には視聴空間、そしてそれを支える技術的インフラを論じたのが 1990 年代半ば以降のモーリーであり、その成果が *Home Territories*（2000）だとすれば、21 世紀のアップデート版が本書だと言える。前者が人々の移動（mobility）とメディアの関係に焦点化していたのに対して、本書ではさらにグローバルなロジスティクス、そしてそれをコントロールするソフトウェアまでが射程に収められている。（光岡寿郎）

スクリーン・スタディーズ
デジタル時代の映像／メディア経験

2019年1月25日　初　版

［検印廃止］

編　者　光岡寿郎／大久保遼

発行所　一般財団法人　東京大学出版会
代表者　吉見俊哉
153-0041 東京都目黒区駒場4-5-29
http://www.utp.or.jp/
電話 03-6407-1069　Fax 03-6407-1991
振替 00160-6-59964

組　版　有限会社プログレス
印刷所　株式会社ヒライ
製本所　牧製本印刷株式会社

©2019 Toshiro Mitsuoka and Ryo Okubo, editors
ISBN 978-4-13-010138-7　Printed in Japan

JCOPY〈出版者著作権管理機構 委託出版物〉
本書の無断複製は著作権法上での例外を除き禁じられています．複製される場合は，そのつど事前に，出版者著作権管理機構（電話 03-5244-5088，FAX 03-5244-5089，e-mail: info@jcopy.or.jp）の許諾を得てください．